大唐名相 狄仁杰

王封臣 / 著

团结出版社

© 团结出版社，2022 年

图书在版编目（CIP）数据

大唐名相——狄仁杰 / 王封臣著． -- 北京：团结出版社，2022.7（2025.6 重印）
　ISBN 978-7-5126-9349-4

Ⅰ．①大… Ⅱ．①王… Ⅲ．①狄仁杰（630-700）-传记 Ⅳ．① K827=42

中国版本图书馆 CIP 数据核字 (2022) 第 041630 号

责任编辑：时晓莉
封面设计：阳洪燕

出　　版：	团结出版社
	（北京市东城区东皇城根南街 84 号 邮编：100006）
电　　话：	（010）65228880　65244790（出版社）
	（010）65238766　85113874　65133603（发行部）
	（010）65133603（邮购）
网　　址：	http://www.tjpress.com
电子邮箱：	zb65244790@vip.163.com
经　　销：	全国新华书店
印　　装：	天津盛辉印刷有限公司

开　　本：	170mm×240mm　16 开		
印　　张：	26.5	字　　数：	373 千字
版　　次：	2022 年 7 月　第 1 版	印　　次：	2025 年 6 月　第 3 次印刷

书　　号：978-7-5126-9349-4
定　　价：68.00 元
　　　　　（版权所属，盗版必究）

楔子

话说大唐开国不久，李世民发动玄武门事变，夺取了皇位，是为太宗，改年号为贞观。登基之后，唐太宗第一个想法就是开科取士，为新的朝廷招揽天下优秀的人才。于是，大唐第一次科举开始了。

天下各地举子闻讯兴奋至极，纷纷整理行囊赴京赶考。太宗皇帝得知，龙颜大悦，便偷偷来到端门之上，扒着垛口往下观看，见举子们纷纷而至，高兴地说："天下英雄，入吾彀中矣！"

殿试之时，太宗看着下面答卷的举子，欣喜之余又觉等待他们答卷的时间太长，没有什么趣味，看到司天监李淳风正在身边，太宗突然眼前一亮。因为李淳风、袁天罡可是当时两个有名的"神棍"，据说能掐会算，前知五百年、后知五百载。就是在最近，李淳风曾提醒唐太宗："有个姓武的女人未来会夺取大唐的江山。"其实，李淳风指的这人是正在太宗后宫的才人武媚娘。太宗却认为："岂有妇人能居大宝之理？就算有人要夺取大唐江山，这人也一定是个男的，或者名字当中带着一个'武'字。"于是下道旨意，各处搜求，凡有姓武或者名武，另外这名字又有点与女子相关的，都抓起来，尽行诛戮！当时，华州刺史李君羡倒霉，因他长得漂亮，跟大姑娘似的，所以，人人都称他为"李五娘"。您看，这里头又有"五"（和"武"同音），又挺"娘"（涉及女子）。太宗闻之，忌而生疑，于是就下诏召他入京，在半路上，便派人把"李五娘"给杀了。可见，唐太宗对李淳风这个神棍的话还是很相信的。现在看到李淳风就在身边，唐太宗就问李淳风："爱卿既然能知道未来之事，你能不能现在算一算，今科状元郎是谁啊？"

李淳风一看皇上有命令了，不能不听，马上现场占卜了一卦，看了看，提起笔来，在一张纸条上写了一句话，呈给了唐太宗："陛下，今科状元就是此人。"

唐太宗大喜，接过来纸条一看，就见上面写着几个字——犬火二人杰。唐太宗连看几遍，也没看明白，"犬火二人杰？难道说我大唐第一位状元是倭人吗？咋五个字的名儿呢？"再问李淳风。像那些算命先生一样，这位神算子也微笑着摇摇头说："天机不可泄露也！待放榜后，陛下自然得知。"那就等着吧！

等到放榜之后，唐太宗一看，大唐第一科第一名的状元郎原来叫"狄仁杰"。这时，他才恍然大悟，这不就是"犬火二人杰"吗？原来，这个李淳风把三个字拆成了五个字了。

李淳风这时才告诉唐太宗，说："陛下，您不要猜测要篡夺大唐江山的武姓之人是谁了，您更不要再去枉杀无辜了。大唐江山被人篡夺，这是天数已定，非人力所能更改。不过陛下您放心，虽然唐朝江山会被人夺去，但复夺大唐江山，帮着你们老李家再兴唐朝者就是今天的状元郎狄仁杰！您一定要善待于他！"

唐太宗恍然大悟，马上封狄仁杰为直谏御史，列立朝堂。

后来，果然武则天篡唐，改国号为周，任狄仁杰为宰相，并封为梁国公。狄仁杰心系李唐，屡屡劝谏武则天，最后"狄公一语兴唐"，武则天听了狄仁杰的良言，重新迎回庐陵王，归还大唐江山于李氏。

这段故事在中国民间流传很久，在说书艺人嘴里更是代代相传，清朝古典小说《反唐演义》还将类似的一段故事放在了开篇。可惜，这只是一个美丽的传说。它不是历史，而且从头到尾出现了很多史实性错误，比如：

唐朝第一次科举并不是发生在唐太宗贞观年间，而是在唐高祖武德年间（究竟是哪一年，学界有争议）；

狄仁杰更不是在太宗贞观年间参加的科举，而是在高宗显庆年间才参加的科举；

狄仁杰并不是大唐第一位状元郎，实际上他都没参加进士科考试（进士及第一甲第一名才叫状元），而是明经及第（估计都不是前三名）；

在狄仁杰活着的时候，并没有被封公爵位，而是去世后追封的梁公。

……

但是，老百姓更愿意相信传奇性的故事。在千百年中，中国老百姓更愿意相信狄仁杰这个伟大的人物身上拥有着更多的伟大光环。正如同，中国老百姓更愿意相信包青天拥有三口铡刀、七十二根龙凤棒，可以上打昏君、下打奸臣、驱邪扶正、护国佑民一样。所以，狄仁杰和包拯、海瑞等人一样，被尊称为"公"，他们为民请命、清正廉明的故事便被称为了《狄公案》《包公案》《海公案》……

而与包拯、海瑞不同的是，狄仁杰不但有中国人为他写《狄公案》，连外国人也为他写《狄公案》。在外国人书中，他又成了一个能与柯南·道尔笔下的"福尔摩斯"、阿加莎·克里斯蒂笔下的"波洛"、G.K.切斯特顿笔下的"布朗神父"等相媲美的闻名世界的"名侦探"。但这些名侦探却没有狄仁杰这样的历史原型，相比之下，他们被称为"神探"没有狄仁杰被称为"神探"那么的名副其实。为什么？因为狄仁杰在中国确实是被封了神的。

中国是个多神的国度，大道边儿、小道沿儿，只要有人去的地方，一定会有神来管辖，连厕所都不例外，都有个紫姑娘娘管理着。这些神仙当然都是人"封"的了，一部分是传说虚构出来的，另一部分是事实存在的人物神话成仙，比如关羽、吕洞宾等，狄仁杰就属于后者，他也成了中国神话体系中的一员，虽然经常被大家看见，但知道这位神仙的原型是他的人并不是很多。

所以，狄仁杰是个名人还是个神人，在他身上有很多神奇的光环和传奇的故事。为什么狄仁杰会这么受中国人和世界人的关注？他又是怎样成为名人和神人的？他的身上有多少我们熟悉的和不甚熟悉的故事和趣事？

不要着急，咱们不妨学着神探探案那样，剥茧抽丝，一点一点走进狄仁杰的世界。

目录

第一章　追根溯源

谁是狄家老祖先……………………………………………/1
我从哪里来…………………………………………………/3
能相信死人的话吗…………………………………………/6
太平年生个定太平人………………………………………/9

第二章　入仕以前

相差二十多年的俩生日……………………………………/11
长大后我就成了你…………………………………………/14
第一次在命案现场…………………………………………/16
三十老明经…………………………………………………/18

第三章　斗南一人

这个女人不寻常……………………………………………/23
艺术家加政治家的眼光……………………………………/31
不要给我贴标签……………………………………………/33
天边飘过故乡的云…………………………………………/37
榜样的力量是无穷的………………………………………/44

第四章　大唐神断

大理寺丞是个啥官儿⋯⋯⋯⋯⋯⋯⋯⋯⋯⋯⋯⋯⋯⋯⋯⋯⋯/48
这人很像狄仁杰⋯⋯⋯⋯⋯⋯⋯⋯⋯⋯⋯⋯⋯⋯⋯⋯⋯⋯/50
"神探"称号从此而来⋯⋯⋯⋯⋯⋯⋯⋯⋯⋯⋯⋯⋯⋯⋯⋯/52
中日第一场海战⋯⋯⋯⋯⋯⋯⋯⋯⋯⋯⋯⋯⋯⋯⋯⋯⋯⋯/55
模范公务员⋯⋯⋯⋯⋯⋯⋯⋯⋯⋯⋯⋯⋯⋯⋯⋯⋯⋯⋯⋯/59
惊天大案逆龙鳞⋯⋯⋯⋯⋯⋯⋯⋯⋯⋯⋯⋯⋯⋯⋯⋯⋯⋯/61

第五章　强人御史

新官上任先开炮⋯⋯⋯⋯⋯⋯⋯⋯⋯⋯⋯⋯⋯⋯⋯⋯⋯⋯/69
我是小钢炮⋯⋯⋯⋯⋯⋯⋯⋯⋯⋯⋯⋯⋯⋯⋯⋯⋯⋯⋯⋯/74

第六章　稳固边关

刘老爷子又使坏⋯⋯⋯⋯⋯⋯⋯⋯⋯⋯⋯⋯⋯⋯⋯⋯⋯⋯/77
大禹治水的方案⋯⋯⋯⋯⋯⋯⋯⋯⋯⋯⋯⋯⋯⋯⋯⋯⋯⋯/83
以神之矛攻神之盾⋯⋯⋯⋯⋯⋯⋯⋯⋯⋯⋯⋯⋯⋯⋯⋯⋯/86
宁州的石碑与口碑⋯⋯⋯⋯⋯⋯⋯⋯⋯⋯⋯⋯⋯⋯⋯⋯⋯/89

第七章　女主当朝

女主时代来临⋯⋯⋯⋯⋯⋯⋯⋯⋯⋯⋯⋯⋯⋯⋯⋯⋯⋯⋯/94
其实我很不爽⋯⋯⋯⋯⋯⋯⋯⋯⋯⋯⋯⋯⋯⋯⋯⋯⋯⋯⋯/99
忠臣，有时只是个幌子⋯⋯⋯⋯⋯⋯⋯⋯⋯⋯⋯⋯⋯⋯ /102
狠人养疯狗⋯⋯⋯⋯⋯⋯⋯⋯⋯⋯⋯⋯⋯⋯⋯⋯⋯⋯⋯ /109

第八章　维稳专家

要做社稷经济臣⋯⋯⋯⋯⋯⋯⋯⋯⋯⋯⋯⋯⋯⋯⋯⋯⋯ /113

江南神叨叨·····················/115
后李敬业叛乱时代················/118
神人斗神仙·····················/123
失败父子兵·····················/130
君臣的一次成功互探··············/135
给我一把尚方剑··················/139
女皇登基我拜相··················/144
短暂的快乐时光··················/148

第九章　生死之间

"依例完蛋门"···················/151
好汉不吃眼前亏··················/155
宁死不咬人·····················/160
告密谁不会·····················/162
半路杀出来个小孩子··············/166
公道不公道只有天知道···········/169
生存全靠本能···················/171
小人长戚戚·····················/173

第十章　一碑三绝

中华第一楹联···················/178
同是彭泽令，差距真要命··········/183
三绝碑·························/187

第十一章　急调魏州

营州乱套了·····················/196

契丹也会用兵法……………………………………… /199
趁火打劫的突厥……………………………………… /201
铁马金戈见到你……………………………………… /206
"坑爹"的儿子……………………………………… /209

第十二章　两月都督

一个侄子不敢干……………………………………… /215
一个侄子往南窜……………………………………… /217
一个渔翁得了利……………………………………… /220
三个大臣三样路……………………………………… /222
狄公平了"安史之乱"……………………………… /224
两个多月的大都督…………………………………… /228
昌平县里的蛛丝马迹………………………………… /230
女皇为我亲绣衣……………………………………… /234

第十三章　二次拜相

狂犬催生打狗队……………………………………… /239
最后的疯狂…………………………………………… /242
一次对话引发的学案………………………………… /248

第十四章　一语兴唐

女皇的难题…………………………………………… /258
大臣的努力…………………………………………… /261
改变的不止一个人…………………………………… /264
我是弗洛伊德………………………………………… /266
狄仁杰一语兴唐……………………………………… /271

立李氏，爱谁谁 …………………………………… /275
有力的枕边风 …………………………………… /277
为何要立窝囊废 ………………………………… /280
女皇导演的一幕悲喜剧 ………………………… /285

第十五章　狄公挂帅

一份奏疏引发的争议 …………………………… /291
突厥的借口一箩筐 ……………………………… /299
狄公挂帅出征 …………………………………… /301
"维稳专家"再出手 ……………………………… /306

第十六章　知己君臣

深情的任命书 …………………………………… /310
我不是文学青年 ………………………………… /312
国老原来是味药 ………………………………… /316
好朋友不让好朋友为难 ………………………… /318
最重要的就是这份知己情 ……………………… /324
狄宰相看错人了 ………………………………… /326
信仰不可硬碰硬 ………………………………… /329
"进尽忠言"和"斟酌损益" ……………………… /334

第十七章　桃李天下

"桃李满天下"的词源 …………………………… /339
首席政治接班人 ………………………………… /341
真正的政治接班人 ……………………………… /345
首席脾气接班人 ………………………………… /347

清廉的接班人 ……………………………………… /349
狄宰相又看错人了 …………………………………… /351

第十八章　生前身后

相差四年的两卒日 …………………………………… /356
丞相祠堂何处寻 ……………………………………… /365
遗言与殊荣 …………………………………………… /369
三次"倒张运动" ……………………………………… /371
狄公遗志终得实现 …………………………………… /375
五王皆亡 ……………………………………………… /379
匡复李唐第一功 ……………………………………… /381

第十九章　神仙神探

威严和蔼的狄青天 …………………………………… /386
大人真乃"神人"也 …………………………………… /392
狄公成仙记 …………………………………………… /399
戏中的狄仁杰 ………………………………………… /402
古典小说中的狄仁杰 ………………………………… /404
走向世界的神探 ……………………………………… /406
全面开花的狄仁杰 …………………………………… /408

尾声

第一章　追根溯源

谁是狄家老祖先

狄仁杰姓什么？当然姓"狄"了。但问题是这个"狄"姓的来源是什么？这就值得探究一番了。

中国人十分重视家族谱牒，更加重视"我从哪里来"这个问题。同时，也会对自己家族上辈出现过哪些有光彩的名人祖宗津津乐道。如果恰逢自己也是个名人的话，再如果又恰逢自己这一支的谱系不清的话，每每就会在历史上寻找一位和自己同一姓氏的名人作为自己的先祖，然后光荣且自豪地告诉别人："我是某某的多少多少代孙。"正如同马三立相声中的那"马大学问"自称是"汉伏波将军马援的后代"一样，以至于马超、马岱这样的英雄人物都成了他的祖先。而捧哏的则一句："那开店的马寡妇？"马大学问立刻说："同姓各家。"看来，马寡妇不是名人，绝不能认。其实，马寡妇也是名人，而且和狄仁杰还很有关系，咱们后文自有介绍（见第十九章）。总之，人们总会找历史上同姓的正面英雄作为先祖，而绝不会找同姓的奸佞反贼认为祖宗。正如王老师也经常说："我是琅玡王氏，王羲之、王安石是我们先辈。"而绝不会说："王莽是我的先祖。"虽然他是皇帝。

狄姓在中国虽然不是大姓，但它也有几个来源，也就是说天下狄姓未必是一家，有"狄姓八种起源"之说，其实归纳起来，分四大类：

第一，源于氏族名

这里又分两个氏族来源：

其一，出自商王朝始祖契之母狄，属于以先祖母名字为氏。《史记》中记载："殷契母曰狄。"① 狄，亦称娀，也作娀简、简狄、女修、简易、简遏，是颛顼之裔有娀氏之女。史书记载，有一次她偶出行浴，吞鳦卵而生契。"鳦"是"燕"字的古写，即"玄鸟"。《诗经·商颂·玄鸟》说的就是这个故事。在契的时代，还是母系氏族社会末期，其后裔子孙中，很早就有以先祖母之名字为部族称谓者，称狄氏族，后以为姓氏，称狄氏，是非常古早的姓氏之一，远早于周王朝时期形成的狄氏。该支狄氏就读作 dí。

其二，源于姮姓。在唐虞时期封黄帝之后姮姓氏族为狄氏、翟氏，世居北地，后在商王朝时期迁徙西河地区。周王朝时期主要活动于齐、鲁、晋、卫各诸侯国之间，后世的子孙中有取族名，称狄氏，世代相传。该支狄氏正确读音作 zhái，今读作 dí 亦可。"翟"和"狄"二字在古代通假，一会儿还会提到这点。

其三，源于姬姓，出自春秋时期鲁国工匠狄虒弥，属于以先族名字为氏。狄虒弥，原名姬狄，是春秋时期鲁国的著名将领，与孔子之父叔梁纥、孟氏家臣秦堇父合称为"鲁国三虎将"。在狄虒弥的后裔子孙中，有以先祖名字为姓氏者，称狄虒氏，后省文简化为单姓狄氏，世代相传至今。

第二，以国为氏

炎帝的后裔孝伯，又作考伯。因为在参卢居住，所以又叫作参卢氏。他是周成王的舅舅，被周成王封到了狄（翟）城（今山东高青一带），他在这里建立了狄国，国人便以国为氏，姓狄了。史称狄氏正宗。

值得一提的是，后来南方防风氏入侵并灭掉了狄国，在这里建立了鄋瞒国。由于防风氏个子高（连孔子看到巨大的动物骨头都说是防风氏的），所以，虽然周边国家因地名仍用"狄"来称呼他们，但是为了区别孝伯所建的狄国，便在"狄"前加"长"，称其为"长狄"。

---

① （西汉）司马迁《史记》卷三　本纪第三　殷本纪

第三，源于官位

"翟（通狄）者"是"乐吏之贱者也"[1]，专指地位比较低下的"乐吏"，也就是演奏宫廷音乐官员中的"配角"，职责为服侍地位高的乐师、修理乐器等。在翟者的后裔子孙中，多有以先祖官职称谓为姓氏者，称翟（狄）氏，世代相传至今。

第四，他族改姓

其一，出自南北朝时期中国的西北部的回鹘族，其中有一支叫高车氏的，后来分化出来改为狄姓。该支狄氏正确读音作zhái，今读作dí亦可。

其二，源于契丹族，出自五代时期辽国大将耶律·赫邈。其被后唐俘虏，并归降了后唐。于是，后唐明宗赐他汉名叫狄怀忠，派他出任卢龙节度使。耶律·赫邈的后裔因袭汉姓狄氏。

其三，源于其他少数民族，属于汉化改姓为氏。如阿鲁科尔沁蒙古的蒙古族毕德兀德氏族、宁夏回族自治区的回族爱音狄氏，在明朝后期多冠汉姓为狄氏。

我从哪里来

那么，狄仁杰的狄姓是来源于哪一支呢？显然直接排除的是源于契丹族，因为那是狄仁杰之后的事了。那是源于其他哪种呢？我们首先从古籍记录下手。

《新唐书·宰相世系表》中明文记录："狄氏出自姬姓。周成王母弟孝伯封于狄城，因以为氏。孔子弟子狄黑裔孙汉博士山，世居天水。后秦乐平侯伯支裔孙恭，居太原，生湛，东魏帐内正都督、临邑子。孙孝绪。"[2]

---

[1] （西汉）戴圣《礼记·祭统》
[2] （宋）欧阳修、宋祁《新唐书》卷七十四（下） 表第十四（下） 宰相世系（四下）

《新唐书》说狄氏出自姬姓，来源于"周成王母弟孝伯"。如果这一句前后逻辑成立的话，"母弟"应该被翻译成有别于"庶弟"的"同母弟弟"，这样孝伯肯定和周成王同姓"姬"。但，如果"母弟"被翻译成"母亲的弟弟"，即"周成王的舅舅"，那么孝伯就一定不姓"姬"，因为当时同姓不婚，而和周成王的姥爷同姓。事实上正是如此，周成王的母亲叫"邑姜"，他的姥爷叫姜子牙。这么一来，"周成王母弟孝伯"应该就是"周成王的弟弟孝伯"。那么《新唐书·宰相世系表》中说的"狄氏出自姬姓"就是错误的，而应该是"狄氏出自姜姓"。这与《姓氏寻源》所引"《路史》云：'炎帝参卢后有狄氏。'又云：'虞封黄帝后，有狄氏。'"是一致的。而对于《新唐书》所说的狄氏出自姬姓，后来世居天水，张澍在《姓氏寻源》中做了解释："春秋时卫有狄姓，后居天水。汉博士狄山即狄黑之后。"[①]狄黑又是卫国人，可见，世居天水的是由卫国（姬姓诸侯国）去的狄姓，而非狄国（姜姓诸侯国）去的狄姓。

虽然，《古今姓氏书辨证·二十三锡》记载："狄氏，出自姬姓。周成王母弟孝伯，封于狄城，因氏。狄氏宰相一人：仁杰。"《姓谱》云："周文王封少子于狄城，有狄氏。"《郑通志·氏族略》注云："周文王封少子于狄城，因氏焉；或言成王封母弟孝伯于狄城。其地在今慈州。"山东省汶上县《姬氏志》载："狄姓，源于姬姓，系出天水郡，周成王姬诵，封弟孝伯于狄城，其后以地为氏。"但这些应该是对《新唐书》说法的修正或延续，且互相有抵触。当然，也会有狄氏出自姬姓、是周王室被封在"狄城"的成员（无论是周成王的弟弟，还是周文王的儿子）的可能性。有人认为这里的"狄城"在今天的甘肃临洮，而不是山东高青的"狄国"或"狄城"。

到现在为止，我们对狄仁杰的"狄氏""出自姬姓"还是"出自姜姓"仍不清楚，只能往下看"孔子弟子狄黑裔孙汉博士山，世居天水。后秦乐平侯伯支裔孙恭，居太原，生湛，东魏帐内正都督、临邑子。孙孝绪"这段话的可能

---

① 此段援引皆出自（清）张澍《姓氏寻源》卷四十四

性了。如果这段话是成立的，狄仁杰的"狄"姓就有可能不是出自"狄国"的国名或"狄城"的地名，而是出自"卫国"的"姬"姓。

这里说狄黑的后裔狄山在西汉做过博士。我们查看历史，《史记》与《汉书》对狄山都有所记载。说汉武帝在位时，有一次匈奴请求和亲，博士狄山表示赞成，并说兴兵动武会让人民困贫。而御史大夫张汤认为这是愚儒的无知看法。狄山反驳张汤，认为自己虽是"愚忠"，而张汤却是"诈忠"，并翻起了张汤的旧账，认为他处理淮南王刘安、江都王刘建谋反案的做法不对。对此汉武帝很不高兴，就问狄山："我派你去治理一郡，可以让匈奴不犯吗？"狄山说："不能。"武帝问："那一县呢？"狄山说："不能。"武帝又问："那一鄣（筑在边塞上要险之处的城）呢？"狄山害怕，回答："能。"于是武帝派狄山去治理一个边塞上的鄣。过了一个多月，匈奴来犯，把狄山的头砍了。

狄山死后，两汉三国，史书上再也没出现过姓狄之人。直到前秦末年，《晋书》记载，慕容泓举兵反叛苻坚，苻坚派儿子苻叡征讨，并任姚苌为司马。不料被慕容泓打败，苻叡战死。苻坚迁怒姚苌，姚苌恐惧，逃奔到了渭北马牧。当时西州豪族尹详、赵曜、王钦卢、牛双、狄广、张干等率五万多家人，拥戴姚苌为盟主反秦。这时，就出现了一个叫狄广的人，但历史缺乏对狄广的其他记载，所以我们只知道他是西州豪族。由于这些人的拥戴，姚苌遂自称大将军、大单于、万年秦王，大赦境内，改元白雀，史称后秦。姚苌大封群臣，其中将天水狄伯支封为从事中郎，将狄广封为大将。这里就出现了一个重要人物"狄伯支"。这些被封的臣子大多是拥立姚苌的西州豪族，所以，狄伯支应该与狄广一样也是西州豪族，甚至他们很可能是同一个狄氏。

狄伯支先辅佐姚苌。在姚苌临终时，召四位大臣受遗诏辅佐其子姚兴，狄伯支也是"顾命四大臣"之一，可见其家族地位应该非常显赫。他历任司马、征房将军、尚书左仆射。官至中书令，封乐平侯。后，平北将军姚冲与狄伯支征讨赫连勃勃，军至岭北，姚冲图谋叛乱，想要还师袭击长安，狄伯支不从，姚冲将其鸩杀灭口。

《新唐书》认为这个狄伯支就是狄仁杰的远祖,是孔子弟子狄黑的后裔。是这样吗?恐怕不一定。

虽然《晋书》中并没有记载狄伯支、狄广是汉人还是羌人,但不久后的《魏书》中所出现的狄姓人物无一例外均是羌人。如"(常太五年)十二月丁亥,杏城酋狄温子率三千余家内附。"[1]"平凉休屠金崖,羌将狄子玉等叛。"[2]由此可见,狄伯支、狄广这样当时的西州豪族,很有可能是羌人或汉化了的羌人。

如果以上还都是猜测的话,2000年7月的一座古墓的发掘似乎可以为此得出结论。

能相信死人的话吗

这座古墓是在太原市迎泽区王家峰村被发现的,其西南大约三公里,就是传为狄仁杰故里的狄村。而这座墓的主人就叫狄湛!这个狄湛是不是《新唐书·宰相世系表》中所说的"后秦乐平侯伯支裔孙恭,居太原,生湛,东魏帐内正都督、临邑子"的狄湛呢?

幸喜古墓墓志保存完好,上面文字清晰可辨。据墓志,这个狄湛,字安宗,乃是冯翊郡高陆县人。其曾祖父曾任宁朔将军、略阳和赵平二郡太守、使持节都督、镇西将军、领东羌校尉、驾部尚书、秦泾二州刺史等职,爵略阳公。其祖父曾为使持节镇西将军、兰台给事中丞、秦州刺史、司空公、略阳公。其父任大将军府行参军、秦州府主簿。狄湛十八岁就做上了散骑侍郎在员外、给事中等。后来,北魏分裂成了东、西魏,他先投西魏,后归东魏,被授予东雍州刺史,以后历任都督、永安镇将、侍官正都督、平西将军、安西将军、原仇领民副都督、直荡正都督、白马领民都督、假节都督泾州诸军事、泾

---

[1] (北齐)魏收《魏书》卷三 帝纪第三
[2] (北齐)魏收《魏书》卷四十 列传第二十八

州刺史、车骑将军等职。在东魏、北齐时代"或出从戎行，或入参帷幄。攻城野战，每立庸勋。"①可谓戎马一生。北齐清河三年（564）十二月十九日卒，葬于晋阳城东北三十里。

最重要的是，志文当中明确记录："武定六年，除侍官正都督。八年，除平西将军、临邑子。"②这和《新唐书·宰相世系表》上所说的狄湛做过"东魏帐内正都督、临邑子"是相吻合的。

而在今洛阳孟津区平乐镇翟泉村北邙山之阳矗立着两座石碑，故此地被称为双碑凹。其中西面一块碑保存较好，有"大唐故邳州刺史狄府君之碑"字样。清代王昶《金石萃编》录其残文考其人事。狄仁杰之父狄知逊身后追封邳州刺史，故这里便是狄知逊的埋骨之地。在这块碑上，写着"曾祖叔湛，魏平西将军，□邑子"③。这就是记录了狄知逊的家谱——他的曾祖是"狄叔湛"，其实就是"狄湛"，古人名中的"孟仲叔季"有时只不过是个序号，"狄叔湛"就如同"狄三湛"似的，在本族同辈排行三。如果对外，有时就可以把"叔"省略掉，就叫"狄湛"。可见，狄湛就是狄仁杰的高祖。

而《齐泾州刺史狄公墓志》记载，狄湛的曾祖父曾领东羌校尉，可见狄湛的曾祖父一定是羌人，因为这个官职在当地必然由羌人担任。那么狄湛的曾祖父是不是狄伯支呢？墓志上没有记载。而且墓志上记载的狄湛的曾祖父的官职是"宁朔将军，略阳、赵平二郡太守，又除使持节都督、镇西将军、领东羌校尉、驾部尚书，秦、泾二州刺史，略阳公"④，与狄伯支历任官职"司马、征虏将军、尚书左仆射。官至中书令，封乐平侯"有较大出入。所以，尽管有些学者认为狄湛的曾祖父就是狄伯支（如果我们相信《新唐书》的话），但我个人还是持有谨慎态度。不过，这并不影响我们的问题。

---

① 《齐泾州刺史狄公墓志》
② 《齐泾州刺史狄公墓志》
③ 《大唐故邳州刺史狄府君之碑》，□表示此处碑文遗失，下同。
④ 《齐泾州刺史狄公墓志》

我们的问题是，狄仁杰的狄姓是哪来的？现在就能得出结论了。无论狄湛的曾祖父是不是狄伯支，他都一定是羌人。这样一来，狄湛就是汉化了的羌人，狄仁杰的"狄姓"原来是来源于羌族汉化。

有意思的是，狄湛墓志上没有提曾、祖、父三代的名讳，却开头就提"其先汉丞相狄方进之后衣冠世袭"[1]，说狄湛乃是汉朝丞相狄方进的后裔。问题是，汉朝哪有个叫"狄方进"的丞相了？那为什么狄湛的后人会说自己的先祖是汉丞相狄方进？这里有几种可能性：

第一种可能，狄山就是狄方进，比如他的字可能就叫"方进"。这种可能性很小。狄山如果是丞相，估计就没有那么惨了，他是由博士被贬到边疆的。另外，从古人名、字相应角度来讲，"山"和"方进"也没有任何关系。

第二种可能，狄方进乃是汉成帝时的丞相翟方进。别忘了咱们上面可说过，古时"翟"和"狄"通假。所以，这种可能性极大。但，我们只是说，墓志上的"狄方进"很可能就是指的"翟方进"，并没有说"翟方进"一定是狄湛的祖先。因为，在汉代"翟"和"狄"就不通假了。

第三种可能，就是汉代真有一位未被目前历史记录的狄方进丞相。这种可能性也极低。丞相可不是一般的官员，史书基本都会列传。不过，也许哪天又挖出个汉丞相狄方进的墓呢，也未可知。

第四种可能，那就是汉丞相狄方进这个人根本不存在！

而第二种可能和第四种可能结合在一起才是最大的可能，那就是狄湛后人说狄湛是汉丞相狄方进的原因，和《新唐书》说狄仁杰的祖先是孔子弟子狄黑、汉博士狄山，和王老师说自己是琅玡王氏一样，都是"攀龙附凤"。尤其是有着羌族血统的狄家，当不断汉化，融入中原文化圈后，面对魏晋以来注重家世、门第、出身、血统的社会大环境，自然对自己出身夷狄有着自卑感，会努力往汉人血统上靠，这种思想在当时是普遍存在的。后来有着鲜卑血统的李

---

[1] 《齐泾州刺史狄公墓志》

唐皇室说他们的祖先是太上老君李耳，不正是这种思想所致的典型体现吗？

到这里，我们得出了最终的结论，那就是狄仁杰大概率不是来源于姬姓的狄氏后裔，而是魏晋南北朝时期，移居到太原的汉化了的羌人（极有可能是羌人豪强）的后裔。

太平年生个定太平人

《新唐书·宰相世系表》中狄仁杰的世系第一栏就是狄孝绪，按其记录狄孝绪正是狄湛的孙子，孝绪以下就比较清楚了，生子狄知俭、狄知本、狄知逊，而狄知逊就是狄仁杰的父亲。这样，狄仁杰与上几辈的谱系还差一环，那就是狄孝绪的父亲是谁？

这一环恰恰在《唐狄本墓志》上可以查到："公讳本，字基，京兆略阳人也。……曾祖湛……祖进，齐兴王开府行参军、建州司马。父绪，随新丰县长，皇朝开府大将军、尚书左丞、散骑常侍、使持节澧汴二州刺史、上柱国、临颍男。"[①]这里的狄本就是《新唐书·宰相世系表》中记录的狄知本。他的父亲就是"狄绪"（《新唐书》作狄孝绪），祖父叫作"狄进"。

根据《大唐故邛州刺史狄府君之碑》上记载，狄仁杰的父亲狄知逊是狄绪的五儿子。可见，要么是《新唐书·宰相世系表》漏记了至少两个狄孝绪其他的儿子；要么就是狄孝绪其他的儿子全部夭折，而不登家谱。

从墓志所载狄绪担任的职位来看，狄绪在唐初做到了相当高的官位，而且此人一定文武兼备。这样，狄家在隋唐交际之时，应该算是一个官宦门第。所以，狄绪的儿子们都得到了良好的教育，继而发展的都比较不错。

《唐狄本墓志》记载，狄本历任陇西王府库真、世子府行参军事、太子右监府司马、太子直斋、上洛县令、鄜州大都督府仓曹参军、郫县令，最后担任

---

① 《唐狄本墓志》

营州都督府司马兼东夷都护府司马。

而据《大唐故邛州刺史狄府君之碑》上记载，狄知逊是通过科举考试明经及第步入仕途的。担任过东宫内直郎，掌管太子东宫的符玺、伞扇、几案、服侍等，相当于太子生活秘书吧。太子那是国之储君，未来的皇帝，跟着太子，甭管官职大小，都是未来可期的。狄知逊能进入东宫，大概不仅由于他的才能，而且还跟他的外貌有关系。碑文记载其"龙章凤姿、地灵天纵、神情秀发"，虽然肯定有后人的美誉成分在内，但料想如果狄知逊长相不怎么样，子孙也不会在他长相上吹捧，顶多在"地灵天纵"这样的词儿上多下点功夫了。

这个太子自然指的是太子李承乾，他是长孙皇后为唐太宗生的嫡长子，太宗一登基就把他立为了太子，当时他年仅8岁。李承乾性聪敏、丰姿峻嶷，太宗皇帝特别喜欢这个儿子。所以，给他的生活、学习安排得特别到位，把他作为自己未来的接班人悉心培养。贞观四年（630），太宗就下诏令年仅12岁的李承乾"听讼"，让其裁决尚书省的一些事务，有意识地锻炼李承乾的政治能力。

唐太宗并不担心李承乾处理不好政务，因为当时，大唐国势蒸蒸日上，贞观之治初见成效——朝堂之上君明臣贤；倭国（日本）第一次派来了遣唐使；大将名将李靖、李勣将威胁大唐的劲敌东突厥击溃，消除了北方威胁；周边四方来朝，唐太宗被尊称为"天可汗"……

也正是在这太平之时，狄知逊的夫人卢氏为他产下第一个儿子，也为国家产下一位未来延续了大唐国运的能臣——狄仁杰！

第二章 入仕以前

相差二十多年的俩生日

狄仁杰到底是不是在贞观四年（630）出生的，是有争议的。因为历史上另有一种说法，说他出生于隋大业三年（607）。当然，很多当代出版的历史书籍还明文写着狄仁杰出生于"隋大业三年（630）"，那是编著者左拼右凑，根本不清楚年号纪年与公元纪年的对应。有意思的是，两种说法都见于《辞海》，只不过1977年版《辞海》【狄仁杰】词条后面紧跟的生卒年是607—700，而1999年版《辞海》【狄仁杰】词条后面紧跟的生卒年是630—700。

两种说法究竟哪种正确呢？个人认为是第二种，即狄仁杰出生于唐贞观四年（630）比较符合历史，有大概率的正确性。为什么这么说？

第一种说法见于《历代人物年里碑传综表》《中国历史人物生卒年表》，这两本书都是近代历史学者编成的历史工具书。其中，姜亮夫编著的《历代人物年里碑传综表》（原名《历代名人年里碑传总表》），是1935年出版的。他采录了前人编写的同类书籍的材料及大量碑传资料。后来，姜亮夫发现书中有许多错误，而且缺略甚多。他又着手进行订正错误，补充脱略，删汰芜杂，新增材料，历经二十余年，于1959年再由中华书局重新出版，改名为《历代人物年里碑传综表》。这本书的考证主要来源有两处：一是史书记载，一是墓碑铭文。且他很负责任地在每个人物的最后一栏备注说明对此人生卒年月考证的依据。而【狄仁杰】词条的备注是"或作生贞观四年。误。《旧唐书》卷八十九。《新唐书》卷二十五。范仲淹狄公碑。"① 这个备注让人看不明白了。姜先生确实说了："有种说法，狄仁杰出生在贞观四年（630）。"但又肯定地指出"误"！这是错误的。但根据呢？《旧唐书》卷八十九确实有《狄仁杰传》，但只记载了狄仁杰逝世于武周久视元年（700）九月，并没有记录他的出生年月；而《新唐书》卷二十五主要是讲述唐初使用的历法"戊寅历"，姜先生可能用此来推算狄仁杰生卒日的干支——生于丁卯日，卒于庚子日（《资治通鉴》记载狄仁杰卒于辛丑日。也许他是在午夜去世的，跨两天），因为从这卷中，并没发现有关生卒的记载。第三个证据是范仲淹撰写的狄公碑（见第十章），从中也没发现有关狄仁杰的生卒日期。所以，不知道"狄仁杰生于大业三年"是姜先生如何考证出来的。

既然正着不好证明，我们就来反证，也就是说假如狄仁杰出生于隋大业三年（607），那么史书上有关狄仁杰的第一次明确时间记载的就是"仪凤年间任大理寺丞"②，《资治通鉴》上有仪凤元年（676）九月狄仁杰逆龙鳞的记载。那当时狄仁杰已经70岁了；等到天授二年（691）九月，他头次拜相的时候，已经85岁了；等圣历元年（698），他挂河北道行军副元帅时，已经92岁了。92岁的老人，你让他骑马打仗去？有点说不过去。等狄仁杰久视元年（700）九月去世时，他都94岁了，如此高龄的重臣去世，史书应该会将年岁记上一笔，但事实上并没有记录，可见史官并不觉得狄仁杰去世时的年岁有什么值得记录的。所以，狄仁杰生于隋大业三年（607），有点不大可能。

而《新唐书》中明确记了一笔："（狄仁杰）圣历三年卒，年七十一。"③（这里需要说明一下：圣历三年和久视元年在公元纪年上都是公元700年，只不过，五月前是圣历三年，五月后，武则天改元"久视"了，而据《资治通鉴》记载，狄仁杰死于当年的九月。所以，我们在这里取《资治通鉴》的说

---

① 姜亮夫编《历代人物年里碑传综表》狄仁杰
② （后晋）刘昫《旧唐书》卷八十九　列传三十九
③ （宋）欧阳修、宋祁《新唐书》卷一百一十五　列传第四十

法，即狄仁杰卒于久视元年。)

这样就可以推出狄仁杰出生于唐贞观四年（630）。如此，狄仁杰进入京城做大理寺丞时才47岁，正是干事的好年岁，这才能精力旺盛地一年断了涉及17000余人的案件；等到第一次拜相的时候，才62岁，正好是经验充足、老成持重的年岁；而到70岁第二次拜相的时候，年至古稀，武则天这才尊称其"国老"……可见，狄仁杰出生于唐贞观四年（630）的说法更符合他一生的轨迹。

而且，推算一个人的生卒年份的时候，不一定只从这人生平上来看，还可以从他的亲属身上推测。

狄仁杰长子狄光嗣在唐睿宗再次即位后，还因母亲逝世，守孝三年。如果，狄仁杰90多岁去世的话，狄仁杰的妻子也得八九十岁高寿去世，那狄光嗣起码也得70多岁了。后来，他还多次担任过各地刺史。直到开元七年（719），还升任扬州大都督府长史，不久才去世。这么算，狄光嗣也得活到90岁左右。七八十岁还到处跑着当官，有些不大现实。

另外，狄仁杰还有位堂姨母卢氏，在狄仁杰拜相的时候仍然健在，就住在洛阳郊外午桥南别墅。有年冬天，天降大雪，狄仁杰正好休假，于是就踏雪去看望卢氏。进门的时候，正好看到表弟背着弓箭、拎着野鸡野兔，刚从外边打猎回来。见到表兄狄仁杰，这位表弟也就是轻轻一拱手，对狄仁杰比较轻慢。狄仁杰对姨母说："我现在是宰相了，表弟有什么做官的想法吗？我愿尽力帮忙。"按照当时制度，品级高的官员是可以推荐自家子弟做官的。可是卢氏却不买狄仁杰的账，当时说："吾止有一子，不欲令事女主。"①把狄仁杰骂得满脸通红，惭愧而去。从这件事上我们能看出当时"不事女主"是百姓普遍的态度。也能说明，如果狄仁杰85岁第一次拜相，这位堂姨母年岁都百岁左右了，还能很大火气地骂狄仁杰吗？

综上所述，我认为，狄仁杰诞生于唐贞观四年（630）既与史书相合，又

---

① （宋）王谠《唐语林》卷四《贤媛》

符合生命规律，应该是较为准确的。

当然，如果狄仁杰并不是卒于久视元年（700）的话，那么以上的推论就要打问号了。狄仁杰死亡时间也有争议吗？有！不过，我不希望狄仁杰的人生刚开始，就让他死，我们将在第十八章再去探讨这个问题。

长大后我就成了你

狄仁杰的童年时代应该有好几年是在京城长安度过的，因为父亲狄知逊身为东宫内直郎，必须在东宫工作。

或许因为狄知逊不会来事儿，或者工作一般，反正没有得到太子或唐太宗的喜爱。于是，几年后他被外放担任了郑州（治今河南郑州）司兵参军兼郑王府兵曹参军，等于由服侍太子李承乾改为服侍他的皇叔李元懿了。

如果从当时来看，似乎狄知逊错失了在太子身边工作的机会，陪着太子爷工作，这可是多少人梦寐以求的事儿。但，塞翁失马，焉知非福。当时，为争夺储君之位，太子与魏王李泰明争暗斗。贞观十六年（642）李承乾图谋不轨，对其失望至极的唐太宗终于废掉了他的太子之位，将他流放黔州。李承乾的主要党羽也尽皆被杀。而狄知逊由于早早地调离了太子身边，没有受到任何株连，这对狄仁杰来说也是一件幸事。

郑王李元懿乃是唐高祖的儿子、唐太宗的异母兄弟。李元懿本封滕王，贞观十年（636）正月，改封郑王，任郑州刺史，滕王爵位后来给了他最小的弟弟李元婴（《滕王阁序》里的那个滕王）了。史书记载郑王李元懿这个人"颇好学"[1] "喜经术，数断大狱，务宽平"[2]，所以，跟着这样的领导其实还是不错的。但是，狄知逊也并没有在郑王那里得到重用。

---

[1] （后晋）刘昫《旧唐书》卷六十八　列传第十四
[2] （宋）欧阳修、宋祁《新唐书》卷七十九　列传第四

之后，狄知逊又历任梁州都督府录事参军、越州剡县令、华州郑县令、夔州都督府长史等职，死后因为沾了儿子狄仁杰的光，才被赠使持节邛州诸军事、邛州刺史。可见，狄知逊仕途平庸，一生几乎没有担任过要职，大半生在四处宦游中度过。

唐初规定，官员不得在本籍及邻近州县任职（京兆、河南两府不在此限）。这样，官员宦游渐为普遍，仕人以官为家，因官迁徙，"随官赴任"成为宦游家庭的主要特色。所以，幼小的狄仁杰也跟随着父亲的宦游，走遍了大江南北，领略了各地不同的风土人情，达到了古代几乎每个有作为的人必经的"读万卷书，行万里路"。家人住进院署，年幼的狄仁杰也一定会亲眼看到身为父母官的父亲如何处理大大小小各种复杂琐碎的公事、民事的过程。如平常如何处理与百姓的关系、遇到灾荒如何赈灾、如何兴修水利、如何劝农桑、如何公堂审案、如何支度钱粮……这些对年幼的狄仁杰是一种潜移默化的影响，让他在童年时代便感知了民间的疾苦和公事的烦冗，为他日后高效裁判案件、自如处理公务、迅速稳定民情打下了基础。

对此，我们并非简单地臆测，在《大唐故邛州刺史狄府君之碑》上就有体现，上面记录一事，说"有山蛮之侵盗，更相劫掠，久患兼并。为官择人，非君莫可。即除夔州都督府长史。"①据《资治通鉴》记载，贞观二十二年（648），唐太宗命修战船备攻高丽，"遣右领左右府长史强伟于剑南道伐木造舟舰……役及山獠，雅、邛、眉三州獠反。"②沉重的造船劳役把蜀地一些少数民族百姓逼反了。朝廷派兵前去镇压，蜀地混乱、剑外骚然。连累附近的夔州都有山蛮侵盗、更相劫掠了。这时，朝廷急需一位前去稳定民心的"救火"之人，这才"为官择人"，认为非狄知逊不可，于是拜其为夔州都督府长史。这太像后来的狄仁杰了，哪儿有"火"，朝廷就把他派到哪儿去。狄知逊到了夔州后，"招集

---

① 《大唐故邛州刺史狄府君之碑》
② （宋）司马光《资治通鉴》卷第一百九十九 唐纪十五

亡散，户口□增；敦劝农桑，京坻岁积"①，采用的是宽容怀柔政策，招集离家逃走的人，稳定民心，让大家安稳劳作。结果社会稳定、农业发展。"朝廷籍甚，玺书优洽"②。这不也是未来的"维稳专家"狄仁杰一贯的策略和效果吗？所以，父亲的身体力行，给儿子带来了巨大的影响。

另外，狄仁杰的童年时代，虽然政治清明、社会太平，但由于国家刚遭受隋末战乱，社会经济尚处于逐步恢复的阶段，这一时期国家的财力、物力有限。所以，作为品级不高的官员，狄知逊的俸禄是很有限的。家中人口又多，使得狄仁杰的童年生活并不富足。在清俭的生活环境下成长的孩子，品质大致是不会差的，不会染上大多官僚子弟的不良习气，这对狄仁杰身心的健康发展都是非常有利的。

第一次在命案现场

狄知逊一共有五个儿子，狄仁杰是老大，下面还有四个兄弟分别是狄仁贞、狄仁节、狄仁恪、狄仁矩。从给儿子取的名字上，我们能看到，老狄家有着传统的儒学传家，狄知逊希望自己的儿子们能够忠贞、能够持节、能够恪慎、能够规矩，而都能成为老大名字寓意的人杰。作为狄家的长子，狄仁杰更是肩负着给兄弟们做榜样的责任。可想而知，在当时的封建家族，长子要承受更多的严格要求。

在古时，较大的家族一般都有自己的家训，这是中国特色，它是一个家庭或家族对子孙立身处世、持家治业的教诲，对家族子孙个人的教养、原则都有着重要的约束作用。古代有名的家训有《颜氏家训》《朱子家训》《曾国藩家训》等等。那么，狄家有没有家训？有！至少狄仁杰编了。《新唐书》上就有关于

---

① 《大唐故邛州刺史狄府君之碑》
② 《大唐故邛州刺史狄府君之碑》

"狄仁杰《家范》一卷"①的记载。由此可见,当狄仁杰成了家族最耀眼的明星、具有了权威之后,他为家族子孙编写了一部家规,唐文宗还提到过此事。

当时,狄仁杰的曾孙狄兼谟任给事中。给事中为门下省重职,正五品上,分判本省日常事务,具体负责审议封驳诏敕、奏章,有异议可直接批改驳还诏敕。有一次,狄兼谟就封还了他认为不当的皇帝敕书。当时的皇帝唐文宗认为狄兼谟能恪尽职守,非常高兴,于是就把他提升为御史中丞,并召见他说:"御史台是朝廷纲纪所在。台纲正,朝廷便会清明;朝廷清明,天下就会大治。大凡执法之人,大多因为心存畏忌和顾虑,而不称职守。'卿梁公(狄仁杰)之后,自有家法'②,怎么能和一般人一样呢?"

问题是,狄仁杰以前,狄家有没有家训,对此就无可考证了。但即便狄家没成文的家训,也是有着严格优良的家风的,起码在教育上,狄家是书香门第,有着刻苦读书的好传承,狄仁杰的父亲就是明经及第步入仕途的。所以,狄仁杰从小也受到了良好的教育,培养成刻苦读书的好习惯。这一点由于狄家发生了一起命案而有幸被记录到了史书上。

说有一天,狄家的门人被人杀害了。狄家赶紧去向当地官员报案。县吏立刻前来调查。人命大如天,甭管狄知逊当时做多大的官,家里出了人命,他也脱不了干系。所以一家老小都来接受讯问、协助调查,唯独小孩狄仁杰没动弹。原来,他正在书房,钻进了书中的世界,旁若无物。这真是从小就有宰相的稳重之气。每次当我读史书读到此处的时候,脑海中总会蹦出清朝三代帝师翁同龢所写的那副对联:"每临大事有静气,不信今时无古贤!"这不正是狄仁杰的写照吗?

县吏正被这个案子弄得晕头转向、苦无头绪呢,一看,一个小孩捧着书本安安静静、津津有味、稳如泰山地在屋里读书,跟没事儿人一样。县吏就有点

---

① (宋)欧阳修、宋祁《新唐书》卷五十九 志四十九 艺文(三)
② (后晋)刘昫《旧唐书》卷八十九 列传三十九

邪火上蹿，虽然孔子告诫我们"不迁怒"，但世人往往在生气着急的时候会将邪火无端发泄给别人，县吏就是如此，当时就责问上了："哎，你这孩子，家里出了这么大的事儿，还有心读书，你怎么不出来接受调查呢？"

这一声责骂惊醒了狄仁杰，他转脸看了看外边吹胡子瞪眼的官吏，不高兴了，你责备我啊？我还责备你呢！狄仁杰当时就给他怼回去了："黄卷之中，圣贤备在，犹不能对接，何暇偶俗吏，而见责耶？"①意思是说：你是谁呀？你不过是个俗吏！我干吗呢？读书呢。书中圣贤都在，我忙着跟他们交流还忙不过来呢，哪有闲工夫搭理你个俗吏啊？你责备不着我！

嘿！一句话把县吏噎得直翻白眼儿。可见狄仁杰小小年纪见识不俗，沉稳有主见，而且反应机敏，思维富有逻辑性。这种怼人的场景在他一生中常常出现，基本上只有他怼人的份儿，没有人反驳的份儿，可谓辩才无碍，真是三岁看老啊。

也由此可见，狄家培养了孩子热爱读书、刻苦学习的好习惯。所谓"腹有诗书气自华"，读书多的人自然会呈现出不一样的气质，而狄仁杰身上的这种气质尤其让人惊叹。

有一次，狄仁杰和兄弟们一起在大路边玩耍，正好碰上当时一位善于相面的海涛法师，法师看见狄仁杰惊叹不已，说："此郎位极人臣，苍生是赖，但恨衰朽之质，所不见尔。"②就是说这孩子的面相太好了，未来肯定位极人臣，百姓苍生赖其有福了，只可惜老衲年纪太大了，看不到那时的光景喽。

三十老明经

学会文武艺，货卖帝王家。在古时，读书人的最大目标是科举中第，步入

---

① （后晋）刘昫《旧唐书》卷八十九　列传三十九
② （宋）钱易《南部新书》丙

仕途，这也是当时读书人的"正道"，狄仁杰自然也不能免俗。

正赶上高宗朝，高宗和新任皇后武则天为了打破反对和束缚他们的旧门阀士族的垄断地位，需要使普通门第之人通过科举这种比较进步的选官用人制度成为朝廷新鲜的血液，所以他们对科举给予了大大超过之前统治者的重视。如此，科举制有了较大发展。在唐高宗朝34年中，通过科举入仕的约630人，这是太宗朝科举入仕人数的近三倍，是高祖朝的近二十倍，而狄仁杰就是这630人当中的一位。不过，他仅仅是明经及第。

科举制创于隋、兴于唐，其实也正是在狄仁杰所在的时期兴盛起来的，对此，武则天有不可磨灭的贡献。科举制"其科之目，有秀才，有明经，有俊士，有进士，有明法，有明字，有明算，有一史，有三史……此岁举之常选也。其天子自诏者曰制举，所以待非常之才焉"。[1]可见，科举制的科别是不少的。但在唐代，科举最重要的两科就是明经科和进士科。

明经科主要考试内容就是儒家经典。考试方法是：先帖文，后口试，经问大义十条，答时务策三道。其实，只要脑子好使，把明经科要考的那些经典背得滚瓜烂熟，就比较容易过。

进士科则不同，不但要考儒家经典，还要考试诗赋和政论，按现在的话来说就是得考"答辩"。尤其唐高宗时期，有考官报告说："现在的进士除了会掉书袋背旧文之外，皆无实才。"高宗一看，这好办，增加一项考试内容——杂文，就是让考生当场按考题内容写作诗、赋各一篇。所以，以后的进士科要考试三场，先杂文，次帖经，再口试。

可见，进士科要比明经科难度大得多，中举率低得多。《通典》打了个比方："其进士大抵千人，得第者百一二；明经倍之，得第者十一二。"[2]就是

---

[1] （宋）欧阳修、宋祁《新唐书》卷四十四　选举志上
[2] （唐）杜佑《通典》卷十五　选举三

说进士科中举率百分之一二，明经科中举率百分之一二十，进士科中举率仅是明经科的十分之一。因为进士及第难，所以当时流传了一句话叫"三十老明经，五十少进士"[①]，意思是说：明经科好考，进士科难中，三十岁考取明经科没啥炫耀的，人家小伙子十八就考上了，你三十了，那就算老明经了；可是，五十岁进士及第了，大家都羡慕，纷纷挑大拇哥："真了不起，年轻有为啊！"

如此，进士科便逐渐成了唐代科举中最尊贵的科别，时人称进士及第者为"白衣公卿"。进士及第的含金量高，明经及第的含金量低，明经及第的人在当时往往也会受到别人的歧视，就如同我们现代的一些人对职业教育毕业的人存在歧视一样。

但明经及第的人就真的不能干出一番大事业吗？答案当然是否定的。本书中就有一批明经及第的人在当时做出了一番丰功伟绩，其中就包括我们的主人公——狄仁杰。

狄仁杰和他的父亲一样都是明经及第步入仕途的，狄仁杰及第的时间大概是在唐高宗显庆年间（656—661），三十岁左右，也算个"老明经"了。

所以，狄仁杰考中明经，倒不是什么稀奇的事儿。但在他进京赶考的路上除了民间广为流传的"马寡妇开店"（见第十九章）的故事之外，还发生了一件奇事儿。

传说狄仁杰"性闲（通娴）医药，尤妙针术"，就是精通医术，特别擅长针灸。显庆年间他应召进京赶考，这天路经华州北市，突然发现前面围着一群人，议论纷纷，不知发生了什么事儿。狄仁杰拉住了马，远远望去，看到一面巨大的牌子，上面写着八个大字："能疗此儿，酬绢千匹。"狄仁杰连忙下马，挤进人群一看。在大牌子底下躺着一个十四五岁的孩子，看穿着打扮是个富家子弟，但是在他的鼻端长着一个拳头般的大瘤子，瘤子跟鼻子有条细肉连着，

[①] （五代）王定保《唐摭言》卷一《散序进士》

粗细如同筷子，不能碰，一碰疼痛刺骨。由于两只眼睛也被这大瘤子牵着，所以都往外翻着。孩子痛苦不堪，病情十分危急，看那样子，顷刻就能死去。孩子父母亲戚就在旁边，满脸是泪，束手无策。狄仁杰看到了十分心疼，仔细观察了半天，这才说话："我能给孩子治疗。"孩子父母亲戚一听，高兴坏了，纷纷跪倒磕头，让人拉来一辆车，狄仁杰一看，上面放着千匹丝绢。那意思，只要能给我家孩子治好了，这些绢就给您做酬谢。狄仁杰没有说话，让人小心地把孩子扶起来。然后，狄仁杰取出银针，在孩子的脑后扎进了一寸左右，问孩子："瘤子处能感觉到针气吗？"孩子点点头。狄仁杰猛然抽针。吧嗒！那个瘤子应声而落。再看孩子的双眼也恢复正常，病痛全无了。孩子和父母亲人高兴坏了，边哭边给狄仁杰磕头，而且非要把一千匹绢送给狄仁杰。狄仁杰笑了："我是可怜你儿子性命危急，没办法才进行的急救，我可不是靠行医吃饭的。（所以，也不收诊费）"说完，狄仁杰"不顾而去焉"[①]，连再看一眼也不看了，转身就走了。

这个故事最早见之于唐人薛用弱编著的传奇小说集《集异记》中，一般认为成书于唐穆宗长庆年间，距离狄仁杰所在的年代已经过去一百五十多年了，但同是唐朝。这就说明了，在当时，狄仁杰的名声早已天下传扬。在百姓心里，狄仁杰是一个见义勇为、扶危济困、救苦救难、不求回报的光辉形象。而且，最重要的是，这个故事反映出一点，那就是狄仁杰精通医术，尤其是针灸术。虽然《集异记》是一部传奇小说集，里面的故事我们不能当作历史来看。但，故事是现实的反映。可见，"狄仁杰精通医术"是被当时人所熟知和认同的。以此我们可以猜测，真实的狄仁杰或许真的精通医术。当然，也或许是百姓认为狄公既然能够"医国"，肯定可以"医民"。这就是"不为良相便为良医"嘛。

总之，狄仁杰还是走上了"医国"之路，通过科举进入了仕途。而这一段

[①] 此段援引见（唐）薛用弱《集异记》

时间，恰恰是大唐朝廷内部风云变幻最剧烈的时候。由于这一时期的高层动荡给狄仁杰的命运带来了深远的影响，我们不得不先费一些笔墨，简要地介绍一番，尤其是那位脱颖而出的传奇女性武则天。

第三章　斗南一人

这个女人不寻常

　　武则天和狄仁杰有很多相似之处，他们都是并州人，都出身庶族，都需要靠自己的奋斗一步一步为生命的目标而攀登，儿童时代都随着父亲四处为官而游遍各地，这种生活增长了两个人的见识，磨炼了两个人的意志，让两人在未来成为与众不同的存在。

　　武则天并不是她的名字，她活着的时候都不知道自己会被后人称为"武则天"（注：很多学者认为这个名字是近代才出现的。不知这种观点的依据是什么，但肯定是错误的。《旧唐书》中经常用"则天"来称呼武则天，清朝《反唐演义》《狄公案》《绿牡丹》等多部小说中都是称其"武则天"，怎么会是近代才出现的呢？），至于她最早叫什么名字，现在已不得而知了，据雷家骥先生著《武则天传》的考证："武则天的原名……是以'约'为名，以'明空'为字，并短暂地以字为名，最后才以'曌'字为终身之名。"[1]还有人认为武则天原名叫"武元华"[2]。本书不是武则天的传记，对此就不考证了，我们还是按照今人的习惯称她为"武则天"吧。

　　武则天的父亲叫武士彟，是个庶族子弟。而她的母亲杨氏则出自名门士族弘农杨氏，和隋朝皇帝都是亲戚，门第显赫。按说，在当时讲究门阀出身的隋

---

[1] 雷家骥著《武则天传》
[2] 见陈洋《解密武则天》

唐时期，士族和庶族是不能通婚的。武、杨两家门不当户不对，本不该结合。但谁让他们刚好碰上了隋唐换代的时期了呢。

作为和隋朝皇室有关系的杨氏，在隋末战争中被打击得非常严重，没有了往日的体面。而武士彟却和新兴的李唐势力搞好了关系，成了李唐初创时的功臣。这样，武、杨两家，一上一下，此消彼长，也就把门第扯平了。再加上唐高祖李渊亲自为丧偶的武士彟选择了杨氏，并为之主婚，两人还有什么理由不结合呢？

武则天是武士彟和杨氏的二女儿，出生于长安，儿童时期跟随父亲为官到过扬州、豫州、利州、荆州等各地，走遍了小半个中国，见识了不同地域的风土人情。

武则天十一岁那年，武士彟病逝，武则天兄妹护送父亲的灵车回到老家并州文水，从此便过起了孤儿寡母、寄人篱下的生活，直到十四岁。这一年，母亲杨氏实在忍受不了丈夫前妻所生之子武元庆、武元爽的刁难，返回了老家长安，投靠亲戚。武则天的童年时代至此结束。

这时，武则天的人格在十四年的各种影响下已经基本形成：

一、她出身新贵家庭，从小得到了良好的教育。

二、父亲为人忠厚、性格开朗，跨马能武，提笔能文；母亲大家闺秀，笃信佛教，个性鲜明，熟通经世，能写善画。父母的性格特点都对武则天有深厚的影响，很多她都继承了下来，正是这些让她成了不重女红而富文史的才女。

三、她在中原、沿海、江南、巴蜀、关中都生活过，跨越过黄、淮、汉、江，经历了不同区域的风土人文，阅历丰富，视野广阔。

四、在她十一岁之后的少年时代，陪着母亲备受欺凌，又养成了她坚强、隐忍、刚毅、记仇、权变、好斗的性格，这就是《新唐书》所说的"城宇深痛,柔屈不耻"①。

更重要的是武则天继承了母亲杨氏的美貌、仪态和气质,这也是她最早的资本。正是凭借着这个资本,十四岁的武则天被唐太宗召入宫中做了一名五品的才人,而且由于她妩媚娇美,太宗还特意赐给她一个称号"武媚",这就是"武媚娘"这个名字的来历。

可能由于武则天性格过于刚强,而"马上皇帝"唐太宗更喜欢的是那些小鸟依人的女人,所以,一晃十多年过去了,别的嫔妃都得到晋升,唯独武则天仍然做着最开始的才人。当然,在此期间,武则天并非没有任何收获,她接受了严格的宫廷教育、提高了文化素养、了解了上层社会的生活、看透了后宫争斗的伎俩,更受到唐太宗理政的深刻影响,武则天也逐渐由一位天真稚嫩的少女蜕变成了一位成熟隐忍的女性。

到了唐太宗的晚年,几个皇子为了争夺继承权明争暗斗,弄得太宗头痛不已,伤心欲绝。最后,一咬牙,立了从不争夺、近于窝囊的九子李治为太子,才算稳定住了朝局。

唐太宗对李治寄予了厚望,不但为他配备了如长孙无忌、房玄龄、萧瑀、李勣等元老重臣,而且手把手教李治治理国家,在自己病重的时候,将军国大事都委任李治处决,让李治在自己护佑下做实习皇帝。

李治确实也有长处,他的忠孝老实就是其他皇子难以媲美的,这在唐太宗病重时表现得尤为突出,他经常服侍在父亲身边,衣不解带、亲尝汤药。太宗让他休息休息,他也不肯。这让做父亲的特别感动而过意不去,便在自己寝殿旁边设置了"别院",让李治居住休息。正是在这期间,李治与武则天相识相爱了。

武则天是才人,而处理皇帝宴寝正是才人的职责。所以,这段时间,李治与武则天时常相见接触,渐生男女之情。对于为何李治和武则天会在唐太宗病

---

① (宋)欧阳修、宋祁《新唐书》卷四 本纪第四 则天皇后武曌

榻前产生爱情的火花，历代史学家众说纷纭。有的认为是武则天看到在宫中无望，决心挑战命运，铤而走险，主动勾引太子；有的认为是唐初皇族伦理观念比较淡薄，男女禁忌松弛，爱情环境宽松所致；有的相信李治、武则天后来所说的，两人结合就是唐太宗默许的，太宗把武才人赐给了儿子……在此，我们不愿意更多地猜测，个人更天真地相信就是两人爱情所致，简单、不复杂，至于彼此除了爱情之外还有没有其他考虑，那些都在其次！总之，两人在一起了。

贞观二十三年（649）五月十六日，唐太宗驾崩，李治柩前即位，是为唐高宗。为了给父亲追福，高宗把父亲的所有嫔妃迁往感业寺为尼。

眼看着武则天的人生就此要终结在青灯古佛前了，谁知，仅仅一年，为了纪念父皇，唐高宗举行了隆重的祭奠仪式，来到感业寺行香，两个有情人再次相见了。当时，两人真的是"执手相看泪眼，竟无语凝噎"。

武则天为什么能给李治带来最深刻的爱情感受呢？我认为是因为两人的性格正好互补。李治是一个比较柔弱的男人，跟他父亲唐太宗相比真的就是太极的两面。唐太宗不喜欢武则天的原因是因为武则天太刚了，刚强的男人是需要小鸟依人的女子来承担他无处释放的保护弱小的大男子情怀的，正如霸王就得配虞姬，你让霸王跟吕雉在一起试试，非得打起来不可。同理，李治就喜欢武则天这样的，得有人不嫌弃自己窝囊而鼓励自己，在自己没有主意的时候得有人做自己的主心骨，在自己感到害怕的时候得有人勇敢地跳出来替自己担当，当自己受委屈的时候得有人轻轻地爱抚着自己的脊背……所以，有学者认为李治有"恋母情结"，是有一定道理的。他就是这样的男人，只有武则天能够给予他所需的一切，既能当他的主心骨又能当他的爱人，既有才华也有美貌，还非常温柔（起码在当时是这样的）。

尤其是当时，李治太需要武则天了，无论是外廷还是内宫，他都得不到温暖，反而战战兢兢。

在外廷处理朝政，李治面对的是父亲留给自己的以舅舅长孙无忌为首的一帮老臣，这些人手握大权，张口先帝、闭口太宗地教训着自己，一切都得按照他们的喜恶裁决，自己哪有半点乾纲独断的皇帝样子？

在内宫，王皇后和萧淑妃这两个女人争风吃醋打得不可开交。王皇后出身望族太原王氏，她的父母都与李唐皇室有一定的血缘关系，李治在做晋王的时候，就娶了她，深得太宗皇帝的喜爱，被认为是老李家的好儿媳妇。李治做上了皇帝，她自然也就成了皇后了。但问题是，李治不喜欢她，可能这位文弱的皇帝对王皇后身上那股子大家小姐的霸气本能地排斥吧。他比较喜欢萧淑妃。萧淑妃的出身，史书上没有记载，有人推测可能出身兰陵萧氏，那是南梁的皇室后裔，也算名门望族。但如今跟太原王氏没法比。不过，萧淑妃长得漂亮啊，而且又接连给李治生了一子二女。这下，母凭子贵，萧淑妃就有跟王皇后叫板的资本了，因为王皇后一直没生养。所以，王皇后对萧淑妃是又妒又恨。两人矛盾日益尖锐，两人背后所代表的士族官僚的矛盾也越来越尖锐。李治夹在中间，能受得了吗？

任何一个男人，如果在家庭生活上烦、在工作事业上也烦，这时，只要有个温柔的女性给予温暖，他必定会一头钻进温柔乡里不能自拔，何况是李治这样没主见的人呢！于是，李治就在武则天这里找到了慰藉，从此频频光顾感业寺。之后，武则天怀孕了，给李治生下一子，取名李弘。

消息传到宫中，王皇后又气又喜。气之气，萧淑妃还没打倒呢，又出来个武媚娘；喜之喜，自己跟萧淑妃的斗争已经到了白热化地步了，如果能把这武媚娘接进宫，无论是武媚娘还是皇帝一定都念自己的好，武媚娘肯定会站自己这一边，再加上武媚娘也有儿子啊，萧淑妃的优势就不存在了，两人联手打击萧淑妃，还愁打不趴她吗？萧淑妃被打倒了，武媚娘不在话下，她背后的势力不足为惧。这叫鹬蚌相争，我当渔翁！王皇后的如意算盘打得挺好，马上就找到皇上，建议李治把武则天接回宫中。高宗乐坏了，正愁不知道怎么跟大老婆说呢，没想到皇后主动发话了，求之不得啊。

于是，武则天终于告别了尼姑生涯，二进宫，这次她被高宗封为了正二品的昭仪，李弘也被册封为代王。

武则天虽然一下在后宫有了比较高的地位，但是从不自傲，为人谦和，朋友便遍及后宫上下，且都充当了她的耳目。她对王皇后更是"卑辞屈体"①，这让王皇后经常在高宗面前说武则天的好话。高宗更加宠幸武则天，而冷落了萧淑妃。

可时间不长，王皇后发现自己的如意算盘打错了。那萧淑妃是让武则天给压下去了，可皇上还是不理睬自己。现在怎么看怎么觉得自己不是渔翁，反倒是武媚娘像渔翁了。顿时，危机感再次升起。

这样一来，王皇后和萧淑妃之间的矛盾缓和了，两人甚至开始联起手来一致把枪头对准了武昭仪，欲先除之而后快。

武则天早就看透了两个人的用心，但表面没有显示出丝毫的迹象，暗地却时刻等待着反击的时机。

永徽四年（653）底，武则天又为唐高宗生下一个女儿。李治非常高兴，视为掌上明珠。结果，有一天，武则天和唐高宗一起回到自己的寝殿，发现女儿已经死了。武则天、唐高宗痛不欲生，一问身边的人是怎么回事。身边的人当然赶紧推脱说："刚才皇后来过，还抱了抱小公主呢。"唐高宗丧女心碎，想起王皇后平常那种妒妇的神态，当时就说了："这一定是皇后所为！"武则天看到女儿已死，心痛之余，理智告诉她：这是一个扳倒皇后的绝佳时机。于是，武则天哭着把王皇后平日对待自己和他人的一些罪状告诉了李治，从而激怒了这个丧女的父亲，最终李治废掉了王皇后。

这里需要说明的是，其实，婴儿夭折在医学科技不发达的古代非常正常，新生儿的死亡率在古代也很高。武则天的这个孩子就属于新生儿猝死的一例，绝非后世之人为了塑造一个心黑手狠的武则天形象，而说成是武则天故意杀死自己的女儿，嫁祸于人的。后世不少史学家已经对此做了论述，举了大量的

---

① （宋）司马光《资治通鉴》卷第一百九十九　唐纪十五

论据，比如武则天当时已经有了儿子，没有必要以牺牲闺女为代价涉险诬告皇后，精明理性的武则天是不会做这样的傻事的；另外，杀子诬陷的记载不见于唐时历史资料，《旧唐书》中也没有记载。而是到了宋时的《新唐书》才有了这样的记录；第三，我们知道，武则天统治时期，李敬业（徐敬业）叛乱，骆宾王为给这场叛乱打造舆论，写了一篇流传千古的檄文叫《代李敬业传檄天下文》（又称《讨武氏檄》《讨武曌檄》）。在这篇檄文当中，骆宾王极尽污蔑武则天之能事，捏造了好多非事实的罪名，如说她"弑君鸩母"——杀了唐高宗，毒死了自己的母亲。这都是没有的事儿。但就这样的东西，骆宾王都能无中生有。如果，武则天真的杀死了自己的孩子，骆宾王这篇檄文能放过吗？所以，武则天杀子以及后来武则天残害王皇后这些桥段大多为后世人臆造出来的，目的很简单——对女性称帝极尽污蔑。当然，我们也不能排除武则天杀子诬陷这一可能性，毕竟武则天往往是不按常理出牌的。

总之，武则天忍辱负重，突然一个大转身，废掉了王皇后，打垮了萧淑妃。然后便开始向皇后之位冲击了。

而此时，唐朝最高统治集团却因废立皇后的问题分成了两大派系。反武的是以长孙无忌为首的褚遂良、于志宁、柳奭、韩瑗、来济等那些贵族老臣；拥武的是以许敬宗、李义府为代表的一批所谓的庶族官僚。双方争斗得不可开交。

表面看，这次争斗是针对武则天，其实不然，最深层、最根本的争斗目标是唐高宗的皇权。

唐高宗登基之后，一直面对着长孙无忌等权臣的操控，高宗早就厌烦了这一帮天天把自己当小孩子，天天把自己父亲挂在嘴边教训自己的"老头子"了。所以，废王立武事件，看起来是武则天的事，其实是唐高宗的事，没有唐高宗的坚定支持，武则天是不能成功的。

可是，无论唐高宗和武则天怎么讨好长孙无忌，他仍然带着人对立武之事表示反对。事件的转机来自另一位宰相，也是出身庶族的李勣。当唐高宗和武则天征求这位开国功臣支持的时候，深谙智略的英公就说了一句耐人寻味的话："此陛下家事，何必更问外人？"①一语点醒梦中人：你是皇帝，你爱怎么办怎么办，你管他们干什么？拿起你皇帝的威严来，他们能怎么着啊？可以说，在立武这件事上，李勣帮了武则天大忙，是她的恩人。可遗憾的是，他的孙子李敬业后来造武则天的反，英公一家为此遭受了武则天的摧残。对于这件事，后文再交代。

而李勣的这种"此陛下家事"的话也被武则天牢牢记在心里。后来狄仁杰劝武则天把皇位交还李唐时，武则天也是用这句话阻止狄仁杰的，可是让狄仁杰一句话就给怼回来了。可见，在这一点上，狄仁杰与没敢反抗的长孙无忌有本质的区别，那就是狄仁杰无私心，一心为江山。可长孙无忌还是有自己的私心的，关键时刻不敢坚持。所以，当在李勣的支持和语言的鼓励下唐高宗再次发起冲锋的时候，长孙无忌等人软了下来，不再吭声了。

于是，永徽六年（655）十月十九，武则天正式被册立为皇后。

武则天是个心狠果决的人，对敌人，她从来不手软，更不会惺惺作态，她不会给敌人喘息的机会，让敌人卷土再来。于是，她请求唐高宗赐王皇后和萧淑妃自缢。不久，又让唐高宗立了自己四岁的儿子李弘为太子。

但是，长孙无忌等反武派仍不甘心，小动作不断，伺机反扑。但毕竟拥武的势力现在起来了，他们一直盯着反武派的动向，并找准时机，在显庆二年（657）诬告褚遂良、韩瑗、来济朋党勾结、图谋不轨。高宗连审查工作都懒得做，直接把这些人贬到了今天的广西、三亚、越南这些边远地区为官去了，褚遂良直接抑郁而死。

显庆四年（659）四月，许敬宗告监察御史李巢与长孙无忌谋反，唐高宗问都没问，直接将长孙无忌贬黜离京。不久，许敬宗又告长孙无忌、柳奭、韩瑗等人勾结谋逆。唐高宗立刻下诏，削掉长孙无忌的官爵。七月，高宗命李

---

① （宋）司马光《资治通鉴》卷第一百九十九　唐纪十五

勣、许敬宗等人重新审查长孙无忌等人，想将此谋反案坐实。许敬宗等直接派人逼着长孙无忌自缢，然后告诉高宗，谋反罪证据确凿，案情属实。高宗下诏，斩杀柳奭、韩瑗，将长孙无忌和他们的亲属贬降流放。至此，长孙无忌一帮把持朝权的老臣被铲除了。

由此可见，当时朝廷高层的斗争并不完全是武则天和这些老臣的斗争，而是唐高宗、武则天两口子一起跟他们的斗争，恐怕唐高宗想斗争的成分还更多一些。但是，在斗争过程中，拥武派却基本都成了武则天的亲信。

权臣被削除了，唐高宗乾纲就能独断了吗？不成啊。身体是革命的本钱，年仅三十二岁的唐高宗患上了家族病——风眩病。风眩病是什么病？说法不一，有的说就是高血压导致的头晕目眩，有的说是黄斑变性眼疾。其实，风眩病本来就是中医上的说法，不需要非得跟西医上的某种病相对应，它应该是一种病症比较复杂的疾病，总之"头重，目不能视"。不能理政了，怎么办？李治只能把朝政交给自己最亲信的人，也是比自己处理朝政更有能力的人——皇后武则天了。果然，武则天不负圣望，"处事皆称旨"。从此，武则天开始理政，《资治通鉴》给了一句话："权与人主侔矣。"[①]武则天的权力和皇帝相同了。

而狄仁杰正是在这种历史背景下，步入了仕途，作为大唐基层的一个齿轮开始了他为国家这台大机器的运转。

艺术家加政治家的眼光

狄仁杰第一次做官担任的职务，《旧唐书》上说是汴州（治今河南开封）判佐，《新唐书》中说是汴州参军，其实两者表述的是一个官职。判佐又称判司，是对司功、司仓、司户、司兵、司法、司士这六曹参军的统称，分掌本州各种具体行政事务。但狄仁杰担任的是哪一曹的参军，史书没有明确记载。从

---

① 此段援引见（宋）司马光《资治通鉴》卷第二百　唐纪十六

他之后的履历上看，狄仁杰接着又担任了法曹参军、大理寺丞、侍御史等与司法和检察相关的工作，他在汴州很有可能担任的是司法参军，即法曹参军（在州称司法参军），当然这也只是以理推测而已。不过，汴州在当时是经济发达、人口稠密之地，属于上州（唐初人口超过三万为上州），他这个判佐品级应该是从七品下。刚刚明经及第的人，能够被外放一个上州做分管一项重要行政事务的官员，从某种意义上说也算是"重用"了。这可能与当时武则天不断限制士族子弟、大力提拔庶族子弟的政策有关系。

虽然狄仁杰进入仕途的起点不低，但有时"从最基层做起"可能对一个人的成长更加有利。因为那样你更能看清最基层的官场生态，更能分明吏和官的不同。再加上你又年轻，有着充足的学习时间，当你在基层充好了电、练好了功，再向上走，就能比较接地气儿地工作，比较理解最基层的工作人员，也容易让他们对你信服，因为你不是空降下来的，而是跟他们一样实干上去的。

可是，狄仁杰却多少有些空降的意味，一做官就做上了大州六大部门之一的一把手，按现在话来说那就是市领导班子的成员之一（他如果是司法参军，不就是分管政法工作的领导吗）。虽然史书上并没记载狄仁杰在这个职位上的具体工作表现，但我们从他后来一生的工作表现上看就能知道他永远具有"为官一任、造福一方"的工作态度和能力。三十岁左右的青年，正是春风得意、精力充沛、干劲十足的时候，再加上狄仁杰不容置疑的工作能力，他肯定在汴州判佐这个位置上干得风生水起。

一个空降的官儿，又有能力，做事还非常讲究原则、不徇私情，个人品德还高尚，从不与人同流合污，年轻气盛，难免对一些灰暗的潜规则嗤之以鼻。干实事、不走路，又是外地户，难免就会遭到本地官吏的嫉妒，甚至由于做事办案还会触及这些人的利益，而得罪他们。狄仁杰就是这样，做官不久，就"为吏所诬"[①]了。

---

① （宋）欧阳修、宋祁《新唐书》卷一百一十五　列传第四十

官和吏在古代是有区别的。官是朝廷命官，是由国家通过任官程序正式任命的，国家财政直接发放薪俸，是国家官僚体系正式在编人员，有品级，属于"士大夫"阶层；吏则不然，他虽然在衙门做事，但并不属于国家官僚体系在编人员，是由地方官面对社会招聘进入衙门的，没有品级，薪水也是从地方财政中拨出一部分支付，他们不属于"士大夫"阶层。但一般来说，在某一个行政区域内，吏比官更稳定一些，也就是"流水的官，铁打的吏"，因为大部分官都是外来的，做一两任就会调离，可吏一般都是本地的，经常一做就是一辈子。所以，别看吏的地位低，作为外来官往往会对他们比较客气，所谓"强龙不压地头蛇"嘛，官员必须指着小吏给自己办事呢，如果他们跟自己捣乱，自己在一个地方真就能成瞎子成聋子。于是官吏之间的关系很微妙，平常也会在表面上客客气气，涉及小吏的一些小毛病、小问题，当官的有时候也会睁只眼闭只眼，不去触动这些人的小利益。

也许狄仁杰触动了，也许狄仁杰没有对他们客气，更也许是在某件比较大的案子上狄仁杰不徇私情得罪了他们。当然，具体因为何事，史书上并未记载。但是，我们可以从接下来发生的事情推测出，一定不是一件小事儿，很可能是因一件地方大案。

狄仁杰被人诬告了，能被记载于史书上，可见被诬告得不轻，也很可能被地方官和上级官员都认可了，总之案子已经开始往上走了，狄仁杰面临着初涉官场的第一次危险境地。幸亏此时，他遇到了人生中的第一个贵人，那位赫赫有名的大画家阎立本。

不要给我贴标签

"大画家"是我们对阎立本的一个最大的"标签"，大部分人认识他也是从历史教科书上的这个标签认识的，谁不知道赫赫有名的《步辇图》就是出自他的丹青妙手。

阎立本是雍州万年（今陕西省西安市临潼区）人，隋时入仕，累迁朝散大夫、将作少监。唐武德年间，担任秦王（李世民）府库直。贞观年间，历任主爵郎中、刑部郎中，迁将作少监。

他全家都是艺术家，艺术基因强大。他的父亲阎毗就能篆书、工草隶，尤善画，为当时之妙；他的哥哥阎立德更是了得，对工艺、绘画及建筑工程造诣颇深，曾主持设计帝后所用服饰，绘画以人物、树石、禽兽见长。在唐朝担任过将作少匠、将作大匠，曾受命营造唐高祖山陵，督造翠微、玉华两宫，营建昭陵，主持修筑长安城外郭和城楼等，累迁工部尚书等。

阎立本跟哥哥一样，擅长工艺，富于巧思，工篆隶书，对绘画、建筑都很擅长。唐太宗李世民为纪念建立大唐帝国的武功，就命他绘制了太宗征战四方时所骑的六匹战马图样，然后雕刻于石，立于昭陵，这就是著名的"昭陵六骏"。后来阎立本又奉命绘制了《秦府十八学士》《凌烟阁功臣二十四人图》等，形象逼真传神，享誉天下，时人誉之为"丹青神化"，为"天下取则"。

但对于"大画家"这个标签，阎立本其实是非常不喜欢的。因为他是位"士大夫"，士农工商，在当时社会等级中，除了天子、皇室，最尊贵的应该是"士"。可你偏偏把他归到"工"中的"画匠"，这是很卑贱的，他当然不乐意。当然，我们要说清楚，这种思想是历史局限性所决定的，在阶级社会里，这种思想是广泛而普遍的，与个人品德无涉。

有一次，唐太宗带着一些大臣在御园池中泛舟游湖，看到了几只奇禽异鸟，唐太宗很高兴，命臣子们现场赋诗赞咏，又命宫人赶紧召阎立本前来把这几只怪鸟画下来。当时，阎立本身为主爵郎中（负责封爵事务的吏部官员），没有跟随太宗游湖，在岸上侍候。宫人们就向岸上大呼小叫开了："召画师阎立本前来见驾！"阎立本一听被人称作"画师"，当时羞愧难当，满脸通红，还不能不应召，低着脑袋、红着脸，十分尴尬地来到池边画起了鸟。当天回到家中，把儿子唤过来，语重心长地嘱咐："你爹我从小就爱读书，自认不是蠢材，做的文章都是有感而发，而不是无病呻吟。与旁人相比，也算上乘。可是，就因为我画画画得好，他们就只看到我会画画，看不到我其他的才能。这真是莫大的耻辱。你应该以我为戒，好好读书，还学什么艺术，学什么绘画啊！"

事实上，唐太宗是很欣赏阎立本的，不单是艺术能力，还有政治能力。所以，在阎立德逝世后，太宗就让阎立本接了哥哥的班，做上了工部尚书。恰巧又正赶上这一年朝廷要派黜陟使到各地巡视，阎立本就是其中之一。

黜陟使是唐朝独有的官名，"黜"是贬斥、废除的意思，"陟"是晋升的意思，"黜陟"顾名思义就是官吏进退升降。那么黜陟使就是对地方官吏进行考察后，将其政绩情况上报更高一级的部门，并提出推荐或贬黜的建议，以便唐朝廷对官吏的职务升迁或贬黜。他可以不上报直接处置一些违法犯纪的官员，可以罢官、可以入狱，甚至可以直接处决。所以，黜陟使制度是唐代朝廷对地方官吏的政绩进行考察、以决定对其进行升迁或贬黜的重要制度。这种行政监察对唐代地方官吏的有效任用起了相当重要的作用。唐朝初期，每隔一年或数年，朝廷都会挑选一批朝官担任黜陟使，分派全国各道去巡视、监察。此次河南道黜陟使就是阎立本。

艺术家的眼睛明察秋毫，政治家的眼睛不揉沙子，何况阎立本这位艺术家兼政治家呢？巡视到汴州时，正好看到了诬告狄仁杰的卷宗。阎立本立刻发现这个案子不简单，似乎这个叫狄仁杰的判佐所犯的过错有其原因。于是，阎立本便亲自审理此案，经过深入了解、仔细调查，阎立本发现此案纯属诬告，狄仁杰所谓的"过错"不但不是"过错"，反倒是他悲悯仁心的体现。可惜，此案到底是什么案子，我们无从知道，但是我们还是能从阎立本的行动上看出来一定是我们上述的推测。因为，阎立本审明此案之后——"异其才"[1] "见而谢"[2]——召见了狄仁杰，和其一交谈，更加惊异于此人的才华，于是向他道歉

---

[1] （宋）欧阳修、宋祁《新唐书》卷一百一十五 列传第四十
[2] （后晋）刘昫《旧唐书》卷八十九 列传第三十九

（从这里我们就可推知此事绝非小事，否则阎立本不可能觉得对不起狄仁杰，还要向他赔礼），说："孔子说'观过知仁'，观察一个人的过错就知道这个人仁或不仁了。'足下可谓海曲之明珠、东南之遗宝'①啊！"盛赞狄仁杰是海隅僻地的一颗璀璨的明珠、东南蛮荒中遗落的瑰宝。《新唐书》将这段话浓缩成了四个字"沧海遗珠"②，用"大海里被采珠人遗漏的宝珠"来给予了狄仁杰高度的评价，从此"沧海遗珠"就成了一个典故，用来比喻埋没人才或被埋没的人才。在这里，阎立本也有一种"野草埋麒麟"的感叹。可见，此案体现出的不单单是狄仁杰的政务能力，一定还能体现出他高尚的道德品行来。这么好的材料怎么就做个小小的判佐呢？这不是埋没了吗？

阎立本立刻给狄仁杰平了反，而且马上向朝廷举荐狄仁杰，提拔他担任了并州（治今山西太原西南）都督府法曹参军。

在慧眼识珠的阎立本的保护下，狄仁杰终于闯过了这一险关而衣锦还乡了。

为什么这样说？因为第一，并州是狄仁杰的老家，这次去并州做官不是"还乡"吗？第二，狄仁杰升官了，不就是"衣锦"了吗？

有人可能有疑问了：狄仁杰没升官啊？在汴州，他任判佐，就是六曹参军，你还说很可能也是司法参军（法曹参军）。现在到并州也担任法曹参军，怎么会升级了呢？

这样说是有原因的。您还记得前文咱们说汴州是上州这件事吧？唐初地方行政区划为州、县两级制。州按照人口数量又分上州、中州、下州。所以，虽然都是州官，不同级别的州，官员的品级却是有差别的。但除州、县这种行政区域之外，唐王朝在重要地区还会设置一种名叫都督府的地方行政机构。唐初，除少数都督府不管州外，大多数都督府均统属数量不等的州。都督府的最

---

① （后晋）刘昫《旧唐书》卷八十九 列传第三十九
② （宋）欧阳修、宋祁《新唐书》卷一百一十五 列传第四十

高长官叫都督，州的最高长官叫刺史，如果都督府下统属一些州，那么都督往往会兼任其府治所州的刺史。都督府的官员系统和州的官员系统的名称也有所区别，如都督府的判司称"某曹参军事"，而州政府的判司则称"司某参军事"。都督也分大、中、下三个等级，大都督所治的都督府自然就是大都督府。一般，大都督都是由亲王出任，非亲不轻授的。并州就设了大都督府！

因为并州在唐代的地位非常特殊，乃是唐朝开国皇帝高祖李渊的起兵之地，故称唐朝的"龙兴之地"，又是五京之北京。再加上并州的地理位置又极其重要，守住并州则可保长安、洛阳不受北方势力威胁。所以，才在并州设置大都督。

这样，并州不但是大州，还是大都督府，一般，它比上州的同官职的官阶还要高两级。比如，狄仁杰在汴州任参军（判佐），品阶是从七品上，而现在做上了并州都督府法曹参军，品阶就是正七品上，等于官升两级。不然也体现不出阎立本慧眼识才的效果嘛。

天边飘过故乡的云

狄仁杰起身赶往并州赴任，需要翻过太行山。登到山头，回首南望，但见一片白云，寂寥孤飞。狄仁杰望云止步、沉默不语，继而潸然泪下。左右跟随者不知狄大人怎么了，前来询问。狄仁杰喃喃道："吾亲所居，在此云下……[①]"原来，当时狄仁杰的父母年迈，正住在太行山南边的河阳（今河南孟州市西）别墅。所以，狄公望云思亲，这才感慨：我的父母双亲就住在这片云下啊，而我却像这片孤云，顷刻间就要离他们而去，不知何时才能再见到他们，才能在堂前尽孝啊……他在此驻足眺望许久，直到那片白云悠悠离去，狄仁杰才怅然回头，拭泪而行。

---

① （后晋）刘昫《旧唐书》卷八十九　列传第三十九

这是史书上有关狄仁杰记载中的最温馨、最感人、最触动心灵的一则故事，千百年来它不知感动了多少人。由于《新唐书》将狄仁杰的话浓缩成了"吾亲舍其下"①。于是，由此生成了一个成语典故——白云舍亲，又作"白云孤飞""望云之情""狄公反顾""狄公望云"等，后人纷纷用其比喻客居在外对亲人的思念。而这个故事又被"二十四孝"收入其中，称之为"望云思亲"。

"二十四孝"是古代人为了宣传"孝道"而集合的二十四个孝子在不同环境下、用不同方式行孝的故事。

在这里要说明的是，"二十四孝"有多个版本，常见的版本中并没有"望云思亲"这个故事。而"望云思亲"却收录在另外一个版本的"二十四孝"里，我们可以从下表中对比一下两个版本的故事异同：

版本\编号	常见版本	另一版本
01	孝感动天（舜）*	忠孝双全（沈云英）
02	戏彩娱亲（老莱子）	望云思亲（狄仁杰）
03	鹿乳奉亲（郯子）*	上书救父（缇萦）
04	百里负米（子路）*	彩衣养亲（杨乞）
05	啮指痛心（曾参）	哭竹生笋（孟宗）*
06	芦衣顺母（闵子骞）*	打虎救父（杨香）*
07	亲尝汤药（汉文帝）*	鹿乳奉亲（郯子）*
08	拾葚异器（蔡顺）	笼负母归（鲍出）
09	埋儿奉母（郭巨）	弃官奉亲（潘岳）
10	卖身葬父（董永）*	单衣顺母（闵子骞）*
11	刻木事亲（丁兰）	卖身葬父（董永）*

---

① （宋）欧阳修、宋祁《新唐书》卷一百一十五 列传第四十

续表

版本\编号	常见版本	另一版本
12	涌泉跃鲤（姜诗）	亲尝汤药（汉文帝）*
13	怀橘遗亲（陆绩）*	卧冰求鲤（王祥）*
14	扇枕温衾（黄香）	闻雷泣墓（王裒）*
15	行佣供母（江革）	负米养亲（子路）
16	闻雷泣墓（王裒）*	挨杖伤老（韩伯愈）
17	哭竹生笋（孟宗）*	跪父留母（张菊花）
18	卧冰求鲤（王祥）*	孝感继母（李应麟）
19	扼虎救父（杨香）*	劝姑孝祖（刘兰姐）
20	恣蚊饱血（吴猛）	孝感动天（舜）*
21	尝粪忧心（黔娄）	兄弟争孝（吴氏四兄弟）
22	乳姑不怠（崔山南及祖母）	怀橘遗亲（陆绩）*
23	涤亲溺器（黄庭坚）	贼窟救亲（孙抑）
24	弃官寻母（朱寿昌）	孝传五世（陈侃）

注：（ ）内为故事的主人公，标*为两个版本相同的故事

从两个版本的对比，我们可以看出第二个版本明显比第一个版本"正常"。由于古代中国人，尤其是那些理学家们，鼓吹"孝道"（注意是"孝道"不是孝顺，"孝道"是"礼"的一部分，是一种社会秩序），将本来应该是发自人性本能的子女对父母的爱，有时就变成了极端的愚孝，这在常见版本的"二十四孝"里表现得比较突出，如："黔娄尝粪"里为了知道父亲病情，儿子天天尝父亲粪便的味道；"恣蚊饱血"里儿子为了父亲不被蚊子咬，自己光着膀子先让蚊子吸饱了血；"埋儿奉母"里，主人公郭巨更狠，想一心奉养母亲，居然要把自己亲生儿子活埋……您看看，这些孝子一个个的不是神经兮兮就是行为极端。所以，在这个版本里，它怎么会选择"望云思亲"这样的故事呢？哦，

狄仁杰就望望云，掉个泪，思念一下父母，就算孝顺了？他怎么能跟"埋儿奉母""恣蚊饱血"这样的孝子行为比呢？

同时，我们也看到，常见版本除了没有收录"望云思亲"外，对沈云英继承父志死守城池的"忠孝双全"、缇萦为父申冤终改酷刑的"上书救父"、韩伯愈因母打自己不疼而伤感母亲老迈的"挨杖伤老"等这些，要么是格局更大的家国情怀、要么是由内心出发的人间真亲情的"心孝"故事，也没有收录。可见，常见版本更重视目标明确且实际行为的孝，而不太认同精神层面的承志和心孝。所以，它收录或编造了一大批极端的孝行。

但我们中国人自古流传着一句话："淫看行不看心，孝看心不看行。"就是说，人内心有淫欲甚至臆想过一些淫秽之事甚至侵犯别人的淫行，这都是无罪的，因为一个人是不是"淫"，要看他有没有实际行动；可"孝"就不一样，如果一个人为国为民工作，远离了父母，未能在堂前尽孝，但他一直怀有对父母孝顺之心，那这个人就是孝顺的。所以，"孝"重的是心。

而狄仁杰"望云思亲"的故事之所以历来被人们不断地讲述、引用、回味和对照，不正是因为它其中的那淡淡的乡愁、那幽幽的无奈、那浓浓的孝心与每个时代都有的如同那浮云的游子相观照了吗？

北宋著名文学家黄裳就曾这样评价过这个故事和狄仁杰："狄仁杰登太行山。南望孤飞之云，感吾亲舍其下，惟其爱亲也。笃，则其事君也忠，及人也恕。是故，唐之基绪不断如线。仁杰果能蒙耻奋忠，安其神器，恤刑爱人，号为长者，然则瞻望其亲之际，则仁之类存焉，是亦充之而已。"①

他认为狄仁杰完全做到了儒家所提倡的"仁"。所谓"夫子之道。忠恕而已矣。"②"忠恕"是孔子"仁"思想的两方面表达。狄仁杰都做到了，所以他是位仁者长者！

---

① （北宋）黄裳《演山集》卷一三
② 《论语·里仁》

"二十四孝"中也专门对"望云思亲"进行了诗歌赞颂：

朝夕思亲伤志神，
登山望母泪流频。
身居相国犹怀孝，
不愧奉臣不愧民。

这是任何一个时代对为国为民又孝亲思亲之人的统一赞颂啊！

"望云思亲"的故事在唐朝就已经广为流传了，这一点可以从考古发掘出来的唐代墓室壁画上多有反映（如太原金胜村唐墓、太原焦化厂唐墓）。可见，在唐代，狄仁杰由于自身的高尚品德和为国为民的作为而广受百姓推崇，成了令人敬仰的楷模。而随着各地为其建立生祠，他的故事便被口口传颂，"望云思亲"也成了当时孝行的典范，而被孝子们绘制在了父母的墓穴之中，以表示自己对他们思念的"心孝"。

而从此，故事中的"云"也被狄仁杰赋予了"游子、故乡、母亲"等新的象征意义，到了明清时期更发展成为"云山图"，成为山水画中一种常见的形式。尤其为官僚士大夫阶层所喜欢，在他们公事之余创作或欣赏"云山图"，用来表达对友人的离情、对父母的孝思、对故乡的思念、对归隐的向往。

明代王翰《题望云思亲图》一诗就很好地总结了"望云思亲"的构图及意蕴：

草铺平野树苍苍，
游子登临倍感伤。
鸿雁去边生客思，
白云飞处望亲乡。
山遮故国身难越，

水接遥天恨共长。
何日得归盱水上，
一樽春酒寿高堂。

他的另一首《望云思亲图》写得更加直白：

白云天际闲舒卷，
却似摇摇行子心。
云气有时还变灭，
子心无日不登临。
高林度过含疏雨，
远岫飞回落晚阴。
不羡梁公为令子，
但存忠孝古犹今。

在这里，王翰直接点出"望云思亲"典故的主角是狄仁杰（梁公），并以己比古。

"望云思亲"也成为明清时诗人经常创作的诗词题材，涌现了一批诗作。而这个故事在民间也被流传成情节更为传奇的美好传说了。

狄仁杰与白云寺

据说，某年盛夏季节，远在外地为官的狄仁杰探亲回家，当天烈日当空，炎热无比，狄仁杰一路行来，酷暑难耐、挥汗如雨。突然发现前方有一座古寺，于是狄仁杰便走进寺院，一来休息一下，二来打算向寺院借把伞遮阳赶路。

寺院里的老和尚见过狄仁杰后，便让狄仁杰在寺院里的一棵大银杏树树荫下乘凉，他指着旁边石桌上的一盘棋对狄仁杰说："家有家法，寺有寺规，想借寺院的东西须在棋盘上战胜老衲。"

狄仁杰也爱下棋,反正权当休息,便同老和尚对弈起来。狄仁杰棋艺高超,连胜三盘。老和尚最后推棋认输。

可是,当狄仁杰一行准备上路时,老和尚并未拿出伞来相送,而是说:"施主尽管登程,一路上自然有人替你撑伞!"

狄仁杰以为老和尚不讲信用不给伞了呢,也没再强求,便匆忙上路了。

走了几步,发现自己总在荫凉底下。抬头一看,只见有一片白云跟随着他们。他们走,白云也跟着走;他们停,白云也停止不动,始终罩着他们。

此时,狄仁杰才明白了老和尚说的话,看来那老和尚一定是位得道高僧啊。

当他们来到太原,将要进狄村时,那片白云便停滞不跟随了,而是孤零零地停留在不远处的红土沟上空,真是令人不得其解。

回家后,狄仁杰把事情告诉了母亲。正巧狄母前些天得重病,在观音菩萨前许下大愿:"只要病愈康复,就为观音菩萨重修庙宇、再塑金身。"现在她病体痊愈了,正准备选址建观音堂呢。狄仁杰听后,当机立断将观音堂建在白云停滞的红土沟,先叫观音堂,后来改名为白云寺。

白云寺自建成,借狄仁杰名相之威,一直是太原地界香火最盛的庙宇之一,名列太原十方丛林之首,又称南十方院。

可见,对于"心孝",中国人是普遍认同的。

当然,也有人会质疑,"心孝"之人没有行动,怎么能证明这个人懂得"孝"呢?

孟子说:"老吾老以及人之老,幼吾幼以及人之幼。"一个"心孝"之人必定会将"老吾老"的"心孝"以及"人之老"。这一点,很快在狄仁杰身上得到了证明。

榜样的力量是无穷的

当时的制度,大都督府设两员法曹参军,共同掌管司法刑狱。除了狄仁杰,另外的一名法曹参军叫郑崇质。

郑崇质家有老母,年事已高,体弱多病,必须有人悉心照料。

不料突然来了任务,郑崇质奉命要出差到"绝域"。绝域是哪儿?就是极其遥远的地方。在古时,这个词多指国外。所以,有人认为郑崇质是奉命出使他国,有人还认为是去西域办事。甭管是出国还是去西域,在当时那样的交通环境下,顺利的话,也得一两年。而且跟现在可不一样,家里有车有装备,普通人都敢自驾游跑无人区探险。那年代,到处都是无人区,哪有那么好的装备给养了?赶远途等于面临着未知的危险和叵测的无常,途中遭遇不测、客死他乡,甚至尸骨无存的事儿经常发生。朝廷为此专门规定:出使外国的使者如不幸死亡,按照此人的级别享受相应的抚恤。可见,这样的事情太常见了。所以,大多人不愿意出长差,何况郑崇质家里还有老母呢!但这是朝廷给的差使,你端着朝廷的饭碗,哪能推辞呢?所谓"自在不当差,当差不自在"嘛。郑崇质一时心事重重、忧愁不堪。

身为同事的狄仁杰将此事看在了眼中,他对郑崇质的忧愁感同身受,自己何尝不是因为公事而与年迈的双亲千里分别呢?自己已然这样了,何必让天下再多一个骨肉离别之人呢?

于是,狄仁杰来到郑崇质面前说:"太夫人身有重病,而公却要出使远地,怎么可以留下老母让她日日为万里之外的儿子担忧呢?你放心,这事我有办法。"狄仁杰说完立刻就找到了并州大都督府长史蔺仁基,主动向其提出让自己代替郑崇质完成出使的任务。

大都督府最高长官名义上是大都督,但因为大都督基本上都是由皇室亲王、皇子充任,并且通常,这些亲王、皇子只是遥领,即本人在京城,所以大都督只是名义挂职而已。这样，大都督府实际最高长官就是二把手长史。并州的情况也一样，它的最高长官就是长史蔺仁基。

蔺仁基简直不敢相信自己的耳朵，他可能让狄仁杰再说了一遍，然后才确定了这是真的。正如同一些人很难达到雷锋同志那样的品德高度，他就怀疑雷锋同志的事迹一样，蔺仁基之前也怀疑古代先贤，认为世上怎么可能有那样道德高尚的仁人义士呢？直到今天看到了狄仁杰的行为，他相信了，世上确实有品格高洁、道德高尚的人能让自己高山仰止的。"毫不利己，专门利人"这个成语在那时虽然还没有，但狄仁杰无疑可以配得上。狄仁杰到任不久，与郑崇质只是初识的同事，一非亲，二非故，怎么就愿意代替他甘冒风险、不辞劳苦呢？此人若非"傻子"就定是"圣人"！这就叫"孝友绝人"！而反观自己，蔺仁基不觉羞愧。

原来，身为长史的蔺仁基和大都督府司马李孝廉长期不和。为什么不和？也能理解。大都督府没有一把手大都督在，长史是实际的一把手。但司马其实是一把手的助理，品级和职权与长史差不太多，有点像常务副都督和大都督府办公室主任的区别。在一把手不在的时候，两人谁管谁啊？谁服谁啊？难免工作当中有些意气之争、小摩擦存在，弄得彼此别别扭扭，又谁也不会主动服软。

但今天狄仁杰用自身的行动给蔺仁基上了生动的一课。蔺仁基感到自己的行为与狄仁杰的行为相比，简直天壤之别；自己的胸怀更加无法与狄仁杰的胸怀比拟；自己的品格……就不用说了。越比，蔺仁基越觉得自己渺小；越比，越觉得惭愧。蔺仁基不愧也是个君子，他有着自我批评的精神。他送走了狄仁杰后，好好地反思了自己一番，然后决心主动找李孝廉表达歉意，乞求和好。

可想而知，当李孝廉看到蔺仁基主动来到自己面前时是多么的惊讶。而蔺仁基把狄仁杰的事一五一十地讲给了李孝廉听后，真诚地看着李孝廉的眼睛说了一句："吾等岂独无愧耶？"意思是与狄仁杰比，咱俩难道不觉得脸红吗？

一句话说开了所有的事情，让两个人冰释前嫌，言归于好，"相待如初"①。

这就叫榜样的力量！我们现在为什么在各行各业要评模范、评先进，为什么国家每两年要评选出一批"全国道德模范"？因为事实不断地证明，榜样的力量是无穷的！有了好的榜样，就更能鼓舞人们的士气，反思自己的不足，努力向榜样靠拢，这才形成"学帮赶超"的良性循环。所以，在部队，英雄连的战斗力肯定是强的；在工厂，模范组的生产力肯定是强的；在官场，包公的下属肯定是清廉的……

狄仁杰，一个普通的新任小官，却用自己高尚的品格和实际的行为，让大都督府两个最高长官主动与之看齐而化解了矛盾，促进了团结，增强了领导班子的凝聚力……于是，狄仁杰的名声一下子在并州就传开了。再加上，从此之后，蔺仁基像着了魔似的，逢人就说一句话："狄公之贤，北斗以南，一人而已！"②您看，上司居然尊称属下为"公"，简直被狄仁杰成功圈粉儿了。"北斗"是啥意思？我们常形容某个领域最高、最极致、最顶峰的叫"泰山北斗"。北斗在北边啊，"北斗之南"我们就可以理解为"极致以下"。另外，古人也常把北斗比作天子，臣民比作群星，所谓"群星拱斗"嘛。那"北斗之南"也可以理解为"除了皇上之外"。这样，我们通俗地解释这句话就是："狄公的贤德，天下第一，谁也赶不上！"大都督府实际一把手天天宣传这句话，狄仁杰的声望能不高吗？

那狄仁杰到底替代郑崇质去没去出差啊？史书并没有记载。不过，有趣的是，明代署名金怀玉所编撰的戏曲《狄梁公返周望云忠孝记》（以下简称《忠孝记》）中却以此事为基础进行了戏剧化的改编。

在《忠孝记》中，狄仁杰和儿子狄光嗣一起进京赶考，在路上偶遇同样赴京赶考的郑宗质（原型郑崇质），两人交谈甚欢，结为好友，相伴进京。正巧

---

① 此节援引见（后晋）刘昫《旧唐书》卷八十九　列传第三十九
② （宋）欧阳修、宋祁《新唐书》卷一百一十五　列传第四十

阎立本（原型阎立本+蔺仁基）和蔺仁基（原型蔺仁基+李孝廉）是此次考试的主考，但两人由于误会有了矛盾隔阂。金榜发出，狄光嗣考中状元，狄仁杰和郑宗质都是进士。狄光嗣和狄仁杰被朝廷留在京中为官，而郑宗质却受命要出使远方。但郑宗质家有老母，放心不下，遂决定辞官不做，回家孝亲。狄仁杰这才来见吏部尚书阎立本，表示愿意代替郑宗质出使。狄仁杰的行动感动了阎立本，他反省了自己，主动与蔺仁基同归于好。而且不仅不派郑宗质出使了，连狄仁杰都不派了，另找他人做了这项工作。郑宗质为表示感谢狄仁杰，就把自己的女儿嫁给了狄光嗣为妻子。

中国的戏曲基本上都是大团圆的喜剧结尾（所谓悲剧也常以团圆结尾，如《梁祝》，亦是化蝶而团圆）。但历史的现实未必如此，一般认为，狄仁杰应该替代了郑崇质。不然，如果没有实际行动，领导天天在这里树他的典型也不好树啊。

当狄仁杰从远处归来后，在并州继续供职达十余年之久，政绩如何，正史上并没有记载。但从并州当地百姓为他修建祠堂、祭祀纪念，和他之后的为官经历上来看，他一定又做到了其终生信奉的"为官一任、造福一方"，造福了当地百姓。根据康熙年间的《阳曲县志》卷十四引明代知县彭而述所作的《狄梁公谱系祀田记》可知，阳曲（今山西省太原市阳曲县，唐初属并州）的狄公祠到了明代还完好无损、祭祀不断，该祠拥有三百亩祀田，耕种祀田的收入主要用于维持祠堂的"运营"。再加上太原一代出土的唐墓中屡有狄仁杰"望云思亲"的壁画，这就证明了狄仁杰数百年来一直受到故乡人民的推崇和爱戴。只是很可惜，他在并州十多年的为官政绩不见于史书。不过，从狄仁杰下一个职务是大理寺丞来看，狄仁杰的并州法曹参军一定做得非常出色，在法律工作岗位上做出了突出的成绩，于是，朝廷这才将其升职到国家最高司法审判机关，让他做了大法官，成就了"千古神探"的美称！

第四章 大唐神断

大理寺丞是个啥官儿

由于狄仁杰出色的政绩，上元二年（675），狄仁杰被调入长安任大理寺丞。就是这个职务让狄仁杰在青史之上留下了光辉的一笔！

大理寺相当于现在的国家最高人民法院，是大唐朝最高的司法审判机关。早在秦汉时期，就已经有了大理寺职能的机构，在当时，被称为廷尉。汉景帝、汉哀帝、汉献帝、梁武帝曾四次将其改为"大理"（古代称掌管刑罚的人为"士"，又称"理"，汉景帝加大字，取"天官贵人之牢曰大理"之意），但都没有成功，依然叫廷尉。不过，南朝没改成功，这事儿让北朝给办了。北齐将廷尉正式改名为大理，再加上一个"寺"字，于是"大理寺"这个机构名称总算定了下来，隋唐将这一称呼延续了下来。

大理寺的编制是这样的，最高长官叫大理寺卿，那可是所谓的国家"九卿"之一，掌邦国折狱详刑之事。简单地说就是定判案件，同时将判定为"死刑、流放"的案件上报刑部并加以讨论会审。要是遇到重大案件，唐制由大理寺卿与刑部尚书、侍郎会同御史中丞会审，称三司使。决狱之权虽然在刑部，但大理寺不同意时，可上奏圣裁。大理寺卿官秩，隋初为正三品，炀帝改从三品，唐朝延之。

（在这里，插讲一下唐代的官阶品级，因为本套书涉及颇多，所以，先给大家说明白为好。简单地说，唐代文官官阶分为九品，除正一品不设外，二品起每品分正、从，正四品起，又有上、下阶，共有二十九阶。武官官阶也分九品，除正一品不设外，二品起每品分正、从，正三品起，又有上、下阶，共有三十一阶。这里需要说明的是，虽然唐朝的文官与武官不设正一品，并不是真正的没有。还需要说明的是，虽然唐朝有一、二品官，但大多是名誉虚职，并无实权，所以，后面说到唐朝的宰相才三品，大家都不用诧异了，虽然仅是三品，但却有实权。）

大理寺卿有两名副手，称为大理寺少卿（因为副职的这个名字，让一些人误以为正职叫大理寺正卿，甚至还上了影视剧），负责案件的详审和复查，从四品上。

下设大理正两名，负责审议案件是否清楚，判决是否公正，如果大理丞判决不正，可依据刑法修正，从五品下。

再往下就是大理寺丞，总共六名，"掌分判寺事，正刑之轻重。徒以上囚，则呼与家属告罪，问其服否。"[①]简而言之，就是掌管大理寺日常事务并负责断案（注意是断案不是探案）。由此可见，在大理寺这个机构当中，主要干事儿的或说干主要事儿的，其实是大理寺丞。上面的领导那是做指导和决策的。

再往下，还有主簿、录事。

以上这些，是大理寺主要领导层干部，下面还设有府二十八人，吏五十六人，狱丞四人，狱史六人，亭长四人，掌固八人，掌管处决缉拿犯人的问事一百四十八人，司直六人，评事十二人，评事史十四人，等等。总之，在大理寺一共只有299人是有国家编制的。

要是从品级上来看，大理寺丞其实不算大官，仅为从六品上，但是职位非常重要，最高人民法院的法官，那还了得吗！而且，整个大唐朝就六个大理寺丞。天下那么多的大案，都得他们六个断理，责任重大。

也正是由于天下那么多的大案才由六个大理寺丞断，用现在话来说，忙死他们也断不完呢。旧案没断完呢，又来了新案。新案没顾上断呢，更新的案子

[①]（宋）欧阳修、宋祁《新唐书》卷四十八　志第三十八

又报上来了。每个案子都牵扯到很多罪犯，都得排队等着提审。在哪儿排队啊？当然得在大理寺的监狱里，那狱丞、狱史就是这里的负责人。但是，大理寺的监狱毕竟是有限的，而天下的案子却是无限的，把有限的监狱投入到无限的案子里，能否让有限不断容纳无限，主要就得看这六位大理寺丞的工作能力了。可惜的是，以往的大理寺丞都不算"能吏"，更不是"超人"，再加上送到大理寺的案子都是大案要案，每桩案子牵扯的人员之多、涉及的卷宗之繁，想要理清断明，绝非易事。糊涂断案，在政治比较清明的唐初那是不行的，一来上峰会对你进行审核考课，二来案子的当事人也不干，不能心服口服，那就上诉、上访，最后倒霉的必定是大理寺丞；谨慎断案，无疑需要在案卷、供词、审讯、剖析中花费大量时间，这样监狱中候审之人自然越来越多，时间一长，人满为患，这种现象被称作"滞狱"。

大理寺丞的低效率是常态化的，所以大理寺的"滞狱"便是常态化的。大理寺最高长官大理寺卿比任何人都着急，这种着急的原因，其一来自他的职责，其二更来自他的能力，因为他觉得断狱并非是件难事，自己又不是没断过，为何放在你们这些下属身上就那么困难？一个超高专业能力的人总会把自己的能力当作衡量别人的标准。所以，一个专业能力高的领导往往不是那么的开心，自然做专业事的下属也不是那么开心，这种彼此不开心又常常会让下属更加谨小慎微、效率更慢，反过来，领导者又会更为光火。当时的大理寺卿张文瓘就深刻体会到了这一点。

这人很像狄仁杰

张文瓘，字稚圭，贝州武城（今河北省故城县）人，生于魏州昌乐县，明经及第（和狄仁杰一样），补任并州参军（和狄仁杰一样）。

在他做参军的时候，并州长史就是那位赫赫有名的李勣（就是《隋唐演义》小说、评书当中的料事如神的徐世勣徐懋功）。李勣很欣赏张文瓘的才能。

后来，李勣被召入朝，张文瓘和两位同僚自然要前去给老领导饯行。老领导也自然会赠送一些纪念品，对下属后辈说几句"好好工作"的勉励之言。结果，李勣赠给了一位同僚一把佩刀，另外一位同僚则得到了老领导赠送的一条玉带。张文瓘呢？却只得到了老领导颔首微笑。年轻的张文瓘自然不明白，这总不能是老领导仿效释迦牟尼佛对大迦叶拈花一笑传心法吧？李勣看到那张羞惭憋屈的年轻人的脸乐了，向他解释："因为你这位同僚生性优柔，遇到事情前怕狼后怕虎，做工作犹犹豫豫、顾虑太多。所以，老夫赠给他一把佩刀，希望他遇事能更加果决一些；而你的那位同僚呢？正好相反，言行放诞、做事随心。故此，我赠他一条玉带，希望他能时常约束些自己。而你呢？没有什么干得不好的，焉用赠？我还给你东西，花这个冤枉钱干啥啊？"（这点也很像狄仁杰）

李勣果然如阎立本一般，独具慧眼，没有错人。张文瓘一路升官，龙朔元年（661），升任东西台舍人、参知政事，成了宰相。（这点也很像狄仁杰）

咸亨三年（672），张文瓘兼任太子左庶子，后改任大理寺卿，但仍保留宰相职权。

当他来到大理寺的时候，看到的便是"滞狱"俩字，可能因为新官上任三把火吧，张文瓘身为大理寺最高长官居然捋起袖子自己审案了，也是给下面具体办案的大理寺丞做个榜样吧。就这样，张文瓘上任十天，便判决疑案四百余件，而且执法公平，即使有人被判处有罪，也毫无怨言。张文瓘生病时，大理狱中的很多囚犯都斋戒祈祷，希望他早日病愈。这些都让机构内外瞠目结舌、叹为观止，所以，张文瓘被当时的人比作贞观名相戴胄。（这点狄仁杰跟他很像）

多说一句，当后来，张文瓘被调离大理寺。狱囚闻知消息，都恸哭不止。（这点与狄仁杰也是很像）

所以，对于张文瓘来说，只有不称职的官，哪有断不了的案？大理寺"滞狱"，都是你们这些大理寺丞无能、渎职！为什么我就行，你们就不行啊？！可能下属也会嘟念："那你就来干呗。"张文瓘自然也会像其他领导那样想：

"我都干了，还要你们干吗？"再说了，他是大理寺卿，哪能天天苦哈哈地光去干专业的工作啊（别忘了他还兼着宰相呢），所以，三把火放完，榜样立完，大理寺该"滞狱"还是"滞狱"，张文瓘该苦恼还是苦恼："就没有一个能吏像我那样吗？"

能吏终于来了，谁？狄仁杰！

"神探"称号从此而来

狄仁杰，这个在并州法曹任上做了十多年的地方司法工作者一旦调入了中央机构，立刻显示出他雷厉风行的与众不同。张文瓘突然发现，这个和自己一样是明经出身的年轻人，也和自己一样实干能干。有多能干？

狄仁杰到了大理寺后，就皱了眉了，公案之上堆积着悬而未决的疑案，监狱之中人满为患，涉案家属叫苦不迭，"滞狱"现象就出现在眼前。看到这种情况，狄仁杰二话没说便立刻投入了审理案件的工作当中。他不辞辛苦、夜以继日，再加上其过人的学识和智慧、丰富的经验和阅历，不到一年，他就把大理寺沉积的旧案审理一清。同时，在审理旧案的时候，人家可也没耽搁新案的审理。你猜猜这一年，狄仁杰审案涉及了多少人？都不敢想象！总共审理了一万七千余人。有人说，数量多不一定质量好，萝卜快了不洗泥。可是狄仁杰和张文瓘一样，又有数量还有质量。只要经狄仁杰审理的案子，无论原告被告，没有一个人不服的，没有一个人往上申冤的，按《新唐书》上的话来说，那就是"时称平恕"[①]。这就说明狄仁杰不仅能够依法办事，而且还能够量刑适当。后来人为什么传言狄仁杰断狱如神？为什么把狄仁杰塑造成了一个"神探"形象？追其历史根据，就在此处。

狄仁杰的工作态度、狄仁杰的工作效率、狄仁杰的工作成果、狄仁杰的工

---

① （宋）欧阳修、宋祁《新唐书》卷一百一十五　列传第四十

作能力，都令整个大理寺高山仰止，就想说两句风凉片汤儿话的人都无从开口，找不到损人家的地方。当一个人与自己是天壤之别时，就根本谈不到羡慕嫉妒恨了，只能是瞠目结舌无奈地说声："人家——那——"

张文瓘更是爱在心上，对于他来说，明经出身在官场上是低人一等的，但张文瓘通过自己的努力，告诉世人：明经偶尔也可以出能吏。而狄仁杰的出现，让这句话不再有"偶尔"。就如同现在专科生也可以成才一样！这叫——两个人为一个群体争了光。张文瓘好像看到了年轻时代的自己，他一定有一种像后世欧阳修对苏轼的那种喜悦和兴奋，只不过他不是文学家，说不出"老夫当避路，放他出一头地也"的话，造出不"出人头地"的词来。但他会暗暗地扶植这个大唐的人才，呵护他的成长。

一晃，年终了，朝廷又一次的"考课"到来了，这可是官员们非常紧张的时刻，因为唐初有着完善且严格的官僚考核制度。所谓的"考"，是考察全国各级官吏执行国家法令如何；而"课"则是依照国家的行政计划进行督课。

这种考课年年有，每年一小考，三年一大考（有时也会四五年一次）。小考主要评定官员这一年的成绩，大考就是综合官员近几年的成绩决定其升贬黜迁。

在当时，考课成绩分"四善二十七最"。

"四善"是对官员的官品和工作态度的评定最优等，分"德""慎""公""勤"，即官品德操是否优秀，是否工作慎重认真，是否公正廉明，是否工作勤勉。如果四项都是肯定的，即所谓的"德义有闻，清慎明著，公平可称，恪勤匪懈"，那么就叫"四善"。如果只有一个达标，那就叫"一善"，两个叫"二善"，三个叫"三善"。一个都没有呢？那就叫"乏善可陈"了。

"二十七最"是根据各官员职掌不同，在才能方面提出的具体最优等的标准，也就是说每个官员只能得一最，除非你身兼数职。比如作为礼官，能做到"礼制仪式，动合经典"，就算达标了，就能得一最；作为乐官，能达到"音律克谐，不失节奏"，你就能得一最；作为判案人员，能做到"断决不滞，与夺合理"，你就能得你这个职位上的最。总之一共二十七种官员职能，便一共二十七个评价之最。

好了，对一个官员的"四善二十七最"进行考评后，便能得出这名官员一个"善+最"的结果。这样，唐朝的考课成绩也分为了九级：

一最四善为上上；

一最三善为上中；

一最二善为上下；

无最而有二善为中上；

无最而有一善为中中；

职事精理，善最不闻，为中下；

爱憎任性，处断乖理，为下上；

背公向私，职务废阙，为下中；

居官谄诈，贪浊有状，为下下。

但别看分九级，其实，头两级上上和上中，基本不会给人评，这就如同特等功似的，基本立不了，最高给你个上下，那就基本属于对国家做出了特殊贡献的全国楷模级官员了。所以，《唐会要》上说："人多者不过中上，未有得上下以上者"①，就是说得中上那就了不得了。狄仁杰就得了个"中上"！谁给评的？领导张文瓘。

唐朝进行考课的具体方法是这样的：官吏由上级将其一年中的能力、表现、功过整理出来。先对该部门的全体官员通读公示，听听大家的意见，议其优劣，而后确定应该评的等级，评定以后，集中送交吏部。

吏部考核也不能一家独断，还有校考与监考，吏部尚书属尚书都省领导，

---

① （宋）王溥《唐会要》卷八十一　考上

所以尚书都省又要选地位、威望俱高的京官二人，一人校朝官考，另一人校外省官考。又由于一切行政官僚均属尚书都省领导，考核如仅在尚书都省内部，仍然难免于一家独断。所以，考核结论做出来以后，京官须与本人见面，外省官不可能逐一与本人见面，则须将结论材料送京。

如上所述，大理寺诸官的考核自然先由最高长官大理寺卿张文瓘来评判了，张文瓘大笔一挥，给狄仁杰就来了个"中上"，往上呈报给了吏部。看来，整个大理寺对这个评定是没有意见的。但是报到上面，被直接打回来了。

要知道，张文瓘虽然是大理寺卿，但也是兼职宰相啊。打回别人的评定尚可，打回他的评定，那要不是宰相级别的人，真不敢啊。恰恰打回评定的这个人也是个宰相，而且是一位论资历、论威望比张文瓘还高的宰相。谁？尚书左仆射刘仁轨。

中日第一场海战

提起刘仁轨，或许很多人都会感到很陌生。但是近代著名史学家、五四干将傅斯年先生却给在抗战时期出生的儿子起名叫"傅仁轨"。当时，他的好友，也是五四干将的罗家伦问他："为什么叫这个名字？"傅斯年当时说："你枉学历史了，你忘记了中国第一个在朝鲜对日本兵打歼灭战的就是唐朝的刘仁轨吗？"傅斯年表示，孩子取名本应按"乐"字排行，正因为刘仁轨而破例命名。可见刘仁轨的这一歼灭战对傅斯年影响多大。这一战就是"白江口海战"。我们简单介绍一下。

话说从公元前一世纪起，朝鲜半岛上就一直有三个国家并存，这就是北部的高丽（特别强调：此高丽乃高句丽，即高氏高丽，并非后来的王氏高丽。两个高丽是两个国家，民族成分都不相同，更没有法统继承性）、西部的百济与东部的新罗。七百年间，三国互相攻伐，到了公元七世纪初，高丽占据了中国东北部分地区以及朝鲜半岛北部，无论是综合国力还是疆域面积都成为朝鲜半岛的第一大国，也同时成了隋、唐两朝在东北地区最大的威胁，主要是高丽还经常挑衅中国。

于是，隋文帝先是把它揍了一顿，揍得高丽被迫降伏了。不服也不成，隋朝太强大了。但是，隋文帝后的隋炀帝好大喜功，又修东都又挖运河，又威震周围诸邦，自命"圣人可汗"，但也把国力消耗得七七八八了。高丽又开始折腾了，别人来朝贡，它偏偏不来。这让爱面子的隋炀帝大为不满，为了消除边境这个祸害，于是隋炀帝三次亲征高丽，动用整个隋朝的力量，扫地成兵，打得高丽最后也嘴上说服了。但高丽说了不算，把隋炀帝糊弄回国后，还是不来朝贡。隋炀帝明知道被忽悠了，但由于三次征讨，国力大衰，国内义军四起，已经无力再征，只得暂时作罢。不久，隋朝就灭亡在了农民起义的烽烟之中，隋炀帝的表哥李渊建立了唐朝，统一了天下。

当然，此时的高丽也被隋朝三征打得焦头烂额、千疮百孔了。对待大唐王朝，它也只能暂时表示臣服，来换取一定时间的和平，让自己恢复恢复元气。百济、新罗本来就一直在唐朝与高丽交战下，于夹缝中生存。于是，在唐高祖时期，朝鲜半岛的这三个国家都向唐朝称臣了，成为大唐的藩国。

果然，一段时间的和平，换来了三个国家元气的恢复，于是它们又开始不安分了。高丽撕毁了与大唐的协定，联合朝鲜半岛西南部的百济进攻东边的新罗，而且还切断了新罗向大唐进贡的通道。

故此，太宗时期，又出现了皇帝亲征辽东之事。后来，还是因为战线过长、补给不足、天气恶劣等因素，唐太宗被迫班师回朝。

此后，太宗改变了大规模征伐高丽的策略，化整为零，用小股部队多次袭扰高丽。您想，高丽才多大地方啊？天天折腾，消耗不起啊，所以，高丽被大唐猫抓耗子式的游戏逐渐拖垮了。

这下，百济有点犯怵了，眼瞅着老大不成了，凭着自己一人之力，难以在朝鲜半岛称雄。怎么办？它干脆再找个盟友。本着"远交近攻"的中国兵家古训，它居然跨着东边的新罗交到了隔着海的倭国。两国老是夹击欺负新罗。虽然面对这样的严峻形势，新罗依然与大唐通好，保持着每年进贡、派人学习。但前文说了，高丽和百济切断道路，阻碍新罗与大唐的联系。

此时，已经到了唐高宗时代，大唐国力比太宗时期还要强。而且现在大唐不但有个皇帝唐高宗，还有个皇后武则天，就算高宗好欺负，高宗的老婆谁敢惹？所以，高宗屡次下诏威吓、警告百济，可百济不听啊。在新罗的一再请求下，唐朝派左武卫大将军苏定方为神丘道行军大总管，率水陆十万讨伐百济。新罗也派出五万精兵接应。唐军沿白村江（今锦江）溯流而上，包围百济王都，百济只能投降。

按说，百济都亡了，你倭国该消停消停了吧？但是，历史一再证明，对于倭国，你不揍疼它，它就真不知道挨揍会疼。更重要的是，这个一直飘零海外，文明程度长期落后的倭国，常常是自己认不清自己。按照老舍先生在《四世同堂》上的一番话来说："他们的野心受了欺诈的诱惑，他们想只要东响几声炮，西放一把火，就能使中华的政府与人民丧胆求和，而他们得以最小的损失换取最大的利益。欺诈是最危险的事，因为它会反过头来骗你自己。"这个国家一直就是这样。我们觉得七世纪中叶的倭国无论如何也不能跟大唐相比啊，那是王奶奶碰到麻奶奶——不知道差多少点啊。可是，倭国当时不这么想，它觉得经过隋末战争，唐朝虽然建国，但短短三十余年，根本恢复不了元气。现在哪有精力经略朝鲜半岛呢？这地方应该是它的！再说了，大唐现在女人当半拉家，他们倭国可是女人当整个家！原来，当时倭国的统治者是齐明女天皇，已经六十六岁高龄了，估计她想和比自己小十岁的大唐武皇后比试比试吧。于是，在齐明女天皇的安排下，百济王子扶余璋率领百济旧部，发起复国运动。为了支持扶余璋，齐明天皇不顾年迈，御驾亲征！可齐明女皇估计没听过中国老百姓的这句俗话——人老不讲筋骨为能。结果弄了个出师未捷身先死，没有英雄泪满襟。

但倭人的野心一旦滋长起来，是很难平息的，倭人称之为"野望"。中大兄皇子掌权（未来的天智天皇），为了完成他娘的未竟事业（不是骂人啊，齐明天皇就是天智天皇的亲娘呢），就把百济王室人质扶余丰送回百济，让他继任百济王位。

大唐、新罗当然不能干了，宜将剩勇追穷寇嘛，于是，在公元663年（大唐龙朔三年，倭国天智天皇二年）八月，唐新联军分三面包围周留城，但由于地形复杂，易守难攻，百济军只需要守住白江（又称白村江）口（今韩国锦江入海口）便可得到倭军的外援。这个口子必须堵住！于是，唐新水军逆流而上，结果与增援的倭百联军冤家路窄、不期而遇了！于是，一场决定四国输赢的白江口海战（又称白村江海战）爆发了！

此时，唐新联军总数一万两千多人，战船一百七十艘。而倭百联军四万多人，其中仅倭军就四万余人，战船一千多艘。从人数和船数上来看，当然唐新联军处于劣势。倭军自然兴奋异常，看来以举国之力出动的海军能够一战而定乾坤了！兴奋之余，他们喊出了"我等争先，彼应自退"①，意思是只要我们打，唐军就得跑。打！

可他们很不幸，当时遇到的唐新联军的指挥官正是刘仁轨。这位年过花甲的老头子，比倭国还有"野望"。当朝廷派他来前线时，他居然一蹦多高地说："天将富贵此翁邪！"意思是这真是老天爷让我这个糟老头子富贵啊。他又说："我要带着唐朝历法和历代皇帝的名讳出征。"大家不知为何。老将军一拍胸脯说："拟削平辽海，颁示国家正朔，使夷俗遵奉焉！"②瞧瞧这雄心——以后东夷都得用大唐的历法、尊大唐的天子。

但现在是敌众我寡啊，而且倭军战船可不小啊，当时属于大型战船了，每艘战船上装不少士兵，这仗怎么打啊？

怎么打？当年赤壁之战，孙、刘怎么打曹操的？曹操不也是大战船吗？大战船虽然稳定，但是笨；虽然坚固，但是吃水深啊。况且倭国也只是笨而已，

---

① 《日本书纪》卷二十七　天智天皇
② 此段援引见（后晋）刘昫《旧唐书》卷八十四　列传三十四

还不是什么大船。你看咱们大唐战船,"头低尾高,前大后小,如鹘之状,舷下左右置浮板,形如鹘翅翼,以助其船,虽风涛涨天,免倾侧"。这是《通典》上的描述,也就是说唐军战船就像鸟儿一样灵活而平稳,在风浪之中怎么晃荡也不会翻船。这样的战船,吃水必然小,就算在浅水中也能够掉转自如。白江口是什么地方?入海口。水浅!在这个地方打海战,倭国大船不好动,所以《三国史记》上才有"倭船千艘,停在白沙"的描述。而唐军战船穿梭灵活,这里就是科技的力量了。刘仁轨一眼就在劣势之中看到了机遇,马上发挥唐军机动灵活的优势,下令采用"左右夹船绕战"的战术。倭军笨船都挪不了窝,一会儿便被唐军战船包围。还是那个问题,当年赤壁之战,孙、刘怎么打曹操的?挪不了窝的,用火攻啊。一顿火箭,然后近攻点火,于是倭百联军"赴水溺死者众,舻舳不得回旋"。最终的结果,《旧唐书》上给了很快捷的一句话:"仁轨遇倭兵于白江之口,四战捷,焚其舟四百艘。烟焰涨天,海水皆赤。"[1]

倭百联军全军覆没。白江口一战也让倭国借朝鲜半岛西拓国土的企图化为泡影,也基本上决定了当时东亚地区的政治格局。四年后,唐新联军攻陷平壤,高丽灭亡。而倭国也被大唐一战打服,还专门派出使者来向唐朝祝贺。回去后,便把倭国改名成了日本。从此,日本不断派出遣唐使虚心向大唐学习,奉唐为正朔。中国人向来善良,并没有记恨日本,反而彼方缺少什么,无论文化、物资……我们都是倾囊相授,从不吝啬。但日本呢?900多年后的明万历年间,倭寇卷土重回朝鲜战场,此后,清末的甲午海战、1931年开始的14年的抗日战争,写成了一部中日战争史。我们不必记住仇恨,但我们必须记住历史!

模范公务员

仪凤元年(676),刘仁轨从新罗前线被召还入朝,任尚书左仆射、同中书

---

[1] 此段援引见(后晋)刘昫《旧唐书》卷八十四 列传三十四

门下三品兼太子宾客、监修国史，相当于当时的首席宰相了。所以，本年度负责京官考核的重任自然就落到了他的肩上。

刘仁轨是个能人，能人都有个特点，就是不相信还会有能人。所以，看到大理寺居然给一个刚刚任职一年的大理寺丞评定了个"中上"，想都没想就给打回来了，等于给否定了。

这要是一般官员被宰相把自己的意见否定了，肯定再不敢作声，而是赶紧重新调整意见。但问题是，大理寺卿张文瓘不是一般的官员。第一，他也是宰相，"我跟你刘仁轨平级！"在这里我们多说一句，有意思的是，如果往上倒的话，刘仁轨是刘邦的后代，而张文瓘据说是张良的后人。第二，张文瓘明经出身，本身对看不上明经的行为就比较敏感。其实，别人未必是看不上明经，但啥叫敏感啊？反应就大。第三，狄仁杰是他欣赏之人，他相信自己的眼光，不容别人质疑！所以，张文瓘立刻就找刘仁轨去了，直接向刘仁轨表示："别人都能改，这人不能改，改了对他不公平！"

刘仁轨一看张文瓘为一个小小的下属跟自己急赤白脸，又可笑又好奇，"这人谁啊？跟你什么关系？整个大唐多少年都没有'中上'等的官，他干了什么政绩，就给他这么高的评价？"

"干了什么政绩？他让我们大理寺监狱打扫卫生的都失业了！"

"怎么？"

"大理寺没有'滞狱'了，监狱里没人了，人家一年审了17000人，还没一个上诉的！起码来说四善中，有'勤'吧？有'公'吧？有'慎'吧？二十七最符合'断决不滞，与夺合理'这一最吧？也就是说，狄仁杰最次也具备了一最三善，按说我该给他个'上中'，我给他'中上'就算委屈人家了呢，你有啥理由不乐意啊！"

刘仁轨惊异地看着张文瓘，张文瓘冲他点点头，刘仁轨知道张文瓘这人不会拿这事说瞎话，赶紧仔细地翻阅了狄仁杰的材料，这才相信世上还有如此的能吏。刘仁轨对自己的失察说了声抱歉，说："像这样的官员，你说了给'中上'太委屈了，给'上中'又太扎眼了，干脆，我给改成'上下'吧！"

狄仁杰做京官，第一年考核成绩是"上下"，压盖了当时所有的官员，成了"模范公务员"，得到了满朝的关注。凡他经手的案件，判决公正，无人不服。转过年来，还基本如此，除了一个人之外，无人不服。这个不服之人是谁啊？他叫李治，职业是皇帝！

惊天大案逆龙鳞

在这个案子里，李治是原告，他是皇帝，估计那时也没有人敢把他作为被告，所以从这个意义上讲，此案也可谓是桩"惊天大案"！说皇帝跟谁打官司呢？跟两个将军，一个是左威卫大将军权善才，一个是左监门中郎将范怀义。有一次他们带队宿卫昭陵，惹了大麻烦。

昭陵是唐太宗和长孙皇后合葬的陵寝，始建于贞观十年（636）。当时，长孙皇后这位贤皇后在临终之时留下遗言，要求死后薄葬，请求"因山而葬，不须起坟"[①]，意思是别专门为我修建豪华的坟墓，直接埋到山里头，山就是陵墓了。所以，长孙皇后去世后，唐太宗就遵照遗言，把她临时安厝在离长安城一百多里外的九嵕山新凿之石窟，称作昭陵，并决定把昭陵也作为自己的归宿之地，等他驾崩后与皇后合葬，任命阎立本、阎立德兄弟担任总设计师，开始了大规模的营建工程。后来，不但太宗皇帝皇后安葬于此，又加建了初唐的诸王、公主的墓葬，甚至秦琼、魏征、程咬金、尉迟敬德、李靖、李勣等功臣的墓葬，共一百七八十座，规模宏大，占地面积极广。宿卫昭陵其实等于宿卫整个九嵕山山脉。

结果，权、范两位将军有事需要砍伐些木材，可能烧火、搭建之类要用。这可不能在昭陵里砍，得去昭陵以外的地方砍树，因为昭陵的一草一木都代表

[①]（后晋）刘昫《旧唐书》卷五十一 列传第一

着唐太宗，你不能在太宗头上动土，那可是大不敬的罪。可是，整个九嵕山山脉都可以是昭陵的范围，也没个标准地图坐标。另外，作为大唐十六卫之一的左威卫（唐高宗龙朔二年之前称左屯卫），主要负责宫禁宿卫，就是禁军，也不是经常过来看坟的。所以，权、范两位将军可能对昭陵所辖范围也不太熟，估计二人倒是往外走了很远，然后才命人砍了几棵柏树。树也砍倒了，两个人才发现坏了——仍然没出陵园，这就等于砍了唐太宗坟前的柏树，那还了得？两个人就赶紧嘱咐手下："这件事儿，谁也不许声张，就当没发生过。"其实，也就是这回事儿，陵园那么大，砍倒几棵树这样的事儿根本传不到唐高宗耳朵眼里去。

但不怕没好事儿，就怕没好人！权善才手底下有一位飞骑（禁军军士）因为违反了军法，不久前被权善才惩处了一顿，这小子不服，怀恨在心。这一次，可让他抓住毛病了，他利用倒休的时间，跑进了长安城。也不知道这家伙走的什么门路，最后竟然见到了皇帝。

这家伙一见唐高宗便放声痛哭，就显得他多忠于皇上似的，一边流着鼻涕眼泪，一边就把权善才、范怀义砍伐了昭陵柏树的事情反映上去了。当然，他不说那是权、范两个人误砍的，而是一口咬定"他们就是故意砍的，我劝他们也不听"！添油加醋地给唐高宗说了。

这一下子，唐高宗李治气坏了，他是又生气又悲愤，史料上给了五个字叫"悲泣不自胜"①，就是说唐高宗难受，哭得无可无不可了。说值当那么悲愤吗？我想主要有两点原因：

第一点，是因为难以磨灭的父爱。唐高宗李治是当年长孙皇后所生。可是在李治八岁时，母亲就去世了。李治自幼性情懦弱，他性格要不这样的话也不会有强势的老婆武则天了，再加上没了母爱，显得这孩子更加招人可怜。所以作为父亲的唐太宗对李治十分爱怜，关爱得无微不至。谁也不能碰李治，谁敢

---

① （唐）刘肃《大唐新语》卷七《持法》

欺负李治,唐太宗就跟他没完!这也就是李治为什么能当上皇帝,而哥哥李泰没当上皇帝的原因。因为李泰威胁过李治说:"你别跟我争皇位,否则没你的好果子吃!"李治本来就胆小,再加上李泰这一威胁,李治脸都绿了,神情不定。唐太宗觉得儿子不对头,就问李治怎么了。三问两问,李治隐瞒不住,就把事情说了。好哇!可把李世民气坏了,他立刻决定:"我要立李治为太子。因为李治当了皇帝,什么李泰呀,他的这些哥哥啊,都能够保全性命。因为李治为人厚道,不至于杀你们。可是要让你们当了皇上,恐怕我的治儿性命难保!"结果,十六岁的李治就被唐太宗立为了太子,国家的储君!这下,李治不但是自己的儿子,而且还是自己的接班人了,所以,李世民对李治更加关爱备至了,手把手地教李治从怎样生活到怎样当皇帝,舐犊情深的父爱让李治终生难忘。

  第二点,是因为难以逾越的愧疚。大家都知道,唐高宗的皇后武则天当年可是唐太宗的女人,按说唐高宗娶了个庶母,这种"乱伦"的行为,虽然在开放的隋唐时期,不像后来明清那么被世人极为不齿和极为不可容忍,但也是一种污点。为了粉饰,唐高宗找了个理由:"朕昔在储贰,特荷先慈,常得侍从,弗离朝夕;宫之内,恒自饬躬,嫔嫱之间,未尝迕目。圣情鉴悉,每垂赏叹,遂以武氏赐朕,事同政君。可立为皇后。"[①]就是说,当年父皇唐太宗是知道自己跟武才人珠胎暗结的,知道我们两情相悦,于是就像汉宣帝把宫女王政君赐给了儿子汉元帝一样,把武才人赐给了我。对于这个理由到底是假的还是事实,学界颇有争论,笔者个人觉得可能性其实挺大的。但甭管真假,好说不好听,也能说明,唐高宗对此事耿耿于怀,觉得有些不合"孝道",故此他需要常常表现出对父皇是至孝的,来打消众人对自己"孝道"的怀疑,同时反证自己娶武才人正是孝顺的表现。

  所以,当听说竟然有人把自己父皇陵园里万古长青的柏树给砍了,那还了

---

① (宋)司马光《资治通鉴》卷第二百 唐纪十六

得！这简直就是大逆不道！"是可忍孰不可忍！来啊！把权善才、范怀义给朕捉拿归案！送交大理寺严加惩处！"一句话，把两个人给逮了。

这案子不难断，有律法可循。永徽年间，唐高宗刚颁布的《唐律疏议》上第二百七十八条明确规定："诸盗园陵内草木者，徒二年半。若盗他人墓茔内树者，杖一百。"在这一条的"疏"（司法解释）中对"园陵"有解释："帝王陵有园，因谓之园陵。"可见这里的"园陵"就是指的帝王的陵园，昭陵就是其中之一。另外，"疏"中还有："若其非盗，唯止斫伐者，准杂律：'毁伐树木稼穑，各准盗论。'园陵内，徒二年半；他人墓茔内树，杖一百。"看到没？砍了皇帝陵园里的树最多判处有期徒刑两年半。另外，这还不是私事的个人行为，还是因公务导致的集体行为。所以，综合事实，大理寺依法进行了适当的量刑，判处权善才、范怀义免官除名、贬为庶民。

大理寺把案子的结果呈给了皇帝，唐高宗拿过来一看，不乐意了，他嫌大理寺判得太轻，哪能这么简单就完啦？"不行！必须把两个人给朕判处死刑！朕才对得起先皇的在天之灵。"皇上发话了，那就是圣旨，什么这法那法都不顶用，皇上一句话说杀谁就杀谁，谁敢不听？谁敢不服？谁敢不从？唐高宗要求大理寺把两个人判为死刑，那就判吧，是啊，干吗因为维护两个陌生人而得罪皇帝呢？谁都能算得出这笔账。所以，大理寺内没有一个人敢出来说"不"的。

唯有狄仁杰站出来了，说："陛下！如此判决不对！权、范二人虽然有罪，但罪不当诛，请陛下收回成命，依法判案！"

唐高宗开始一见有人反对，这火就上来了，可是等他看到是狄仁杰时，火又消下去一半，因为高宗知道狄仁杰这一年的政绩，知道这是位好官，所以高宗没动怒，他对狄仁杰说："爱卿啊，权善才等砍伐了我父皇陵上的柏树，乃大不敬！并且使朕陷于不孝。我知道，狄爱卿你是一个好法官，但是这一次请你一定要判权、范二人死罪！"这话就柔中有硬了，作为一个皇帝能这样对臣子说话也难能可贵了。

可是狄仁杰到了这个时候,拧脾气犯了,当庭与唐高宗争论起来,摆了很多事实,列举了很多法律,固争不已,最后唐高宗生气了。本来嘛,唐高宗就没有道理,现在让狄仁杰这么一指出,有点挂不住了,脸一阵红一阵白的。

一见皇上脸色都变了,一旁一直没吭声的大理寺卿张文瓘着急啊,怕狄仁杰吃亏,紧冲着狄仁杰又挤眉又弄眼,狄仁杰就好像看不见似的,不理他。嘿!张文瓘最后急了,拿手中的笏板抽狄仁杰,"狄仁杰!胡言乱语什么?还不给我退出去!出去!"其实,这是张文瓘要保护狄仁杰。所谓伴君如伴虎,你这倒好,还气老虎,赶紧给你赶跑了,省得命丧虎口。

张文瓘这个举动并没有起到作用,狄仁杰依然不动!他又上前走了两步,几乎都到了皇帝跟前。

张文瓘这个举动也起到了作用,让狄仁杰意识到刚对刚的直谏容易发展成死谏,需要及时运用语言艺术,将直谏变成劝谏。

于是,狄仁杰缓和了一下语气,又对唐高宗说:"陛下!臣今天算犯颜直谏了。有人说,犯颜直谏自古都是难事。但臣不这么认为。臣以为犯颜直谏的难易是取决于这位君主的。比如在夏桀、商纣的时候就是难事;但是如果遇到尧、舜这样的君主,犯颜直谏就是容易事。臣今天有幸遇见陛下您这样如同尧舜的明君,所以臣敢于犯颜直谏而不担心像比干劝谏那样被纣王诛杀了。"

这句话对案子其实没有太大作用,但是却达到了两个目的:第一,皇帝您得继续往下听,这样您就是尧舜之君;第二,您不能要我的命,不然您就成了桀纣之君了。这是交给唐高宗自由选择。唐高宗能选做桀纣之君而不选做尧舜之君吗?自然就不能向狄仁杰发脾气了,狄仁杰起码保住了性命。保住了性命,什么都好办了。

狄仁杰一看唐高宗不像刚才乱蹦了,他也更加缓和了语气,接着说:"想当年,在汉文帝的时候,就发生过类似的事件。有人把汉高祖帝庙里的玉环给偷走了。后来这个人被捉,汉文帝非要灭他的族不可。可是这个时候大臣张释之当庭抗争,他问汉文帝:'盗个环子你就灭人九族,要是盗高祖长墓一抔土

（一把土）的人，陛下又怎么处罚呀？'文帝终于收回成命，罪止弃市。还有，魏文帝曹丕想把一个人给流放了，大臣辛毗拽着曹丕的衣服直谏，最后不但没有流放，反倒是重用了那个人。所以说，自古以来，对圣明的君主可以以理直谏，对忠臣不能用威势进行胁迫。如果今天陛下您不纳臣言，臣死之后，都没有脸面去见地下的张释之和辛毗。用张释之问文帝那一句话问陛下：'假令取长陵一抔土，何以加其罪？'如果今天陛下仅以一株柏树而诛杀二将，千百年之后，人们又会如何评价陛下呢？臣之所以不敢奉诏的原因，就是怕陷陛下于不道啊！请陛下收回成命！"

你看，狄仁杰这一番话，有理有力，有度有节，十分注意方式，处处为唐高宗着想。唐高宗听完，你说反驳吧？人家狄仁杰说的在理；你说动怒吧？一动怒我就成了暴君。而且狄仁杰说什么？说我要是不听他的，他死了都没脸见地下的先贤。这句话后面的话可是："我要是不听他的，我死了怎么有脸见过去的明君？"嘿！狄仁杰真会说，明着说他自己，其实在讽刺我啊，不过还没法说人家，更没法生气。

"唉！"最后唐高宗叹了口气，"爱卿啊！其实你说的对不？对！依据法律，权善才、范怀义不至死罪。但是，那个但是——法不至死，可是情不可容。我太恨这两个人了，请爱卿一定法外杀之！"

狄仁杰一听，哪有这样的？一般都要求"法外开恩"。他这倒好，法外杀之。"陛下所言差异！陛下制定法律，公布于天下，不管是流放还是处死，都是有相应的律条严格规定的，哪有犯轻罪而处以极刑的道理呢？如果我现在不替陛下您依法定罪，那么恐怕将来会使万民手足无措。当然，如果陛下您非要改变法律的话，那臣就没办法了，那就请陛下您从今天开始吧。"意思是，《唐律疏议》是不是你制定的，是不是你颁布的，是不是你依奉的？哦，你让你的臣民都遵守你制定颁布的法律，你却带头违背，那不就上梁不正下梁歪了吗？你要满足你的私欲，干脆改法律吧！

唐高宗不是个昏君，他也知道法律是不能随心所欲地改的。怎么办呢？只好放弃自己的主张。权善才、范怀义维持原判,死中得活。

但皇帝就这样服软了吗?不会!在历史上,皇帝服软后会有三种结果。第一,完就完了,不再提起,这是庸君;第二,怀恨在心,秋后算账,这是昏君;第三,主动宣传,实现双赢,这是明君。唐高宗李治虽然性格懦弱了些,但从他在任时整体的作为上看,还算在明君之列。

所以,唐高宗接受狄仁杰的进谏后,立刻转怒为喜,对狄仁杰说:"卿能守法,朕有法官!"[1]意思是爱卿能这样守法,我有了好法官了!说得刚才似乎是领导故意试探下属能力似的。马上下诏让史官把狄仁杰守法直谏一事记录到国史之中,要让狄仁杰青史留名。但您想,这一来,唐高宗对父至孝、对臣至仁、纳谏从流、宽宏大度的形象不也一起流传千古了吗?这就叫"主动宣传,实现双赢"!

这件事过去没几天,狄仁杰就被唐高宗任命为侍御史,这也许是武则天和唐高宗共同决定的结果。您别忘了,现在大唐朝廷是"二圣临朝"(上元元年武则天加号"天后",与高宗并称"二圣"),狄仁杰逆龙鳞时,那位女政治家武则天可一直在旁边静观事态发展呢。像狄仁杰这样耿直的能吏能不受有着被毛主席誉为有"识人之智、用人之术"的武则天的青睐吗?

侍御史官阶虽然不高,仅是从六品下的小官,但职责重要,负责监察、弹劾中央各司官员,还有权过问大理寺的案子。按现在话来说,类似最高人民检察院的检察官加中纪委成员。为此,唐高宗专门宣布:"仁杰为善才正朕,岂不能为朕正天下耶?"[2]

做法官时,狄仁杰公正廉明;做检察官时,狄仁杰刚直不阿。屡屡向唐高宗进谏,高宗经常在纳谏后说:"狄爱卿你呀,是得了权善才便也!"您看,唐高宗老把这一事件挂在嘴边,反复强调。但也反映出,唐高宗特别喜爱狄仁

---

[1] (唐)刘肃《大唐新语》卷七《持法》
[2] (唐)刘肃《大唐新语》卷七《持法》

杰这样的清正之臣,而且只要狄仁杰来进谏的事,他基本都会接纳,因为有了"权善才案"的先例。

可没想到的是,狄仁杰的胆子太大了,坐上侍御史的位置不多久,就做了两件惊动朝野的大事。

第五章　强人御史

新官上任先开炮

狄仁杰当侍御史，做的头一件事，把为唐高宗修建宫殿的司农卿韦弘机弹劾了。

韦弘机，就冲这个姓，就不是一般人。唐朝民间有句话叫："城南韦杜，去天尺五"，就说当时京兆韦氏和京兆杜氏是名门望族，跟玉皇大帝老天爷也就是一尺五的差距。韦弘机，雍州万年人，雍州韦氏就是这个京兆韦氏，门中高官显贵、皇亲国戚众多。韦弘机出身于官宦之家，祖父、父亲都是做官的，所以，他很容易就进入了仕途，而且工作做得非常出色。

贞观年间，作为左千牛胄曹的韦弘机，奉命出使西突厥，结果正赶上人家的内乱，反叛者切断了西域通往长安的道路，韦弘机没办法回来，就在西域滞留了三年。但这三年他可没闲着，游历了西域很多的国家，所到之处，他都详细记下了那里的风土人情、地理物产，最后写成了一本书叫《西征记》。回国之后，唐太宗召他询问西域情况，他就把这本书献给了皇帝。太宗大喜，于是擢升他为朝散大夫，后又担任殿中监。

高宗显庆年间，韦弘机出任檀州（治所在今北京市密云区）刺史。看到这里偏僻落后，百姓都是瞪眼瞎。韦弘机就修建学校，大搞教育，使这里的文教事业得到发展。

这时，高宗发兵打高丽，大军到达滦河时，天降暴雨，发了洪水，军队难以过河，在此受阻，日耗粮草无数，后继供应补给跟不上，士兵饿坏了，再这样待几天，不用打高丽，自己就散了。多亏了附近的长官韦弘机筹集粮草，亲自押送到军营，解了燃眉之急，稳定了军心。高宗闻报，龙颜大悦，升官！一句话，把韦弘机提为司农少卿（相当于今农业部副部长），从四品上的大官了，并且兼管东都营田、修葺宫苑事务。

这时，有位宦官违犯了法禁，韦弘机二话不说就把他给拿下了，杖责了一番，然后才报告给了高宗。唐高宗对他的执法严明大加赞扬，奖励了数十匹绢，并对他说："以后再有违法者，爱卿你就直接处治，不必奏报了！"

后来，唐高宗又让他主持营建太子李弘的陵墓，这次属于临时换将，让韦弘机去"救火"。因为之前这项工程的主持者是蒲州刺史李冲。没想到，李冲这个人不知道是工作能力不足，还是办事有拖延症。反正，到了工期，他居然没有完工。高宗很不高兴，就把这项工程转交给了韦弘机。韦弘机真是个能吏，接下工程后，喊里喀喳，如期完工，保质保量，让高宗大喜。

唐高宗看到韦弘机这个人在工程建设上确实有能力，所以就想把东都大开发这个大工程交给他。于是，在唐高宗即将从洛阳回銮长安之际，叫来了韦弘机说："韦卿啊，洛阳与长安就像朕的东西两座宅子一般。可是你看，洛阳的宫殿基本上都是隋朝建造的，到现在六十多年了，已经陈旧破烂不堪了。我想重修吧，又怕花太多的钱。跟百姓要吧，又要加重百姓负担。你说为之奈何呢？"唐高宗这个皇帝还是比较节俭的，这要是隋炀帝，看房子不漂亮，直接就花银子修了，唐高宗是又想修又舍不得花钱，又想享受又怕挨骂，就是这么个矛盾心理。

韦弘机虽然确有才干，但又是一个善于逢迎皇帝之人，再加上这么多年一直搞建筑，这样的肥差逐渐腐蚀了一个好干部，听到又有大工程可以搞，自然不能放过。皇帝有难处，那就为皇帝排忧解难；皇帝没有修宫殿的借口，那就给皇帝送上修宫殿的借口；皇帝怕挨骂，那就让自己替皇帝挨骂。这就是韩非子所说的"小忠"。小忠之臣，忠于了君主，但没有忠于国家社稷，甚至损害了国家社稷，所谓"行小忠，则大忠之贼也"。

于是，韦弘机马上就给唐高宗送来了主意："陛下，有钱，怎么没钱呢？"

"哦？哪里有钱呢？"

"陛下，您忘了。原来我们司农寺差壮丁采伐木材，我们都得给人家工钱。而如今，我们改用户奴采伐了，砍的木材足够十年之用。而且户奴是奴隶，不用给工钱，故此省下了工钱有四十万贯之多。所以，陛下，现在是木材也有，钱也有，干活的户奴也有。用这些来修造宫殿，三年必成。还不用劳动百姓，不用动用国库。"

嘿！唐高宗一听，还是韦弘机想得周到，这下多好，不劳民不伤财，宫殿就能盖起来，"好！朕就把这项工程交给爱卿你了，令你监管东都将作、少府二监事！"其实，唐高宗在这里等于自己糊弄自己玩儿，动司农寺的钱就不是动国库的钱了？那还不是从左口袋掏到右口袋啊。但借口就是这样，只要能说得过去，就能糊弄得过去。

韦弘机又接了一项大工程，他是真的能干啊，不但按时按质地修缮了隋朝留下的旧宫殿，还很能体谅圣意地又给皇上修建了宿羽、高山、上阳等宫殿。尤其这上阳宫修建得太漂亮了！它位于禁苑之东，宫城之西，东接皇城西南角，面临谷水，北有广阔的苑圃，南临洛水，光长廊都有一里多地，宫殿就数十处，金碧辉煌，气势雄伟，就连门阙、台阁、亭观都极尽豪奢，以至于宫殿落成之后，高宗武后马上就搬了进去。到了武则天时代，她便长期住在这里，上阳宫就成了当时的政治中枢了，武则天最后就是在这里去世的。从上阳宫在当时统治者眼里的地位，便可知它有多么的华丽雄伟了。

唐高宗能不高兴吗？韦弘机政绩突出、能力出众，给予转正！成了司农卿（相当于今农业部部长），从三品的中央大员了。

按说这种宫殿的修建不是不必要的。但是韦弘机为了迎合皇上，花钱无度、奢侈浪费，极尽富丽堂皇之能事，而且把一些豪华的建筑都建到了王城之外，老百姓都能看见。这种奢华就引起了一些正直的大臣的非议。另外，这么大工程，用脚后跟想想都能知道你韦弘机肯定从中捞了不少油水。正直的大臣对此厌恶，奸佞的官员感到眼气！

但韦弘机现在有功，是皇帝身前的大红人，朝堂之上谁敢在这个时候公开说他的不好呢？就连尚书左仆射刘仁轨这位老干部，虽然对韦弘机教唆皇帝享受奢侈生活的行为不满，也不敢当面直怼。但不说此事也对不起宰相的职责啊。刘宰相那是官场老油条了，他想到了一个职务对韦弘机发起弹劾是最为合适的。哪个职务？侍御史！

侍御史的职责就是监察、弹劾中央各司官员的，而且在古代，作为御史享受一项特权，那就是可以"风闻言事"。什么意思？就是说御史可以听风就是雨，可以捕风捉影，可以听闻一点传言，不用去调查研判是否属实，就可以对传言所涉及的官员进行弹劾。如果，事后经过调查发现纯属无中生有，御史官员也不会因此承担责任。所以，最适合弹劾韦弘机的，最安全的官就是侍御史。而侍御史当中，最有能力的，胆子最大的，最耿直的，弹劾成功率最高的那就非狄仁杰莫属了。

于是，这位不愿自己出面的刘老宰相就开始借刀杀人了。他找了个时机，凑到狄仁杰身边，好像不经意地嘟囔了一句："古代天子修建豪华的宫殿都是在内宫，不想让老百姓看见，因为花的可都是老百姓的钱啊。老百姓要是看见皇帝住这么奢华的地方，难免伤心。可是你看看，这韦弘机为迎合圣上把这些建筑都建到了王城以外了，你说说这难道是真正为圣上着想吗？等以后，万国来朝，那些外国使者们也都能看到，这还能树立咱们圣上尧舜明君的形象吗？"就说刘仁轨奸不奸吧？那真是老奸巨猾啊！他不跟狄仁杰埋怨韦弘机可能贪污了多少钱，也不跟狄仁杰唠叨工程产生了多少浪费，他只说这宫殿盖的位置不对，不该让老百姓看见。

狄仁杰多聪明，他能不明白刘仁轨的意思吗？这是提醒自己注意这项工程呢。其实，狄仁杰也早就注意到了韦弘机，尤其在他被皇帝升为司农卿之后，简直是朝堂装不下他了，天天趾高气扬，用鼻子眼儿看人。眼前我大唐正和吐蕃作战，将士们出生入死，你韦弘机却在此时唆使皇上奢侈淫逸，拿着公款溜须拍马,不体恤前方将士和百姓疾苦,一味地逢迎上级,你这样做为以后搞建筑的官员树了一个什么榜样?狄仁杰早已对此深恶痛绝。

也是韦弘机仗着皇帝宠信,太有点得意忘形了,老宰相的话传到了他的耳朵里,他不但不赶紧收敛,隐藏锋芒,反倒是很不屑:"什么?这是刘仁轨说的?这点道理他都不懂?百官各行其是,各负其责,我就是掌管修建宫殿的官,我愿意怎么着就怎么着,这只不过是我守职而已。他还管我呢?让他少管闲事儿!"

狄仁杰知道了,更加愤怒,像你这种做错事还不知道悔改,还强词夺理的官员,我这做纪检工作的能不管吗?弹劾你是我侍御史的职责!弹!

怎么弹?弹劾他为皇帝盖宫殿了?弹劾他盖宫殿盖得太好了?弹劾他溜须拍马了?要是以这些为理由,那就不叫弹劾韦弘机了,那就是弹劾唐高宗了。谁都知道,没有唐高宗的默许和支持,韦弘机也不敢干呢。这么弹劾,唐高宗就得给你打回来,无济于事。

狄仁杰什么人呢?断案高手!大理寺待那么久,什么案子没见过?那些作奸犯科的人都会怎么耍手段,在哪里钻空子,狄仁杰门儿清!你不是干工程吗?没有不偷腥的猫,我就不相信你这么张狂的韦弘机不贪不拿不伸手!查你的经济来源,对你进行反腐!查!

果然,确实没有不偷腥的猫,干这么大工程,每天经手巨资,谁能忍得住?韦弘机的家人窃取贪墨了公款物资。经过调查,狄仁杰掌握了大量的实证,立刻参了一本,以韦弘机监管失察致家人贪墨公款物资为由弹劾韦弘机。

罪证确凿,唐高宗想保,一看对面是狄仁杰,得了,被他抓住,肯定是有法可依的,算你韦弘机倒霉,免官除名吧。韦弘机由从三品正部级干部,一下子贬为庶民。

不过,唐高宗并没有忘了韦弘机,等这阵风一过,唐高宗就召韦弘机去芳桂宫以白衣管理园苑,然后打算慢慢恢复他的官职。没想到,这事儿被武后看出来了,武后说:"不可以,这都被狄仁杰弹劾了,有重大过错的,哪能再任用啊？"唐高宗面对武则天，那只有言听计从的份儿，焉敢为一个韦弘机得罪这位强势皇后啊，复用韦弘机的事儿也就此作罢。

有人可能会说，武则天也挺正直的。也不是这回事儿。原来，之前有位叫朱钦遂的道士是武则天的亲信，仗着武则天的势力，在京城横行霸道。韦弘机当时还管着宫苑呢，结果有一次就让他给碰见了，二话不说，把这位朱老道就给扣押起来，然后密奏唐高宗，高宗就把这老道给发配了。为此，韦弘机算得罪了武后。其实，韦弘机这事儿做得真不错，但谁让他后来做错事了呢。现在武则天阻拦不让恢复韦弘机的官职，你说人家是打击报复，人家也可以说是你罪有应得。

总之，没多久，韦弘机就郁郁而终了。

我是小钢炮

扳倒了一位当红的部级干部就够可以的了，让大家没料到的是，同一年，狄仁杰又扳倒了一位。谁？左司郎中王本立。左司郎中，是尚书左丞的副手，协掌尚书都省事务，监管吏、户、礼部诸司政务，举稽违、署符目、知直宿，位在诸司郎中上，品阶从五品上。

这个王本立也是高宗面前的大红人，仗着自己得宠，一向专横跋扈，为所欲为，干了许多坏事，可谁也不敢动他，谁也不敢说他，王本立就更加猖狂了。

可是，这回遇到疾恶如仇还不信邪的狄仁杰了。狄仁杰做事仔细，暗下把王立本的所有恶行调查详细，证据确凿之后，立刻上表朝廷，弹劾王本立！

狄仁杰弹劾谁，连文件都不用看，高宗准知道不会有错，但还是爱惜王本立，所以，唐高宗给狄仁杰下了一道御旨说："王本立是一位难得的英才，虽然犯了点错误，但是与他的才华相比算不了什么。现在我大唐正值缺少人才之际，特赦王本立之罪。"

圣旨到了狄仁杰的手里，狄仁杰抗令不遵，拒不执行，而且直接找到了唐高宗说："陛下！您的旨意臣已经收到，但臣不能遵旨照办。陛下您说得对，我大唐现在缺少的是英才，难道说缺少的是像王本立这样的败类吗？他的种种行径，臣已经调查得清清楚楚，哪一条哪一款不是有违我大唐法度？难道，陛下您要怜惜这位罪大恶极的罪犯而破坏我大唐的法度不成？如果您一定要庇护王本立的话，那么就请陛下下旨，把我狄仁杰立刻按照抗旨不遵的罪过发配到无人之境、不毛之地，给以后那些想遵守法度、忠贞直谏的大臣一个警戒。让那些大臣别再像我狄仁杰这样不知好歹，维护国法了！"

唐高宗一看狄仁杰声色俱厉而且又开始逻辑绕圈儿了，自知理屈，绕不过他，这个小钢炮得理不饶人，"好好好，判，判，立刻判！"就这样，只得听任法司把王本立给判了罪，贬到地方为官去了。

不过，王本立这人确实是有才华，在地方历练了几年，帮助武则天除掉了一位"叛徒"，被武则天又调回了中央。垂拱四年（688），王本立被任为夏官侍郎，授同凤阁鸾台平章事，为实质宰相。次年，他的宰相衔又被升为同凤阁鸾台三品。不过，在武则天统治时代任宰相不一定是件幸运的事儿，也就是不到两年，王本立就被罢相了，一个月后，就死了。《新唐书》上记载，他是被武则天处决的，到底犯了什么事儿，跟他的张狂性格有没有关系，这就不得而知了。但是，他死后的第二年，狄仁杰就第一次拜相了。这两者有没有什么关系呢？也不得而知。

就这样，狄仁杰担任侍御史没多长时间，接连扳倒两位权高位重的朝中宠臣，整个大唐朝廷的风气大为好转，史书给了六个字："繇是朝廷肃然[①]！"狄仁杰也成了一个让奸佞惊颤、忠良振奋的人，他的名字响彻朝野，更加为高宗和武后所器重了，不久便被加授"朝散大夫"。

朝散大夫是文散官的名称。散官是当时加给文武重臣，无实际职务的一种

[①]（后晋）刘昫《旧唐书》卷八十九 列传三十九

表示官阶荣誉的称号,与职事官表示所任职务的称号相对而言。朝散大夫为从五品下,文官第十三阶。等于给狄仁杰升官了。狄仁杰现担任的侍御史是从六品下,再给他加朝散大夫,等于给他提了三级。也就是说,狄仁杰现在做着从六品下的工作,但享受从五品下的待遇。

就在这时,岐州(治今陕西凤翔)乱了,边关不稳,急需一位能臣前去"维稳",派谁去?二圣同时想到了一个人——狄仁杰。

第六章　稳固边关

刘老爷子又使坏

岐州怎么乱了？要说这事儿又跟刘仁轨老爷子有很大关系，在狄仁杰任侍御史时，刘老爷子又披挂整齐出征了，这一次是要抵御不断来犯的吐蕃。

吐蕃是今天藏族的祖先。唐朝之前，吐蕃族有好多小部落，零零碎碎分散在西藏高原一代。这些部落的领导者被称之为赞普。《新唐书·吐蕃传》上说："（吐蕃）其俗谓雄强曰赞，丈夫曰普，故号君长曰赞普。"[①]后来研究者发现，这个词是藏文btsanpo的音译，"赞"在当时吐蕃所信奉的宗教中是一种狞厉可怖、凶猛暴戾的神灵，既有灵异，又有群众基础（至今仍是一些西藏人的崇祀对象），"赞"逐渐变成具有保护神地位的崇拜对象。"赞普"，雄强丈夫之名即由此而来。

到了隋末唐初，中原大地处在狼烟四起，唐朝正在统一天下的时候，吐蕃出现了一位伟大的赞普叫松赞干布，他征服了西藏高原上的其他部落，建立了统一且强大的吐蕃王朝，坐拥数十万精兵，开始与中原的唐朝争夺西域的统治权。

在贞观年间，大唐与吐蕃多次开战，各有损失。此时，松赞干布提出请求，大唐能否嫁给自己一位公主。本着和睦相处的目的，最终，唐太宗答应了这个请求，把宗族一位女子封为文成公主远嫁给了吐蕃赞普松赞干布，汉藏通

[①]（宋）欧阳修、宋祁《新唐书》卷二百一十六（上）列传第一百四十一（上）

婚盟好，双方互利互惠，互通有无，彼此发展壮大。松赞干布之后的每位赞普即位，都要请大唐天子册封命名。所以，文成公主入藏成了中华民族融合史上的一段佳话。

从此之后，松赞干布对唐朝也是特别的谦恭。高宗继位后，先是将松赞干布封为西海郡王，后又封为宾王。唐蕃处在一个甜美的蜜月期。

可是好景不长，松赞干布活的时间太短了，仅仅三十三岁就英年早逝了。他儿子比他死得还早，只能让孙子继位。但您想，三十三岁人的孙子能有多大啊？根本无法亲政，只能让大相禄东赞摄政。禄东赞作为松赞干布的老臣，摄政还是忠诚有加的，为吐蕃的进一步强大作出了卓越贡献，也一直与大唐保持着良好的关系。但当他死后，他的儿子论钦陵专了权，那事态就不一样了。

论钦陵是个好战分子，不断骚扰周边的唐军，甚至灭掉了唐朝的属国吐谷浑。一部分吐谷浑人归到了吐蕃，而另一部分东撤进入唐朝，最终融合到了中华民族大家庭中。

唐朝和吐蕃至此关系恶化，吐蕃的屡屡进犯，致使双方最终刀兵相见。高宗命令名将薛仁贵统兵十万讨伐吐蕃。但吐蕃四十万兵马呢，加之高原反应、气候恶劣等因素，大非川一战，薛仁贵败绩。当然，吐蕃也没得到太大便宜，杀人一千，自损八百，也伤点元气。双方暂时都消停一段时间吧。

这不，消停了六七年，吐蕃逐渐恢复了元气，又开始袭扰唐朝边境了。仪凤二年（677）五月，进犯扶州（治同昌，今甘肃文县）临河镇，把唐军打得大败。

消息传来，高宗震怒！召集群臣商量，怎么办？

打啊！不打破他们的脑袋，他们都不知道花儿为什么这样红！

喊打喊得最厉害的就是刘仁轨，他是宰相，又是当年辽东战场上的战斗英雄，面对如此猖狂的吐蕃，他想起了倭国，对这种整天挑事儿的，一个字，就得"揍"！

高宗也是这么想的，于是，立刻就任命刘仁轨为洮河道行军镇守大使（治鄯州，今青海乐都），开始驻守边关，防御与反击吐蕃。

刘仁轨老爷子又有能力还态度可嘉，到任之后积极备战，收拢逃亡者，完善工事，修缮器具，配备战马……没过多久，边关军心稳定下来，大家摩拳擦掌，准备要与吐蕃决一死战。按说，依刘仁轨的军事才干，未来的战事，对大唐应该是乐观的。可是，唐朝统治体系内部出了问题了。

刘仁轨现在是"出将"了，人不在朝廷中枢，宰相大权把控在一个叫李敬玄的手里，而刘李二人恰恰久有矛盾。矛盾的根源在哪里？虽然历史并没有那么细致地记录，但我想跟两人的性格与政治立场不同有很大关系吧。

刘仁轨这人属于那种疾恶如仇，但又老奸巨猾的坏老头子；而李敬玄属于那种自命不凡、生性冷峻的清高书生。这两种人天生是互相看不惯的。

刘仁轨久在行伍，性格豪迈，有些浑不惧，即便做了宰相，也从不骄狂，《旧唐书》上说他"每见贫贱时故人，不改布衣之旧"[①]；而李敬玄主掌吏部多年，门生故吏多如牛毛，他又和大贵族赵郡李氏联宗，前后三任妻子都出身山东士族，可见，李敬玄应该有着士族之气。

刘仁轨的仕途是从基层做起的，当过参军、当过县尉、当过县令……一步一个脚印做到了宰臣之位。所以，他才那样地欣赏狄仁杰，因为张文瓘、狄仁杰和他一样都是努力奋斗起来的人；而李敬玄则不同，他是由唐太宗宠臣马周直接给唐太宗推荐的，一下就成了当时的皇太子李治的侍读，起点就是陪王伴驾。

刘仁轨仕途坎坷，起起落落，期间还得罪了宠臣李义府，被弄得贬官外地；李敬玄则受到许敬宗等人的青睐和赞誉。而李义府、许敬宗可是永徽六年（655）"废王立武"的功臣，正是他们出力把武则天推到皇后宝座上的。所以，刘仁轨与李敬玄开始就不在一条政治线上。

但是，近些年，由于天皇唐高宗李治多病，他便急于训练接班人，于是常

[①]（后晋）刘昫《旧唐书》卷八十四　列传第三十四

诏太子李弘监国或理政，其至想过要逊位给太子。但李弘也是个病秧子，看那身体状况，还不一定比他爹李治强呢。所以，高宗想维持君权，就挑选了一批重臣辅弼太子，于是就给李弘组建了一个"宰相团"。而从咸亨三年（672）开始，刘、李二人就一起处在了辅弼太子的"宰相团"内，直到上元二年（675），太子"宰相团"成员虽说连年更换，但刘、李二人一直存在。

而在此期间，武则天与儿子的关系逐渐恶化。原因很简单，一直以来，都是二圣临朝，武则天辅佐丈夫料理政务，高宗基本对武则天是言听计从，武则天从权力上得到了极大满足，这让她越来越迷恋权力，对其支配欲望越来越强烈。可当高宗把权力交给了太子，又给太子配了一个由德高望重、经验丰富的大臣组成的"宰相团"，太子便不用再受母后的左右了，甚至叛逆的心理让掌政的儿子觉得母后就是一块绊脚石，从心底想把她踢开。这种情绪直接导致武则天觉得儿子数拂旨、不受教。于是，本来应该母慈子孝，却变成了雷烟火炮了。

武则天要想能够继续支配朝政，就得间接通过"宰相团"的宰相进行。在太子李弘第一次监国的时候，他才八岁，辅弼他的还是李勣和许敬宗两位宰相，这都是武则天的心腹。后来，两人都亡故了，武则天需要新的心腹，而李敬玄的上位是得益于许敬宗的，如此，李敬玄是"亲武派"的宰相。所以，唐高宗不太待见他。当然，高宗的说辞是"敬玄久居选部，人多附之。前后三娶，皆山东士族……台省要职，多是其同族婚媾之家"[①]，认为他朝中势力太大，故此不悦。其实，就是认为武后与这么大势力联合威胁了他与儿子的皇权而感到不安。而刘仁轨明经出身，久沐皇恩，乃唐朝老臣，又受到过天后亲信李义府的打击，自然与李敬玄属于不同的政治阵营。

出于以上种种，刘、李两人在同辅太子、共担宰相之时，长时间不和，互相掣肘的事情经常出现。

---

① （后晋）刘昫《旧唐书》卷八十 列传第三十一

上元二年（675）四月，太子李弘病死（一说被武则天毒死，不采信）。六月，李贤继为太子，辅弼太子的"宰相团"仅做了职位上的调整，人还是那些人。这就等于把故太子的"宰相团"又转给了新太子。而李贤的个性比他哥李弘还强。这样，天后与故太子的紧张关系又延续到了新太子李贤头上。

就在这时，上元三年（676，十一月改元仪凤）闰三月，吐蕃入寇河陇，势态紧急。可偏偏在这个时候，高宗的风眩老毛病又犯了，不能听朝，但又担心李贤新立，经验不足，难以应付朝局，于是想让天后临朝摄政。但是遭到了"宰相团"郝处俊、李义琰的极力反对，说出了"传之子孙，诚不可持国与人，有私于后"[①]的话来。

由此可见，当时武则天与太子及"宰相团"中的"保皇派"斗争是非常激烈的。作为属于不同两个政治阵营中的刘仁轨和李敬玄，本来就不和，这下更是把此次战争当成了政治博弈了。

刘仁轨去伐吐蕃，当然有保家卫国的一面，也难免有打赢了这一仗就是摄政太子指挥有方的一面。而李敬玄却不乐意看到这一幕。所以，只要是刘仁轨送来的有关边关军情和军事计划的奏请，李敬玄是能扣就扣，能拖就拖，能挡就挡，能拦就拦，消极对待——我看你刘仁轨这个巧妇怎为无米之炊？

时间一长，刘仁轨自然就知道了，刘老头子气得直蹦，可身在边关，不好奈何李敬玄。不过，李敬玄得意得太早了，他这个清高书生不知道刘仁轨这老头子坏得很。刘仁轨心说：跟我玩儿这手？好！那咱们就玩玩吧，我官场沉浮这么多年，耍手段的事儿太会了！最后让你怎么死的都不知道！

刘老爷子开始使坏了，他给皇帝李治上了一道奏折，说："陛下，经过老臣在河西这边的深入调查，打败吐蕃非足智多谋的李敬玄大人不可，李大人比我能耐多了，他要挂帅，必定旗开得胜、马到成功！"这就叫捧杀！

问题是，李治难道就不知道李敬玄并非帅才吗？我想他是知道的。但我们

[①]（后晋）刘昫《旧唐书》卷八十四 列传第三十四

上边说了，李治对李敬玄早就反感了，也知道这位是天后的人，刘仁轨用这一招就能把李敬玄调离太子身边，减少天后对太子的影响。所以，李治竟然答应了。

李敬玄这回真蒙了！赶紧上书推辞："陛下，所用非人啊，我真不会打仗啊。这是刘仁轨使坏，强臣之所不能啊！臣万万不能去！"

"嘟！"唐高宗火了，本来就腻歪他，一看李敬玄百般推辞那个态度，高宗更烦了，说了一句："就算仁轨需要朕御驾亲征，朕都得收拾包袱马上走，别说你了！"马上下诏，拜李敬玄为洮河道大总管，兼镇抚大使，检校鄯州都督，统兵十八万，替换刘仁轨与吐蕃作战！

"兵者，国之大事，死生之地，存亡之道，不可不察也！"《孙子兵法》开篇这句话，我想唐高宗、刘仁轨、李敬玄应该没有一人不知道，没有一人不会背吧？但这三人却拿打仗当儿戏，为什么会这样呢？原因只能是一个——政治斗争的需要。就如同，现在的天后，那么聪明的武则天，其实她也明白，只是不说而已。仗打赢了，李敬玄（我的人）的功劳；仗打输了，太子监国，难辞其咎！皇帝用人，糊里糊涂！各位臣工看到没有？不让我天后临朝理政，能行吗？所以，这些人都是各怀心腹事，尽在不言中。而最终倒霉的是李敬玄和大唐边关的将士与百姓！

仪凤三年（678）九月，不懂军事的李敬玄率军十八万在青海湖一代与吐蕃论钦陵展开决战。李敬玄只派先锋前去厮杀，自己不敢出战。结果，先锋官直接被敌方俘虏。李敬玄闻讯，吓得"狼狈还走"[①]，最后，败回鄯州。没多久，又在湟川被吐蕃击败，唐军损失惨重。

我们看到，虽然李敬玄连打败仗，但他并没有因此受到任何处罚。反倒是，李敬玄多次上表说自己生病了，要求朝廷把自己调回去养病，朝廷居然也同意了。只不过，调回来之后，高宗发现李敬玄并没得什么病，这才"责其诈

---

① （宋）司马光《资治通鉴》卷第二百二　唐纪十八

妄"①，也就是责备他有欺君之罪，这时才联系到李敬玄之前的军事失利，将其贬黜，即便如此，也给了他一个衡州刺史的职务。而出坏主意的刘仁轨却并没有受到任何牵连，仍然位列太子身边的"宰相团"。顺便说一句，刘仁轨给狄仁杰递话弹劾韦弘机也就是在这个时候，可见老头子一点事儿没有，还有闲心鼓捣别人呢。这样的结果背后有什么原因吗？我们从这两年天后与太子李贤之间越来越激化的矛盾，或许便能理解。

大禹治水的方案

此次高层的斗争会给狄仁杰带来什么样的影响呢？狄仁杰从中学到了什么样的政治斗争经验和教训呢？对此，我们不得而知。但，从狄仁杰作为侍御史并没有弹劾李敬玄上来看，狄仁杰是对朝廷用意心知肚明的。而朝廷现在似乎也无暇去真的追究谁的责任，因为这不是第一重要的。目前最重要的是岐州的安定。

打仗向来打的是钱、打的是人。当大唐准备跟吐蕃开战的念头初起时，就为此开始作战备了，首当其冲的便是关中西部诸州。朝廷在此增加兵役、强征赋税、训练士卒、制造器械，简直是一级战备，使得百姓负担异常沉重。

关中西部诸州百姓和士卒纷纷逃亡。尤其后来打了败仗，唐军中的很多士卒对唐军将领产生了怀疑，对战争产生了恐惧，一个个偷偷地开溜了，当了逃兵。那官府能干吗？就指着你们守卫边疆呢？再说，这种行为会传染的，如果不抓回来严惩，其他当兵的都跟着学习还得了啊？所以，官府军方不说加强政治思想教育工作，反倒是高压政策、四处搜捕，对地方仍然加重兵役。

哪里有压迫，哪里就有反抗，这是亘古不变的真理。逃兵役的老百姓和那些逃兵一看，单兵作战不成，大家必须联合起来，反抗官府。于是，这些人三

---

① （后晋）刘昫《旧唐书》卷八十一　列传第三十一

个一群，五个一伙，说好听的，这叫抱团取暖；说不好听的，就是啸聚山林，武力抗拒官兵。没有吃，没有喝怎么办？为了生存只能抢。于是，这些百姓、逃兵最终被官军逼成了强盗，一方面与官军拼杀，另一方面掠夺百姓。这下使得关中西部诸州局势更加恶化，遍地是匪盗，到处起狼烟。

当地官员又恐又怕，不断地派兵抓捕、镇压。官府越镇压，这些人越反抗；这些人越反抗，当地局势越乱；当地局势越乱，逃亡的百姓和士卒越多；逃亡的人越多，官府越害怕；官府越害怕，越加强镇压……形成了恶性循环！

关中西部诸州是长安的屏障，如果那里动乱，很容易被吐蕃所乘。如果吐蕃拿下这些地方，长安便直接暴露在人家的刀锋之下，事态就危急了。而岐州又是关中西部诸州的西大门，更是重中之重。

什么追责不追责？目前对大唐王朝来说，"维稳"才是最紧迫的！"维稳"负责人尤为关键！这人必须有超人的能力！有果敢的勇气！有非凡的智慧！讲原则、懂变通，知百姓疾苦、晓国家大义，忠心谋国而又没有太多政治立场约束……天皇天后在满朝文武中寻摸了一圈儿，最后异口同声地说出了一个名字——狄仁杰！

于是，也没走更多的形式，朝廷立刻派狄仁杰赶赴岐州，巡察安抚。狄仁杰第一次作为大唐的"消防员"出发了。

事实证明，如果在没有政治斗争的情况下，天皇天后还是会用人的。狄仁杰到达岐州，看到的情况便是"亡卒数百剽行人，道不通。官捕系盗党穷讯，而余曹纷纷不能制"，意思是逃兵成了劫匪，大道无人敢走，官府疲于奔命，乱象仍然不停……狄仁杰以其悲天悯人的心直接找到了问题的根源而叹息曰："是其计穷，且为患。"①这是因为官府逼得人家走投无路了，才出现的祸患啊。

狄仁杰在基层工作过，同时又在中央履职过。既有身为法曹、大理寺丞，直接接触底层百姓的经验；又有在宰相、阁老身边，看他们决策大事的

---

① 此段援引见（宋）欧阳修、宋祁《新唐书》卷一百一十五 列传第四十

格局。这两点非常重要！如果没有大格局，你分不清地方与中央的战略关系，处理不好事情；如果没有基层经验，你不能设身处地地站在百姓角度，做出落地可行的解决方案。幸喜，狄仁杰都具备。于是，立刻制定了正确的地方政策：

第一，贴出布告，明示啸聚山林的逃兵只要出来自首，朝廷一律豁免他的罪过，既往不咎。愿意当兵继续当兵，愿意回家务农的回家务农。总之，只要你不躲到山里头当强盗，就是大唐好子民。

第二，立即释放之前所有被捕的逃兵，而且发放干粮路费，遣返回家。送出牢房的时候嘱咐他们，若遇到其他逃兵，互相转告劝解，只要自首，会跟你们一样。

鲧当年为什么治不了水？他到处堵！洪水如猛虎，堵不胜堵，越堵越猛，顾此失彼，四处决口。禹为何能有效治水？他采用的是疏，因势利导，疏通渠道，缓和水势，自然百川归海，水波不兴。治民犹如治水也。堵则水可覆舟，疏则水可载舟。执法者如若体谅民苦，老百姓真的素质低下而不能体谅政府之苦吗？官和民是相互的！

狄仁杰懂得这个道理，他一生践行体恤民情、体谅民苦，所以才能每到一处，便会取得立竿见影的政绩，达到无论为官多久，必能为官一任、造福一方！

岐州是他的第一块试验田，试验成功了！变成强盗的逃兵百姓一看，监狱关押的那些人都被放了，看来官府确实不再追究了。谁想当强盗啊？纷纷走出山林，绑着自己前来投案自首。狄仁杰取信于民，只要自首，一律给钱给粮，放还回家。如此，岐州一带很快安宁下来。

高宗闻报，赞叹"仁杰识国家大体"[1]"达权宜"[2]，换句俗话就是"明白事

---

[1] （唐）刘肃《大唐新语》卷八《政能》
[2] （宋）欧阳修、宋祁《新唐书》卷一百一十五　列传第四十

儿、会变通"！这就是对狄仁杰的"大格局"和"接地气"的两个方面的肯定。并且高宗把狄仁杰的这个处理方案定为了标准，颁示天下，以后有这样的情况都按狄仁杰方案去办！结果取得了非常好的效果，可谓"潜窜毕首矣"[①]！

国家内部稳定了，外敌无机可乘，自然不敢贸然轻进了。再加上吐蕃赞普又死了，吐蕃内部又得料理丧事，于是边关战事暂时缓和。

狄仁杰圆满完成了工作，返回了京城，不久便被任为度支郎中。

以神之矛攻神之盾

度支郎中是户部的属官，是国家最高财会主管机构度支司的掌管，从五品上，所以狄仁杰是升官了。度支郎中责任重大，掌管全国财政的统计与支调。

在狄仁杰任这个职务期间，唐高宗李治身体越来越差，夏日时，便想驾幸汾阳宫。

汾阳宫是北朝时期至隋唐间著名的皇家离宫，其故址在今山西宁武县境内的宁化镇和天池边。汾阳宫的前身是北魏的楼烦宫，因宁武县境为秦汉楼烦县故地而得名。由于此地气候凉爽，是历朝皇帝的纳凉避暑之地。

从南往北走，要到汾阳宫，首先要经过静乐县。这里是汾阳宫的门户。隋开皇初年叫岢岚县。开皇十八年（598），改名汾源县。大业四年（608），再改名为静乐县。《管子·势》中有"其（贤人）所处者，柔安静乐，行德而不争"，"静乐"一词便出自于此。

虽然汾阳宫为历代帝王们带来了"静乐"，但却给当地百姓带来了苦难。因为，历次皇帝驾临，他们都要服繁重的徭役，交纳更多的赋税。

如今，唐高宗要游汾阳宫，那定是又一次劳民伤财之举了。这种劳民伤财有时也并非帝王所希望的，或者说并非他们真的能够体察和想象出来的，而是

[①]（唐）刘肃《大唐新语》卷八《政能》

那些谄媚阿谀的臣子们为讨好领导而带来的。

皇帝要出行，并州长史李冲玄立刻就站出来了，极为关心皇帝的身体，说："陛下龙体欠安，此去汾阳宫一路颠簸不说，主要是必经'妒女祠'，这可不得了啊。"

"妒女"是谁啊？当时的张鷟写过一本《朝野佥载》，书中专门记录了这位妒女："俗传妒女者，介之推妹。与兄竞，去泉百里，寒食不许举火，至今犹然。"就是说，这个妒女原来是春秋时期介子推的妹妹介山氏。介子推曾追随公子重耳走国，历尽艰难，最困难的时候，介子推都把自己的肉割下来给重耳吃了。可后来，重耳回国做了国君，居然把功臣介子推给忘了。于是，介子推便和老母隐居绵山。后来，晋文公重耳终于想起他来了，想再请他出山。但介子推始终躲在山里不出来。晋文公想出个馊主意，放火烧山，想逼介子推出来。结果介子推也拧，誓死不出山，最后和母亲抱着大树被烧死了。晋文公非常悲痛，下令以后在介子推去世的日子，前后三天，不准动火，这就是寒食节的来历。而介子推的妹妹介山氏却认为兄长这样做是在要挟君主，不是臣子所为，令人不齿。于是，她就天天积攒柴火，到了第二年寒食节这天，自焚而死，表示反对哥哥，反对寒食不生火。所以，老百姓都说："你看吧，这还有嫉妒哥哥的女子呢。"于是就把她称为"妒女"，"妒"和"妬"在古代是相通的。当地人为了纪念她，就给她修建了一座妒女祠。唐时，人们对妒女的祭奠活动达到空前境地，并将其奉供为神，称为"妒神"。

那"妒神"自然看啥好的都妒忌了，所以，当时人认为"女锦衣红鲜，装束盛服，及有人取山丹、百合经过者，必雷风电雹以震之"[①]。即只要你穿着好衣服，拿着戴着花，漂漂亮亮地打这儿一过，妒女就嫉妒了，肯定刮风下雨砸冰雹来惩罚你！

所以，李冲玄就拿着棒槌当针认了，"陛下，您想想啊，您要去汾阳宫，

---

① 此段援引见（唐）张鷟《朝野佥载》卷六

肯定是香车骏马、仪仗华服，那叫妒女娘娘看见，还不得兴风下雨扔冰雹吗？再把您老人家给吓着。"

李治一听，言之有理，"爱卿以为应该如何呢？"

"这好办，咱们另辟蹊径，绕开妒女祠走不就成了吗？"

李治认为这件事可行，"准奏，你打报告，申请工程款项吧。"

给皇帝开一条路，那是形象工程、面子工程，质量要求高，人力、物力、财力需求都高，别的不说，光修路的人就需要数万之众，这就叫劳民伤财。

这项修路款自然得国家出。于是，报告就打到了狄仁杰这里。此时，狄仁杰不但是度支郎中，还被皇帝封为此次出行的"知顿使"。知顿使又称置顿使，是皇帝出巡时，负责先行布置皇帝中途食宿事务的临时官员，不是皇帝极为信任的、不是做事极为细致的，哪能担任这个职务？可见当时狄仁杰在天皇天后心目的地位了。但当狄仁杰看完李冲玄的申请报告后，就说了俩字儿——不批！

狄仁杰是一位正统儒学官员，从他一生来看，对这些怪力乱神的东西向来嗤之以鼻，但他却又能以神之矛攻神之盾，他说：我为什么不批？因为这项工程根本不必要。"谁出行啊？天子！除了老天他最大，各路神仙都害怕，天子只要出行，风伯都得赶紧过来扫地，雨师就得过来洒道，那妒女算什么神仙？她还敢往天子脑袋上砸冰雹啊？天子还得躲着她走啊？这不是胡扯吗？"

您看，有道理吧？特别有道理。所以，"帝壮之"[1]，连唐高宗都觉得提气，是啊，老说我是天子我是天子的，怎么连个妒女我都害怕啊？还是狄仁杰说得好，一挑大拇哥赞叹说："真大丈夫也！"[2] 于是，便取消了这次的徭役。

---

[1] （宋）欧阳修、宋祁《新唐书》卷一百一十五　列传第四十
[2] （后晋）刘昫《旧唐书》卷八十九　列传第三十九

宁州的石碑与口碑

在这件事情过了不久后，狄仁杰被外调了，出任宁州刺史，成了一方大员。唐朝前期的州都归中央直辖，从这个意义上讲，刺史便相当于我们现在的省长级别。为什么要外放狄仁杰做宁州刺史？史书上并没记载，一般史学家会认为宁州在当时出了乱子，作为维稳专家的狄仁杰，是朝廷考虑的第一人选。

宁州即之前的豳州，治所在今天的甘肃宁县。之所以以"宁"为名，是西魏废帝二年（553）以"抚宁戎狄"为名，改豳州为宁州。可见此地众多民族交杂、汉戎聚居，中原统治者很希望能够把这里变成安宁之所，可惜，这里经常不安宁。而这里地处陇东南部，属于边境地区，逢人说项中的那个项斯就写过一首《宁州春思》，上面有"边城任见花"之句。可见，直到晚唐时期，宁州也属于国家的边城。但同时，它又紧邻咸阳，屏蔽京畿，关隘重重，是大唐的军事战略要地。事实上，宁州一直是西边的吐蕃和北部的突厥经常骚扰之地，故此，唐朝屡屡在此用兵。唐高祖武德年间，唐军与西秦军、突厥军在宁州境内多次交锋，战事频仍。因此，在狄仁杰到任之前，宁州的历任地方官吏都以强调军事为由而对百姓层层压剥，兵役、徭役，苛捐杂税多如牛毛，苛政猛于虎，使得百姓不堪重负、怨声载道。本来这里就是民族杂居地区，各民族之间摩擦冲突也时有发生。官府再不体恤民力，在强压的政策下，民族之间的矛盾更加突出。宁州一片混乱，成为大唐最不稳定的边关，急需能臣前来治理。

而狄仁杰的能力不用多说。还有重要的一点，自十六国以来，狄仁杰的家族一直是东羌豪族。几代先人所任或遥领的地方官职，都在甘肃天水一代，主要是秦、泾二州，这一点可以从之前提到的狄湛墓志铭上清楚地看到。狄家几代人都作为官员活跃在这一带，几百年来的狄氏家族在此地的影响可以想象。所以，朝廷派狄仁杰到宁州，应该也有这方面的考虑。这就如同诸葛亮让马超镇守阳平关的道理一样。

狄仁杰走马上任了，他在宁州采取了什么样的政策？正史上只举出了一项，《旧唐书》上叫"抚和戎夏"①，《新唐书》上叫"抚和戎落"②，两者有差别，我认为《旧唐书》在这一点上更为准确。也就是说，狄仁杰在宁州采取了正确的民族政策，无论是汉族还是少数民族，都得到了他的"抚和"（所以不仅仅应该是只"抚和戎落"）。这肯定是一系列的和平手段，是一种贴人心的温暖政策。其细节是什么，史书没有累述，但可想而知，民族政策的正确制定和实施都不是一件容易的事，可狄仁杰抓住了宁州的主要矛盾，实施了正确的民族政策，史书上记录了最后取得的效果——"人得欢心"③！百姓能"欢心"，代表了人民温饱、赋役适度、生产发展、社会稳定、官府廉政、民族和谐等等。要想做到这些，就不单单是民族政策搞得好了，而是各项政策都得对路。

狄仁杰的这些德政虽然没有被记录在史书上，但却被记录在了宁州世世代代的百姓心中，而通过各种各样的民间故事口碑传播着，具有代表性的就是"狄仁杰骑青牛斩九龙"的传奇故事（详见第十九章），在宁州民间故事中这位爱民如子的狄仁杰俨然已经成为可以斩龙除妖、护佑一方的"神人"。虽然民间故事并不一定都是事实，神话传说更不可能是真的，但民间故事却能达到由抽象反映事实的作用，比如在"狄仁杰骑青牛斩九龙"这样的民间故事里，所谓的"恶龙"完全有可能是当时宁州一代的恶霸和贪官污吏，"狄仁杰斩九龙"无非是对"狄仁杰与恶势力作斗争"的神话转述。所以，传奇故事便是百姓的口碑！直至今日，甘肃宁县一代还保存着与这则故事有关的很多地名，如龙池、八纵坡、青牛胡同、烂泥沟等。由此可见，狄仁杰当时在宁州的惠政是多么的温暖人心，而能让百姓世代不忘。

垂拱二年（686）年底，右台监察御史郭翰巡察陇右，等于中央巡视小组

---

① （后晋）刘昫《旧唐书》卷八十九　列传第三十九
② （宋）欧阳修、宋祁《新唐书》卷一百一十五　列传第四十
③ （后晋）刘昫《旧唐书》卷八十九　列传第三十九

来了，专门巡察地方官员政绩问题。

郭翰此人很有意思，五代《灵怪录》上记录了他曾见过织女。说有一年夏天，郭翰卧在庭中，仰视空中，突然发现有个女子冉冉而下，女子自我介绍说："我就是天上的织女。"郭翰打量了这女子半天，发现她身上穿的衣服都没有链接的缝。郭翰感到很奇怪，织女告诉他："天衣本非针线为也。"这就是"天衣无缝"的典故。在《太平广记》里却又有着他和织女更为详细的故事。这些美丽的神话传说，为何发生在郭翰身上？就如同"斩九龙"为何发生在狄仁杰身上一样，必有它的原因。老百姓有可能给好人编造黑暗的传奇，但不会给恶人编造美丽的神话。

郭翰这人就很正直，在巡察陇右时，铁面无私，一路走来，没发现几个合格的官员，所以"多所按劾"①，都让他弹劾了。但走到了宁州之时，老百姓都争相讲述着狄公特殊的政绩，"耆老歌刺史德美者盈路"②，老年长者满大街歌颂着刺史的德政。郭翰十分动容，他住进馆驿后，立刻拿出了纸笔，对僚属们说："入其境，其政可知也！"③考核那个官员的政绩如何，其实到他所管辖的地方看一眼就知道了。狄公所辖的宁州"人得欢心"才自发"歌刺史德美"。也就说，人民美了才会歌颂治理者美，同样治理者的美政才能使得人民美。所以，郭翰感慨万千地说："愿荐使君（唐人对刺史的称呼）美于朝，毋久留。"④应该让狄公之美，美及朝廷，这样的贤臣哪能憋屈在一个边远地方呢？于是，他立刻给朝廷上表，推荐狄仁杰。写完之后，马上命人准备车辆，离开宁州——这地方不用再巡察了。

不久，狄仁杰果然被朝廷召回中央，提拔成了冬官侍郎。

朝廷有命，狄仁杰不能不去。宁州百姓依依不舍，扶老携幼相送这位好

---

① （宋）欧阳修、宋祁《新唐书》卷一百一十七　列传第四十二
② （后晋）刘昫《旧唐书》卷八十九　列传第三十九　（宋）司马光《资治通鉴》卷第二百二　唐纪十八
③ （宋）欧阳修、宋祁《新唐书》卷一百一十七　列传第四十二
④ （宋）欧阳修、宋祁《新唐书》卷一百一十七　列传第四十二

刺史。为了感念狄仁杰的恩德，宁州百姓自发集资为狄仁杰建立了生祠狄公祠（在今宁县县城庙咀坪），并在祠内将狄仁杰的功德刻石勒碑以志纪念，名曰"德政碑"。而在当时，被立碑者必须达到"德政"的标准，即"德之至者有二，政之大者有三。三政：一曰仁，为惠政。二曰法，为善政。三曰谦，为和政。二德。一曰忠，为令德。二曰孝，为吉德"，[1]才能有资格被立碑。但，在唐初由于朝廷严控为地方官员立碑建祠，生祠为数并不多，且生祠的建立都须经过严格的申报和审批手续，并不是老百姓想立就能立的。当时明文规定："凡德政碑及生祠，皆取政绩可称，州为申省，省司勘覆定，奏闻，乃立焉。"[2]如不按规定办事，是触犯"刑法"的。这在《唐律疏议》上有明文规定，现摘抄如下：

诸在官长吏，实无政迹，辄立碑者，徒一年。若遣人妄称己善，申请于上者，杖一百；有赃重者，坐赃论。受遣者，各减一等。虽有政迹，而自遣者，亦同。

《疏》议曰："在官长吏"，谓内外百司长官以下，临统所部者。未能导德齐礼，移风易俗，实无政迹，妄述己功，崇饰虚辞，讽谕所部，辄立碑颂者，徒一年。所部为其立碑颂者，为从坐。若遣人妄称己善，申请于上者，杖一百。若虚状上表者，从"上书诈不实"，徒二年。"有赃重者，坐赃论"，谓计赃重于本罪者，从赃而断。"受遣者，各减一等"，各，谓立碑者徒一年上减，申请于上者杖一百上减。若官人不遣立碑，百姓自立及妄申请者，从"不应为重"，科杖八十，其碑除毁。

注：虽有政迹，而自遣者，亦同。

《疏》议曰："官人虽有政迹，而自遣所部立碑，或遣申请者，官人亦依前科罪。若所部自立及自申上，不知、不遣者，不坐。"[3]

---

[1] 《全唐文》卷六百五十四（唐）元稹《沂国公魏博德政碑》文
[2] （唐）李林甫等修《唐六典》卷四《尚书礼部》
[3] 《唐律疏议》卷十一《职制律》

看见没？规定多严格。自己给自己戴高帽立碑的官员，都得判有期徒刑一年。派人给自己做虚假功绩向上申请立碑的，揍一百棍子。就算当官的有政绩，自己也不能向上为自己申请立碑！百姓都不能妄自立碑，甚至妄自打报告申请都得挨板子。这要不是某个官员确实做到了让老百姓心甘情愿冒险为之申请立碑，谁敢做这事儿啊？故而有唐一代"当日碑祠之难得"。[①]唯其难得，才显出狄仁杰这样的官员"难得"啊！

大概从宁州百姓开始，狄仁杰享受到了古代官员都梦寐以求却难以得到的最高待遇——建祠立碑。几乎狄仁杰每到一处，当地百姓都会自发做这件事，那是因为狄仁杰确实做到了"为官一任，造福一方"！

请允许我不断重复这八个字！因为从古至今的官员，能做到这八个字的，何其少也，何其难也！

---

① （清）顾炎武《日知录》卷二十三《生碑》

第七章　女主当朝

女主时代来临

等狄仁杰再次回到中央的时候，他发现一切真的都变了。就在他待在宁州的这几年，大唐的政局已经天翻地覆。

调露二年（680），天后与太子贤的矛盾激化。天后派人揭发太子谋反，并在东宫马房里搜出数百具铠甲，人证物证俱在，太子被废且被幽禁，并牵连了一批官员。

接着，英王李哲被立为太子，李哲即是李显。原来，唐时皇室有个特点，亲王出阁就封往往会改名。李显在仪凤二年（667），徙封英王时，改名哲。现在被立为太子，自然将名字改了回来。当年反对武则天临朝摄政的郝处俊、李义琰，也一个被罢相，一个自己办了病退。

唐高宗看到之前的两个儿子一死一囚，又看到天后权势咄咄逼人，而自己身染重病，一年不如一年。他很是担心自己死后，大唐权柄旁落。为加固李显接班人的位置，高宗在开耀二年（682），李显的长子李重润满月时，改年号为永淳，一个月后，竟破天荒地将这个襁褓中的孙子立为皇太孙。唐高宗希望一下定两代大唐的皇帝，武则天寿命再长，估计也熬不过两代人吧？不过，他低估了夫人的气魄，他怎么可能知道未来的太后敢废皇帝啊。

弘道元年（683）十二月四日，唐高宗崩于洛阳宫贞观殿。留下遗诏，令太子李显枢前继位，宰相裴炎辅政，"军国大事有不决者，兼取太后进止"①。

这份遗诏让后世很多历史学家认为是假的,因为他们觉得唐高宗如果真的这样下了诏书,就等于自己把军国大权交给了武则天。所以,他们认为这是武则天趁李治弥留糊涂之际,拿着自己拟好的诏书让他签的字,或者干脆就是伪诏。

但我们认为从李治一贯的行为来看,这份诏书应该出于李治的本意。第一,李治已经把两代皇位都定好了,自己前脚死,后脚太子就登基了,江山不至于出现什么变故。第二,李治知道皇后武则天强势,但再强势也顶多能像历史上的吕后那样,江山并不会变颜色。他哪能想象得到武则天会当女皇啊?她可是中国历史上唯一的女皇。如果没有武则天,我想中国人不会有"女皇"的概念。所以,李治根本不会有"武则天当女皇"的担心。第三,武则天帮着李显管理天下,李治才能够真正放心。因为,李治真不放心这个儿子呀!

知子莫若父,李治太了解李显了——荒唐、任性、糊涂、爱玩……根本不是当皇帝的料,自己和皇后也从没打算过让他当皇帝。怎么?李显是第三个嫡子,在宗法社会,除非前两个哥哥都死了,皇位才能轮到他。所以,从正常逻辑来说,李显基本没戏。这样,从对他的教育态度和他自己受教育的态度来说,都是马马虎虎,并不苛求。于是,一个合格的败家子,就这样被练成了。一位皇子,天天不爱学习,专门斗鸡。巧得很,他哥哥李贤也爱斗鸡。哥儿俩没事儿干,整日斗鸡玩。为此,当时身为李贤身边的修撰,那位初唐四杰之一的王勃还写了一篇《檄英王鸡》为李贤助阵呐喊呢。没把唐高宗气死,当时就免了王勃的官,赶出了李贤的王府。由此可见,李贤太子之位被废,也不冤枉,他也不是块合格的皇帝材料。可没想到,李弘、李贤一死一废,太子的馅饼真落到李显头上了。天皇天后也没办法,宗法就这样啊,如果立贤不立长,这个口子一开,唐初玄武门事变、李治弟兄争皇储的斗争可能会重演,只能论

---

① (宋)宋敏求编《唐大诏令集》卷十一

资排辈立李显吧。说不够格怎么办？抓紧时间学习、锻炼吧。为此，当天皇天后临幸洛阳时，专门留下李显监国，想锻炼锻炼他。没想到，烂泥扶不上墙啊，人家对国家大事不理不问，仍然"颇事游畋"[①]，该玩儿还是玩儿。最后气得天皇天后没办法，又把他召到了东都，还是搁在眼皮子底下看着吧。就这么一个人！所以，当李显有了嫡长子了，高宗非常高兴，又改元，又大赦，又把这孩子立为皇太孙。这种行为在中国历史上极为少见。除了上述的那个原因之外，我们还能看出来唐高宗此时已经对皇二代李显极为失望了。指着你？还不如指着我孙子呢！

我们再看看当时整个大唐的状况。京师地震；两京瘟疫流行；关中闹饥荒，米贵如珠，天皇天后为什么去洛阳？那叫"逐食"；东突厥入寇，定州、妫州、并州、蔚州战事连连；绥州又有人假借宗教起事造反；水灾旱灾不断出现……内忧外患啊。把这么一大摊子交给只会斗鸡的李显，您是李治，您放心吗？不让有能力有经验的武则天帮忙把关，他还有第二个选择吗？李显不是小朋友了，总不能给他再来几个顾命大臣啊（已经有个裴炎了）。况且，诏书中说得明白"军国大事有不决者，兼取太后进止"，也就是说不是"军国大事"的，不用太后处理；是"军国大事"但是皇帝能决断的，不用太后处理；是"军国大事"但是皇帝难以决断的，可以"兼"听太后的意见，即太后不过是高级军政顾问罢了。总之，遗诏的这句话，既能够让母后辅佐儿皇，又并没有让武则天掌握大权，不然李治就不会给儿子任命一位辅政宰相裴炎了。所以，李治这份诏书安排得无不妥当。可是，李治看错了裴炎！

裴炎，字子隆，他虽然出身望族河东裴氏，一路仕途亨通，但史书对他的政绩却没有太多的记载，直到永隆元年（680），身为黄门侍郎的他加授同中书门下三品，正式成为了"宰相团"的一员。从这年开始，裴炎曝光次数突然增多：

[①]（宋）司马光《资治通鉴》卷第二百三 唐纪十九

680年，他负责审讯有谋反嫌疑的太子李贤；

681年，升任侍中；

682年，天皇天后移驾洛阳，裴炎奉命留守长安，辅佐新太子李显；

683年，李治去世前，升任裴炎为中书令，命其辅政新皇帝李显，成了唯一的顾命大臣。

……

一个史书上对其资历政绩都乏善可陈之人，短短三年，怎么就能够压服群相，位居宰辅？只有一种可能，此时他政治上投靠了武则天，是天后力主推他上位的。

那么裴炎是个什么样的人呢？纵观他一生的所作所为，我们有理由相信，这个人表面看对大唐忠心耿耿，但应该是披着忠臣这张皮，行着为自己谋利揽权之事的一位政客。所以，他一直是视察局势的不同，来采取对自己揽权最有利的行动。

于是，当李显登基时，他认为边缘化武则天，让这位荒唐的皇帝亲政，对自己稳固宰相大权其实是不利的。现在应该削弱皇权，增加天后的权力，这样，作为中间的纽带，自己把握相权，会更方便走到台前。

如此，裴炎出乎意料地在太子即位但尚未受册称帝之时突然上奏说：太子还没有受册听政，现在还不能处理国家大事，怎么办呢？先帝遗诏说皇帝不决的军国大事听太后的，现在不就是"不决"吗？所以，希望"太后降令于门下施行"①。这就等于说，有事儿，太后把命令下给门下省，我们宰相来执行就成了。因为裴炎是唯一的顾命宰相，便是门下省的长官啊。看到没有？他这是托起武则天，壮大自己。

武则天当然乐意了，就坡下驴，她又掌管起了国政。李显也不好说反对的话啊，毕竟在守丧期，那不能说扔下爹的丧事儿不管，就开始掌权理政，这

---

① （后晋）刘昫《旧唐书》卷八十七 列传第三十七

话说不出口来。反正,皇帝的服丧期也不会太久,以日代月,二十七天就结束了。

但二十七天对武则天来说足够了!她雷厉风行,做了一系列部署:

第一,她封了一堆唐太宗的兄弟和唐高宗的兄弟,给他们高官厚禄,让李显的这些爷爷辈和叔伯辈的宗亲对自己执政说不出什么意见来;

第二,她调整了原来"宰相团"的阵容,尤其是把没有站在自己政治阵营中的那位老奸巨猾的刘仁轨变动下职务,作为西京留守,让他远离东都洛阳,等于把他挂起来了。而把目前还是自己的人的侍中裴炎转为掌握出旨权的中书令。同时,把政事堂也从门下省迁到了中书省,这可是宰相们议事的机构,挪到中书省方便裴炎掌握。然后,又提拔了一批忠于自己的人充任宰相;

第三,她把自己的将领分别派到了并、益、荆、扬四大都督府,与这里的地方官一起镇守,等于控制了主要的大城市;

第四,她掌握了羽林军……

这一系列的举措都预示着:哪怕李显守丧期满了,太后也不会把皇权交给他。

李显能不着急吗?看看身边都是老妈的人,自己没有亲信啊。怎么办?那得让自己的亲信掌握朝廷重要职务和权力部门,才有可能跟老妈争权。现培植亲信是来不及了,只能找最亲近的人。自己家这边是没有,有也不敢帮自己。那就只能找"外戚",也就是他的皇后韦氏的娘家人。于是,李显居然要直接把老丈人韦玄贞提拔成侍中,甚至还要提拔奶妈的儿子做五品官,这就暴露了李显的荒唐。

裴炎现在成了众僚之首,"宰相团"的老大,能让皇帝塞进来一个老丈人制衡自己吗?立刻反对!理由充分:这个韦玄贞过去只是个普州参军,因为把女儿嫁给你"有功",这才给他了个豫州(治今河南汝南)刺史,没当三年呢,你居然要把他提拔成宰相,这是不可以的。

一看宰相敢反对自己,这时李显又暴露了自己的另外一个缺点——任性。

他简直怒不可遏，在朝堂上大吼起来，说了一句冲动的话："我就算把皇位让给我老丈人都没有啥不可以的！何况就给个小小的侍中呢？"这种气话不能随便乱说，情绪不能随便乱发，因为裴炎、武则天都等着呢。

于是，裴炎装出对这句话非常害怕的样子，慌慌张张地告知了武则天。武则天一看这儿子确实也是个扶不起的阿斗，还没有坐稳龙椅就开始乱封外戚，还说了这么一句明白人都知道的说给自己听的话。算了，政权交给他实在是不放心，把这个皇帝换了吧！

嗣圣元年（684）二月六日，武则天在洛阳宫正衙乾元殿召集百官，让裴炎与几个大臣一起领着兵闯入殿中，宣布太后令，废李显的皇帝之位，贬为庐陵王，后又被流放到了房州（今湖北省房县），名字改回做王爷时的名字——李哲（但出于习惯，我们之后还称之为李显）。仅仅才登基六十一天的皇帝唐中宗就这样被母后废了。

但武则天并没有在这时称帝，有可能是觉得时机未到，法理不顺；也有可能，她本身此时并没有想称帝的念头，还是希望儿子能够管好天下。所以，第二天，便迅速册立小儿子二十二岁的豫王李旦为新的皇帝，史称唐睿宗。但李旦从做皇帝的第一天开始，就被武则天安置在了别殿，政事统统决于太后。同月十二日，李旦率百官给太后重上尊号，确认她尊贵的身份地位。十五日，太后临轩正式册立李旦。这就等于太后和皇帝的互相确认。既然皇帝是太后立的，所以太后就可以从此跟皇帝一起上朝理政，只是前面挂上一块浅紫帐帘而已。

武则天终于临朝了，大唐的历史也终于进入了女主时代。但一些内心怀着对"牝鸡司晨"有偏见的士大夫们会甘心俯首吗？大唐朝廷开始了动荡。

其实我很不爽

唐睿宗册立了，君权却掌握在武则天手里，她还临朝听政了，这让裴炎很不爽。

裴炎现在已经完全被权力欲所控制了。当高宗驾崩那刻起，裴炎其实就一直在为自己掌握最高相权而布局。他先是帮太后取得了二十七天的摄政权，紧接着又帮太后废掉了皇帝，这时，他认为大唐最大的权力应该被他掌握了。翻开历史看看，能够废掉皇帝的宰相能有几人？西汉的霍光，东汉的董卓，哪个不是权倾朝野，万古留名？武后一介女流，即便垂帘听政，终归前面的朝政还得跟我商量，我台前，她幕后，共分君权。

但是，随着时间推移，裴炎慢慢看到，事情并非像自己所想那样。他发现太后很快把控住了整个军国大权，而且使得朝局稳定，仅仅短短的半年时间便建造成了规模宏大的乾陵，可谓空前绝后。大唐社会稳定，经济也开始恢复。最最严重的问题是，武则天并非没有打算让儿子李旦临朝理政（无论真心还是假意）。同时李旦一味地退让，说自己现在还不能理政，缺乏能力和经验，哭着喊着要母后继续临朝决大事。武则天本来对儿子们的能力就不放心，一步步的政治成功让她自信满满，这更增强了她的权势欲望。既然儿子不愿意掌权，那还是自己继续临朝称制吧，用她的话来说，那就是"励精为政，克己化人。使宗社固北辰之安，区寓致南风之泰。以斯酬眷命，用此报先恩。冀上不负于尊灵，下微申于至恳"。[①]武则天告诉大家，我要奉献自己报答高宗、睿宗的顾托和推戴。于是，武则天居然开始动手改革朝廷了。

大赦天下，改元光宅；

改换旗帜，原来大唐的旗帜是红颜色的，现在她给改成了"金色"（白色），"仍饰以紫，画以杂文"[②]；

把东都改为神都，洛阳宫改为太初宫；

官服也有变化，过去八品服深青、九品服浅青，改为八品之下一律服碧；

---

① （清）董诰等编《全唐文》卷九十六《改元光宅赦文》
② （清）董诰等编《全唐文》卷九十六《改元光宅赦文》、《唐语林》卷五

官署、官名改得最多，尚书省改为文昌台，门下省改为鸾台，中书省改为凤阁，中书省左右仆射改为左右相，侍中改纳言，中书令改内史，吏户礼兵刑工六部改为天地春夏秋冬（要不狄仁杰冬官侍郎这名号哪儿来的）……

反正改了一溜够，让整个朝廷各处都打下深深的天后烙印。

还有一件可怕的事情，那就是武则天追尊李唐王室祖先老子（反正李家自己说老子是他们的祖先）为太上元元皇帝。这其实没啥可怕的。可武则天又将老子的母亲追尊为先天太后，并在老君庙里塑立尊像！

这啥意思？啥意思啊？！大家能不明白吗？聪明绝顶的裴炎能不明白吗？裴炎简直要疯了！

原以为废掉一个不听自己的话，还想让老丈人分自己权的李显，立一个新皇帝李旦，李旦就会感念自己的恩德、惧怕自己的手段而倚重于己。可没想到，李旦放权太后，太后步步朝着九五之尊而去。太后这么一个有能力有魄力的人掌权，我裴炎只能是一个唯唯诺诺之人，还能大权独揽吗？裴炎极度不舒服！要想让自己把握绝对权力，必须扳倒太后，也就是说必须让太后还政皇帝，对付李旦远比对付武则天容易得多。

光宅元年（684）九月，武则天的侄子礼部尚书武承嗣上书，请求武则天追封武氏祖先，立武氏七庙。《礼记·王制》上说："天子七庙，三昭三穆，与太祖之庙而七。"可见，立七庙，这是天子才能干的事儿。太后干，是违法的。所以，武则天并没有同意。但是，作为临朝称制的太后，追封一下祖宗，还不为过吧？于是，武则天就想追封祖先为王。

裴炎终于忍不住了，跳出来说："太后临朝，应该给大家看到的是您的公心，而不是对自己亲戚的私心。难道您没有见到历史上的吕氏之败吗？"裴炎公然把武则天比作了汉高祖刘邦的吕皇后。当年，在刘邦死后，吕后称制，任用吕氏宗亲，导致诸吕之乱，你武后也想步吕后的后尘吗？可武则天不为所动，说："两者没有可比性。吕后是把大权放给了活着的亲戚，所以导致败乱。而我只不过追尊死去的亲戚，这对朝廷没有伤害啊。"太后说得对啊，我封死人，你急赤白脸的干吗啊？把裴炎怼得无理可说，只能强调："那应当防微杜渐，等蔓草都长起来了，就不好除了。"这话说得，武则天当然不高兴了，于是就没搭理他，依然下诏追尊了一批武氏先祖。

这一事件，让一些李唐宗室和旧臣有所不满，一些阴谋家们便开始暗中联络。

正这时，突然有人举兵造反了！举兵者是谁？扬州的李敬业！

忠臣，有时只是个幌子

李敬业本姓徐，他的爷爷就是大唐开国功臣英国公徐世勣。徐世勣因有大功于朝，故被赐姓为李，又因避太宗李世民之名讳，故此，徐世勣后来被称作李勣，这样他的子孙也便姓李了。李勣对武则天有恩，废王立武时，权臣长孙无忌极力反对，正是李勣的"立谁做皇后是陛下的家事，何必问外人"这句话定了乾坤。所以，武则天对李勣一直非常尊敬和感激。李敬业作为李勣的孙子，从小身强力壮，善于骑射，有勇有谋。他也得到过朝廷的重用，做过太仆少卿、眉州刺史等不小的官职，由于他爹死得早，所以，他世袭了爷爷英国公的爵位。但是这个人性情狂妄，贪财好利，权力欲极强。李勣当年就对这个孙子很是担心，曾说过"破我家者必此儿"[①]的话。

果然，李敬业在做眉州刺史的时候，有不当得利的犯罪行为，当时叫"坐赃"，于是被降职左迁为柳州司马，他弟弟李敬猷受牵也被朝廷免官了。巧了，当时还有魏思温、唐之奇、骆宾王、杜求仁这几个人都因事被贬黜，而且一个个都自恃才高、郁郁失志。这些人新的工作岗位都在南方，更巧的是，他们路过扬州的时候，居然碰在了一起。都是天涯沦落人啊，这一聚餐喝酒，坏

---

① （唐）刘餗《隋唐嘉话》卷中

了,"各以失职怨望"①,怨天尤人、牢骚满腹。最后一致认为,像咱们这样有才华的人为什么都得不了好下场?都是朝廷昏暗!不过,现在可能是个翻身的好时机:第一,高宗新丧,朝局不稳;第二,太后临朝,先废黜李显,后冷落李旦,独揽大权,居心叵测;第三,太子李贤最近死了,很多人都说是太后给逼死的或给害死的;第四,李唐宗室现在肯定对太后愤恨不已……所以啊,只要咱们现在率先挑起匡复大唐、还政皇帝的大旗,肯定天下响应。只要推倒了太后,拥立皇帝掌权,我们就是大唐再造的功臣啊……他们越聊越兴奋,越聊越起劲,最终决定铤而走险,起兵造反。

为了确保起兵成功,李敬业决定首先争取一部分朝臣的支持,作为内应。他们这群合伙人当中唐之奇、杜求仁与左武卫大将军程务挺关系不错,而薛仲璋是裴炎的外甥,裴炎又和程务挺关系比较铁。从现在来看,首辅宰相裴炎也对太后不还政给皇帝的事情不满。于是,李敬业就把裴炎、程务挺作为他们争取的主要对象,便派大才子骆宾王前去联络游说两人。

骆宾王在中国的知名度很高,三岁孩子都会背的《咏鹅》据说就是他七岁时所作,可谓神童,后来步入仕途。仪凤三年(678),骆宾王担任长安主簿,又由长安主簿入朝为侍御史。此时,他不满天后当政,多次上书讽刺,得罪天后而入狱。调露元年(679),遇赦被释放。第二年,出任临海县丞。光宅元年(684),或许因为改元的原因,或许因为武则天需要新的人才充斥新朝,朝廷开了"贤良方正科",这属于皇帝亲自主持的临时性的制举科目,也算是武则天开的恩科吧。骆宾王与程务挺老交情了,所以程务挺就向朝廷推荐了骆宾王前来科考,如果得中,骆宾王不就又可以晋升了吗?而李敬业正想让骆宾王去"策反"裴炎、程务挺,入京赶考不是很好的伪装吗?于是,骆宾王就来到神都串联。正赶上当年七月突厥骨笃禄等率军攻掠朔州,朝廷命程务挺率军抵御突厥。此时,程务挺将要出征,手握重兵,正是策反的好时机。于是,骆宾

---

① (宋)司马光《资治通鉴》卷第二百三 唐纪十九

王就给程务挺写了一封书信——《与程将军书》，明着是对程务挺的感激之情，其实是一封"策反书"，上面写道："君侯怀管、乐之材，当卫、霍之任。丰功厚利，盛德在人。送往事居，元勋盖俗。智足以兴皇业，道足以济苍生。"又说自己"燕昭为市骏之资，郭隗居礼贤之始。则当效驽骀之用，饰固陋之心"。就是说如果有像燕昭王那样想重兴国家，千金买马，黄金筑台的话，我就可以做郭隗这样的标榜。总之，在这封书信里有着不少的政治暗示。由于他和程务挺关系非常好，"恃以平生之私，忘其贵贱之礼"，虽然"禁门清切，造别无缘，官守牵缠，程期有限"，俩人此时不方便见面，但程务挺应该还是将骆宾王介绍到了裴炎那里。

在《朝野佥载》上记录了骆宾王见裴炎时的情景。说为了策反裴炎，骆宾王编了一首童谣："一片火，两片火，绯衣小儿当殿坐。"买通了裴炎府邸附近的小孩经常唱诵。古人对这种谶谣非常敏感。于是，裴炎访学者令解之，这才把骆宾王召来，但骆宾王不言语。裴炎就给了很多金银绸缎，骆宾王还不言语。裴炎又赂以音乐、女妓、骏马，骆亦不语。裴炎又带骆宾王观看自己收藏的古忠臣烈士图，看到司马懿时，宾王欻然起曰："此英雄丈夫也。"并说："自古大臣执政，多移社稷。"裴炎大喜。这时，骆宾王才给他解那童谣道："'两片火'是个'炎'字，'绯衣'是个'裴'字，'小儿'是个'子'字，'当殿坐'表示昌隆，是个'隆'字。这首童谣就是说你裴炎裴子隆将会成为皇帝。"裴炎大喜过望，当即决定与徐敬业合谋造反。

虽然《朝野佥载》并不是正史，虽然很多人对这则故事表示怀疑而不予采信，但我想说的是，故事有的是无中生有，有的却是真实情况的反照，我认为这则故事应该是后者，即骆宾王确实与裴炎有所接触，无论这条线是从程务挺而来，还是从裴炎的外甥薛仲璋而来。但裴炎肯定不会像故事中说的那样想当皇上，他并没有这个野心，他只不过想做"司马懿"这样的权臣。所以，故事中，骆宾王说"自古大臣执政，多移社稷"时，裴炎大喜，这是裴炎的真实写照。

骆宾王见裴炎，虽然不一定达到了完全策反的目的，但双方一定是达成了某种心照不宣的一致。骆宾王自然也明白，裴炎以现在的身份和当时的情景也是不能对己方承诺什么的，裴炎的作用在于不反对、默许，只有等己方强大了、事成了，裴炎才能有所进一步表示。这样其实就够了。而裴炎也觉得，如果借助外力能够逼迫太后还政，也不失为一条途径。

总之，双方各怀心事，尽在不言中，彼此客客气气，骆宾王的任务其实完成得不错。

骆宾王回去后，李敬业觉得时机成熟了，于是在这年七月让裴炎的外甥监察御史薛仲璋按照计划请求朝廷让其出使江都（扬州）。

而八月，朝廷发生了太后欲立七庙事件，裴炎的极力反对，让他意识到已经明着站在了太后的对立面，不能再等了，于是，裴炎居然想到了政变，可见裴炎现在的权欲已让他几近疯狂。他密谋想"乘太后出游龙门，以兵执之，还政天子"[1]。哪里有兵？程务挺已经回朝了。所以，裴炎想联合程务挺进行兵谏。这样既能达到让太后还政的效果，还不用再让李敬业起兵，社会不会动荡，又可以扩大自己的权势。可惜，老天坏了他的事儿，那几天老下大雨，太后取消了游龙门的计划，待在宫里了。您别忘了，羽林军可掌握在太后手里。裴炎的斩首计划失败了。

九月，武则天"以左武卫大将军程务挺为单于道安抚大使，以备突厥"[2]，把程务挺调出去了。裴炎没了军方这个得力助手。于是，他开始转回来与李敬业联络，这才发生了"青鹅"[3]谜案。

这是裴炎给李敬业写的一封密信，不料在半道被朝廷截获，但信中只有两个字——青鹅，大家都不解其意，于是呈送给了武则天。太后看完笑了说："把两个字拆开就明白了。'青'就是'十二月'，'鹅'拆开就是'我自与'。

---

[1] （宋）欧阳修、宋祁《新唐书》卷一百一十七　列传第四十二
[2] （宋）司马光《资治通鉴》卷第二百三　唐纪十九
[3] （唐）张鷟《朝野佥载》卷五

这就表明裴炎告诉李敬业十二月他于城中为内应。"

当然，这个故事同样不见于正史，也有不少人怀疑它的真实性，比如有学者就以裴炎之前看不明白"拆字法"所作的童谣，却在这里娴熟地运用拆字法弄出了"青鹅"，这不是前后矛盾吗？其实，一点不矛盾。前者也不一定是裴炎看不出，只是"自己认为"和"别人说出"是两个概念；即便裴炎不会拆字法，有过前者，或许让他喜欢上了这种有意思的文字游戏；更有可能的是，骆宾王见裴炎时两人约好了用骆宾王擅长的拆字法的联络方式。总之，故事里的裴炎符合历史上的裴炎。故事的细节有可能是传奇，但故事反映的却是真实的写照。

李敬业虽然没接到裴炎的信，但箭在弦上不得不发。他让来到扬州的薛仲璋以"扬州长史谋反"为名，拿下了扬州长史，控制了扬州。然后又谎称奉了皇帝密令发兵讨伐武氏，自称匡复上将，领扬州大都督，让才子骆宾王写了一篇名垂千古但胡说八道的《代李敬业传檄天下文》，历数武则天的"罪状"，有的没有的都往武则天头上浇，把她说成一个淫乱内宫、迷惑君主、残害忠良、弑君鸩母的恶魔大 Boss 了，借此激发人们对武则天的愤恨，彰显己方讨武的正义合法性。又把李敬业说成了一位忠君报国之臣，战无不胜的英雄，想让百姓仰慕而归附。李敬业讨武后的军事行动轰轰烈烈起来。他一会儿打起拥立李贤的旗号，他说李贤没死，找了个人冒充李贤；一会儿打起匡扶庐陵王李显的旗号，实际要攻占金陵，割据江南而自立；他一会儿又说要给李旦争取权力……可见，这人没啥战略战术，但确实也挑起了一批人的野心。

武则天闻报后，召来文武商议对策。而裴炎此时作为首辅宰相，面对来势汹汹的叛兵，却是"不汲汲议诛讨①"，态度十分消极，好像在看哈哈笑，大有"匪我求童蒙，童蒙求我"之意，让你武后着急来问我，我着什么急啊。"则天

---

① （宋）司马光《资治通鉴》卷第二百三　唐纪十九

潜察之"①。于是，武则天一方面以骆宾王这样的才子跑到了敌方，来质问裴炎"宰相安得失此人"②，可谓一语双关；另一方面追问裴炎如何消弭叛乱？此时，裴炎居然说出了这么一番话："皇帝年长，但仍然不能亲政。（这不就是那些叛贼的说辞吗？）人家出兵是名正言顺的啊。那么如果现在，太后能够返政给皇上，叛贼不就没了借口了吗？'则此贼不讨而解矣！'③"

这叫什么？这叫"逼宫"！武则天什么人啊？聪明绝顶，洞察人心：叛军汹汹而来，你裴炎作为首辅宰相，应该急公为国、夙夜忧叹、组织开会、制定方案……但是你却辜负先帝、辜负职责、怠慢军机、乘危逼宫。然后呢？把我扒拉下来，把皇帝推上去，你再掌握大权，平灭叛军，这样向世人证明叛军就是因我而起，你是明智的，你便成了大唐第一功臣、第一忠臣，从此牢牢地把握住了皇帝，成了大唐第一权臣！

可能有些朋友会问，这本书是狄仁杰的传记，为什么你用那么大篇幅写裴炎、写骆宾王、写李敬业呢？

那是因为，在武则天当政的这段时期，也是在狄仁杰活跃的这段时期，出现了大批像裴炎、骆宾王、李敬业这样的人。他们无一不打着"匡复李唐"的旗号，自称是大唐忠臣，义正词严地反对武则天，要推倒武则天。可他们心中排第一位的目的真的是"匡复李唐"吗？不！忠臣只不过是个幌子，他们才不在乎自己的行为会给国家百姓造成多大的损害，他们只会在乎最终给自己带来多大的利益，这"利"或是权，或是钱，或是名……当然，站在武则天队列的很多人也是如此，他们也是打着忠臣的幌子，只不过忠于武氏罢了，这种人在后面我们会讲到。所以，在当时，什么拥唐派，什么拥武派，大多都是些拥己派！

狄仁杰对此洞若观火，所以，他没有成为裴寂、李敬业，也没有成为武承

---

① （唐）刘肃《大唐新语》卷十五《容恕》
② （宋）欧阳修、宋祁《新唐书》卷二百一　列传第一百二十六
③ （后晋）刘昫《旧唐书》卷八十七　列传第三十七

嗣、来俊臣，他是把自己的忠放在了一个更大的格局，拥唐而不反武，只要国家安定、百姓富足，为何要反对这个领导人呢？至于正统的问题，可以慢慢解决，太后不是一个糊涂人！

武则天当然不糊涂，对裴炎这样的"忠臣"，她见得多了，过去有，现在有，未来还会有。连过去的长孙无忌、褚遂良这样的权臣都没有把我逼下去，你小小的裴炎还能跟他们比吗？不但是武则天，连当时朝堂上的监察御史崔察都看明白了，当时就说："裴炎伏事先朝二十余载，受遗顾托，大权在己，若无异图，何故请太后归政？"①可谓一针见血！

裴炎真的就不了解武则天的性格和手段吗？一千多年后，我们看这段历史都很难以理解，只能说裴炎是"权"迷心窍了。

武则天听了裴炎这句话，二话没说，直接令人将裴炎拿下审问，合法啊，监察御史说你有"异图"了。咱们说过，御史可以风闻言事。那就拿下来审审吧？审？那就是欲加之罪，何患无辞了。

当时，朝堂上一派说："裴炎必反！"裴炎的好友、纳言刘景先和凤阁侍郎胡元范极力喊冤说："裴炎社稷忠臣，有功于国，悉心奉上，天下所知，臣敢明其不反！"②双方都是主观论断，都没有什么证据。程务挺和朝中很多大臣都为裴炎喊冤。但武则天是政治家，是大法家，不是法律学家。她现在要稳定的朝局是受她控制的朝局，只要对此造成不稳定的人，都需要被踢出朝局，管你真谋反还是假谋反，你不站在我这一边，你帮着反贼说话，就是已经谋反了！

而且，在这里我们多说一句，废太子李贤是怎么死的？光宅元年（684）正月，武则天派左金吾将军丘神勋到巴州监视故太子李贤。结果丘神勋到巴州后竟逼令李贤自杀。为此，武则天降罪于丘神勋，贬为叠州刺史。但过了不久

---

① （后晋）刘昫《旧唐书》卷八十七　列传第三十七
② （后晋）刘昫《旧唐书》卷八十七　列传第三十七

又召回丘神勣，再为左金吾将军。对此，很多人认为是武则天逼杀了李贤。但也有史学家如郭沫若认为是裴炎从中作祟，怕召回李贤对自己不利，故假传圣谕杀死李贤。这一看法很有道理。裴炎是查处李贤案的主持人，不论行为是否公正，李贤怀怨是完全可能的。在巴州枉杀李贤有可能是裴炎的政治目的。武则天在事后查明此事真相又不能马上怪罪裴炎，所以在当年九月，众官都力保裴炎的情况下，武则天断不听从。

于是，裴炎顶着"谋反"的帽子被砍了脑袋，程务挺也没跑了，那些为其喊冤的，一个个不是被杀就是被流放。武则天面对外有乱贼，丝毫不在乎临阵换将的风险，而是快刀斩乱麻，很快稳定了朝局。

此时，朝堂之上，人人同心，一致对外，武则天调兵遣将，仅仅三个月，就将十万叛军荡平，徐敬业、骆宾王的人头也"传首神都"。

武后雷霆荡扬州，"海内晏然，纤尘不动"①，这种结果有力地证明武后的统治不是那么不堪，广大百姓并没有依附李敬业，真正支持他的只不过是一些失意的官僚或有野心的投机者。这次迅速的胜利让武则天的威望空前提高。

狠人养疯狗

而此时的武则天也感到很委屈和愤怒，在杀了程务挺后，她就召来群臣质问说："朕于天下无负，你们都知道吗？"群臣唯唯，想必就算不服，也真说不出什么来。所以，武则天又说："朕事先帝二十多年，'忧天下至矣'②！你们的高官厚禄是我给的，天下的安乐是我维持的。等到先帝驾崩了，把国家托付给了我，我'不爱身而爱百姓'③。而如今造反的头头都是出于将相群臣，'何负

---

① （宋）司马光《资治通鉴》卷第二百三　唐纪十九
② （唐）陈岳《唐统纪》
③ （唐）陈岳《唐统纪》

朕之深也'①！"武则天对群臣有点失望了，我没负你们，你们怎么老是负我，你们是不是欺负我是个女人啊！所以，武则天咬着牙说："且受遗命的老臣跋扈难制的有没有比过裴炎的？世袭将种亡命张狂的有没有比过李敬业的？朝廷宿将勇猛善战的有没有比得过程务挺的？他们可都是人中豪杰。但，敢对我不利，'朕能戮之！'②我就把他们都杀了。你们这些人中才能有超过他们的，要早早地打算好。不然，就小心地侍奉我，不要给天下留下笑柄。"群臣叩首在地，不敢抬头，齐曰："惟陛下命。"

虽然群臣嘴上这么说，但武则天现在已经是惊弓之鸟了，对他们极度地不放心。也难怪，一群中下级官员聚在一起传些谣言就能号召十万之众造反，而朝中宰辅立刻带头逼宫，这种情况令人心悸，未来会不会再出现？当然，除非自己还政给皇帝，否则跪倒在地的这些臣子，谁知都有何居心？但武则天能甘心还政吗？当然不甘心，这个答案睿宗李旦清楚得很。所以，垂拱二年（686）正月，当武则天下诏复政于皇帝时，睿宗奉表固让，坚决不干。于是，太后复临朝称制。武则天深知在当时那个时代，女性要想掌权是多么地艰难，所以她必须狠、必须毒、必须铁腕，才能真正扫清一切政敌。她是从什么时候开始想当皇帝的，史书上没有记载。如果从武则天的心路来寻，我更相信就是此时，这种四面楚歌的逼迫和大权在握的现实激发了武则天叛逆性格的反弹——不让我称制？我就算做皇帝又能怎样？好！我就做给你们看！敢反对者，我统统剔除。明面上的反对者，好办。可那些暗中潜藏的政敌如何对付？她"知宗室大臣怨望，心不服，欲大诛杀以威之，乃盛开告密之门"。③于是，武则天向政敌祭了"告密制度"和"酷吏政治"两大法宝，也是两种大规模杀伤性武器。

垂拱二年（686）二月，武则天命人在朝堂之上设置"铜匦"，接受天下人的投书，无论你是对朝廷政策有建议，还是自己有冤枉，或者对某人某事有检

---

① （唐）陈岳《唐统纪》
② （宋）欧阳修、宋祁《新唐书》卷七十六 列传第一
③ （宋）司马光《资治通鉴》卷第二百三 唐纪十九

举,都可以写书状投进铜匦中,类似于现在的"意见箱",但里面的书状可以上达天听。而且,规定凡有告密者,所在官员都不准过问,必须提供这人驿马,一路给予五品官员待遇的伙食,把告密者护送住进朝廷设立的客馆。告密者身份就算是农夫樵子,武则天也会亲自接见。如果告密者所言正合武则天心意,那就赐赏给官做,就算说的不符合事实,言者也无罪。告密者如果告了武则天某位政敌的罪状,那武则天就可以再用"法律"的武器精准地对付他了。而谁来具体操作这些"法律"武器呢?那就是"酷吏"了。

酷吏就是一些行为残暴、滥用酷刑的官吏,几乎在中国古代每个朝代都会存在,史书往往会有《酷吏传》单独一项就是明证。武则天本心对酷吏是深恶痛绝的,可以说她从没有真正把酷吏当人看过,她曾说自己对苛政"良夙心之所鄙"①。但在残酷的政治斗争中,武则天也不得不动用这种极端手段了。于是,她任用了来俊臣、索元礼、万国俊、周兴等一批酷吏,"大开诏狱,重设严刑"②,"由是告密之辈,推核之徒,因相诬构,共行深刻"③。

这些酷吏如同疯狗一般,为了自己上升的仕途,"推一人,广令引数十百人,衣冠震惧,甚于虎狼"④。他们发明了N多种刑具,给它们都起了特色的名字如"喘不得""突地吼""死猪愁"等等;设定了很多刑讯逼供的方案,也给起了特色的名号如"凤皇(凰)晒翅""仙人献果""玉女登梯"……听着名字好听,实则让人生死不如。受了这些刑具和刑讯手段的人,"苦楚掠考,非罪亦承"⑤,没有罪也会被屈打成招。

通过告密和酷吏,一批批的"反对者"都被挖了出来,这些里面有真的反对者,也有私下不满的抱怨者,更有被诬陷构害者,还有受到这些人牵连的无

---

① (宋)宋敏求编《唐大诏令集》卷八十二
② (后晋)刘昫《旧唐书》卷五十刑法志
③ 《通典》卷一百六十九刑典七
④ (后晋)刘昫《旧唐书》卷一百八十六 列传第一百三十六
⑤ 《通典》卷一百六十九刑典七

辜者,"公卿士庶,连颈受戮,道路籍籍"[1]。尤其李氏宗亲在这场灾难中遭受的打击最大,被杀的被杀,被流的被流。一时之间,大唐天空阴云密布、血雨腥风,每天上朝的官员离开家门的时候都会跟家人诀别:"不知重相见不?"不知道我这一去还能不能回来啊。大唐进入了至暗时刻!

正是在这个时候,狄仁杰回朝了!

---

[1] (宋)李昉等编《文苑英华》卷六百九十七

第八章　维稳专家

要做社稷经济臣

狄仁杰离开中央去宁州工作，躲过了朝廷中央的诸多大动荡、大洗牌，这是狄仁杰的幸运。等回头武则天将权力把握得差不多了，又把狄仁杰这个能臣调到了中央，授为正四品上的冬官（工部）侍郎。从这一点上，我们是不是可以猜测，朝廷调狄仁杰去宁州还有一个原因，那就是武则天"保护"自己器重的这位臣子。

武则天是个爱才之人，尤其对耿直的士大夫非常敬重。如果是她的政敌，那没办法了。只要不是她的政敌，哪怕这位士大夫逆龙鳞，说一些她不爱听的话，一般武则天也会比较客气、比较宽容的。狄仁杰就是值得武则天敬重的士大夫。狄仁杰的所作所为，让武则天看到了一个既能干又有担当、敢坚持的尢双国士。更为重要的是，武则天发现狄仁杰这人不拉帮结派，对朝廷忠心耿耿，且又不存在为谋私利的政治小圈子。武则天明白，一旦暴风雨来临，狄仁杰很容易被自己的政敌视作拉拢对象，而正直的狄仁杰又不能不选择忠于李唐，他只能站在反对自己临朝、呼吁自己还政的一方。如此一来，自己的打击面便不得不波及狄仁杰。这种政治斗争是不可调和的，一击必死的。武则天实在不愿波及这位自己欣赏和器重的能臣。于是，借着宁州有事儿，把狄仁杰调离是非中心，狄仁杰便不好参与中央政事。即便有人私下联络，凭着狄仁杰的性格和智慧，也绝不会让自己一个外官私通朝臣的。这样，狄仁杰既在地方做了突出的政绩、稳定了边关，又远离是非、免受暴风雨的袭击。当风雨过后，再调回来，仍然能为"我"所用。

当狄仁杰再次进入中央时，朝廷大局已定。有裴炎、李敬业之败，狄仁杰一则见识了太后的手段，二则也看清了一些打着"匡扶李唐"旗号之人的真实面目，又看到大唐江山在武则天的统治下势头是向上的，他深知目前没有任何一个人能比武则天做得好。狄仁杰并不是一个腐儒，他是位"经济之臣"。纵观历史，我们能看到，真正能够使得国家向前进的，并不是那些死谏的忠臣或廉洁的官吏，而是一种"经济之臣"，比如管仲、萧何、诸葛亮、张居正之类，忠诚、清廉对于他们来说或者没有或者只在其次，他们顾全大局，有时并不拘泥小节、不局限传统，他们真正做的是去抓事物的主要矛盾和矛盾的主要方面，至于其他，也许对一些清流士大夫是不可容忍的过错和不可跨越的雷池，但对他们来说都是小小不严、无关紧要的方面。他们只要国家稳定、人民安康、社会向前就行了。狄仁杰便是这样的"经济之臣"。

即使太后掌权，哪怕太后当了皇帝，国家就真的变色了吗？狄仁杰不这么认为。太后永远是李唐的媳妇，当婆家没有人有能力管家的话，媳妇代婆家管家，这在民间百姓家比比皆是，家如是，国亦如是。只要这个媳妇百年之后，还把家产还给婆家，那她就是个好媳妇。作为臣子，只需要防备和阻止太后将国家交给她的娘家即可。而现在反太后、逼太后都不是明智之举，既撼不动太后坚实的根基，反会引火上身，减少李唐的力量，甚至引起朝廷和社会动荡，而成亲痛仇快。做这事儿的人，要么不智慧，要么有叵测之野心，这两种人都不可帮。所以，狄仁杰看清楚了事实，就打定了自己对太后的策略，那就是"拥唐不反武"。把自己的眼光放长些，把自己的格局放大些，把自己的心胸放阔些。不要想着为李为武服务，只需想着"全心全意为人民服务"，这就是巩固大唐基业，也是帮助太后执政。

可以说，狄仁杰是当时大唐第一真正明白人！

他被调回京城任冬官侍郎后，这一阶段的史书没有记录他的政治行为，因为，面对复杂的朝局，他什么都没有说，只是做好了自己应该做的工作。但政治不会放过他的，谁让他是一位出色的政治家呢。

垂拱三年（687），"天下大饥"①，尤其山东、河南一带最为严重，可谓饿殍遍野、流民失所。

垂拱四年（688）二月，武则天下诏，令司属卿王及善、司府卿欧阳通、冬官侍郎狄仁杰为巡抚赈给使，前往受灾地区赈灾巡抚。

这三个人，司属卿就是宗正卿，其职责是掌管皇族事务，这次出来或许是代表皇室前来慰问；司府卿，未改名前叫太府卿，负责掌管国库收支谷物和货币，具体包括粮食仓储、仓廪管理、京官朝官禄米供应等职责，这次开仓赈灾，少不了他主持工作。

但为什么叫一个负责工程建筑的狄仁杰来？当时正值二月春耕时节，农业生产刻不容缓，冬官有水利、屯田这样的职责。去岁大饥，今岁更应该发展农业补救。除了这一点外，我想把狄仁杰派来，更因为他有岐州、宁州两地安抚百姓的经验。赈灾是个细致活，不但物资赈济上要做好，还要把人民安抚工作做到位，在后者上，两卿都不如一侍郎。

果然，狄仁杰再次很好地完成了工作，使得山东、关内社会趋于稳定。

这让武则天再次看到了狄仁杰卓越的维稳能力。既然如此，我再派给你一项维稳任务吧。

垂拱四年（688）六月，武则天任狄仁杰为江南巡抚使，持节巡抚江南，因为那一带又动荡了。

江南神叨叨

江南对于首都建立在北方的隋唐政权来说，始终是一个不稳定的地区。因为自从东汉末年，江南一带始终处于分裂、独立的状态。三国时期，东吴政权

---

① （宋）司马光《资治通鉴》卷第二百四　唐纪二十

割据一方，直到魏蜀两国都不存在了，它最后才被西晋统一。但西晋本来建国时间就不长，北方少数民族进入中原，晋朝王室大臣"衣冠南渡"，中国又形成了北方是五胡十六国、南方是东晋的局面。原本江南的文化与中原文化进行融合，使得江南的文化更为复杂。一晃三百年，南方在东晋之后，又经历了宋齐梁陈的南朝更替，直到隋文帝时期才重新与中原等地大一统。可隋朝又是个短命王朝，隋末战乱纷纷，唐朝虽然统一了天下，但到武则天时期也不过百年。长时间的分裂和不断地文化冲击，使得本来与北方在文化民俗、思维意识方面就不同的南方，如今变得在各个方面更加的复杂了。举个很简单的例子，直到如今，中国语言特点仍然是"南繁北齐"，即南方语言繁杂，北方语言比较单一。在江南，十里不同俗、十里不同音的现象随处可见。这样，朝廷对江南的治理相对来说也困难一些，而江南对朝廷的认同感也不如北方。

另外，当时江南有个显著的特点就是人们普遍迷信，老百姓认为大道边儿、小道沿儿都有鬼神存在，所谓"一乡一里，必有祠庙焉"[①]，花有花神，草有草鬼，河有河伯，湖有湖怪，别的地方"离地三尺有神灵"，他们这里挖地三尺都有神灵。有的神是历史上的人被神化了的，比如周赧王、伍子胥、夫差、春申君、项羽、赵佗、马援等等；有的则完全是人们想象杜撰出来的。但只要是神，百姓都给他们建庙祭祀，于是江南鸡鸭鱼狗猫各种神灵的神庙遍地，各式各样的祭祀活动随处可见，这就叫"淫祀"或"淫祠"。这里的"淫"是过度、泛滥之意。

在《唐国史补》中记载了一个有意思的故事。说有一位江南刺史新官上任，刚到馆驿，馆驿的小吏带着他私下查看。刺史走到酒库，就见那里画着一尊神，就问小吏："这是何神呢？"小吏说："酒神杜康。""哦，杜康造酒，所以成酒神了，也对。"刺史想着，走到了茶库，看到门上也画着一尊神，刺史又问："这是何神啊？"小吏说："这是茶神陆羽。""陆羽写《茶经》，被尊为

---

① （唐）李肇《唐国史补》卷下

茶神，倒也合适。"刺史又来到菹库，就是咸菜库，门上也画着个神仙，刺史问："这是谁啊？"小吏说："咸菜神蔡邕。"当时刺史哈哈大笑，这不是八竿子打不着的事儿吗？说："这个神就不用设置了。"但事实是，一直到后世，蔡邕还是被腌菜酱菜业作为他们的"祖师爷"了，原因就因为他姓蔡，与"菜"谐音。您看，官府还都到处都是鬼神，何况民间。

  为什么南方会有这样的特点呢？原因比较复杂。其一，南方多水，则水患就多，不但有洪水涝灾，翻船淹死人的情况也多，所以就出现了一批水神、河神、船神、舟神、龙王爷之类的神鬼，百姓就得祭祀，以规避灾祸；其二，南方气候炎热潮湿，毒花毒草毒蘑菇随处可见，毒蛇蚊虫寄生虫容易滋生，瘴气霍乱病威胁健康，所以大家还得祭祀掌管这些毒物、疾病、毒虫的神仙；其三，江南受楚越文化影响颇深，"信巫鬼，重淫祀"[①]就是这种文化的特点，虽然一千年过去了，但在生产力发展缓慢的古代，其实百姓的生活并未发生根本性变化，这种文化仍然根深蒂固。人们信鬼神，首先是怕某种自然灾害会损伤到自己，故而将其神化以进行"讨好式"的祭祀，进而再变成祈福式的供奉。但如果神鬼多了，便又产生了攀比。比如有水神了，你不得弄个对应的火神吗？不然火神吃醋烧你怎么办？有木神了，你不得弄个草神拜一拜吗，不然野草蔓延也够你呛。鬼神攀比谁合计出来的？除了老百姓自己瞎琢磨出来的之外，更多的就是民间的巫婆神汉跳大神的这些"神职工作者"为了骗取钱财捏造而来的，这就如同西门豹治邺中那巫婆的效用一样。有了这些神棍的存在，淫祀迷信就会因为人为而带来很多的严重后果：

  第一，祭祀鬼神，增加百姓负担。祭祀鬼神用的东西都是较好的供品，加上仪式上用的幢幡幔帐、香烛纸马……这些都得摊派给百姓。无论从道德还是从思想上，百姓都被绑架，不敢不给。祭祀多了，人力、财力、物力都会被极大地浪费，百姓不堪负担。

---

① （东汉）班固《汉书》第二十八（下）志第八（下）地理志（下）

第二，正常教育受阻。迷信盛行，正常的教育必然被认为是无用的或与神鬼信仰相抵触的。另外，百姓手里不宽裕的金钱都被淫祀抢走，正常兴学的资金自然就少了。于是，便出现了百姓越迷信，教育越匮乏；教育越匮乏，思想越愚昧；思想越愚昧，百姓越迷信的恶性循环。

第三，迷信活动会俘虏百姓的心性，让百姓把人事交给了虚无缥缈的鬼神，而对自然改造的能力和积极性，对自然灾害防控的敏感度，对自然灾害斗争的能动性都会大大降低。

第四，这些祭祀活动，往往地方官员都有所参与，与那些神棍相勾结，借鬼神之事揽财派捐，敲诈剥削，使得地方政府腐败混乱。

第五，有些迷信活动趋于邪教化，很多迷信活动有伤风化，违背人伦、灭绝人性，使得基层社会极不稳定。

最让朝廷担心的是，因为有神棍的存在，因为地方官员可以参与，因为迷信活动可以邪教化，一旦神棍和地方官员借着鬼神的名义相勾结，打起宗教的招牌，施行邪教的蛊惑，就会控制百姓为其所用而达到其不可告人的目的，这种目的如果与反对武则天执政和匡扶李唐相结合，就会对朝廷造成很大的威胁。而这种威胁在当时"后李敬业叛乱时代"很可能会变成现实。

后李敬业叛乱时代

李敬业叛乱虽然被平息了，李敬业也被武则天剥夺了"李"姓，又姓回"徐"了，而且人头还被送到了武则天面前。但也不知道从何时开始，突然民间有了一种传说，说徐敬业并没有死！这可能吗？老百姓说有可能。因为本身徐敬业就是一个九命猫似的人物。

据说，徐敬业从小就性情狂妄，他爷爷李勣不是担心这孙子会败家吗？李勣也是个狠人，决定为家族除去这一隐患，于是定下一条毒计。这天，李勣带着李敬业一起去丛林狩猎，他趁着孙子进林子追逐猎物之机，赶紧命家人放火烧林，要把这个惹祸的孙子烧死在林中。等大火把林子烧尽了，李勣觉得孙子必死无疑，这才让人进去察看。没想到，李敬业居然没死。原来，小孩李敬业发现大火着起来，没办法冲出火场，他急中生智，把自己骑的马给杀死了，剖开马肚子，自己蜷缩到了马腹之中，得以保全，等大火过后，李敬业是"浴血而立"①。李勣大惊，可能觉得这是天意，从此就放弃了除掉这个祸根的念头。

这个故事是真是假都无关紧要，紧要的是老百姓把这个故事口口相传就反映出：在百姓心里徐敬业是一个奇人，是一个不那么容易被杀死的人。四面放火，他都能浴血重生。何况造反时，他十多万大军呢？哪能那么轻易地就被部下所杀啊？像砍个人头什么的，说是徐敬业就是徐敬业，说不是徐敬业就不是，那年代有几个人见过徐敬业？别说一般老百姓了，就是武则天她也不能百分之百肯定那献上来的人头一定就是徐敬业的。那年代又没有DNA技术，所以，在百姓当中就流传说徐敬业并没有死。

原来，徐敬业早就对兵败有了充分的心理准备，所谓未思进先思退嘛。于是，他早就找好了一个跟自己长得差不多的替身，这一招似乎古今中外的野心家都经常用。后来果真兵败，但被部下杀死的其实是徐敬业的替身，他的本尊早已带着几十个亲随逃进了大孤山。不知是看破红尘，还是为遮人耳目，他和这些人一起就落发为僧了。直到天宝初年，有一个九十多岁的老和尚叫住括，带着弟子来到南岳衡山寺庙里住锡。过了一个月，他忽然召集僧徒，当众忏悔杀人的罪过，大家都很诧异。这时，老和尚说了："我就是徐敬业，兵败入了空门，精勤修道，如今大限已到，所以到你们这里，'令世人知吾已证第四果矣。'②"然后告诉大家某日是自己的死期。果然，到了那天，他就死了，被葬在了衡山。这个故事被记录在了唐朝小说集《纪闻》当中。

在《类说》中也有相关记录。说唐朝的著名书法家李邕曾经到过南岳天柱

---

① （唐）段成式《酉阳杂俎》前集卷十二
② （唐）牛肃《纪闻》

寺，遇到了一位老和尚，李邕就问他民间传说的徐敬业没有死而到这里出家的事儿是真的是假的？老和尚神秘一笑说："我以为阁下洞悉人情物理，没想到您暗于事机到这个地步。"那意思你都看出来了为何非要说破啊。李邕问："你就是徐敬业啊？"老和尚只说："我是徐敬业的昆弟。"您看，徐敬业叛乱时李邕不过十岁，后来他都听说过这样的传说，可见，当时"徐敬业没死"之说流传甚广啊。

在江南，不但有徐敬业没死当和尚的传说，连骆宾王都传说没有死，也当了和尚。对此，唐代孟棨撰写的《本事诗》上专门有个故事记载，说骆宾王与徐敬业都当了和尚，只是骆宾王出家在了灵隐寺。有一次宋之问到灵隐寺作了一句诗，苦思冥想得不出下句，一个老和尚给他续了下来。有人告诉宋之问："此骆宾王也。"宋之问大惊说："这怎么可能？"那人说："徐敬业兵败，徐敬业、骆宾王都逃跑了。因为'当时虽败，且以匡复为名，故人多护脱之'。[①]朝廷军队没有抓到魁首，将帅怕太后责怪，所以杀了两个相似的，砍下他们的脑袋送给了太后。太后虽然知道俩人没死，但又不敢天下搜捕（怕引起恐慌混乱）。这样，俩人当了和尚，得以善终。"

像这样的现象，在中国历史上很多。一些死于非命的名人，往往民间会流传他们没有死，比如杨贵妃，比如明建文帝，比如李自成，再比如清顺治帝，他们要么被传说成逃亡，要么被传说成出家，总之，人们喜欢这样的真假难辨、戏剧传奇。

这样的事情被几部书都记录了，可见当时在社会上流传多么深广吧。这对疑心甚重的武则天来说，是一个令人腘应的消息。因为"太后自徐敬业之反，疑天下人多图己"[②]，有点受迫害妄想症了。如果是真的，那就得赶紧悄悄探访出来这两个"逆贼"的下落，将其除掉，以绝后患；如果不是真的，那这种传

---

① （唐）孟棨《本事诗》
② （宋）司马光《资治通鉴》卷第二百三　唐纪十九

言就很可能是徐、骆的亲友、拥趸、支持者，或者是自己的反对者散播出来，蛊惑视听，达到他们不可告人的目的。所以，无论真假都得需要让人前去好好管理整顿江南了，搜捕漏网而藏匿在民间隐隐待发的徐骆余党，也对江南百姓进行朝廷的教化和安抚。

其实这个工作，作为大政治家的武则天早就想做了。在平叛后的第二年垂拱元年（685），武则天就打算派遣"九道大使巡察天下诸州，兼申黜陟"①。但是麟台正字射洪陈子昂进谏说："此事需要慎重。尤其如果使者选择不好、任非其人，那就会导致'黜陟不明、刑罚不中、朋党者进、贞直者退。徒使百姓修饰道路，送往迎来'②。劳民伤财，而达不到朝廷想要得到的巡抚效果。"陈子昂确实担心太后用人不当的话，这些人就很有可能为了讨太后欢心而在江南大肆搜捕所谓的"逆党"，不但不能安抚江南，反倒会变成罗织、构陷甚至屠杀。

所以，陈子昂告诉武则天，选择的这些大使必须是"雅合时望，为众人所推"的，也就是大家都心悦诚服的人，具体来说得满足四个条件："慈爱足以恤孤惸（同'茕'）；贤德足以振幽滞；刚直足以不避强御；明智足以照察奸邪。"只有这样的"四足"之人充当巡抚使才能使"天下奸人畏其明而不敢为恶""天下强御惮其直而不为过""天下英杰慕其德而乐为之用""天下孤寡赖其仁而欣戴其德"。如果，找不出这样的人而像朝廷之前似的随便指派一些人充当巡抚使，结果这些人还没有离开朝廷呢，人家就知道这些人不怎么样了，朝野都看不上的人，派出去越多，天下不就越乱吗？所以，希望太后和宰相们好好商量商量，选择一个"素有威重名节，为众所推者"。然后在大朝之日，太后"亲御正殿，集百寮公卿，设礼仪，以使者之礼见之，告以出使之意，遂授以旌节而遣之"，这样人也对了，名也正了，事儿也好办了。否则，用人不当，还不如不派巡抚使，"以烦数无益于化，但劳天下之人"③。

---

① （宋）王溥《唐会要》卷七十七《巡察按察巡抚等使》
② （宋）司马光《资治通鉴》卷第二百三　唐纪十九
③ 此段援引见（宋）王溥《唐会要》卷七十七《巡察按察巡抚等使》

陈子昂开的这个条件也太高了，满朝文武哪个敢说我又慈爱又贤德又刚直又明智的？武则天划拉了半天也没划拉出一个人。再加上当时朝廷内部不稳，虽然裴炎逼宫被迅速镇压，但是裴炎余党就在卧榻之侧。所以，既然没有合适的人选，那就先把巡抚江南的事儿放一下，目前首要的任务是先稳固自己的地位。于是，武则天便借着徐敬业之事开始着手发动告密运动，搞酷吏政治了。

这么一折腾，武则天很多的政敌纷纷被这些酷吏掏出来、拉下了马，甚至丢官罢职掉了脑袋。陈子昂看不惯酷吏政治，再次上书劝谏，认为不应该把清洗徐敬业党羽的行动扩大化，会引起天下不安的。但武则天的政治目的并没达到，她怎会放手呢？所以，酷吏继续猖狂。

经过两年的清洗，武则天的政治地位基本得到了绝对巩固。此时，武则天的政治野心也进一步膨胀，她想当皇帝了，当中国历史上第一个，当然她也没想到也是唯一一个女皇帝！

此时，她指令朝廷中的亲信官员加紧筹备。但同时，她对于朝廷外民间的稳定和民心的依附的需求就提升到重要地位上来了。南方一直未稳，徐敬业之乱的余悸未消，神神鬼鬼的风气未除，武则天的心事未了啊。而此时，陈子昂所说的"雅合时望，为众人所推"的"四足"之人回到了朝堂，谁？"维稳专家"冬官侍郎狄仁杰！

狄仁杰的品行和专业能力都毋庸置疑，事实政绩摆在那里，清清楚楚。还有一点让太后放心的就是狄仁杰不偏不倚、不左不右，且从来不拉帮结派、站队靠边。也就是说，狄仁杰更像一位隐于朝的"大隐"智士，他既不是大张旗鼓的拥武派，也不是忠贞死谏的拥唐派；既不是酷吏小人那些自己的亲信，也不是居心叵测那些自己的政敌。他只知道闷头干活，中庸得不能再中庸了，连武则天都不知道他究竟属于何人，或者只能说他属于朝廷，这个朝廷是没有姓氏的。中庸有它的好处和坏处，其实是一致的，那就是左右两派都不拿你当自己人，但又都不会拿你作为第一敌人，还得好脸好气儿地对待你，生怕哪点做得不好，这位重量级人物投了敌营。这就叫"雅合时望"，这就叫"众人所推"。用狄仁杰，起码武则天是放心的。

《剑桥中国隋唐史》上对武则天的一个评价，我个人很是认同，它说"她始终划清对她自己的批评与限制帝王特权的企图这两者的界限。"[①]所以，从武则天的历史来看，她特别尊重能批评她的人，但这人一定不要提出限制她帝王特权的建议，否则她杀伐果决、毫不留情。在这一点上，狄仁杰是个明白人，他从不叫嚣着限制武则天，因为他觉得那样做如蚍蜉撼树，毫无意义。先把朝廷的事做好，至于权力归属问题，慢慢来，这是"经济之臣"与一般臣子的不同。

一个对臣子放心，一个对朝廷尽力，朝廷办大事，两下都合适。于是，垂拱四年（688）六月，朝廷任狄仁杰为江南道巡抚大使正式巡抚江南。

神人斗神仙

江南道巡抚大使的任务到底是什么，史书并没有给出具体记载，或许当时从表面上讲武则天也并没有给狄仁杰具体指派，毕竟搜查徐敬业等余党的事儿不宜放到表面说，武则天是下暗谕还是君臣彼此心照不宣，这就不得而知了。总之，史书只说狄仁杰到了江南后，大力开展反对迷信、移风易俗运动，他看到"吴楚之俗多淫祠"，二话不说，雷厉风行，立刻上奏朝廷，一口气儿拆毁了淫祠一千七百余座。

狄仁杰在很多文学影视等艺术作品中往往被人赞叹为"神人"。此次，这位神人到了江南真是大展神威跟神仙斗上了，事实证明，神仙再厉害，也怕"强拆"。当然，江南重淫祀，这是根深蒂固的，狄仁杰敢于与其作斗争，所遭到的各种阻力是可想而知的，但狄仁杰还是毫不犹豫地做了，这需要莫大的勇

---

① （英）崔德瑞编《剑桥中国隋唐史》第六章"武后、中宗和睿宗的统治"

气和可把控局面的自信,也需要智慧和技巧。

如在他强拆西楚霸王项羽的祠庙时就遇到了比较大的阻力。因为,同周赧王、吴王夫差、赵佗、马援等人相比,项羽真的也算是一位"神人"了。传说他目生重瞳、力可扛鼎,虽然兵败刘邦之手,自刎乌江之上,但千百年来,人们一直对他是报以同情的,似乎项羽就是"不以成败论英雄"的杰出代表,是位让人扼腕的悲剧英雄。再加上他又是楚人,所以江南项羽的祠庙特别多,项羽崇拜特别广,项羽被神话得也特别厉害,成了一位"凶神"。

民间神鬼信奉中,一直把神灵分成"吉神"和"凶神"。比如福禄寿三星等这就是"吉神",人们对其供奉,主要是希望这些"吉神"能给自己降下福禄寿这样的好事儿。而像瘟神、太岁等,这就是"凶神",人们供奉他们,只是惹不起他们,希望看在自己供奉的份儿上,这些"凶神"能高抬贵手,不要让自己生瘟疫、倒霉运。项羽好杀,又是激愤自杀,是凶神,"土民名为愤王"[1],人们更多的是怕他给自己带来灾难。在南朝时,甚至一些地方就在衙门中堂给项羽设置帐幕作为神座,"公私请祷"[2],地方官都得在厅堂拜祭。也有不信邪的,南朝刘宋刘敬叔所撰的《异苑》当中记载,当时有一位叫萧惠明的官员就不尊重项羽,不在厅堂拜祭项羽,反而在厅里摆上座席和床榻。还没收拾好呢,突然背后出现了一个一丈多高的人,对着自己后背拉弓射箭,然后就不见了。结果,萧惠明的背部就长出个大疮,过了十天就死了。

关于六朝时期项羽庙、项羽神灵威势之事,江南民间传说众多,多种文人笔记和方志都有记述,连历代史传也明载不缺。可见,项羽在江南的影响力太大了。所以,江南人不敢拆项羽的庙,都说"项羽庙入内者必死"。项羽成了江南乱力怪神之首,除了这位,"余小神并尽"[3];如果不敢动他,反对迷信、移风易俗运动都不好开展。

---

[1] (唐)姚察、姚思廉《梁书》卷二十六 列传第二十
[2] (唐)姚察、姚思廉《梁书》卷二十六 列传第二十
[3] (唐)张鷟《朝野佥载》补辑

狄仁杰是什么人？向来对这乱力怪神嗤之以鼻，还记得"妒女"事件吗？那威胁到皇帝的事儿，他都不在乎，还在乎自己吗？项羽？一个被刘邦打得自己都不好意思活着的人，还有什么资格称英雄？当神仙？更不配！凡是项羽庙，一律都给我拆！不敢拆？好！看我写一篇檄文，控诉一下项羽，让你们明白明白我们的事业是正义的，正义的事业是任何敌人也攻不破的！

于是，并不以诗文著称的狄仁杰居然在这次巡抚江南时，写了一篇义正词严、气势恢宏的《檄告西楚霸王文》：

垂拱四年，安抚大使狄仁杰檄告西楚霸王项君将校等，略曰："鸿名不可以谬假，神器不可以力争。应天者膺乐推之名，背时者非见几之主。自祖龙御宇，横噬诸侯。任赵高以当轴，弃蒙恬而齿剑，沙丘拼祸于前，望夷覆灭于后，七庙堕圮，万姓屠原。鸟思静于飞尘，鱼岂安于沸水？赫矣皇汉，受命玄穹。膺赤帝之贞符，当素灵之钦运。俯张地纽，彰凤举之祥；仰缉天纲，郁龙兴之兆。而君潜游泽国，啸聚水乡，矜扛鼎之雄，逞拔山之力，莫测天符之所会，不知历数之有归。遂奋关中之翼，竟垂垓下之翅。盖尽由于人事，焉有属于天亡？！虽驱百万之兵，终弃八千之子。以为殷监，岂不惜哉？固当匿魄东峰，收魂北极，岂合虚承庙食，广费牲牢？仁杰受命方隅，循革攸寄，今遣焚燎祠宇，削平台室，使蕙帐销尽，羽帐随烟，君宜速迁，勿为人患。檄到如律令。"①

这篇檄文有理有据有力，在这里他明确告诉大家：项羽不是个英雄，更不是个神人，他不顺应历史潮流，不懂谋略，一味恃强，最终失败。自身德不配位，就应该有"鸿名不可以谬假，神器不可以力争"的自知之明。可惜，到

---

① （唐）张鷟《朝野佥载》补辑

死他还说："天亡我，非用兵之罪也！"①还不知道这是由于他人事不成的自我问题。所以，狄仁杰才说：像你这样死了八百年的糊涂蛋，就应该"匿魄东峰，收魂北极"，怎么还觍着脸在这里"虚承庙食，广费牲牢"。我狄仁杰是受了当今天命来巡抚一方的，现在我就把你的祠庙拆掉，你赶紧给我搬家，不要闹事！

每次读到最后一句，我的眼前就会出现一个好像在假装严肃其实幽默的狄大人而忍俊不禁，这一句多好玩儿啊。同时，又让我想到一百年后，那潮州刺史韩愈为了驱赶鳄鱼而写的千古名篇《祭鳄鱼文》，在文中不也有："今与鳄鱼约：尽三日，其率丑类南徙于海，以避天子之命吏……（如果）夫傲天子之命吏，不听其言，不徙以避之……刺史必尽杀乃止。其无悔！"两者的精神和檄文手法岂不是非常相似？所以，个人猜测韩昌黎的《祭鳄鱼文》应该受到了狄仁杰这篇《檄告西楚霸王文》的影响。

而作为大政治家，他们几乎不大可能仅为一件事儿而做一件事儿的，他们往往会做一箭多雕、一石多鸟的事儿，来起到指桑骂槐、敲山震虎的作用。狄仁杰也是如此。对于一个死去的楚霸王，还得郑重其事地写一篇檄文来讨伐吗？没那么简单。我们从檄文的内容难道没有读出它的对象并非只有项羽一个人吗？而是"潜游泽国，啸聚水乡，矜扛鼎之雄，逞拔山之力，莫测天符之所会，不知历数之有归"的人。这些人是谁？很显然，是徐敬业，是骆宾王，是目前还躲藏在"泽国水乡"不明白"神器不可以力争"之人。狄仁杰借给楚霸王下檄文其实是给这些人下了檄文和"如律令"，警告他们"宜速迁，勿为人患"，否则让你们"蕙帏销尽，羽帐随烟"！

檄文读完，狄仁杰大手一挥，立刻在江南各地"强拆"项羽庙。这时，你就能看到，狄仁杰不再是岐州、宁州那个爱民如子、心存仁慈的和蔼父母官了，而成了一位雷厉风行、杀伐果决的铁腕执法者。这就是真正的政治家，一

---

① （西汉）司马迁《史记》卷七 本纪第七

时如和风细雨,一时如霹雳狂飙,但其目的都是为国为民。

但狄仁杰并不是一味地"强拆"、捣毁江南所有的祠庙,而是有区别地保留了四个人的祠庙,这四个人是夏禹、吴太伯、季札和伍子胥。

为什么保留这四个人的祠庙?首先,他们四个都是吴地的先贤,在江南影响很大;其次,他们生前的行为体现了儒家所认同的价值;最后,他们身上体现了和当今朝廷倡导或应该倡导的价值观与世界观。我们一个一个来看。

夏禹,就是大禹,是儒家所崇拜的古代贤王。大禹治水拯救苍生,三过家门而不入,其佑护苍生的精神永远值得继承和发扬。他又是天下共主,曾在会稽山大会诸侯,防风氏无礼来晚了,直接就让夏禹咔嚓了,这叫什么?这叫"大一统"思想。所以,老百姓给他建庙祭祀,准许,好事儿!

吴太伯,那是吴地始祖。他是周太王的长子,本来周太王的事业应该他来继承,但吴太伯认为自己的弟弟季历更贤能,故此人家主动让贤,自己则主动跑到了江南,文身断发,表示自己不堪重用,让父亲好好任用弟弟吧。所以,孔子都称赞他说:"泰伯,其可谓至德也已矣!三以天下让,民无得而称焉。"[①]江南地区的老祖宗,人家的庙得保留。

季札,那是吴太伯的后世子孙,吴王寿梦的四子,大贤。本来寿梦想把王位给季札。可季札像他祖先吴太伯一样,三次拒绝。而且,此人重信守诺,为世人敬重,连孔子都是他的铁杆粉丝。所以,祭祀这种人,其实祭祀的是他身上的传统美德,所谓敬天法祖,他是那值得被"法"的"祖",当然他的庙宇要保留啊。

伍子胥是"忠"字正反两面的集中体现。首先,他本是楚国人。但楚平王无道,杀害了他的全家,于是他逃亡到了吴国,帮助公子光夺得了王位后,领兵打到了楚国,报了血海深仇。这体现了"君不正则臣投外国"的"忠"的辩证观;但他身为吴国托孤老臣,尽心尽职辅佐吴王夫差。夫差后来不听他的忠

[①]《论语·泰伯》

言，而信奸佞之臣，伍子胥最后被君王赐死。"吴人怜之，为立祠于江山"①，这体现了"忠"的传统意义上的正面。伍子胥的故事传说不但在江南，而且在整个中国都广为流传。故此，他的庙宇不但在江南，而且在北方也都是存在的。端午食粽、钱塘赶潮……这些民间习俗都和伍子胥有一定的关系。所以，狄仁杰尊重江南百姓的情感，也予以了保留。

这就是智慧！我们看到，狄仁杰保留的这四个人是神吗？没有一个是神的。在他们身上体现的都是人文精神、传统德操！供奉这些人，其实是在供奉他们的精神。而对这些精神的供奉和继承是对社会有益无害的。这不叫祠庙，这叫榜样！

除此四人之外，其余的都叫"淫祀"，一律"强拆"！所谓"南朝四百八十寺"，狄仁杰拆了一千七百座！拆得很多百姓心惊胆战，甚至很多人心中存着一个看"报应"的心态：等着吧，得罪了神灵，有你的好看！

狄仁杰遭报应了吗？没有！那位厉害的邪乎的楚霸王也没敢再出来拿箭射狄仁杰。人都说啊："神鬼怕恶人啊！"敢与神鬼斗的"恶人"谁都惹不起。于是，狄仁杰这个"恶人"也逐渐地被老百姓给"神化"了。

在唐时戴孚写的志怪小说集《广异记》中就记录了一个故事，说的就是狄仁杰到南方捣毁淫祀，所到之处，"江岭神祠，焚烧略尽"②。

这天，狄仁杰到了端州（今广州肇庆），发现这里有个叫蛮神的庙宇，当然也属于淫祠范围内了，烧！结果，谁进庙谁死。狄仁杰一看这个蛮神厉害，我就不信找不到能烧你庙的人。狄仁杰挂出榜文招募烧庙勇士，谁能烧掉蛮神庙，"赏钱百千！"重赏之下，必有勇夫，果然来了两个人揭榜。狄仁杰问他们："你们需要什么工具吗？"俩人说："我们就需要您的敕牒，就是皇上给您

---

① （西汉）司马迁《史记》卷六十六　列传第六
② （唐）戴孚《广异记》卷二

的委任状。"给！俩人就拿着委任状进入庙中，给蛮神像看，"看见没，这是天子派来的大臣，你还敢动弹吗？"果然，蛮神不敢动了。这俩人马上点火就把蛮神庙给烧了。后来，狄仁杰回到汴州（今河南开封），碰到了一个有阴阳眼的人，这人能看见鬼，就对狄仁杰说了："大人，我发现您身后一直跟着一位蛮神，嘟嘟囔囔说他住的屋子被您给烧了，一直跟着您想找机会报复呢！"狄仁杰就问："那他为何不动手呢？"这个人说："那是因为大人身后还有二十多个鬼神相随保护，他哪敢下手啊？"结果，时间一长，蛮神始终找不到下手的机会，只能放弃，回归岭南去了。

这当然是个传奇故事，但从中我们可以看出，在唐朝的时候，人们就已经把狄仁杰看成一位"神人"了，所谓"圣天子神灵护佑，大将军八面威风"，狄仁杰敢捣毁淫祠，与神仙作对，只能说明他本身就不是一般人，有更厉害的神灵护体。对于这一点，古代很多书籍多有记录，我们在本书第十九章再详细论述。

总之，狄仁杰在江南反迷信、毁淫祠的行动，取得了胜利。后世之人对此给予了很高的评价，明末大学者王夫之盛赞曰："其尤赫然与日月争光者，莫若安抚江南而焚淫祠一千七百余所。是举也，疑夫轻率任气者亦能为之，而固不能也。鬼神者，即人心而在者也，一往而悍然以兴，气虽盛，心之惴惴者若或掣之，昧昧之士民，竞起而挠之，非心服于道而天下共服其心者，未有不踟躇而前却者也，故曰赫然与日月争光者也。"[1]他认为狄仁杰江南行动的意义可与日月争光，狄仁杰并不是"轻率任气"而为，而是因为他"心服于道"才使得所作所为皆合于道，这样百姓才"共服其心"。这不正是陈子昂说的"刚直足以不避强御；明智足以照察奸邪"之人吗？狄仁杰也成了唐代反迷信、重教化的先行者，在他之后又涌现了一批如李德裕、韩愈、柳宗元等反迷信、重教

---

[1] （清）王夫之《读通鉴论》卷二十一《中宗伪周武氏附于内》五

化的有识之士。

狄仁杰巡抚江南无疑取得了很好的效果，虽然找没找到那个或许存在的徐敬业、骆宾王，在史书上并没有记载，但肯定震慑了藏没在山泽中的叛逆党羽，清除了邪教对朝廷的危害，终结了江南的"后李敬业时代"，凯旋回归了神都洛阳。武则天立刻任狄仁杰为文昌右丞。

文昌右丞就是尚书右丞，也是被武则天改的名，和冬官侍郎其实品级一样，都是正四品下，但权力要大得多，总管六部之中的兵、刑、工三部人事，并可以纠正他们的行事。从这个意义上说，狄仁杰是又升职了，可见武则天对狄仁杰此次巡抚江南的成果是非常满意的。

但仅仅几个月后，狄仁杰却又被任命为豫州刺史，由中央又调回了地方。难道狄仁杰做错了什么事，朝廷将其贬黜了吗？非也！而是因为此时的豫州又需要"维稳专家"了。

失败父子兵

豫州怎么乱了？因为豫州刺史没了，不然狄仁杰也不会做上这个职位。豫州刺史怎么没了？因为他造反失败了。

原来，前豫州刺史叫李贞，乃是唐太宗的第八个儿子，唐高宗的哥哥，当今皇上睿宗的皇叔，爵位是越王。此人"少善骑射，颇涉文史，兼有吏干"①，在李唐宗室颇有美名，被大家称为"材王"。但是，大才往往大奸，反之亦然，他爱听谗言，手下官员正直一点就会被他贬退，经常纵奴行凶，在豫州横行霸道。而且，他还在豫州收买人心，豢养人马，"外拖以畋猎，内实习武备"②，早就有阴谋作乱之心了。因为他对武后当权早有意见。

---

① （后晋）刘昫《旧唐书》卷七十六《越王贞传》
② （宋）欧阳修、宋祁《新唐书》卷八十《越王贞传》

在武则天刚刚临朝称制时，李贞就和长子博州刺史、琅玡王李冲串联绛州刺史韩王李元嘉、荆州刺史鲁王李灵夔、青州刺史霍王李元轨、通州刺史黄国公李譔（李元嘉之子）、范阳王李霭（李灵夔之子）、金州刺史江都王李绪（李元轨之子）、申州刺史东莞公李融等商量造反。但当时武则天采取了预防宗室叛乱的措施，不是给他们都升了官了吗？再加上高宗新丧，他们也怕趁丧造反，名不正言不顺，容易授人以柄，所以他们没敢动弹。但到了垂拱四年（688）中，他们有点忍不住了，为什么？就为了一块石头！

这年的武则天权欲膨胀到了极点，临朝称制都不能满足她了，她想当皇帝，想改朝换代了。这样，最大的障碍无疑是李唐王朝的既得利益者，就是那些宗室。李唐宗室不除，武朝难立难稳。所以，史书说此时的武则天"潜谋革命，稍除宗室"。而像上述越王、韩王、鲁王、霍王等宗室，他们不仅是宗室的领头羊，威望很高，而且几乎各个是一州刺史，手握一方行政大权，还有一定的领兵权。故此，对他们"太后尤忌之"[①]。

这样，在垂拱四年初，武则天和这些李唐宗室之间处在一个互相猜忌、暗中咬牙的关系当中。可武则天冲击帝位的进程却不断加快：

正月，武则天下令在神都创高祖、太宗、高宗三庙，但同时她又在西京立崇先庙供奉武氏祖考。这就等于把李武两姓拉平了。

二月，武则天下令毁掉乾元殿，就地建起来了太宗、高宗都想建但都没建起来的"明堂"。天子才能坐明堂啊，这就表示武则天要在明堂祭祀天地、发号施令。

四月，武则天的侄子武承嗣伪造了一块白石头，在上面刻上了"圣母临人，永昌帝业"的字样，扔到了洛河边，然后再让一个叫唐同泰的雍州人假装偶然从洛水得到此物，这不就是"洛书"吗？这叫祥瑞啊。赶紧献给武则天，说上面八个字的意思就是上天指示圣母当政、才能永昌帝业啊！那有人问了：

[①] 此段援引见（宋）司马光《资治通鉴》卷第二百四　唐纪二十

"圣母当政了，李唐怎么办？"人家说了："我叫什么？我叫唐同泰！我也是祥瑞！唐同泰，唐同泰，就说，圣母当政，李唐同泰，圣母和李唐是一体的！"这么一说，大臣们纷纷上表祝贺，都表忠心支持太后长期执政！这些正是武则天所想要的，她当然十分高兴，马上把这石头叫作"宝图"，封唐同泰为游击将军。

五月，武则天下诏，要亲自拜洛水、受"宝图"、御明堂、朝群臣。命令诸州都督、刺史以及宗室、外戚统统要在拜洛水之前十日都到神都集合。接着，武则天又给自己加了个尊号叫"圣母神皇"！

她神皇了，那些李唐宗室可神慌了！这不是老女人要当皇帝的明示吗？李唐宗室的常乐公主第一个乐不起来了。常乐公主是太宗的异母妹妹，这可是皇姑奶奶啊，她就对这些侄子孙子说了："当年隋文帝要篡夺北周时，北周文帝的外甥尉迟迥还能举兵讨杨坚、匡扶社稷呢。虽然最后没有成功，但是威震海内，成了忠烈。再瞅瞅你们这群李氏诸王，乃先帝之子，怎么一个个的不以社稷为重！现在李氏江山危若朝露，你们不舍生取义，还在那里犹豫不决，你们想干啥！眼看大祸就要临头了，'大丈夫当为忠义鬼，无为徒死也。'[①]"您看，隋唐时代的女子就是不一般，铮铮烈气！

这番话对诸王确实也起到了一定作用。但起作用最大的还是武则天要宗室都到神都聚齐，诸王们认为这很可能是武则天给大家挖的一个坑，等大家到神都之后，把大家一网打尽，"皇家子弟无遗种矣"[②]！反正伸头也是一刀，缩头也是一刀，那就不如铤而走险，反她一下子！

其实，这些人猜对了一半儿。不错，武则天是给他们挖了一个坑，但并不是想要把他们骗到神都，再全部杀掉。那样做，师出无名啊。而武则天料定这些人担不起这个惊吓，所以来个打草惊蛇，只要你们"惊"了而"动"了，举

[①] （宋）欧阳修、宋祁《新唐书》卷八十三　列传第八
[②] （后晋）刘昫《旧唐书》卷七十六　列传第二十六

旗造反了，我再行动，那就叫平叛了。果然，这些傻王子被"坑"了。

首先动的是黄国公李譔，他给诸王写了封信，上面说："内人病渐重，恐须早疗；若至今冬，恐成痼疾。宜早下手，仍速相报！"①虽然，这封信用了隐语，但我们都不用翻译成白话，想必大家都已然明白了它的意思，就是告诉诸王：赶紧起兵反对那个女人吧，等到冬天就晚了。李譔还伪造了皇帝玺书，送给琅玡王李冲，上面写："朕被幽禁了，诸王赶快来救驾啊！"

李冲一看，你伪造，我也伪造！他又伪造了一份玺书，上面说："神皇要颠覆李氏社稷，移国祚于武氏。"然后把假玺书派人分别送给诸王，让大家起兵直捣神都。李冲一动，他爹越王李贞也跟着行动起来，确定共同起兵的日期，派人分别通知诸王。

但是，也不知道因为通信不发达，通知没有发到的原因，还是有些王爷采取观望态度的原因，总之，当琅玡王李冲都在博州起兵了，其他王爷一个响应的都没有。结果，李冲的军队都没出自己的地盘呢，就被武水县令给堵住了。双方交战之时，又来了一个莘县县令，俩县令堵一个王爷，居然不到七天，李冲就兵败被杀了。

听说儿子起事了，当爹的哪能不支持？上阵父子兵啊，越王李贞起兵响应了。他可不知道，当他起兵的时候，儿子都死了两天了。

不过，李贞毕竟是皇大爷（对李旦而言），起兵最初还是比较顺利的，攻陷了豫州上蔡。这时，他终于得到了儿子兵败被杀的消息。这可把老王爷吓坏了，儿子死了，他联络的其他宗室势力也都没搭理自己，所以他"欲自锁诣阙谢罪"②，这就想负荆请罪去了。没想到，此时新蔡县令率领两千多勇士前来支援。这场李氏宗室起兵，倒霉就倒霉到仨县令头上。李冲被俩县令联手给平了。李贞这边又来了一个催命的县令。说他不是来支援的吗，怎么是催命啊？

---

① （后晋）刘昫《旧唐书》卷七十六 列传第二十六
② （后晋）刘昫《旧唐书》卷七十六 列传第二十六

当然了，他要不来，李贞就投降谢罪去了。这一来，李贞觉得有了援军就有希望了，于是便改变了主意，欺骗大家说："琅琊王现在已经攻破了魏、相数州，兵力达到了二十多万，马上就赶过来与咱们会师了，大家坚持住！"为了让手下官员给自己卖命，他又大封群臣，光九品以上的官就封了五百人，一时间颇有声势了。

武则天自然早就知道了。为什么李冲最早起兵，就因为他们谋反的事情提早泄露了，所以才仓促起事。当时，武则天就派左金吾将军丘神勣率军前去平叛。结果，大军没动呢，李冲的脑袋就送来了。李贞的魏州近在咫尺，这边一动弹，武则天立刻就命左豹韬大将军鞠崇裕为中军大总管，夏官尚书岑长倩为后军大总管，凤阁侍郎张光辅为诸军节度使，发兵十万前来讨伐。并且下诏把越王父子籍属官爵一律削除，把他们的"李"姓改成了"虺"（传说中的一种毒蛇）氏。

朝廷大军压境，李贞吓坏了，看看自己手下，虽然都给封了官了，但其实没几个人是跟自己一心想着造反的，大部分都是被自己胁迫来的，根本没有斗志。怎么办？他糊涂地开始求助神灵了，让一些和尚老道天天在营中诵经念咒，给大家增加"法力"。如果觉得这还不够，没关系，每位士兵发道神符，并告诉他们："带上神符，刀枪不入。"历史多次事实证明，神灵在打仗的时候不管用，神符也怕大刀片子。李贞这点兵力哪能抵挡得住朝廷大军，被打得一败涂地，退回魏州。李贞最后一琢磨，被神皇抓住能好得了吗？落到酷吏手里生不如死。干脆自我了断了吧，他喝了毒药了。手下亲信一看主人都死了，于是一个个"捨仗（杖）就擒"[①]。李贞从起兵到自杀，不足二十天。

李贞父子起兵为什么那么快就被镇压了？其根本原因就在于，当时宗室起兵并不得人心。所以，跟随他们造反的百姓很少，支持他们造反的官员更少，甚至地方官都会主动起来进行抵抗。这从另一个角度证明了武则天的统治在当

---

① （后晋）刘昫《旧唐书》卷七十六 列传第二十六

时是得民心的。

事实也如此,武则天临朝称制后励精图治,做了一系列改革。比如铜匦制度,如果我们只看到它"告密"的一面,那是不全面的,它也是武则天广开言路的一个制度,它让武则天能够深入了解更多层面的情况。即便是告密制度,也是两面的,一面是黑暗的特务统治,同时,它又使得武则天时代的吏治比较清廉。武则天还扩大仕途,"务取实才真贤"①,招徕了许多真才实干之人。她还亲自撰写了《臣轨》,对吏治提出了要求。遇到自然灾害,武则天对灾区灾民颇为关心,都会派大臣前去赈灾安抚,垂拱四年二月狄仁杰前去山东、河南赈灾就是一例……武则天为天下付出了努力,为百姓付出了心血,她的政策除了那些针对反对她的"敌对势力"之外,绝大部分都是有利于社会发展的。在她的统治下,总体上,百姓是安居乐业的、江山是太平稳固的。对百姓来说,管谁当皇帝呢,只要能吃饱穿暖、能太平,那就是最大的幸福。老李家要打老武家,跟我们什么关系?李贞父子自然得不到百姓支持,不失败还等什么呢?

他们的起兵正好给了武则天借口,顺藤摸瓜、拔出萝卜带出泥,这是神皇的神谋,谁顺藤?谁拔萝卜?有的是酷吏争着干这事儿啊。没过几天韩王李元嘉、鲁王李灵夔、黄国公李譔、常乐公主等等都被审出谋反罪了,管你参与没参与,李贞给你们打样了,照他那样,自杀吧!全被迫自杀了。与此事毫无瓜葛的一些李唐宗室也受了牵连,被杀的被杀,被流放的被流放。此案一出,李唐宗室几乎被武则天"消灭"殆尽,对武则天称帝再也构不成威胁了。

君臣的一次成功互探

朝廷酷吏在费尽心思构陷李氏宗亲的时候,豫州地方官和平叛的朝廷军

---

① (宋)欧阳修、宋祁《新唐书》卷六 本纪第六

队为表忠心和争功绩在豫州也争分夺秒地搜捕李贞的"党羽"，只要和李贞能找到关系的，沾边儿就是一溜火，那你就是反叛、你就是党羽，把你们抓的越多，越表现出我们当官的为朝廷平叛越彻底、越尽心，回头得到的奖赏也越多，那真是为了头上乌纱，何惜百姓脑瓜啊。结果，与李贞有牵连而获罪的六七百人，被逮捕的人超过了五千，最后定为死罪的居然两千多人。一时之间，豫州人心惶惶，乱象环生。

豫州与神都近在咫尺，豫州不稳，神都不安。武则天得知情况后，这才派出了"维稳专家"狄仁杰担任豫州刺史，即刻上任，稳定局面。

狄仁杰前脚刚到豫州，朝廷的司刑使跟着就来了。到了豫州，司刑使并不问青红皂白，而是一个劲儿催促狄仁杰赶紧对那些"反叛"行刑，该杀杀该砍砍。

这可是上千条性命啊，他们每人身后又都有一个家庭，都有一帮亲友。狄仁杰深知，这些人绝大多数并不是什么反叛，也不是李贞的"党羽"，即便确实参加了李贞的叛乱，那也是被李贞裹挟进来不得不从。如果不问青红皂白，直接简单粗暴地处死，这是对生命的践踏，更是对朝廷威信的践踏，当然也是对神皇名誉的践踏。既不合法，又不合情。它不利于社会稳定，却能给反对者更多的口实。

狄仁杰不愧父亲给他取的名字，他是位仁者，他是位英杰。当大理寺丞时还能让一万余人的案子都得到公正对待，何况现在要被杀的是他所管辖的州民，哪怕才管辖了短短几天，他不能昧着良心坐视不管。但怎么管？

这些人绝大部分是冤枉的，绝大部分都不该死，这一点，难道其他官员看不出来吗？大家都看得出来，但都不言语。不言语的原因无非有二：第一，因为自己能从中得利，或者说本身冤枉这些人的就是这些官员，他们当然不会言语；第二，事不关己高高挂起。替"反叛"说话，很容易被别人，尤其那些酷吏直接扣上一顶反叛同伙的帽子，那还了得啊？谁不知道神皇现在就是要借这个事情打压李氏宗亲，你还往前凑。反正死的又不是自家亲戚，管他做甚？大家都不言语，狄仁杰敢在这万马齐喑中站出来为罪犯鸣冤，真是大仁大义大勇也！同时，狄仁杰自然不能忘了大智！虽然要站出来，但站得要巧妙。

于是，狄仁杰"止司刑使，停斩决"①"缓其狱"②"释其械"③，然后密表飞奏武则天说："臣本打算向陛下公开明奏，但是那样的话就好像我在替反叛说话。不过，如果臣知道这些人受了冤枉而不说的话，恐怕违背陛下存活体恤的宗旨。哎呀，臣是左右为难，犹豫不决，写这份表章，我是写了又撕，撕了又写啊。不过这些人本心确实都不想谋反，只是受了李贞的牵连，希望陛下能怜悯他们。"

狄仁杰这事儿办得非常有意思。我们完全可以认为，这封密表是狄仁杰在试探武则天，他赌了一把，赌武则天其实并不是一个内心爱滥杀无辜之人，而是一个明智的大政治家。这种试探并不是没根据的，神皇派自己来豫州这件事本身就是最大的根据，就说明了武则天不愿意让那么多百姓受冤甚至受死。如果武则天并不关心百姓，只是要消除叛乱的话，她只需要让那些平叛军队或者派来个酷吏，就很容易达成目的了。但武则天没有，而是派了一个一向以民为本、爱民如子的狄仁杰前来此地维稳。其实，这又何尝不是武则天在试探狄仁杰呢？武则天想，我倒看看你狄仁杰在这血雨腥风之中如何行事。你如果明帮着李氏宗亲，那我就知道你没有站队在我这里，你不是我的人，不能为我所用；你如果像那些官员一样不言不语，任由这些百姓含冤受死，那我就知道你狄仁杰也不过尔尔，该用你时我还用你，但你不再是我心中的国士了；你如果能很好地解决这个问题，那就证明你是我值得尊敬的人才。对此，狄仁杰感觉到了，所以狄仁杰敢赌，敢密奏武则天，在奏表里把武则天的想法揭开了，但表面确又是那么犹犹豫豫——写了撕、撕了写。而且，狄仁杰用的是密奏，即便是我猜错了，除非武则天把它公开，否则大家并不会知道，不用让神皇背负

---

① 《大唐新语》卷八《政能》
② （后晋）刘昫《旧唐书》卷八十九　列传第三十九
③ （宋）欧阳修、宋祁《新唐书》卷一百一十五　列传第四十

"不体恤怜悯百姓"的罪名。可以说，狄仁杰做得有里有面儿，让武则天看到了狄仁杰深谙自己。

所以，我相信，正是这一次的君臣互探，让狄仁杰确定了武则天是可保之主，至于平常心狠手辣，那只不过是她对付政敌的手段，对天下、对百姓，这个女人不糊涂，有这一点就够了；同时，也让武则天确定了狄仁杰中正纯良、国士无双，明白自己的心，可以信赖。于是，这对君臣就此成为知己。

看吧，武则天阅读完狄仁杰的密奏，二话不说，立刻降诏赦免这些人的死罪，改为配流丰州充军戍边。

死中得活的豫州人怀着对狄刺史的感激之情，被差官押解着，相互扶将着离开了豫州，赶奔丰州。丰州位于今内蒙古自治区的西部，统辖范围大致相当于今巴彦淖尔市和包头市的大部分地区，鄂尔多斯市北部和呼和浩特西北部的部分地区，治所在内蒙古五原西南黄河北岸。由豫州去丰州，途经宁州，配军们突然发现，从宁州城里走出来许多当地父老，箪食壶浆，热情迎了过来，慰劳这些配军。配军们傻了，一路之上，艰难跋涉，没见哪个地方的百姓如此好客啊，宁州人怎么那么淳朴友善呢？他们接过来食物，刚说了声谢谢。宁州父老们说了："不要谢我们！'我狄使君活汝辈耶！'[①]是我们的狄使君让你们得以活命呀！"

"我狄使君"这种称呼，历史上有几人能得之、配得之？可见狄仁杰当年在宁州的德政造福了宁州百姓，受到了人民的爱戴，宁州百姓把狄仁杰看成了自家人——"我的"！而没有"我的狄使君"，你们能活得了吗？"我狄使君活汝辈耶"说出了宁州人的自豪和骄傲！

宁州父老又告诉豫州配军们这里有州民为狄公立的德政碑，豫州配军自然要求前去拜谒。就这样，配军们与宁州父老"相携哭于碑下"[②]，两地本不相识

[①] （后晋）刘昫《旧唐书》卷八十九　列传第三十九
[②] （后晋）刘昫《旧唐书》卷八十九　列传第三十九

的陌生人因为一个人而变成了亲人,"我狄使君"的"我"也再次扩大!而宁州的这块狄公德政碑也因这场哭,又被称为了"坠泪碑"。

配军们在碑下斋戒三日,这才又重新上路。到了丰州后,豫州配军又在那里为恩人狄仁杰立下石碑,以颂其德!

给我一把尚方剑

豫州配军虽然得活,但豫州百姓现在却生不如死,因为朝廷平叛的大军在豫州还没有走,尤其是诸军节度使张光辅的军队就驻扎在这里。

张光辅虽然曾做过夏官(兵部)侍郎,但从未带过兵,军纪松散、治兵无方。也是因为这次打了胜仗,平定了越王李贞,张光辅有些得意忘形、傲慢狂妄了。

上狂必然下躁,他手下军卒一个个仗着自己平叛有功,在豫州横行霸道、打砸抢夺,朝廷的军队成了兵痞。可作为统帅的张光辅却对此视而不见,这样兵痞们更加嚣张了,居然向当地官府伸手索钱来了。

当时豫州刚刚经过战争的破坏,府库空虚,哪有钱给这些兵痞呢?可兵痞有主意:官府不是没钱吗?好办啊。给老百姓要啊。征租加税搞摊派,这些招官府有的是啊。

可是这回兵痞找错对象了,刺史大人叫狄仁杰,那是一个对百姓人民心怀仁爱,但对邪恶势力从不退缩的大丈夫,直接严词拒绝了:你们赶紧给我离开这里,否则别怪本刺史不客气!

邪不压正,狄仁杰的气场那是几十万豫州百姓给的,岂是区区几个兵痞能招架得住的?他们只能在狄公凛冽的眼神下夹着尾巴溜了。但这些兵痞气不忿儿,回营之后便在张光辅面前添油加醋地告了狄仁杰一状,无非是说:狄仁杰猖狂,所谓打狗还得看主人,他敢这样对我们,就是没把您这个节度使放在眼里。

极度膨胀的张光辅哪受得了这个？如果不惩治狄仁杰，似乎在手下面前都丢了脸。他立刻派人把狄仁杰"传唤"过来，然后当着手下的面质问道："难道你这个州官儿要轻视本元帅吗？"说完，唾沫星子乱飞，把狄仁杰痛斥了一顿。他想用这种淫威震慑住这个名扬朝野的狄仁杰。

可张光辅想错了，孟子有云："富贵不能淫，贫贱不能移，威武不能屈，此之谓大丈夫！"[1]狄仁杰就是这样的"大丈夫"。想当年，为了救活两位将军的性命，连龙鳞他都敢逆，你个小小的节度使岂能放在他眼里？你还在这里跟他声色俱厉、吹胡子瞪眼，这不是逼着他骂你吗？把狄仁杰逼急了，你就等着挨熊吧。

就见狄仁杰立身站起、正义凛然、剑眉倒竖、虎目圆睁，用手一指："张光辅！"把张光辅吓得一哆嗦："你，你要干什么？"狄仁杰说："乱河南者，不过是越王李贞一个人罢了。可今天你一来，在此胡作非为，使得豫州民不聊生，真真是'一贞死而万贞生'[2]！"

张光辅也不知道是被狄仁杰骂蒙了，还是有点理屈词穷，当时只能说一句："你这话什么意思！"

狄仁杰冷笑一声："明公别忘了，您统兵三十万是前来平叛的，不过为的是诛杀李贞一人。结果呢？您不约束自己的军队，让他们在豫州烧杀抢掠、肆意妄为，让那些无辜百姓饱受其害。这难道不是一个李贞死了，又出现了千万个李贞吗？况且李贞是用武力逼迫百姓随从的他，其势本来就不牢靠稳固，所以，等到天兵降临，你才看到登上城墙而归顺之人数以万计，豫州百姓从城墙上放下绳索成了你带领军队攻城的道路。张光辅，你拍拍良心，没有豫州百姓的里应，你能那么容易打下豫州吗？也就是说平定叛乱只是你的功劳吗？可是，你又是怎么做的？！我问你，你为何纵容你的士兵！你为何杀害投降之

---

[1] 《孟子·滕文公下》
[2] （后晋）刘昫《旧唐书》卷八十九 列传第三十九

众！张光辅！你就不怕你的恶行带来的怨声沸腾，上达于天吗？！"

狄仁杰越说越恼、越骂越恨，带着这股正气和杀气一步步逼近了张光辅，张光辅连咽几口唾沫，不由得身子颤抖起来："你、你想干什么？"

狄仁杰眼一瞪："恨不得尚方斩马剑，加于明公之颈，虽死如归耳！"[①]意为：我要是现在有尚方斩马剑，我就给你宰了，为百姓除掉你这个杀人魔王！

尚方斩马剑是什么？并不是我们看戏看电视剧，上面说的有如朕亲临、先斩后奏之权的"尚方宝剑"。唐朝还没有"尚方宝剑"，那是明朝才出现的。这里的"尚方"是古代制造帝王所用器物的官署。斩马剑是一种锋利的长剑，可砍断马腿。狄仁杰在这里说的"尚方斩马剑"其实用了一个典故。在汉成帝时，张禹凭借着自己是皇帝的老师做了丞相，大臣朱云认为他尸位素餐，上书诤谏说："臣愿赐尚方斩马剑，断佞臣一人张禹之头。"汉成帝大怒，说："小臣居下讪上，廷辱师傅，罪死不赦。"让人把朱云捆绑起来、拖下殿去，没想到朱云抱住了殿前栏杆据理力争，大叫道："您把我杀了，我就能和龙逢、比干这些死谏忠臣在地下相见了，死也足矣！"最后朱云把栏杆都拉折了，留下了"朱云折槛"的典故。狄仁杰今天用的"尚方斩马剑"典故就出自这里，意思也是一样，我要像忠臣朱云那样，宁愿性命不要，也恨不能用尚方斩马剑杀了你这个佞臣，为百姓除害！

狄仁杰的浩然正气让张光辅心惊胆战，义正词严的言语更是让张光辅无言反驳，他沉默了，这就是邪不压正的表现。本来把狄仁杰传唤过来，是要大发一通淫威，没想到反被狄仁杰痛斥一顿。别忘了，当时张光辅是以凤阁侍郎、同凤阁鸾台平章事（按：这是取《新唐书》的说法，《旧唐书》说张光辅是在平叛后被升为这个职务）的身份充任诸军节度使的，当时的官员加上"同凤阁鸾台平章事"这样的字号的就是宰相了。你个狄仁杰，小小一个刺史，敢当众把我一个堂堂的宰相、平叛的功臣训得跟三孙子似的，简直反了！张光辅越想

[①]（宋）司马光《资治通鉴》卷第二百四 唐纪二十

越生气,"心甚衔之"①,回京面君复命的第一件事,就是狠狠参了狄仁杰一本。能参什么?狄仁杰贪?没证据;狄仁杰和反贼勾结?皇帝都派他去抚慰豫州;搜罗一圈儿,没找到狄仁杰什么过错,最后只有俩字儿——不逊!狄仁杰以小犯上,不听话,不逊服,管不了……也只能这么说了。

那么,"不逊"又能被定何罪呢?这就是张光辅奸诈之处,因为《大唐律》没有对"不逊"的法律条文,所以,该定何罪,张光辅交给了武则天。"不逊"就如同现代的"寻衅滋事",属于一种"口袋罪",别的罪名定不了,就把你往这里面装,而且罪过可大可小。往大了说,《汉书》有云:"不逊必侮上。侮上者,逆道也!""不逊"完全可以被靠到"大逆不道"上面去;往中间说,狄仁杰为何"不逊"?是不是同情叛逆,甚至与叛逆有所勾结?神皇目前正要借着李贞之乱大做文章,他的"不逊"是在给谁难看?往低了说,狄仁杰这是以小犯上,违反官僚秩序,不懂上下级关系,也得做行政处罚;再往低了讲,则可大事化小,小事化了,批评教育或者不了了之,都有可能……至于罪怎么定,那就看武则天的了。不过,张光辅认为,在这个节骨眼上,武则天应该会在"中上"选择。

但张光辅不知道此时武狄二人早已完成了"互探"而彼此知心了。狄仁杰之所以敢这样怒斥张光辅,一则是性格使然,另一则也有对武则天的信心,绝知神皇是不会支持张光辅放纵士卒的行为的。可张光辅只看到武则天打击李氏宗亲的一面,没有看到武则天不愿过多牵扯百姓一面。于是,他不但把事情做过了,还"诬告"了已被武则天印证了的狄仁杰一番。武则天能采取"中上"而重治狄仁杰吗?肯定不能。但武则天能对此不了了之吗?肯定也不能,因为武则天现在最需要的就是张光辅这样的人,得靠他们继续打击李唐宗亲,不能在这个时候不支持这些"有功之臣"而让他们伤心。于是,武则天很自然地将狄仁杰改任为复州刺史,把狄仁杰撵出了豫州之地,反正那里已经被你稳定

---

① (后晋)刘昫《旧唐书》卷八十九 列传第三十九

了，不需要你了。复州辖境为今天湖北省仙桃、天门、监利等市县地，在当时当然不如临近神都的豫州级别高了，所以，史书上称狄仁杰是"左授复州刺史"，等于被贬官了。

在这个事件上，很多史学家认为武则天糊涂，不辨是非。还有人说武则天当时被李贞叛乱吓坏了，惊慌失措，不敢得罪军方。这都是太小看武则天了。她这么做，从表面上惩罚了狄仁杰，袒护了张光辅，那些平叛"功臣"，自无话可说，还要继续为她卖命；但其实，虽说是贬官，可还都是刺史，差距并不太大，等于只是不疼不痒地象征性地"惩罚"了一下狄仁杰。她知道狄仁杰现在已然懂得自己，必不会因此沮丧埋怨，而仍然会对自己尽心尽力。这就叫"政治"！

至于张光辅的功过，武则天更是心如明镜，对于这种小人，武则天向来心狠手辣，现在没收拾是你还有用，等到没用了，武则天可是雷霆手段，毫不吝惜。

报应很快就来了。一年后的永昌元年（689）七月，朝廷抓住了一个人叫徐敬真，您听这个名字就知道他就是徐敬业的弟弟。本来徐敬业叛乱失败后，他就被朝廷抓住了，判刑流放绣州（治今广西桂平市西南下湾镇）。不过这人半路跑了，想要投奔突厥。经过洛阳的时候，洛州司马弓嗣业（《旧唐书》上作房嗣业）和洛阳令张嗣明偷偷给他盘缠，放他逃脱。结果半路上又被官府逮住了。这下肯定死罪了。但徐敬真不想死啊。怎么才能活命呢？哎！有主意了。武则天不是鼓励告密吗？告密者都可以升官受赏，有罪的免罪，死罪的免死啊。徐敬真立刻有了活命的希望了。于是，他疯狂地构陷自己认识的人，一大堆朝野之士为之牵连甚至坐死，其中就有张光辅。徐敬真给张光辅安了一个"征豫州日，私论图谶、天文，阴怀两端"的罪行。说他在豫州平叛的时候，闲着没事儿干天天琢磨图谶，观望天文，议论天下成败、朝廷兴衰。这在古代可是大罪。武则天二话没说，也没调查，下旨把徐敬真跟张光辅一起砍了，籍没其家。张光辅直喊冤枉，自己是被诬陷的。可武则天心说话："你冤枉？豫州百姓难道不冤枉？你被诬陷？去年诬陷狄仁杰的是谁啊？这叫报应不爽，罪有应得！"

女皇登基我拜相

狄仁杰到了复州，主政沔城（今沔城回族镇），史书没有记载他在这里的情况，但可想而知，狄仁杰始终为官一任、造福一方，在复州亦是如此，从复州流传的大量有关狄仁杰断案的民间故事和《沔阳州志》上便可窥见一二。

传说中，狄仁杰在复州，重视水利，动员百姓疏沟渠，通河道，建剅闸，防止渍涝；加固堤防，抵御洪水，确保农业丰收。同时大力振兴商贸，鼓励经商。深受百姓拥戴，被称为仁政、清廉、爱民如子的父母官。后来，为纪念狄仁杰的功绩，当地人修建了一座八角亭，匾额上书"唐刺史狄梁公问政处"。乾隆三年（1738）建为楼，上覆筒瓦，易名"迎恩楼"，表示复州百姓对狄公的感恩之意。为颂扬狄仁杰的功绩，人们还建了座"仁风塔"，塔上铭刻狄公为官之道的六字诀：清廉、谨慎、勤苦。另外，沔城东门原名大东门，为纪念狄仁杰改称为"仁风门"。此后，凡是来沔城上任的县官、州官、府官，都必须过经狄梁公问政处，再从"仁风门"进城，旨在效法狄仁杰从仁政、立仁风。

不过，狄仁杰仅仅在复州待了一年，永昌元年（689），狄仁杰被调任洛州司马。为什么？上文说了，洛州司马弓嗣业私放徐敬真被杀了，职位空缺；诬陷狄仁杰的张光辅也被杀了；武则天就把狄仁杰调回来了。微妙不微妙？

洛州司马虽说是洛州的二把手，但洛州"地迩王畿"[①]，在高宗、武则天时代地位极其重要，辖县增加到了二十三县，接近太宗时代辖县的两三倍。而且，朝廷当时常驻神都，正在洛州之内，使得洛州成了政治中心，也成了地

[①] （宋）宋敏求编《唐大诏令集·册纪王慎泽州刺史文》

方行政及军防特区，又是天子供御地、东南两方漕粮转运中心，洛州置于天下重要的意义不言而喻。把狄仁杰调到这里，其实就是为把他重新调回中央做准备。那为什么不直接把他调回中央呢？个人觉得最重要的一个原因还是武则天不愿意他现在回来蹚浑水，先安置在周边，一则继续观察狄仁杰的态度，另外也是对他的保护。她怕狄仁杰蹚什么浑水？自然是蹚她称帝的浑水了。

平定李贞叛乱之后，武则天加紧了奔向皇位的步伐。垂拱四年（688）十二月二十五日，她终于大张旗鼓地亲临洛水，进行了拜洛受图仪式，盛况空前，"文物卤簿之盛，唐兴以来未之有也"①。武则天借此告诉大家，自己执政甚至要做皇帝，那都是天命所归的，老天让"圣母临人，永昌帝业"，我这个"圣母神皇"怎能违背天意呢？

两天后，建造的明堂宣告竣工，这座明堂"高二百九十四尺，方三百尺"②，巍峨高耸、富丽堂皇、工艺精巧、古来罕见。

明堂正好在拜洛受图之后，这不正说明自己承受天命了吗？所以，武则天非常高兴，给它起了个名字叫"万象神宫"。大赦天下，并开放明堂，让老百姓进来参观。百姓参观后，无不大为赞叹，吐蕃及诸夷"亦各遣使来贺"③。

武则天马上又在公元689年正月初一，庄严隆重地举行了"大享明堂"活动，她"服衮冕，搢大圭，执镇圭为初献"④，睿宗为亚献，太子为终献。在这里祭祀了神灵后，武则天马上改元"永昌"，意思就是永昌帝业。武则天奏响了登基的前奏曲。

接下来，武则天又实施了一系列布政维新的政策，她加强了对官僚的控制、牢固掌握了禁军、抚恤了边关阵亡将士的家属、整饬风俗、刊正礼乐……

---

① （宋）司马光《资治通鉴》卷第二百四　唐纪二十
② （宋）司马光《资治通鉴》卷第二百四　唐纪二十
③ （后晋）刘昫《旧唐书》卷二十二　志第二　礼仪二
④ （宋）司马光《资治通鉴》卷第二百四　唐纪二十

还改革了文字,她造出来十二个字,其中一个"曌"是给自己起的名,也是这十二个字唯一留存在现在字典和输入法中的汉字。既然她叫"曌"了,那就不能把"诏"称"诏"了,一律称"制"。

虽然武则天在一步步逼近皇帝宝座,但中国自古还没有女子称帝,其阻力还是很大的。武则天必须求助儒释道三家经典,从中寻找称帝的根据,而使得称帝名正言顺。但,儒家向来重男轻女,蹦着高喊"牝鸡之晨,惟家之索!"[①]你还能从儒家找到根据吗?那从道家找行不行?道家也没有女性可以当皇帝的记录,而且道家鼻祖李耳那是被李唐皇室认作老祖宗的,你老武家想当皇帝,让人老李家的祖宗认可,这说不过去。看来只能从佛家找。

佛家经典《大方等无想大云经》上还真有女子为王的记载,说:"佛告净光天女言:……舍是天形,即以女身当王国土,得转轮王所统领处四方之一[②]……尔时诸臣即奉此女以继王嗣。女既乘正,威伏天下。阎浮提中所有国土悉来奉承,无拒违者。……如是女王,未来之世,……当得作佛。"[③]武则天本来就信佛,一看此经大喜:我就是这个净光天女了!但又一琢磨,净光天女知名度太低了,谁知道这个名字?得找个"流量大"的。

自然有专家帮她完成。天授元年(690)七月,僧人法明、怀义等献上《大云经》四卷(刚才那个版本是六卷),说这个版本跟上一个版本不一样,"言太后乃弥勒下生,当代唐为阎浮提主"[④]。哦,原来武则天是弥勒佛啊?这下老百姓全知道了,弥勒佛知名度多大啊。武则天也非常高兴,下令两京及天下诸州都要建造一所大云寺,收藏一部《大云经》,让高僧升座讲解,借此经大造舆论声势。这是自上而下的行动。

同时,她的支持者又发起了自下而上的活动,那就是组织百姓请愿。天授

---

① 《尚书·牧誓》
② 《大方等无想大云经》卷四《大云初分如来涅槃健度》第三十六
③ 《大方等无想大云经》卷六《大云初分增长健度》第三十七之余
④ (宋)司马光《资治通鉴》卷第二百四 唐纪二十

元年（690）九月三日，侍御史傅游艺率关中百姓九百余人谒阙上表，请改国号为周，赐皇帝改姓武。武则天并没有同意，但把傅游艺提升为给事中了；紧接着神都耆老、遐荒夷貊、缁衣黄冠等一万余人继续谒阙请愿。武则天还是"谦而未许"；马上第三次请愿团组成了，好家伙，这一次文武百官、李唐宗室、远近百姓、西夷酋长、和尚老道总计六万余人，浩浩荡荡入京请愿，哭着喊着请武则天即皇帝位，改国号，这回不改不行，陈子昂都急了，写奏文说："陛下若遂辞之，是推天而绝人，将何以训！"[①]

由此来看，对于武则天的改朝换代，其实各个阶层都是有不少支持者的，连睿宗李旦也跟着请愿，这就不仅仅是像一些史学家说的在高压胁迫下的请愿了。

武则天自然不能违抗"天命""民意"，于是"皇霈然曰：'俞哉！此亦天授也。'[②]"

公元690年九月九日，武则天御驾则天楼，接受百官朝拜，即天子位，大赦天下，改国号为周，成了中国空前绝后的女皇！

那么在这一段时间里，狄仁杰可一直近邻政治旋涡，他在洛州，参加没参加请愿活动呢？史书没记载。但是，很容易想到，他肯定和陈子昂以及很多同时期史书都没记载请愿信息的其他大臣一样参加了请愿，这叫"历史大潮，浩浩荡荡，顺其者昌，逆其者亡"。甭管后世怎么评价武则天称帝，甭管男权主义者怎么鄙视这位女性，但在当时是大势所趋。我们看到在武则天称帝的前前后后，除了徐敬业、李贞这两起小规模且被迅速平定的叛乱之外，没发生其他大规模的社会动荡，老百姓总体安居乐业，社稷稳固。虽说很多人诟病武则天的酷吏政策，但我们也看到他们所"残害"的绝大多数都是达官贵人，因为武则天用他们的目的在于打击自己的政敌，对普通老百姓并没有太大伤害，更不

---

① （清）董诰等编《全唐文》卷二百九
② （清）董诰等编《全唐文》卷二百九

用说残杀了，所以才会出现"四方告密者蜂起"的现象。这样，老百姓总体对武则天的执政还是满意的。另外，现在反对武则天是于事无补的，一来没有实力反对，二来即便是反对成功了，目前有能统治江山比武则天更好的人选吗？再加上，武则天称帝后，虽然李旦不当皇帝了，但仍然是皇嗣，住在东宫，给予皇太子的待遇。武则天今年六十七岁了，能活几年？让她过足了皇帝瘾，还不得最终归政李唐？所以，李唐旧臣只需要盯住皇嗣之位不要让武家人抢走，复唐还有希望，何必现在以卵击石呢？连中央的宰相都没大吭，狄仁杰作为洛州司马，官微言轻，他又能如何呢？只能顺从潮流，这不是他一人的问题，这是大势所趋。

武则天不把狄仁杰由复州直接调回中央，就是不愿意让他在自己称帝的节骨眼儿上掉进政治漩涡之中，而又让他靠近漩涡，是在观察他对自己称帝的态度。这是武则天对狄仁杰第二次试探。作为一位难得的社稷之臣，德才兼备，武则天不愿意过早地让狄仁杰进入血雨腥风的朝廷，以免被自己的爪牙误伤，这其实是对狄仁杰的保护。但一旦自己登基已成现实，自然会重用这位对自己不存偏见、可堪重任的人才。

天授二年（691）九月，武则天称帝整一年，帝位稳固，群臣咸服，武则天下旨，升任狄仁杰为地官侍郎、判尚书、同凤阁鸾台平章事，这样狄仁杰正式当上了宰相。

短暂的快乐时光

当狄仁杰来到了中枢后，武则天对他说："卿在汝南时，甚有善政。欲知谮卿者乎？"[1] 短短一句话，包含了很多层意思。其一，正像我们上文分析的那样，对于张光辅的诬告和狄仁杰在豫州的善政，武则天一点不糊涂，心如明

---

[1] （后晋）刘昫《旧唐书》卷八十九 列传第三十九

镜；其二，当时为了用张光辅，牺牲了一下狄仁杰的利益，让狄仁杰受了委屈，武则天心里是有些过意不去的。所以，用这种方式委婉地表达出来了对狄仁杰迟来的夸赞和歉意；但是，武则天也不会在这时主动认错的，她自然会给自己当时的作为找借口，那就是有人"谮卿"，说你的坏话、诬陷了你。这是第三层意思；第四层，那就是你想知道诬陷你的人是谁吗？

这第四层意思就有意思了。它可以让人往两个方向想。一般史学家往往认为这是武则天故意在考验狄仁杰的心机。但我个人认为武则天此时是真诚的，确实希望狄仁杰说出"想"字来，然后她好说："那个诬陷你的人就是张光辅。这个小人已经被我给杀了！"其实杀张光辅跟狄仁杰没有半毛钱的关系，但这样说一则可以宽慰狄仁杰，更重要的是可以宽慰武则天——让她对狄仁杰的愧疚之感减轻一些。

可狄仁杰却说："陛下，您如果认为臣有过错，臣就应该改正；陛下，你能够明察臣无过错，这是臣之幸也。臣如果不知道是谁中伤诬陷的我，那我和这人仍然是好朋友（团结一起为陛下效力）。所以，臣请陛下让臣不知道（您不用告诉我）。"

这可以是一个宽厚狄仁杰说的话，也可以是一个聪明狄仁杰说的话，当然更可以是一个既宽厚又聪明的狄仁杰说的话。如果只是狄仁杰宽厚的性格使然，这句话就是字面上的意思，证明狄仁杰"宰相肚里能撑船"的真宰相心胸；如果是狄仁杰的聪明智慧让他这样回答的，那就是他防备了那些史学家所认为的武则天在考验他。如果他表示想知道谁诬陷自己的，就说明他确实对武则天贬黜他感到委屈，而到现在仍未释怀。这样对武则天来说，就说明狄仁杰并没有真正懂自己，甚至连今天"卿在汝南时，甚有善政"这句话他都没有懂背后表达出的歉意。武则天这样想，自然是对狄仁杰不利的。我倒是认为，狄仁杰的这个回答是他宽厚又聪明的结合。聪明的狄仁杰不用猜都知道一定是张光辅捣的鬼，但人都死了，死了死了，一死百了。宽厚的狄仁杰又何必去追究过往呢？

无论狄仁杰是出于什么原因说出的这番话,都使武则天"深加叹异"①,又赞叹又称异啊,朝堂文武,见过多少,也没见过像狄仁杰这样的,武则天赞美说:"爱卿真是一位宽厚长者呀!"

但在工作中,狄仁杰可就不再是宽厚长者了,看到武则天的不对之处便会直接指出来。

有一次,一个叫王循的太学生给武则天上表。干吗?家里发生点事儿,给武则天请假申请,想回乡处理。武则天就准假了。狄仁杰也就来批评了,他认为武则天现在事无巨细、什么都过问,这是不对的,做皇帝的必须学会放权。所以,狄仁杰告诉武则天:"为君之人'唯生死之柄不假于人'②,其余之事应该放给各自主管部门处理。所以,左、右丞不办理徒刑以下的刑罚;左、右相只裁决流放以上的刑罚,这是因为地位逐渐尊贵的缘故。学生请假不过是国子监丞、主簿管的事,如果天子还得为这种事发布敕令,那么天下的事要发布多少敕令才能处理完!其实,只要您组织各部门为各种事情按照情理建立相应的制度就可以了。"

狄仁杰给武则天上了一课,那就是如何当好领导。武则天的问题是做领导普遍存在的问题——不放心下属,事必躬亲,什么都想掺和,什么都想指挥,什么地方都想体现自己的威严。那只会让下属逐渐丧失能动性,变成唯命是从的傀儡木偶,尸位素餐,最终,领导人会把自己累死,也做不好领导工作。

武则天不愧是个做领导的天才,当时就明白了,对狄仁杰的批评虚心接受。

君臣在中枢的第一次合作是很愉快的,武则天也越来越信赖狄仁杰,直到有一天她发现狄仁杰原来和那些李唐旧臣一样,也在阴谋造自己反的时候,女皇心碎了,她为自己看错了人、轻信了人而感到伤心,继而愤怒。女皇的愤怒是可怕的,她不惜摧毁一切,狄仁杰在劫难逃了!

---

① (后晋)刘昫《旧唐书》卷八十九 列传第三十九
② (宋)司马光《资治通鉴》卷第二百四 唐纪二十

第九章　生死之间

"依例完蛋门"

狄仁杰怎么了，让女皇如此伤心？他造反了。谁说的？酷吏说的。也就是说狄仁杰也没有逃出酷吏的魔掌，被酷吏构陷了。

其实，不光是狄仁杰，在他之前，已经多名宰相被酷吏构陷，或悲惨下台、冤屈而死。

永昌元年（689）八月，内史张光辅被杀，同时被杀者还有地官尚书、检校纳言、同平章事魏玄同。张光辅是被徐敬真乱咬的，而魏玄同是被大酷吏周兴报复而构陷的；

（提起魏玄同来，与狄仁杰还真有一段"学案"。在《新唐书》上有段记载，原文如下：

先是，狄仁杰督太原运，失米万斛，将坐诛，玄同救免。而河阳令周兴未知也，数于朝堂听命。玄同曰：明府可去矣，毋久留。兴以为沮己，衔之，至是诬玄同言太后老矣，当复皇嗣。

这段话写得很奇怪，研究不明白。"狄仁杰督太原运，失米万斛，将坐诛，玄同救免。"说的是狄仁杰失粮，魏玄同救了狄仁杰呢？还是"狄仁杰督太原运，（周兴）失米万斛，将坐诛，玄同救免。"说周兴协助狄仁杰运粮丢失，魏玄同救了周兴呢？

如果是前者，与后文似乎没有逻辑关系，魏玄同救狄仁杰，周兴不知，去朝堂听命，显然不合逻辑。如果是后者，倒是与后文有点逻辑关系。但语句又有点不通顺了。

而《资治通鉴》中则说，周兴在做河阳（今河南孟州）令的时候，做得不错。当时唐高宗曾召见过周兴，打算提拔重用，但是有人对高宗说周兴既不是科举出身又不是世家子弟，不宜重用。可是，周兴并不知道内情，仍然频频到朝廷打探。别的人都不搭理他，唯有魏玄同好心提醒说："周明府可去矣。"①让他别打听了。周兴以为是魏玄同坏了他的事，所以恨他。最后构陷了魏玄同。

所以，个人总觉得《新唐书》在这里漏了两句似的，不敢妄断，把此疑问摆在这里，希望方家指教、探讨。）

天授元年（690）一月，地官尚书、同凤阁鸾台三品韦方质被武承嗣、武三思、周兴等人诬陷，抄家，流放；

四月，春官尚书、同平章事范履冰因推举犯逆者下狱致死；

十月，检校内史宗秦客、内史邢文伟被贬，邢文伟自杀；

天授二年（691）一月，纳言史务滋被大酷吏来俊臣诬告谋反，武则天命来俊臣审理，没等开审，史务滋就吓得自杀了；

九月，鸾台侍郎、同平章事，领头请愿武则天登基的那位功臣傅游艺，也被告密，下狱，自杀了。

……

史学家岑仲勉说武则天："任事率性，好恶无定，终其临朝之日，计曾任宰相七十三人。"②当然，也有人算了算，说不止七十三个，而是七十五个。反正武则天时代，那就是朝廷如铁打、宰相如走马。在这七十多人里，十九个被杀了，起码二十二人被流贬。平均一个宰相任期只有三个半月。可见，武则天时代的宰相可不是世人羡慕的"一人之下，万万人之上"的群僚之首，乃是一个极其高危的职业。

---

① （宋）司马光《资治通鉴》卷第二百四　唐纪二十
② 岑仲勉《隋唐史》

狄仁杰任宰相之时，酷吏们已经接近疯狂了，他们不但帮着武则天大肆构陷诛杀李唐宗亲，而且到处罗织罪名、迫害大臣。

狄仁杰做宰相没做到半年，天授三年（692）一月，也被大酷吏左肃正台中丞来俊臣诬告谋反，被抓进了丽景门监狱之中。同时被捕的还有和自己同为宰相的任知古、裴行本，司礼卿崔宣礼，前文昌左丞卢献，中丞魏元忠，潞州刺史李嗣真等七位朝廷高级官员。

来俊臣是继索元礼、周兴两大酷吏的"后起之秀"，他青出于蓝而胜于蓝，变态的凶残让他很快跟索元礼齐名，被称之为"来索"，意思是落到这两位之手就如同碰到前来索命的地狱鬼使。

来俊臣的变态来自他变态的身世。他原本是雍州万年人，父亲是谁不知道。怎么这么说呢？原来，当时长安城里有两个赌徒赌博，输的那位无钱还债，赢家说："没有钱可以拿老婆抵债。"敢情这赢家早跟输家的老婆私通，借机索要。输家没办法，一咬牙真就把老婆给了赢家抵赌债了，这个赢家叫来操。这女的进了家门，就怀着身孕。所以，您说这孩子到底是谁的？不好说，说不好。但生下来之后，肯定跟着来操姓"来"了，这就是来俊臣。在这种赌徒家里成长，您想想，孩子不长歪都很难。

来俊臣生性残虐、心理变态，游手好闲，不务正业，就成了一个地痞无赖二流子了。后来仕和州犯了法，曾被官府掐监入狱，有过前科。放出来之后，正赶上武则天大搞告密风，来俊臣觉得机会来了，也跟风告密，胡咬乱咬。可气坏了刺史东平王李续，就把这小子胖揍一顿，打了一百棍子。可是，李贞叛乱被镇压后，来俊臣又开始告密了，上书武则天说："当年我就是想告发李贞，没想到被李续给打了一顿啊。要是当年我能告成，岂有李贞后来的猖狂啊？"武则天一看，这小子是个人才，做自己的走狗最合适，于是立刻封他为侍御史，当上狄仁杰当年的官儿了。但和狄公相比，两人真是判若云泥，狄仁杰在天堂，来俊臣那就是地狱恶鬼。

来俊臣终于找到了自己最喜欢的工作——做酷吏，既可以满足自己阴暗的心而随意构陷人，又能满足自己变态的心而随意折磨人。别人的痛苦最为刺激，别人的惨叫如同美酒欢歌，别人的鲜血那是最好的兴奋剂……来俊臣在酷吏的位置上如鱼得水、兢兢业业、日夜勤政、乐此不疲。死在他手上的王公大臣不计其数，因他而满门抄斩的家庭成百上千。

为了更好地工作，为了工作得更好，来俊臣主动组织起了一个告密构陷网，网络了全国各地的流氓无赖，如果说要构陷张三，好！全国上下一盘棋。所有在这个告密构陷网上的各个点、各个人一起发力、一齐上表、众口一词、众矢一的、互相援证、互相支持，张三不死，天理难容！就这样，一个又一个的张三被来俊臣捅下马来。

捅得次数多了，也捅出了经验，捅出了思想。于是，构陷手段逐渐地由实践上升到了理论，来俊臣开始写书了，创作出了一本理论著作、酷吏教材——《罗织经》，包括阅人卷、事上卷、治下卷、控权卷、制敌卷、固荣卷、保身卷、察奸卷、谋划卷、问罪卷、刑罚卷、瓜蔓卷。从各个角度系统地讲述如何和皇帝搞好关系、如何无中生有捏造大案、如何罗织罪名、如何陷害杀人等等。后来，女皇武则天看到了这本书，叹道："如此机心，朕未必过也！"能让女皇佩服和惊恐的东西可不多，来俊臣就整出一本。

来俊臣还发明了一系列酷刑，前文说的"喘不得""突地吼""死猪愁"都是他发明的。

您想，落在这么一个以构陷人为荣、以折磨人为乐、以杀害人为快的变态恶魔手里能好得了吗？所以，只要被来俊臣盯上的人，没有不招供的，你要我招什么，我招什么。就连大酷吏、来俊臣的前辈周兴都栽在了来俊臣的手里。

元授二年（691）一月，另一位酷吏丘神勣因被人告发谋反而被朝廷诛杀。这时，又有人告发说周兴与丘神勣通谋。武则天就让来俊臣来审理。其实，来俊臣要是聪明的话，从这一点上就能看出来，女皇对他们这些酷吏根本不信任、也不吝惜，昨天的丘神勣、今天的周兴，不就是明天的自己吗？可惜，来俊臣当时正春风得意，哪有这个警觉。对他来说，主子就是皇帝，其他人都无须顾忌。于是，来俊臣欣然接受了这个任务。这一次，他并没有直接把周兴抓来审问，而是请这位前辈前来赴宴喝酒。周兴哪知道来俊臣的用意，很高兴地就前来赴宴了。酒席宴上，来俊臣就向周兴虚心请教了："这些被抓来的囚徒，大多都不认罪招供，您有没有什么好的方法呢？"周兴哈哈大笑说："此甚易耳！找来一口大瓮，四周堆上木炭烧烤，然后让囚徒进入瓮中，还有什么事儿他不承认的呢？"来俊臣一听大喜，马上命人找来一口大瓮，四周堆上木炭烧烤。然后起身对一脸迷茫的周兴说："有人告发您了，请兄入此瓮吧！"言下之意，你要不乖乖承认，我就用你的方法对付你。周兴惶恐至极，叩头服罪。来俊臣也算为中国文化做出了点贡献，发明了一个有名的成语"请君入瓮"。

武则天一看，来俊臣确实有能力，就给这些酷吏在丽景门内设置了一个制狱，让他们在这里审讯犯人。结果，只要进入丽景门的人，"非死不出"[①]，都是站着进去、躺着出来。所以，大家都不叫此地丽景门了，都叫"例竟门"，"例"是"依例、照例"，"竟"是"终止、完蛋"，加起来就是"依例完蛋门"，就是说进入此门的人都跟之前进来的一样完蛋。

这一回，狄仁杰被抓进丽景门，他也会"依例完蛋"吗？

好汉不吃眼前亏

一进丽景门，来俊臣和他的手下立刻对七位大臣进行审讯，首当其冲的是魏元忠和李嗣真。

魏元忠乃是宋州宋城（今河南商丘市南）人，乃是平定徐敬业之乱的大功臣。他性格耿直、疾恶如仇，平常最腻歪那些阿谀奉承的小人，但偏偏身边就出了一个这样的小人。此人就是监察御史郭霸（《新唐书》作郭弘霸），人送外号"四其御史"。这个外号怎么得来的呢？原来，郭霸过去只是小小的宁陵县

[①] （宋）司马光《资治通鉴》卷第二百四　唐纪二十

丞，但是特别会溜须拍马、谄媚钻营。正赶上天授年间，武则天为了笼络人才，开了一次革命制举，他应试受到了召见。见到女皇，哎哟，不知道怎么好了，当时就向女皇表示忠心说："当年讨伐徐敬业的时候，'臣誓抽其筋，食其肉，饮其血，绝其髓！'[①]"说话时，露咬牙切齿、义愤填膺状。武则天很高兴，就给了他一个左台监察御史的职位，这样才得了一个"四其御史"的称号。后来，又迁官做了右台侍御史。当时，魏元忠是御史中丞，是郭霸的顶头上司，郭霸当然得极尽巴结之能事了。但魏元忠不吃这一套，对他爱答不理。恰逢魏元忠生病了，手下僚属一起前去探视，郭霸没随大流进去，而是等大家都出来了，人家才一个人单独入内，面带忧虑之色，好像非常关心领导的疾病，而且向魏元忠提出："请让我查看一下大小二便。"魏元忠不知道他要干啥，还以为郭霸懂医术呢，那给他看看吧。没想到郭霸看到魏元忠的粪便尿液，直接用手指蘸了蘸，然后放到了嘴里好好地品尝了一番。没把魏元忠恶心死啊，就问："你这是干吗？"郭霸笑着说："我这是在给您检查疾病严不严重。太好了！您的病没事儿。为什么？因为如果粪便的味道是甜的，这病就很难好了。但现在是苦的，说明不久大人就能痊愈了，哈哈……"哎哟，魏元忠就从没见过如此厚颜无耻之人。魏元忠这人太耿直了，一点儿不会给小人留面子。病好了之后，他居然逢人便说，遇人便讲，把郭霸这个谄媚恶心的行为公布于众了。"四其御史"成了"吃屎御史"，这下让郭霸大丢脸面，对魏元忠就记恨上了。后来，郭霸也变成了一名酷吏，于是他就串通来俊臣、侯思止这两个酷吏诬陷魏元忠谋反，给逮捕入狱了。

　　李嗣真是因为痛恨酷吏，所以上书武则天说："来俊臣这一伙酷吏就是您的对手安插在您身边的奸细，离间您和臣子关系的，您千万别上当，不要任用他们。"那酷吏们能干吗？我们是奸细？我们一起说你是奸细、反叛！把他也抓起来了。

[①] （宋）欧阳修、宋祁《新唐书》卷二百九　列传第一百三十四　《酷吏列传》

魏、李二人是实实在在得罪了酷吏，而其他五人被抓的原因就不得而知了。所以，有史学家就认为，这一次，狄仁杰和其他四人纯属倒霉蛋儿、陪绑的，被搂草打兔子打来的；当然也有人怀疑，狄仁杰入狱是武承嗣、武三思这两个武则天的侄子与酷吏相勾结的结果。他们一直很忌惮被姑母器重和尊敬的狄仁杰，因为他们觉得狄仁杰不是自己的人，那么未来狄仁杰很可能会在他们冲击皇嗣之位上带来巨大的阻力，故此先下手为强；当然，也有人认为是狄仁杰的一身正气让酷吏这帮人很不爽，所以给罗织了进来……我个人认为这些怀疑都不无道理，但我更愿相信主要原因是来俊臣的疯狂本性使然，他就是一条疯狗，每天的任务就是乱咬人，只不过今天终于咬到了狄仁杰。

那么，对待七个人就有区别了，第一策略就是杀鸡骇猴。魏元忠就是那被杀的鸡，争取拿他打个样，震慑狄仁杰等六位，以达到不用审就招供的目的。

但是，魏元忠此人性格太刚烈了，宁折不弯，宁死不招。鞭挞板子拍、夹棍烙铁烫，魏元忠在惨叫连连之中，都咬着牙挺过来了，就是不承认谋反，把负责审讯他的酷吏侯思止弄得恼羞成怒，命人拽着已经皮开肉绽的魏元忠在地上来回拖。魏元忠威武不屈，连声大骂："我老魏的命薄啊，现在就像骑着恶驴不小心掉下来，脚被挂在了镫里，让这畜生拖拽一般啊。"呵！侯思止一听，这老家伙骂我是恶驴？"给我打！"又是一顿毒打。魏元忠嘴里吐着血沫子说："姓侯的，你想要我的人头就割去好了，何必要我承认谋反！"侯思止也气乐了，心说：你不承认谋反，我怎么砍你的脑袋啊？继续给魏元忠施加酷刑。魏元忠这么刚烈的人，最后还是没能撑过丽景门酷吏们的折磨，遍体鳞伤之下，还是承认了谋反。

样打得不错，来俊臣很满意，更是得意，命人把其他六人拎出来，先让他们看了看被打成血葫芦的魏元忠，其实不用看，六个人在监牢里已经听到了魏元忠的惨叫声了。然后，来俊臣又告诉他们："陛下有旨，只要你们主动承认谋反，就可以免死。你们自己看着办。"然后分头提审。

等审到狄仁杰头上时，来俊臣知道狄仁杰是个狠角色，逆龙鳞、骂军帅的事儿他都敢干，不怕死，那他一定是个硬骨头，很难啃，所以，来俊臣要亲自审讯狄仁杰，并且做好了动用一切刑具的准备了。

来俊臣看着对面面沉如水、稳坐泰山、名声享誉朝野的狄公，心中既畏怕，又紧张，既嫉妒，又兴奋，一边摩拳擦掌，一边告诉狄仁杰："赶紧承认谋反罪状，或许可以免死，否则我……"

没等他说完，狄仁杰平静地说："我招了。"

"招？"顿时，惊异、不信、失望、泄气……多种情绪一齐袭击了来俊臣，他真不敢相信自己的耳朵，"狄仁杰，狄公，你说什么？你招了？不再琢磨琢磨？"

狄仁杰微微一笑："招了，拿笔纸来，我写供状。"

哎哟！来俊臣暗暗掐了自己一下子，疼！这才确定不是在梦里。他惊喜欲狂，赶紧吩咐："快！快伺候狄大人！"

笔墨纸砚给狄仁杰放在面前，狄仁杰提笔在手，膏饱墨汁，郑重写下："大周革命，万物唯新，唐室旧臣，甘从诛戮。反是实！"①写完，把笔一扔，交给了来俊臣。

来俊臣来回看了三遍，乐得鼻汀泡都冒出来多大，连声说："好，好……"然后吩咐："扶狄大人回牢房，好好服侍着，好吃好喝，不要亏待。"

就这样，狄仁杰又被送到牢房，丝毫没受诘难，更没有受皮肉之苦。

狄仁杰为什么要自己承认罪状呢？这就是狄仁杰的过人之处。有人说狄仁杰圆滑，甚至还有人把狄仁杰称为"大滑头""老油条""官场老狐狸"……其实，被抓进丽景门的哪位不是"官场老狐狸"啊？为什么只有狄仁杰毫发无损，最后全身而退呢？这就说明，狄仁杰的过人之处——想得开，看得透！狄仁杰虽然是一个有原则的人，但他知道，世界上的很多事有时候确实原则不是第一位的，这里并不是说原则的重要性不是第一位，而是讲原则不一定在处

---

① （后晋）刘昫《旧唐书》卷八十九　列传第三十九

理事情的时候排在序列的第一位，这才是中国人一直说的"外圆内方"。狄仁杰深谙为人处世之道，他不是一个外圆内方的人，也不是一个外方内方的人（魏元忠是），也不是一个外圆内圆的人，更不是一个外方内圆的人。他是什么人？他是一个可以见人说人话，见鬼说鬼话，逢着尧舜就做忠贞直谏之臣，遇到桀纣便尽量与之减少冲突，而把工作精力放在百姓和其他上面的人。这就是个社稷臣、经济臣。

就如同现在，遇到地狱中的恶鬼，你跟他讲道理，讲得通吗？你跟他对骂，骂得过吗？你跟他抗争，抗得了吗？老百姓都明白"好汉不吃眼前亏"。大家都说丽景门是鬼门关，进得来出不去，反正是出不去了，何必再受皮肉之苦呢？不是让我承认谋反吗？我承认好了。承认了起码有以下五点好处：

避免皮肉受苦；

暂时保全性命；

如果来俊臣说的是真的，皇上说了，只要承认招供，就可以减免死刑，这样或许可以得活，哪怕流放呢，只要活着就好。当然，狄仁杰对这句话并不那么相信；

即使来俊臣的话是假的，但只要人活着，就有翻盘的希望，这也是缓兵之计，先渡过目前的劫难，再好好算计下一步怎么走；

最坏的结果不就是个死吗？我写的供状，承认自己是"唐室旧臣，甘从诛戮"，生是唐朝臣，死是唐朝鬼，也做了忠臣，视死如归，死得其所！

最"可气"的是，狄仁杰的供状就是个文字游戏嘛，也就是糊弄来俊臣这样半文盲的。有这么招供的吗？"大周革命，万物唯新"这不是赞美武则天的吗？说明武则天的改朝换代是"革命"啊，新朝一建立，万物新气象，多好。说下面不是还自称"唐室旧臣"吗？啊，怎么了？满朝文武有几个不是"唐室旧臣"的？连皇上还是"唐室旧后"呢，你问她，她敢不承认吗？所以"唐室旧臣"没错。"甘从诛戮"，你要说我因为是"唐室旧臣"就杀我，那我也无话可说，谁让我是了呢。"反是实"反谁了？谁反了？你看整个供状，没明确的主语，就一个"唐室旧臣"，谁呀？是说狄仁杰自己，还是说另外的"唐室旧臣"呢？宾语呢？没有，找不到。是反新朝啊，是反酷吏啊？稀里糊涂。也就是来俊臣一看有供状了，乐得什么都忘了，就拿走了。回头要是把这供状呈交给多疑的武则天，武则天能不糊涂吗？她一糊涂就有可能来过问此案，只要能见到皇上，那就有了生机了。

狄仁杰做过判佐，做过法曹参军，做过大理寺丞，做过侍御史……做"公检法"工作多年，对文字游戏太熟悉了，看过多少状子，判过多少案子，深知"一字入公文，九牛拽不回"的道理，把这文字都玩儿透了。狄仁杰也就是没当酷吏，没写《罗织经》啊，他要真想抠字眼儿陷害人，十个来俊臣也被砍了脑袋了。

但是，狄仁杰的这种不打自招，还是被酷吏们看成了软骨头，一些人马上认为狄仁杰是软弱可欺的，是可以再利用的。起码丽景门的判官王德寿就这么看。

宁死不咬人

王德寿也是丽景门内的一个酷吏，手上沾满了受冤人的鲜血。就是在这一年，他被武则天派到南方审查流放之人。王德寿到了那里，连冤带陷就诛杀了七百多人。这么一个杀人魔王自然会觉得如果现在威逼利诱狄仁杰再咬出几个大员来，那就可以为自己升官发财铺就道路了。

于是，王德寿就来到狄仁杰的牢房，当着真人不说假话，他直接把自己的意图和盘托出了："狄公您肯定可以免死。但是呢，我作为皇上指派的官吏，自然也想升官晋职。您看看能不能帮我把宰相杨执柔牵连进来，'公且免死'[①]，狄公您就真正地能免死了。"

---

① （宋）欧阳修、宋祁《新唐书》卷一百一十五 列传第四十

杨执柔是什么人？他是隋唐名臣杨恭仁的孙子。杨恭仁和武则天的母亲是堂兄妹，等于武则天要喊杨恭仁堂舅姥爷。从这里论，武则天是杨执柔的远房表姑。武则天做了皇帝后曾说："应该让我家和我外公家都选个人做宰相。"这样就把杨执柔提拔成宰相了，而且就是这两天发生的事儿。您想，杨执柔跟武则天有这么一层亲戚关系，酷吏还想着加害呢，可见当时酷吏疯狂到什么程度。

狄仁杰闻听此言，心中生气，但他仍然强压怒火问："我怎样才能牵连他进来呢？"狄仁杰想知道这些小人能想出怎样龌龊的伎俩来。

王德寿一看，有希望了，十分高兴，就给狄仁杰出主意了："狄公您在做春官（礼部）任职的时候，杨执柔不正担任春官员外郎吗？和您一个衙署办公。您就说当时就跟他串联预谋造反，不就把他也牵扯进来了吗？"

狄仁杰一听，痛心不已，明白了这些酷吏就是这样一个个陷害株连朝中大臣而为他们的晋级铺平道路的。这么多无辜之人枉死在他们手中，这都是朝廷的栋梁，国家的精英啊。想我狄仁杰在高宗朝时，可以一年之内还一万余人的公道，那不是因为政治清明吗？可现在，连我都被酷吏看作是可以构陷他人的工具供他们任意疯咬，朝纲昏乱已到了何种地步？何时才能还我朝一个清明世界、朗朗乾坤呢！狄仁杰痛心疾首。

王德寿还殷切地看着狄仁杰，等待着他的回复呢，一看狄仁杰又是摇头又是切齿的，他不明白怎么了，于是加紧诱逼。

狄仁杰突然爆发了！狄仁杰什么人？那是一位铁骨铮铮的正人君子。我写下供状，只不过不愿皮肉受苦。我的生命无足轻重，但是你们这些宵小之辈，居然看轻我的人格，居然认为我狄仁杰可以跟你们这些酷吏狼狈为奸、助纣为虐、为虎作伥！真是士可杀而不可辱！狄仁杰仰天大叫："皇天后土，你怎能让我狄仁杰做这等事情！"说完，猛地一头撞到了柱子上，狄仁杰宁可自杀也绝不干诬陷他人的小人行径，顿时血流满面。

这下可把王德寿吓坏了，一来，狄仁杰的凛然正气让这种宵小胆战心惊；二来，狄仁杰已经招供了，如果现在死了，麻烦了，若是朝廷追问下来，自己不好解释啊，来俊臣还不得把罪过都扣在我的头上啊。吓得王德寿赶紧连连向狄仁杰谢罪，"我错了，我错了！狄公大义，您多多保重……"赶紧让人给狄仁杰医治包扎，还吩咐牢卒好好服侍狄公。狄仁杰的正气让王德寿这些人从内心对他产生了敬畏。

狄仁杰承认了造反，等待他的就是皇上下旨处死了。既然此案已成定局，酷吏们就不再在狄仁杰身上下功夫了，而是把"宝贵"的时间用在那些没招供之人的身上。所以，对狄仁杰这个"死人"就放松了警惕。

狄仁杰等待的机会终于来了！

告密谁不会

狄仁杰委曲求全为的就是一条——能够把自己的冤情让女皇知道。狄仁杰很清楚武则天，只要她知道自己在喊冤，她一定会再次过问此案，只要见到她，自己必能生还，狄仁杰对女皇很有信心。

有人可能有疑问，狄仁杰被诬告谋反，武则天就相信吗？你不是说武则天与狄仁杰已经互探而互信了吗？

正是因为武则天已经十分信任狄仁杰，而突然发现狄仁杰居然也要谋自己的反，武则天这才更加伤心绝望，这是对自己的一种"嘲笑"："武曌啊武曌，你太天真了，这世界上哪有值得你信赖的朋友了？你要当皇帝，那就是孤家寡人，你不能信任何人，任何人都不值得你相信，你信了只能证明你还太傻太天真！狄仁杰就是你最大的教训！"

这就如同一个在情感上备受男人伤害的女人，居然在某一个男人身上得到了久违的深爱，她终于抛弃了之前怨恨男人的观念，而全身心地投入到与这个男人的爱情之中，她再次相信了爱情，相信了男人。可突然她发现这个男人在外边还有个女人，原来一直在背叛着自己。这个女人此时会是什么样的心境？恨不能将这个男人碎尸万段，把对所有男人的恨都会集中到这个男人一人身上，对他的恨是一种失望、自嘲、愤怒等等情感的混合体。这女人原谅谁也绝不会再原谅这个男人。

武则天现在就是这种心情，因为狄仁杰夺去了她最后一丝对人的信任。武则天是个凶狠的女人，得罪了她，她的报复绝对是冷酷无情的。

狄仁杰知道这一点，所以，现在最重要的是自己一定要见到女皇，让她"听我解释"！

那么首先就得把自己的冤情传递到她那里。怎么传递？告密！

我们一直都把"告密"当作一个不齿的行为。其实，"告密"是一个很正常的社会现象。古今中外，各个时期，各个国家，各个单位，都存在着"告密"。不然"群众举报""线报"怎么来的呀？所以"告密"很正常，主要是内容，是真实的还是恶意诬告的。狄仁杰不是没有告过密，只不过狄仁杰的告密都是为国为民的善举，豫州密表就是一例。现在他身陷囹圄，不采用告密形式，怎么才能把自己的冤情传递出去呢？

于是，狄仁杰跟牢卒索来笔墨，当官的在监狱里无聊，写写画画，很正常。再加上，狱卒对狄仁杰也是相当敬重，给他笔墨，爱写啥写啥，只要不往外带就成。狄仁杰得到笔墨，"拆被头帛书冤"[①]，史书这里记载得非常仔细，说狄仁杰偷偷从"被头"上扯下了白帛写的鸣冤书，过去被头一般都是白布包的，便于拆洗，你不能拆被面，那都是花布，写字不容易看。

写完了鸣冤书，将它塞进了自己的棉衣之中，然后把棉衣交给了王德寿，对他说："现在天暖和了，麻烦您把我的棉衣交给家人，让他们去掉里面的棉絮，变成单衣，再给我送来。"要知道在隋唐时期，成衣业还没发展起来，人穿的衣服大多是自己家人缝制的，甚至官员之间还互相"捡"衣服穿，这在唐诗之中屡有体现。这要是放到现在，肯定露馅了，不穿棉袄，就换单衣，谁还拆棉啊？但当时是这样的。所以，王德寿一点没有怀疑，或许他正为狄仁杰头

[①] （后晋）刘昫《旧唐书》卷八十九　列传第三十九

上还流着血而觉得有点对不住这位狄大人呢，立刻答应了，就把棉衣交给了狄仁杰的家人了。

此时，狄仁杰的大儿子狄光嗣正在外地任职，家中当家的儿子那就是次子狄光远。知父莫若子，既然父亲让拆衣服，看来里面可能有夹带。于是，狄光远就把棉衣拆开仔细检查，从棉絮之中发现了父亲的鸣冤状。

在这里，我们要插一句。有人说中国使用棉花是从宋朝开始的，其实是不正确的。只能说宋元之后，中国大规模地使用了棉花。其实，从《梁书》上就记载了高昌国产一年生的棉花。高昌国所在位置为今天的新疆吐鲁番一带。后来从新疆民丰县东汉墓出土文物中就发现了三世纪时的棉织品。至于唐代人能不能穿上棉花做的棉服，我们不敢肯定说可以，但也不能武断说不可以。至少新旧《唐书》在记载狄仁杰这件事的时候，用的是"棉"字而非"绵"，至于是木棉还是棉花，我们就难以考证了，我个人认为唐朝的达官贵人应该可以穿棉花制品了，这有待于考古界进一步印证。

狄光远不敢怠慢，马上拿着狄仁杰的鸣冤状去朝廷告御状去了。

其实，从武则天内心讲，是多么不愿意相信狄仁杰会谋反。狄仁杰等人招供后，来俊臣等酷吏就屡屡上奏催促武则天尽快将狄仁杰等人明正典刑。只要人一死，案子就成了死案，永远翻不过来了。

但武则天还是决定再给内心最后一丝希望，派人复审此案！这一次不让来俊臣参与了，交给其他人。于是，武则天就命给事中李峤、大理寺少卿张德裕和侍御史刘宪组成专案复查小组，复查此案。

经过调查审理，三个人确信这是一桩冤案，狄仁杰七人是无辜的。那就写报告据实上奏吧。可是，张德裕、刘宪两人是软骨头，惧怕酷吏，所以明知道是冤案，他们愣不敢向武则天说实话，打算还是按照来俊臣他们审理的结果上报。可把李峤气坏了。

李峤这个人很正直，在某一点上很像狄仁杰。高宗时期，岭南邕、严两州的少数民族首领反叛，朝廷发兵讨伐，高宗派李峤前去监军事。李峤到了那里，采用了怀柔政策，宣布朝廷的旨意，只要归降，朝廷就赦免他的罪过。而且李峤还勇敢地"亲入獠洞以招谕之"，结果"叛者尽降"，没动刀兵，解决了民族纠纷。您看，是不是和狄仁杰的作风有些相似？所以，什么人向着什么人。看到张德裕、刘宪昧了良心，李峤大叫一声："岂有知其枉滥而不为申明哉！孔子曰'见义不为，无勇也'！"[①]推着逼着拉着拽着张德裕、刘宪为狄仁杰等人列出受冤的条状。

结果这些条状抵不过来俊臣摆出来的事实招供，武则天以为李峤等人与狄仁杰等乃为同党，故意包庇——难为我信任你们任，没想到你们也跟狄仁杰一样辜负了我的信任，贬职！一道旨意，把李峤贬为润州（今江苏镇江市润州区）司马了。

由此可见，武则天当时内心是矛盾的，既不愿意相信狄仁杰等人谋反，但更生气狄仁杰等人的谋反，不允许别人为其鸣冤，因为来俊臣摆出来的事实招供让武则天寒心至极。

但此时，突然狄光远拿着狄仁杰亲笔鸣冤状到来，武则天的心果然动了，她马上召来来俊臣问："这到底怎么回事儿？你是不是对狄仁杰等人严刑逼供，让他们屈打成招了呢？"

来俊臣看到狄仁杰的亲笔鸣冤状，吓了一身冷汗，恨不能啃王德寿两口，你怎么给我看的人啊！但事已至此，必须咬紧牙关，不能给狄仁杰翻案的机会。所以，来俊臣一口咬定："臣对狄仁杰等人的审讯都是合法合规的，没动他们一个指头，连他们的冠带都没摘除，而让他们体体面面地接受质询的，食宿都是尽心安排得妥妥当当。如果他们没有罪怎么会主动认罪呢？请陛下明察。"

武则天这个疑心甚重的人，现在也不相信来俊臣了，这一次把狄仁杰都给下狱了，确实问题不同以往。武则天决定破天荒地派人到丽景门监狱中做一番实地调查，看看两方谁在说假话。于是，武则天就派通事舍人周綝作为调查员

[①] 此段援引见（后晋）刘昫《旧唐书》卷九十四　列传第四十四

前往丽景门。武则天的想法和行动都是对的，事实胜于雄辩，没有调查就没有发言权、没有调查就没有决策权嘛。但问题是，武则天用的这个人错了！

周綝是个胆小如鼠的人，再有李峤前车之鉴，他哪敢得罪酷吏啊？尤其到了丽景门内，腥风一吹，早已腿肚子转筋了。心说："来到丽景门的人没一个能活着出去的。我要是帮狄仁杰他们说话，万一他们最后还是没活成，那下一个进来的还不得是我啊？不行，我绝对不能再来丽景门。"

这里，来俊臣早就提前布置好了，他逼迫着狄仁杰等人都穿上了光鲜的衣服，戴好了帽子，虽然有人还鼻青脸肿呢，但是让他们都靠到西墙上，不凑近看也看不出来。周綝别说凑近了，看都不敢看一眼，本来狄仁杰等人靠西墙站着呢，这位"惟东顾唯诺而已"①，他光往东边瞅，那能看见什么呀？

这时，来俊臣又命王德寿伪造了狄仁杰等人的谢死表，说："周大人，麻烦您呈交给陛下吧。"来俊臣的意思，不能再让这个案子拖下去了，狄仁杰老狐狸，指不定什么时候他又给我出幺蛾子呢，赶紧用谢死表催皇帝把他们全咔嚓了就完了！

果然，周綝回来告诉武则天："几位大人毫发无损。这里还有他们签名的谢死表。"

武则天一听，草草扫了一眼谢死表，心寒如冰，把手一摆，对狄仁杰彻底地死了心。

狄仁杰的一线生机破灭了……

半路杀出来个小孩子

眼瞅着狄仁杰等七人要万劫不复，这时突然半路杀出来个小孩子，让事态瞬间有了转机。

---

① （宋）司马光《资治通鉴》卷第二百五　唐纪二十一

这个小孩子在历史上没有留下名字，我们只知道他是前鸾台侍郎、检校天官尚书、同凤阁鸾台平章事乐思晦的儿子。从这一串的官职名上我们就能知道，乐思晦是位宰相，当然也是武则天时期的一位倒霉宰相。就在天授二年（691）十二月，也是被酷吏来俊臣诬陷谋反遭到诛杀。乐思晦全家被抄，成年亲戚或被杀或被流，就剩下了这个未满十岁的小男孩按规定被送入司农寺为奴。

他在这个节骨眼儿上，得到了武则天的召见。武则天为什么会见一个小孩儿？很多人想不通。其实，史书上写得很明白，"上变，得召见"。什么叫"上变"？就是要"告密"，告朝廷有人图谋不轨，有人要造反，或有重大的事情要告发。前文说了，武则天实行的告密制度里有规定，只要有人告密，甭管你什么身份，武则天都会亲自接见。何况一个孩子吵吵着要告密，这让武则天这个老太太颇感意外和好奇，那就见见吧。

一个被自己杀了的宰相的为奴的年幼的孩子，一旦站到武则天面前，对武则天内心的冲击力是很难想象的。哀兵必胜！老天总会让人对可怜的人自发产生怜悯心，又何况是个孤苦伶仃的孩子呢？武则天年近古稀了，足以给眼前这个孩子做祖母了，看着瘦瘦弱弱睁着大眼睛的孩子，唤起了她内心久违的母性，同时又有几分对孩子的愧疚（这里的孩子应该包括她自己的）。

武则天轻声问孩子："你要上变何事啊？"

孩子出乎意料地，很镇定、很大人地说："臣父已死，臣家已破。但惜陛下法为俊臣等所弄。"这孩子很会说话，一句话就能将人心扣住。首先他说："我的父亲乐思晦已经死了，我的家已经破了，您以为我是为父申冤，为家叫屈来的吗？您猜错了。我来见您不为我自己，而是为了您，是我看到您的国法现在居然被来俊臣这帮子人所玩弄，我为您感到可惜啊。"

这话不像是出自不到十岁的孩子之口，似乎背后有人教授。武则天很聪明，怎么猜不出来？但这样的话自孩子口里说出来却让武则天不能不听下去，她想知道这个孩子或者说他背后的人到底想说什么。

孩子看武则天没有言语就继续说："陛下如果您不相信我的话。那好办。您就在朝臣当中选择一个您最最信任的忠臣清官，然后您说他谋反了，把他交给来俊臣。您就看吧，不出几日，来俊臣肯定会交给您一份这人承认谋反的供状！"啥意思？来俊臣厉害，石头里他都能压出油来，刑讯逼供，没有不招的，不信您就试试。

一句话点醒了梦中人，史书称"太后意稍寤"①，寤就是醒了！对啊，来俊臣可以刑讯逼供啊，这和狄仁杰那份鸣冤状上写的不一样吗？只不过，我相信了周綝的话，可周綝难道就不能作假吗？武则天开始对自己的反省，她觉得在此案上，她有点过多地让自己的情绪影响了自己的理智判断。正是因为她信任狄仁杰，结果发现狄仁杰谋反，她的极度失望和愤怒冲昏了自己的头脑，从而只想着杀了这些忘恩负义的家伙而快意恩仇。但冷静想一想，这几个人平常都是自己的股肱之臣呢。

狄仁杰，不用多说了，每次救火的都是他，只要他一出马，再乱的地界立刻稳定，百姓颂扬，要给他建生祠的报告中央就批了好几个了。巡抚江南，清除徐敬业余党，他完成得很好；稳定豫州，冒死抗命，救活了那么多的百姓，减少了自己跟普通百姓的矛盾；在洛州，从来不反对自己；在朝廷，经常指导自己如何当好皇帝……这种人为什么要造我的反呢？即使造反，他的主子又是谁啊？还有谁啊？

再说魏元忠，他可在朝野德高望重，想当年就是他力排众议，制定了正确的战略战术，才迅速平定了徐敬业的叛乱，可以说是平叛第一功臣。他要想造反，他怎么早不造反，这会儿造哪门子反呢？

李嗣真也是个正直之人，前些时给我上书，就说来俊臣是罗织之徒，会不会因此得罪了来俊臣才被下狱的呢？

任知古、裴行本、狄仁杰都是宰相，这一下子三个宰相同时被打入监牢，

---

① 此节援引见（宋）司马光《资治通鉴》卷第二百五　唐纪二十一

恐怕是空前之事。此案已然震动朝野，这两天，满朝文武各个都面露不平之色，虽然他们还没有说什么，但这孩子的话不正是他们要说的吗？他们怀疑来俊臣，认为来俊臣等人只会动用酷刑，嗯，既然如此，朕不妨亲自审理一番。如果狄仁杰等人谋反属实，也好堵住这些人的嘴，让他们以后不要再说什么；如果不属实，那就更好了……

公道不公道只有天知道

武则天终于要亲自审理此案了，狄仁杰等人彻底有了转机。当他们集体走出丽景门的时候，估计整个神都都震动了，因为大家第一次看到活着的犯人走出"例竟门"，狄仁杰七位也开创了纪录。

狄仁杰终于见到了武则天。武则天见到狄仁杰的时候可能就有点惊诧了，因为狄仁杰脑袋破了。再看魏元忠时，老头子鼻青脸肿、遍体鳞伤，显然遭受到了更大的摧残。

武则天立刻明白了八九分，于是，马上就问了一句："卿承反何也？"[①]

老百姓讲话：听话听音儿，锣鼓听声。武则天短短几个字的问话，透露出了很多信息。她不是在询问："说，你们到底谋反了没有！"而是问："你们为什么要承认谋反？"这反映出了女皇现在已经不再相信狄仁杰等人谋反了。

在一旁的来俊臣听完之后心中一凉，因为从此刻他便明白了，这个案子自己输了。

而狄仁杰的心也终于放下了，正像他想的那样，只要见到女皇，自己必定能够死中得活，因为我们彼此是已经互印过了的、互信的。所以，狄仁杰从容答对说："陛下明鉴，如果当时不承认谋反，臣等早就死在他们鞭挞拷打之下了。"

[①] （宋）司马光《资治通鉴》卷第二百五　唐纪二十一

话不用多说，武则天就明白了。她又问："那为何你们还写了谢死表呢？"

狄仁杰一听，立刻明白了这是来俊臣自作聪明之举，既然这个证据自己都没过手，就更加放心了，直接说："臣没写过！"

武则天命人把谢罪表拿来给七个人看，真的假不了，假的真不了，大家纷纷说这不是自己写的。武则天现在就明白了，这是来俊臣等人伪造的，于是下令将七人免死。

说清楚，仅仅是下令免死了他们，但不代表他们就不受处罚，将他们贬官的贬官，流放的流放。狄仁杰被贬为彭泽令，任知古被贬为江夏令，崔宣礼被贬为夷陵令，魏元忠被贬为涪陵令，卢献被贬为西乡令；裴行本、李嗣真被流放岭南。而对于来俊臣等酷吏，武则天半个处罚甚至埋怨都没有。

武则天为什么要这么干？这对狄仁杰等七人不是非常不公吗？被诬陷者受到了贬官流放，诬陷者逍遥法外，武则天在这里是不是糊涂了？

其实，武则天在这里的处理方式和对狄仁杰豫州事件的处理方式是一样的。武则天心如明镜，案中所有人的嘴脸和内心她都观照得清清楚楚，这样处理当然不是法律上的处理，但却是政治上的处理。这样处理可以达到以下效果：

一、武则天现在仍然需要酷吏，这些疯狗她还需要养一阵子。别看没有处罚和责备他们，其实这比处罚责备还让来俊臣们心惊胆战。一把刀砍在身上，疼两天就完了。但脑袋上天天吊着一把刀，不知道哪天能落下来的滋味儿更不好受。这会让他们更加努力地讨好女皇，来减轻和免除来日大难。但对于武则天来说，收拾这些酷吏只是时间的问题，时间一到，分分钟搞定，不急在这一时。

二、还是那句话，对于狄仁杰、魏元忠这样的社稷臣，贬官流放不会让他们真的委屈得受不了，这些都是在官场沉沉浮浮一辈子的人了，应该懂得自己的用意，尤其是狄仁杰。

三、贬官、流放其实在某种意义上也是在保护这几位干国能臣。既然你们在中央被酷吏盯上了，既然有了这一次不愉快的事情了，你们彼此之间的芥蒂肯定已经很深了，如果再一起在朝廷的话，冰火不同炉，势必互相算计。像魏元忠脾气那么刚直的人，逮着机会能饶得了酷吏吗？同样，有狄仁杰这些人在，来俊臣他们也不舒服，肯定会想方设法再次陷害，不把这些人除掉，恐怕来俊臣们一定睡不安稳。但，武则天豢养酷吏可不是让他们咬狄仁杰的，更不希望这两方面打起来。因为，酷吏是武则天现在特殊需要的，而狄仁杰等人却是武则天以后真正需要的。所以，在没有废除酷吏政治之前，把狄仁杰等人调得离朝廷是非之地远远的，彼此不就相安无事了吗？让狄仁杰他们在各地继续发光发热先待一段时间，也让酷吏们在朝廷继续夕阳红疯狂最后一些日子。

所以，这就是大政治家武则天的手段。

生存全靠本能

更重要的是，这几乎是武则天一瞬间的思维及决定。为什么这么说？

翻遍了研究这段历史的著作，似乎没有人对七人被捕事件的时间进行过研究。

狄仁杰等七人被捕的具体日期，史书未见记载。不过《资治通鉴》将被捕事件放在了"戊辰，以夏官尚书杨执柔同平章事"[1]事件之后，即七人被捕事件最早不早于一月戊辰日。而《新唐书》却明确记载了"长寿元年（实应为天授三年，不过这一年就有三个年号，四月改如意，九月改长寿）一月戊辰，夏官尚书杨执柔同凤阁鸾台平章事。庚午，贬任知古为江夏令，狄仁杰彭泽令。"[2]如果我们假设两部史书都没错的话，结合来看，狄仁杰从被捕到被贬，顶多经过了"戊辰、己巳、庚午"三日。那么从王德寿想让狄仁杰牵连杨执柔

---

[1] （宋）司马光《资治通鉴》卷第二百五　唐纪二十一
[2] （宋）欧阳修、宋祁《新唐书》卷四　本纪第四

一事来看，他似乎也想再拉下一位宰相，而杨执柔是戊辰日做的宰相，可见，七人被捕在杨执柔做宰相之后是说得通的。这样，我们就可以列出一个假设的大体时间表来：

日期	推测时间	事件发展顺序（以横线隔开的上下格为同时进行）
戊辰日	早朝	夏官尚书杨执柔被授同平章事。
	早朝结束后	左台中丞来俊臣罗告狄仁杰等七人谋反。
	午时或午后	狄仁杰等人被捕下狱。
	下午	来俊臣等就对七人展开审问； 魏元忠等被严刑逼供； 狄仁杰机智承认谋反，躲过严刑。
	黄昏	来俊臣面见武则天递上狄仁杰等人的招供； 武则天盛怒，但还是令事中李峤、大理寺少卿张德裕和侍御史刘宪组成专案复查小组，复查此案。
		王德寿在监牢希望狄仁杰牵扯杨执柔，狄仁杰以死怒拒。
	夜	李峤、张德裕、刘宪连夜复查此案，确信是桩冤案。可是，张德裕、刘宪惧怕酷吏，仍打算按照来俊臣等审理的结果上报。李峤大怒，跟二人做工作，硬逼着二人为狄仁杰等人列出受冤的条状。
		监牢里的狄仁杰偷偷拆掉了被头，写了鸣冤状，塞进了棉衣之中。
		魏元忠挺刑不过，终于被屈打成招，来俊臣等又有了新的证据。
己巳日	早朝	李峤将调查结果呈给武则天，并极力为狄仁杰等人鸣冤； 来俊臣呈上了七人全部承认谋反的招供； 武则天盛怒之下将李峤贬为润州司马了。
		狄光远前来探监。狄仁杰托王德寿把棉衣交给狄光远； 狄光远回府，拆开棉衣发现狄仁杰的鸣冤状，立刻趁早朝未结束前来鸣冤； 武则天看到鸣冤状大惊，命通事舍人周綝前往丽景门调查。
	早朝结束后	来俊臣立刻返回丽景门，一方面令人给七人穿上好衣服，化妆一番。另一方面，伪造七人的谢死表。
	近午时	周綝来到丽景门，因惧怕酷吏，没敢查看狄仁杰等人。

续表

日期	推测时间	事件发展顺序（以横线隔开的上下格为同时进行）
己巳日	午后	周綝将狄仁杰等人的谢死表交给武则天复旨； 武则天对狄仁杰等人彻底失望。
	黄昏	朝中正义大臣发现事态不妙，暗地商议出一个对策，派人联络乐思晦之子，授其上变，并传授他面君后的说辞。
	夜	乐思晦之子上变。
庚午日	早朝	武则天召见乐思晦之子； 乐思晦之子一番言语点醒了武则天； 武则天亲自召见询问狄仁杰等七人，发现谢死表是伪造，真相大白； 武则天贬黜流放狄仁杰等七人； 本案结案！

从上表中，我们就能看到，当时的形势是多么得紧张，事件是多么得复杂，变化是多么得迅速，一个意外接着一个意外，一个反转跟着一个反转，都在这短短三天集中发生了，如果戊辰杨执柔拜相日没有发生此事的话，仅仅两天的时间，整个节奏还将会紧张一倍。在这个节奏里，人几乎只能凭借着本能来处理事情。所以，此案最重要的三个当事人——武则天、狄仁杰、来俊臣各自的思维有多么灵敏、反应有多么迅捷，可谓叹为观止，不愧都为人中龙凤（只可惜来俊臣的才用错了地方）！

小人长戚戚

果然，君子坦荡荡，小人长戚戚。狄仁杰等人什么埋怨的话也没说，收拾收拾行李，该上路上路，该赴任赴任。可是，来俊臣这些小人可惶恐不安了，他跳出来固请武则天诛杀狄仁杰等人，最有意思的是，武承嗣居然也蹦出来和来俊臣一起固请。这样，武则天更清楚地看到了这个案子的背后或许还隐藏着更深的人。

其实，在武则天称帝的前后，折腾得最欢的就是这位武承嗣了。因为他是武则天的侄子，他姓武。如果自己姑妈当上了皇帝，天下就姓武了，姑妈死后，皇位传给谁啊？要再传给她的儿子，不又给了李家吗？势必要传给武家。武则天又不能生姓武的，虽然她把儿子的姓改成武了。那根正苗红姓武的不就是姑妈的侄子我了吗？所以，武承嗣才会上蹿下跳地极力支持姑妈登基，又明枪暗箭地极力打击李唐宗室。

为了最大限度地诛杀李唐宗室，武承嗣早就跟酷吏私通勾结了。天授元年（690）七月，武承嗣就唆使酷吏周兴罗织唐高宗之子隋州刺史泽王李上金、舒州刺史许王李素节谋反。在押解途中，派人缢杀了李素节，逼李上金自杀，并尽杀其诸子和支党。八月，又杀南安王李颖等李唐宗室十二人。唐朝宗室几乎被屠戮殆尽。与此同时，还怂恿武则天"去唐家子孙，诛大臣不附者"①。

武则天登基后，武承嗣被封为魏王，又担任了宰相之职。武承嗣就开始冲击太子之位了。天授二年（691）九月，武承嗣令凤阁舍人张嘉福，唆使洛阳人王庆之等数百人上表，请立武承嗣为太子。遭到了宰相岑长倩、格辅元的反对。为此，武承嗣就勾结来俊臣诬陷岑长倩、格辅元等人谋反，导致包括两位宰相在内的数十人被杀。

凤阁侍郎李昭德屡次破坏武承嗣冲击太子之位的计划，因此，他就成了武承嗣和来俊臣等酷吏的眼中钉。后来在武承嗣、来俊臣等人合伙陷害下，李昭德还是被流放、杀害。

由此可见，武承嗣和酷吏们早已沆瀣一气、狼狈为奸了。那么这次构陷狄仁杰等七人，有没有武承嗣的黑手？虽然史书没有记载，但我们还是可以从他也跳出来"屡奏请诛之"这个疯狂的行动上推出，他应该也参与了肮脏的罗织构陷行动。原因是他认为狄仁杰等人不是自己人，心向李唐，位高权重，是自己冲击太子之位的障碍，必须除之后快！

---

① （宋）欧阳修、宋祁《新唐书》卷二百六　列传第一百三十一　《外戚》

不过，武则天现在已然完全明白过来了，哪里可能答应他们？只说："朕好生恶杀，志在恤刑。涣汗已行，不可更返！"[①]即我有好生之德，对刑法用得很谨慎。金口玉言，哪能更改？

前半句话，可能使很多人认为武则天很虚伪，明明杀人不眨眼，怎么标榜"好生恶杀"？个人认为，这是武则天的真实写照，也就是武则天的本我是"好生恶杀"的，只不过，她现在不"好杀"不成，但这种行为是违背自己心愿和良知的，所以她是很有负罪感的。她今天把本我拿出来告诉侄子武承嗣：你不要认为我是个好杀之人，那样你就把我想错了。我告诉你们，我是个好生恶杀之人，我是个立志谨慎使用刑法的人。但你们把我这两点都破坏了，你们好杀，你们滥刑！今天点点你们，不多说了，你们自己注意！

武承嗣也不傻，听懂了姑妈的话外音，不敢多言语了。

可被猪油蒙了心的来俊臣还认为可以努努力杀一两个，于是"乃独称行本罪尤重，请诛之！"[②]就他一个人说裴行本罪大恶极不能饶恕，请求武则天将其诛杀。这就说明来俊臣太傻了，只会做狗看主人的眼睛，不会揣摩主人的心思。

秋官郎中徐有功在旁边都明白武则天的心思了，他本来就是武周时期有名的刚正不阿、守法护法之臣，维护起法律来，连酷吏周兴都敢怼，连武则天都敢抗，虽然经常把武则天弄得下不来台，虽然屡次三番被贬被治罪，但武则天还是从心眼里敬佩这样的人，还是不断起用徐有功。

所以，武则天这个人不简单，毛主席说她"有容人之量，又有识人之智，还有用人之术"点评得非常精辟。她知道该用什么人干什么。她那么重用酷吏，可没有一个酷吏能做宰相的，别说酷吏，就是她娘家侄子、亲戚们，她的男宠，都很少能掌握相权和兵权。武则天知道，治国还得指着徐有功、狄仁杰这样的贤士。打击政敌嘛，君子是用不得的。

[①]（后晋）刘昫《旧唐书》卷八十九 列传第三十九
[②]（宋）司马光《资治通鉴》卷第二百五 唐纪二十一

徐有功明白了武则天的意思，又再一次站了出来说："明主有更生之恩！"来俊臣，你没听皇上一个劲儿地在说她爱生恶杀吗？她是明主，明主都这样！先给武则天拍了一巴掌。然后指责来俊臣："你不能顺明主之意，真是有负皇恩！"这话说给来俊臣听的，也是说给武则天听的：看看你养的狗吧，连你的意思都不明白，你想当明君，它还给你乱和和呢。

徐有功说完，武则天没吭声，来俊臣在武则天犀利的目光下，也败下阵来。

武承嗣还有最后一人，他冲着此人一使眼色，这人立刻爬出来了，"请陛下一定要杀死狄仁杰和崔宣礼，不杀他们，'臣请殒命于前！'"说着咣咣叩头，血流满地，干吗？"以示为人臣者不私其亲"①。

这话怎么讲？原来此人非是别人，而是七人当中司礼卿崔宣礼的亲外甥，也是酷吏的霍献可。在舅舅命悬一线的时候，他不是站出来磕头不止、血流满地地为舅舅求情，而却用这种形式央告女皇杀了舅舅，他是不是有病？对！这种小人都有病，为了自己的荣华富贵，亲人、恩人的尸体都是可以用来当垫脚石的。崔宣礼是他的舅舅，而狄仁杰却在一种意义上是他的恩人。

在《太平广记》上记录着这么一个故事。说有一次狄仁杰被贬官（很可能是豫州事件后狄仁杰被贬复州刺史），路经汴州，狄仁杰生病了，想在这里停半天找个大夫给看看。可没想到，当时的开封县令正是霍献可，这小子认为狄仁杰失势了，自己应该讨好狄仁杰的对头、正红的官员，他得表现啊，于是带着衙役到狄仁杰住的地方驱逐狄仁杰，逼着狄仁杰当天必须出界，多小人啊。狄仁杰恨得啊，世上不近人情者居然能到这个地步。等到狄仁杰回到朝廷做了宰相，一瞅，哟！霍献可这小子凭着溜须拍马也混上郎中了。狄仁杰心说：就你这玩意儿在朝堂上还不祸国殃民啊。所以，狄仁杰就想找机会把这小人给拉下马来，但一直也没有付诸行动，这就成狄仁杰一个心事儿了，脑子里老出现这

---

① 此段援引见（宋）司马光《资治通鉴》卷第二百五　唐纪二十一

个霍献可。正好这时武则天给了狄仁杰一个任务,让他选择提拔一位御史中丞,给狄仁杰布置了两次工作,但狄仁杰实在太忙了,都给忘了。这天,武则天突然又问狄仁杰这件事儿了:"爱卿选好御史中丞了没有?"一听这个,狄仁杰一惊,坏了,我给忘了!所以仓促之间,狄仁杰脑子里就记得霍献可一个人名,居然脱口而出:"霍献可!"武则天对狄仁杰荐举人才非常信任,当时下旨,拜霍献可为御史中丞了。哎呀,狄仁杰很懊悔也很无奈,还对霍献可说呢:"某初恨公,今却荐公,乃知命也,岂由于人耶?"①这就叫天命,不由人啊。

当然,《太平广记》毕竟不是正史,从这个故事里也能看出,故事中患得患失的狄仁杰与史书中那个心胸开阔的狄仁杰是有一定差距的。但这个故事的"核"却很可能是真的。那就是,狄仁杰在被贬官的时候,霍献可对不起他。但狄仁杰宰相大度,认为霍献可还是有才能的,于是外举不避仇,积极地向国家推荐了霍献可,让他做上了大官。这个故事逻辑是符合狄仁杰的性格和一贯做事风格的。

总之,狄仁杰是仇人,霍献可可以报仇;狄仁杰是恩人,霍献可可以显示自己的无私。反正,狄仁杰和舅舅崔宣礼都能成为自己晋级的垫脚石,所以,小人霍献可磕破脑袋也要求武则天杀了两个人。

他不懂女皇武则天是从内心恶心小人的,哪能答应他的请求,根本没搭理他。最后,霍献可脑袋冒着血,丧眉搭眼地回家了。他越想越不甘心,不能让自己的血白流啊。于是,从第二天开始,上朝的时候,大家突然发现朝班之中出现了一个戴绿头巾的人,仔细一瞅,哟!这不是霍献可吗?只见他用绿头巾包裹了受伤的脑袋,上面好像还有些暗红的渗血,外边再戴上幞头乌纱,幞头小,绿头巾从幞头下面就露出来了。弄这个怪模样干吗呀?就是希望能够引起女皇的注意,让她知道自己因为忠心而头部才受的伤啊。您说当时这些酷吏小人的嘴脸有多么卑劣,行径有多么恶心吧。

---

① (宋)李昉等编《太平广记》卷第一百四十六 定数——狄仁杰

第十章 一碑三绝

中华第一楹联

狄仁杰是天授三年（692）一月庚午日被贬谪的。（这里强调一下是"一月"。有些资料上写"正月"是不对的。因为，武则天登基时就更改了历法，以十一月为正月，以十二月为腊月，夏正月为一月。）但是，直到这年的秋月，狄仁杰才到达彭泽。秋月是几月呢？古代夏历七、八、九三个月都可以叫秋月。但是，狄仁杰到达彭泽就给朝廷上疏了，从其中的"臣方到县，已是秋月"这句话语境上来判断，七月的可能性最大，他强调的是"已经进入了秋月"，如果是深秋，就不会这么说。

那这样，问题来了，一月被贬，七月才到，难道说狄仁杰由打长安走到彭泽，用了整整半年时间吗？

有人可能说了：古代交通不发达，路上走个半年也是有可能的。

不能这么说。其实，在唐代，馆驿制度是很发达的。因为，唐王朝的国土面积巨大，比现在的中国陆地面积得大出二百多万平方公里去。所以，开国皇帝李渊为了更好地统治面积如此之大的王朝，就开始修建了驿站系统，将驿站制度逐渐规范起来了。据记载，当时"凡三十里一驿，天下凡一千六百三十有九所（二百六十所水驿，一千二百九十七所陆驿，八十六所水陆相兼）"。这样，当时驿路长度约五万里地。三十里一驿，设置驿馆，并设馆驿使、诸道馆驿巡官进行管理。每驿有驿长一人、驿夫若干人，备有马、驴、车等交通工具，水驿还配有渡船。需要驿马驿船这样交通工具的人，到相关部门领券（使用凭证）也就成了"在京于门下给券，在外于留守及诸军、州给券"①。唐代当时驿路的设置主要是以两都为中心，向外辐射，遍布整个疆域。

在初唐之际，大抵全国有七支放射状主干线驿程。按当时唐朝版图设置"东南四十三州"。被贬谪者出洛阳前往东南诸州所行的驿程，干线有两支。一支是从长安至岭南的驿路，由洛阳经襄州、鄂州、洪州、吉州、虔州直达广州。另一支是从长安至江浙、福建的驿路，由洛阳、汴州、泗州、扬州、苏州、杭州、越州、衢州直达福建泉州。

狄仁杰出洛阳向东南走，显然不会走第一条干线，应该走的是第二条线路。从洛阳先至汴都（今开封），汴河以东有运河船以通东西南，乘船再往宋州（今商丘）、宿州、淮南，再分两支线。一路向东到两浙，经扬州、杭州，再洪州（今南昌）、赣州，再去广州。而另一路支线向南，向南则是淮南、庐州、再经过舒州和太湖（不是湖州那个太湖）直至江西甚至岭南。狄仁杰所行的驿程应该是先走一部分水路主线，再走后一部分陆路支线。②

唐朝的官道从洛阳到彭泽不足一千公里，水陆行进也不过一个多月，而且唐朝官员赴任难道没有期限吗？

个人觉得，其实朝廷此次贬谪狄仁杰，只不过出于武则天的政治策略而已，并非像过去那样调狄仁杰到某地去"救火"。这样来看，第一，彭泽当地官员不急着调离。第二，既然武则天明知道狄仁杰是委屈的，所以，也不急着催狄仁杰一定马上赴任，权当放假休息休息，慢慢走。要知道，在唐代，官员到外地赴任之前，朝廷会给予一定的时间让其装束准备（准备几年的应用物品、安顿家小等）。具体时间，四十到八十天不等，朝廷会根据从京城到所任地的长短来给时间。既然不着急，取个最长的时间八十天，也是说得过去的。在这八十天里，狄仁杰或许回趟老家了、安顿家小了，都随他的意。这么

---

① 此段援引见（唐）李林甫等修《唐六典》卷五《尚书兵部》
② 参见曹杰友《安徽太湖县牛镇狮子山狄仁杰楹联之发议》

一来，出发时间就到四月了。第三，虽然走驿站可以很快到达，但没必要，狄仁杰难得有一段休闲时光，慢慢走，一边上任一边旅游呗。路上每到一处，敬仰狄仁杰、同情狄仁杰的各地官员迎来送往，耽误几天，这在古代是常见的事情。很多诗人不都留下了在赴任途中停滞某地与当地官员朋友应酬唱和甚至一起游山玩水的诗篇吗？狄仁杰也一样。有证据吗？

在太湖县西北有一座狮子山，据载佛教禅宗二祖慧可为躲避北周武帝灭佛，不得不以七十多岁高龄，率领弟子离开禅宗祖庭嵩山少林寺，一路南行，跋涉千里，来到狮子山上秘开道场，弘法传道。直至隋朝开皇十二年（592）才离开太湖回邺都，后来二祖密传法宝于三祖僧璨，依次垂直传衣钵四祖道信、五祖弘忍。五祖弘忍有两大弟子，一个是禅宗正宗"顿宗"的六祖慧能，另一个是"渐宗"的神秀大师。

前文讲过，武则天笃信佛教，又以佛教为政治工具为自己登基做出了巨大贡献，所以武则天对当时的高僧大德十分敬重。尤其对神秀。久视元年（700）遣使将九十多岁的神秀迎至洛阳。当时，武则天"肩舆上殿亲加跪礼。内道场丰其供施，时时问道。敕于昔住山置度门寺以旌其德"。[①] 后来，武则天还邀请慧能赴京，但被六祖婉拒，不过她还是赐予慧能大师磨衲袈裟一件和水晶钵一个。

由此可见，佛教在则天朝是非常兴盛的，可谓"国教"，武则天对禅宗如此敬重，狮子山是禅宗二祖的道场，自然也会受到恩泽。而狄仁杰就在这里留下了他的印记。

他很可能是在赴任途中途经太湖，在此处驿站歇息后，登上了太湖狮子山。可能是发现二祖道场破旧，于是发善心捐募，修建了二祖寺，并为其留下一楹联：

---

① （宋）赞宁撰《宋高僧传》第八卷 《唐荆州当阳山度门寺神秀传》

上联：香烟缭绕芳千古；

下联：圣泽祥明照万秋。

这副对联至今仍被镌刻在狮子山正佛殿的竖门楹条石之上。

二祖寺真的是狄仁杰捐募的吗？这已经不可考而成了传说。这座寺院经历了一千多年的风风雨雨，也屡毁屡建，狄仁杰的真迹楹联早已经不知去向。目前寺院所刻楹联应是后人所书写。由于不是真迹，所以，这副对联的作者是狄仁杰也就成了"传说"而有待进一步考证了。

目前我国有资料可查的最早对联一般被认为是《敦煌遗书斯坦因劫经》所载的"三阳始布，四序初开"。如果这副对联真的是狄仁杰所作的话，那它就成了我国现存最早的一副楹联了，也可谓"中华第一楹联"。

如果说之上是疑案的话，狄仁杰来过太湖应该是比较确定的事情。依据有二：一、从推测狄仁杰的赴任路线上看，太湖一代的小池驿和马路河口桥灯局，应该是狄仁杰投辖住宿的重要驿站。此地距离彭泽只有200余公里，只需五至七天的行程。所以，狄仁杰应该在此停留过。二、太湖县有过狄梁公庙，"狄梁公庙，乾隆二十四年大水倾圮，二十五年，知县吴易峰详情重建久村镇。"[①]甚至有狄仁杰墓在这里的传说："狄仁杰墓在永福乡九村畈，相传元末有避乱其中者，获金银器物以出，后墓门倾塞，其前有庙有碑。"[②]当然，对于狄仁杰墓在不在这里，我们后文会有专章讨论（见第十八章），这里就不再赘述了。不过，这里有狄公庙，又有狄公墓的传说，证明狄仁杰一定在某个时间来过太湖县，并且做了一些有益于太湖人民的事。

如果仅仅是路过此地，偶尔登山，就算捐募盖庙，也不会对太湖百姓有让他们千百年来不能忘怀的情谊。可见，狄仁杰一定在太湖待了较长的时间，为

---

① 《太湖县志·天文志坛庙》
② 《太湖县志·杂类志》

百姓做了较为重大的有益之事。

是这样的话，则有狄仁杰来太湖的三种可能：

第一种可能，就是狄仁杰被贬彭泽旨意下达后，武则天又给了他一个来太湖的特殊任务，使他一月由京城出发，二月到达太湖县，在此逗留了五个月，完美地处理了太湖的事务，让当地百姓对其感恩戴德，其间又登临狮子山，也不排除修建二祖寺就是武则天给他的任务之一的可能性。然后，七月再起程，赶到了彭泽上任。

第二种可能，是狄仁杰在彭泽两年，其间，太湖有事，武则天临时调动附近最有能力的官员狄仁杰前去处理。处理完毕后，狄仁杰又回到彭泽继续为官。

第三种可能，是狄仁杰先到彭泽做了县令，处理了彭泽的紧急事务（下文讲述）后，太湖一带也遇到了麻烦，于是，武则天又调狄仁杰做太湖县令，他又赶赴太湖，在此为百姓做了很多有益的事情，为百姓所爱戴，为其建庙，甚至说其坟墓在此，而坟墓有可能就是狄仁杰留在太湖的衣物，狄仁杰去世后，百姓思念于他，于是给他立下的衣冠冢。至于史书为何没记录，史书没记录的多了，狄仁杰一生所做的一些短时间的官，也有在正史上没记录的，或因为某件事情只是提到过而已的（如王德寿说狄仁杰曾在春官任职，此职史书就没有专门记录）。另外，也许处理完急事，他又回到了彭泽，最后还是从彭泽令职位上被调去魏州的，所以，史书省去中间的短暂在太湖工作经历没有记录。

个人认为，第一种和第三种的可能性，是比较大的。

不管怎么样，狄仁杰是被贬半年后才到达的彭泽。武则天可能是随意将狄仁杰贬到了一个地僻小县，省得酷吏手伸得太长，也让想加害狄仁杰的人没得话说，一个地远人穷的地方，谁能说皇帝不是惩罚狄仁杰呢？但，无意间，武则天此举却给彭泽一代的百姓送来了福星！

同是彭泽令，差距真要命

如意元年（692）秋月，狄仁杰到达彭泽县。

彭泽就是今天的江西省九江市彭泽县，当时属江州所辖的一个小县城，面积不大，人口不多，能耕之田较少。本来百姓靠天吃饭就比较艰难，结果今年还遭了天灾了。

狄仁杰到了彭泽已经是如意元年（692）七月了，按说，七月正是风吹稻花香两岸的时节，可是彭泽一代，却是饥民遍地、满目疮痍。

狄仁杰吃了一惊，赶紧调查，才知道今年从春天开始，彭泽一带九县滴雨未下，大地龟裂，植物枯死，颗粒不收。春季稻全旱死了，秋季稻根本种不了，而且现在已然过了节气，改种其他粮食作物都来不及了。这意味着，彭泽九县今年绝收！

可当时，彭泽地狭，山峻无田，每户人家不过十亩、五亩田地，生产力低，基本是靠天吃饭。就算哪年遇到好年景，得以丰收全熟，等交够了国家的租税，剩下的粮食也只够吃半年的，等于半载无粮。何况今年绝收呢？

狄仁杰查了一下彭泽县户籍，发现一年之内，大半除名，一半人口没了！乡里之间，班班户绝！孩子老人食草度日，荒野之间多有饿莩（殍）。

狄公的心碎了，虽然他刚刚成为彭泽的父母官，但真的如同父母看到疾病中的孩子那么伤心、那么着急。他立刻提起笔来为民请命，向朝廷递上了《乞免民租疏》：

彭泽九县，百姓齐营水田。臣方到县，已是秋月，百姓嚣嚣，群然若欷。询其所自，皆云春夏以来，并无霖雨，救死不苏，营佃失时。今已不可改种，见在黄老草菜度日，旦暮之间，全无米粒。窃见彭泽地狭，山峻无田，百姓所营之田，一户不过十亩五亩。准例常年纵得全熟，纳官之外，半载无粮。今总不收，将何活路？自春徂夏，多莩亡者，检有籍历，大半除名，里里乡乡，班班户绝。如此深弊，官吏不敢自裁，谨以奏闻，伏候敕旨。①

　　武则天接到狄仁杰的奏疏，感慨不已。您想，狄仁杰今年已经年过花甲了，又被自己贬黜，由正三品的宰相一下降到七品县令芝麻官，一下降八级，这个落差一般人受不了，换作他人可能早就心灰意冷，破罐子破摔了，反正我干好干坏又能如何呢？管他呢！我舒服了就成了。但狄仁杰不是一般人，他不但不计较个人得失，反而一上任便关心百姓疾苦、一心为民着想。而且，狄仁杰并不是仅仅因为今年彭泽遇灾而"乞免民租"，而是因为此地"常年纵得全熟，纳官之外，半载无粮"的"如此深弊"而为民请命的。也就是说，这份奏疏直指朝廷对此地的租税政策，简直在指责朝廷"苛政猛于虎"。一个刚从死神手里逃出来的贬官，不知道明哲保身，还敢跳出来为民请命，指责朝廷。他就不怕再被人扣上其他的政治帽子吗？不怕，没想过，这就叫大无畏！怎能不令武则天感慨啊。她二话没说，朱笔一挥，免除了彭泽九县的百姓租税。

　　接下来，狄仁杰在彭泽又做了些什么？史书没有特别记载。为什么我要加"特别"俩字？因为我想写史书的人，惜墨如金，对一些重复的事情，能省则省。像狄仁杰这样的官员，每到一个地方，都是造福百姓。百姓遭灾，他赈灾；百姓遇寇，他灭寇；百姓不稳，他安抚；百姓有冤，他平狱……到哪儿都一样，始终如一。何须再记？！这些不用史书记录了，彭泽当地百姓早就已经记在了心里，流传于唇间，代代相传。

　　据彭泽当地的传说，狄仁杰在这里开仓放粮、赈济灾民、组织抗旱、抓紧补种短期弄作物、捕鱼捕虾、采集贩卖彭泽一代丰富的药材补给百姓生活、改善水陆运输线、发展临江水路商贸……他亲临一线，与百姓并肩劳作，终于带领全县百姓战胜了旱灾、走出了困境！除此之外，彭泽还广为流传着狄公纵囚

---

① （清）董诰等编《全唐文》卷一百六十九

的故事，以至于彭泽的名胜"纵囚墩"，名吃"彭泽蒸米粑""米粉皮饺子"，甚至民俗二月十五日过花朝节，都与狄仁杰有关（见第十九章）。

可见狄仁杰在彭泽的短时间为官，确实给彭泽百姓带来了莫大的福祉！所以，史书上虽然没有记狄仁杰在彭泽的作为，却给了一句结果式的记载——"邑人为置生祠"[①]！

短短六个字说明了一切！这就是史家的"春秋笔法"！

在这里，我们不得不拿一个人跟狄仁杰作比较。谁？陶渊明！因为，陶渊明也曾在彭泽做过县令，而且是他最后的官职。我们看看历史上的这位大文豪是怎么做彭泽父母官的。

陶潜，字元亮，号五柳先生，史书说他"少怀高尚，博学善属文，颖脱不羁，任真自得"，只是少年时心怀高尚，任性不羁。他说自己"常著文章自娱，颇示己志，忘怀得失，以此自终"。[②]就是自己写文章抒发自己的志向，自诩自己忘怀得失了。

后来，他家太穷了，而且亲人年迈，生活困难。有官员想要照顾他，就任命他做了州祭酒。可没做几天，他说受不了这个官，连辞职都没辞，就自己跑回家来了。州里说："这样吧，聘你做主簿。抄抄写写的，也适合你。"不干！"我自己种田能养活自己！"结果，饿得得了病，这才自己找着去做了镇军、建威参军等官职，但不满意，这些都有点武吧，就对人说："聊欲弦歌以为三径之资，可乎？"[③]他说的还挺文雅，那意思就是："我呀，就想做个文官儿，来为我以后隐居生活挣点资本。"可见，陶渊明从没把做官当成职业，只不过当成一个为自己挣钱的工作而已，所以，他能当一天和尚撞一天钟就不错了，哪能好好干工作呢？既然他有这个意思，上面的官员听说了，念其是个有才之人，就任命他当了彭泽县令。

[①]（宋）欧阳修、宋祁《新唐书》卷一百一十五　列传第四十
[②]　此段援引见《晋书》卷九十四　列传第六十四
[③]《晋书》卷九十四　列传第六十四

上任之后，陶渊明遇到的最大的事儿就是公田种啥东西。公田就是他在任其间可以自己支配的田地，只需要给国家交一点租，剩下的就当自己的工资了。按陶渊明的意思把公田全部都种成可以酿酒的秫谷（黍米），他说了："让我经常喝醉就足够了！"你说这是什么人啊？家中不富裕，身为一家之主，老婆孩子温饱他不管；身为一县之长，老百姓疾苦不过问，只想着天天自己喝美了。那老婆孩子能干吗？你喝美了，我们饿死了！所以，家人强烈要求种粳米。最后，陶渊明妥协了，下令一半种秫谷、一半种粳米。

陶渊明这个人很清高，史书说他"不私事上官"，就是不会巴结。不媚上当然是个好品质，但问题，陶渊明的一些做法根本不是不媚上的问题，完全是任性、自命清高。做彭泽县令也就是两个多月，郡里派遣督邮到彭泽考察工作。陶渊明放荡不羁惯了，穿得很随便，下属告诉他应该着袍束带（穿官服正装）见督邮。这不是应该的吗？下级在正式场合见上级，别说古代了，现在也如此啊，你也得穿戴整齐喽啊，这跟巴结媚上没半毛钱关系。但陶渊明很敏感，当时就为中国创造了一个成语："我不能'为五斗米折腰'！低声下气地为这个乡下小人做事！"然后就把官印一交，扔下蒙圈的督邮和满城的彭泽百姓，做了一首向往田园的名作《归去来兮辞》，他不干，走了！

历代我们总是赞美陶渊明的高洁，向往他的隐逸生活。当然，陶渊明做隐士是他个人的选择，无可厚非。只不过，他在职场的表现，确实值得批判。家里过不下去了，就来当官；当了官，醉生梦死，尸位素餐；挣了俩钱，就嘚瑟，使性子不干了。这种人心中没有国家，没有苍生，甚至没有家庭，只有他自己。如果不是他确实留下了许多伟大的文学作品，开创了田园诗派的话，可能他都不会被百姓和历史记住。正如同，他并没有在彭泽百姓那里留下太多的印记一样。

有打油诗为证：

彭泽俩县令，

陶渊与狄公。

一个为自己，

一个怜百姓，

一个做隐士，

一个济苍生，

千载百代下，

高下自分明。

三绝碑

彭泽县狄公祠从此成了当地的一处名胜，只要来彭泽的仁人志士、忠臣孝子无不前来瞻仰、缅怀。

唐末大诗人皮日休在咸通九年（868），也就是他考中进士的第二年开始了一场旅行，古人都有"读万卷书，行万里路"的情结，历史上有名之人大多一生当中都有一次远游经历。他就来到了彭泽，看到当时的狄公祠香火旺盛，十分感慨，便在这里写了一篇碑文，为狄公祠竖了一块"狄梁公祠碑"：

呜呼！天后革大命，垂二十年，天下晏如，不让贞观之世，是遵何道哉？非以敬任公乎？不然者，来俊臣之酷不能诬，诸武之猜不能害，房龄之谏不能逆。（阙）进士、皮日休游江左至彭泽，当河东公观察之四年，赞皇公刺史之二年，（下阙）其词曰：

惟唐中否，帝室如毁。（阙一字）后持权，式人端委。书诫牝鸡，易称羸豕。大树得蘖，崇台欲坠。便蕃诸武，作我蝎虺。泉深兮东宫已矣，（阙）北极绾我神玺。娲皇肇命，吕君函纪。周德方木，秦运为水。杜（阙）与化宫阙致治。天将启唐，载诞忠良。（阙）为道如勃木强，乃写大辩，对彼明扬。一

言苟悖，视死如乡。少海既阔，少阳既光。五公始昌，共交玉堂。（阙）①

皮日休认为，武则天时期之所以不让"贞观之治"，很大一个原因是这位女皇敬任狄仁杰。当然，这有些过于夸大狄仁杰的作用了，但也表现了狄仁杰对国家确实做出了莫大的功绩和古代士人对狄仁杰的敬重。

可能就在狄仁杰离开彭泽县的整整四百年后，那时是宋仁宗宝元元年（1038），正月十三日，彭泽迎来了一位受贬黜的名臣也是大文豪——范仲淹。

范仲淹是位忧国忧民的好官，在朝堂之上，经常直言不讳、针砭时弊，主张削减郡县，精简官吏，甚至连上四章，弹劾权相，得罪了权贵和既得利益者。他们联起手来纷纷向范仲淹发难，而朝堂群臣畏惧宰相势力，莫敢置言。于是，不出任何意外的，景祐三年（1036）八月，范仲淹被贬饶州（治所鄱阳）。最可悲的是，当时，只有俩人敢来送别。好友力劝范仲淹少说话、少管闲事、自己逍遥不就行了吗？可范仲淹说："我'宁鸣而死，不默而生'！"尽显为民请命的凛然大节。

但是，范仲淹到了饶州，并没有破罐子破摔、自暴自弃，也没有怨天尤人、消极怠政。而是积极理政、平复冤狱、解决内涝、奏请免租、尚贤重德，兴建州学……为百姓做了不少好事。

景祐四年（1037）十二月，他又被调到润州（今江苏镇江市）做知州。路过彭泽，听说这里有梁公祠，特来祭拜。面对狄仁杰这位古圣先贤的塑像，范仲淹突然觉得狄仁杰就在自己面前，甚至就在自己身上。狄仁杰和自己有着很多相近之处：都是忠臣孝子；都以直谏闻名；甚至范仲淹的祖上范履冰与狄仁杰同朝为官，官至宰相，素以忠谏敢言闻名。和狄仁杰一样，永昌元年（689）十月，酷吏来俊臣将范履冰罗织下狱，天授元年（690）五月，周兴诬陷范履冰忤逆武则天，范履冰被冤杀。而范仲淹自己也是因为直言进谏，受冤被贬，

---

① （清）董诰等编《全唐文》卷七百九十九

跟祖上、跟狄公何其相似乃尔！

范仲淹被狄仁杰高尚的品德和伟大的功绩所感动，于是提起笔来，也为狄梁公祠写下了一篇《唐狄梁公碑》文。这是迄今为止，我们能看到的最长的一篇为狄仁杰写的碑文：

天地闭，孰将辟焉？日月蚀，孰将廓焉？大厦仆，孰将起焉？神器坠，孰将举焉？岩岩乎！克当其任者，惟梁公之伟欤。

公讳仁杰，字怀英，太原人也。祖宗高烈，本传在矣。公为子，极于孝；为臣，极于忠。忠孝之外揭如日月者，敢歌于庙中。公尝赴并州，掾过太行山，反瞻河阳，见白云孤飞。曰：吾亲在其下，久而不能去。左右为之感动。诗有《陟岵陟屺伤》。君子于役，弗忘其亲之深。于嗟乎：孝之至也，忠之所繇生乎！

公尝以同府掾当使绝域，其母老疾。公谓之曰：奈何重太夫人万里之忧！诣长史府请代行。时长史司马方睚眦不协，感公之义，欢如平生。于嗟乎：与人交而先其忧，况君臣之际乎！

公为大理寺丞，决诸道滞狱万七千人，天下服。其平武卫将军权善才，坐伐昭陵柏，高宗命戮之。公抗奏不却。上怒曰：彼致我不孝！左右策公令出。公前曰：陛下以一树而杀一将军。张释之所谓假有盗长陵一抔上，则将何法以加之？臣岂敢奉诏陷陛下于不道！帝意解，善才得恕死。于嗟乎：执法之官，患在少恩，公独爱君以仁，何所存之远乎！

高宗幸汾阳，宫道出妒女祠，下彼俗谓盛服过者，必有风雷之灾。并州发数万人别开御道。公为知，顿使曰：天子之行，风伯清尘，雨师洒道，彼何害哉？遽命罢其役。又公为江南巡检使，奏毁淫祠千七百所。所存惟夏禹、太伯、季子、伍员四庙。曰：安使无功血食，以乱明哲之祠乎！于嗟乎：神犹正之，而况于人乎！

公为宁州刺史，能抚戎夏。郡人纪之碑。及迁豫州，会越王乱后，缘坐七百人，籍没者五千口。有使促行刑，公缓之，密表以闻曰：臣言似理逆人，不言则辜陛下好生之意，表成复毁，意不能定。彼咸非本心，唯陛下矜焉，敕贷之流于九原郡道。出宁州，旧治父老迎而劳之，曰：我狄使君活汝辈耶！相携哭于碑下，斋三日而去。于嗟乎：古谓民之父母，如公则过焉！斯人也，死而生之，岂父母之能乎！

时宰相张光辅率师平越王之乱，将士贪暴。公拒之，不应。光辅怒曰：州将忽元帅耶！对曰：公以三十万众除一乱臣，彼胁从辈闻王师来，乘城而降者万计。公纵暴兵杀降以为功，使无辜之人肝脑涂地！如得尚方斩马剑加于君颈，虽死无恨！光辅不能屈，奏公不逊，左迁复州刺史。于嗟乎：孟轲有言，威武不能挫，是为大丈夫，其公之谓乎！

为地官侍郎同凤阁鸾台平章事，为来俊臣诬构下狱。公曰：大周革命，万物惟新，唐朝旧臣，甘从诛戮。因家臣告变，得免死，贬彭泽令。狱吏尝抑公诬引杨执柔，公曰：天乎！吾何能为！以首触柱，流血被面。彼惧而谢焉。于嗟乎：陷阱之中，不义不为，况庙堂之上乎！

契丹陷冀州，起公为魏州刺史以御焉。时河朔震动，咸驱民保郛郭。公至，下令曰：百姓复尔业，寇来吾自当之！狄闻风而退。魏人为之立碑。未几入相，请罢戍疏勒等四镇以肥中国，又请罢安东以息江南之馈输，识者韪之。突厥再寇，赵定间出。公为河北道元帅，狄退就命公为安抚大使前为突厥。所胁从者咸逃散山谷。公请曲赦河北诸州，以安反侧。朝廷从之。于嗟乎：四方之事，知无不为，岂虚尚清谈而已乎！

公在相日，中宗幽房陵，则天欲立武三思为储嗣。一日问群臣可否，众皆称贺。公退而不答。则天曰：无乃有异议乎？对曰：有之一。昨陛下命三思募武士，岁时之间数百人及命。庐陵王代之，数日之间应者十倍。臣知人心未厌唐德。则天怒令策出。又一日则天谓公曰：我梦双陆不胜者，何对？曰：双陆不胜，宫中无子也！复命策出。又一日，则天有疾，公入问阁中。则天曰：我梦鹦鹉双翅折者，何对？曰：武者陛下之姓，相王庐陵王则陛下之羽翼也，是可折乎！时三思在侧，怒发赤色。则天以公屡言不夺，一旦感悟，遣中使密召庐陵王矫衣而入，人无知者。乃召公坐于帘外而问曰：我欲立三思，群臣无不可者，惟公一言从之，则与卿长保富贵，不从则无复得与卿相见矣！公从容对曰：太子天下之本，本一摇而天下动。陛下以一心之欲，轻天下之动哉！太宗百战取天下，授之子孙，三思何与焉？昔高宗寝疾，令陛下权亲军国，陛下奄有神器数十年，又将以三思为后，如天下何？且姑与母孰亲？子与侄孰近？立庐陵王，则陛下万岁后享唐之血食；立三思则宗庙无祔姑之礼。臣不敢爱死以奉制陛下其图焉！则天感泣，命褰帘使庐陵王拜公。曰：今日国老与汝天子！公陨绝于地。则天命左右起之，拊公背曰：岂朕之臣、社稷之臣耶！已而奏曰：还宫无仪，孰为太子？复置庐陵王于龙门，备礼以迎中外大悦。于嗟乎：定天下之业，断天下之疑，其至诚如神雷霆之威，不得而变乎！

则天尝命公择人，公曰：欲何为？曰：可将相者。公曰：如求文章，则今宰相李峤苏味道足矣！岂文士龌龊思得奇才，以成天下之务乎？荆州长史张柬之真宰相，才诚老矣。一朝用之，尚能竭其心。乃召拜洛州司马。他日又问人于公，对曰：臣前言张柬之，虽迁洛州犹未用焉。改秋官侍郎，及召为相。果能诛张易之辈，返正中宗，复则天为皇太后。于嗟乎：薄文华、重才实其知人之深乎！

公之勋德不可殚言。有论议数十万言，李邕载之，别传论者。谓松柏不夭，金石不柔，受于天焉。公为大理丞，抗天子而不屈；在豫州日，拒元帅而不下；及居相位而能复废主以正天下之本。岂非刚正之气，出乎诚性，见于事业，当时优游荐绅之中。颠而不扶，危而不持者，亦何以哉！

某贬守鄱阳，移丹徒郡，道过彭泽，谒公之祠而述焉。又系之云商有三，仁弗救其灭汉有四，皓正于未夺。呜呼！武暴如火，李寒如灰，何心不随，何力可回！我公哀伤，拯天之亡，逆长风而孤骞，诉大川以独航。金可革，公不可革，孰为乎！刚地可动，公不可动，孰为乎！方一朝感通，群阴披攘。天子既臣而皇，天下既周而唐，七世发灵，万年垂光。噫！非天下之至诚其孰能当！①

碑文洋洋洒洒将近两千字，一一列举了狄梁公一生重大的功绩，并由衷对其赞叹："孝之至也，忠之所繇生乎！"对父母孝定能对国家忠；"与人交而先其忧，况君臣之际乎！"能先朋友忧而忧，定能先君主忧而忧；"神犹正之，而况于人乎！"能正神鬼不正，定能正人之不正；"古谓民之父母，如公则过焉！斯人也，死而生之，岂父母之能乎！"能让将死百姓复生是真正的父母官；"威武不能挫，是为大丈夫，其公之谓乎！"大丈夫为仁义而不屈威武；"陷阱之中，不义不为，况庙堂之上乎！"一个人在受到陷害、处于困境之中，仍然能够不做不义之事，在庙堂上更会心怀百姓不为不义……

狄仁杰虽然蒙冤，但毫不介怀；虽然遭陷，却从不埋怨。他居于庙堂之上，为国家百姓殚精竭虑。他处于荒僻江湖，还是担忧君主因深弊而失去民心。这不正是"不以物喜，不以己悲。居庙堂之高则忧其民，处江湖之远则忧其君"的"先天下之忧而忧，后天下之乐而乐"的精神吗？或许，几年后，一直在追求"古仁人之心"的范仲淹在创作他那流传千古的名篇《岳阳楼记》的时候，眼前就浮现过狄仁杰的名字！也是他一生为官的楷模。

后来，范仲淹被朝廷派往西北边疆，抵御西夏人的入侵。又正和狄仁杰离开彭泽后，被朝廷派往北部抵御外族入寇一样。更巧的是，范仲淹所辖的庆州（今甘肃省庆城县）与狄仁杰当年所任职的宁州接壤毗邻，目前同属庆阳市管辖。在唐宋时，两地均是戎羌居住区。而两人对少数民族，都采用了安抚的正确办法，这种远见卓识取得了成功。范仲淹敬仰和学习狄梁公的高尚情操，做到了学以致用，最终也成了狄仁杰那样的人物。狄仁杰是唐代名臣，范仲淹是宋代名臣，两位名臣辉映千古，成为历代的典范！

可惜的是，或许因为范仲淹在赴任途中路过彭泽，行程较紧。写完这篇

---

① （宋）范仲淹《唐狄梁公碑文》

碑文后,却没有让人刻碑竖立。可喜的是,半个世纪后,绍圣元年(1094)六月,狄仁杰的另外一位粉丝也来到彭泽。

此人正是与狄仁杰同在一版"二十四孝"之中的,书法"宋四家"之一的黄庭坚。

黄庭坚游览彭泽。在彭泽县东北四十里地横枕大江有一座山,由于"其形如马回风骇浪,最号险阻"①,故名马当山。据传"唐王勃舟过其下,梦神告曰'明当助以顺风'。达旦,遂抵洪都,作《滕王阁序》。"②所以,经常有文人墨客前来游览、怀古。唐代大诗人陆龟蒙(字鲁望)科举不第,"驾一叶舟,遨游江湖,随遇而乐,号天随子"③,来到马当山上,住在一座亭阁里,眺览四周景色。所以,人们就把这座亭子称之为"鲁望亭",也成了当地名胜。很多文人墨客,都会到此览胜怀古,所作诗文很多都有关彭泽的陶、狄两位县令。黄庭坚也来到此地写下了《题马当山鲁望亭》四首诗,其中有一首就盛赞狄仁杰:

鲸波横流砥柱,
虎口活国宗臣。
小屈弦歌百里,
不诬天下归仁。④

在这里,黄庭坚还不忘小讽刺了一把陶渊明,因为陶渊明做彭泽县令不过是要满足自己的"聊欲弦歌以为三径之资"。这里的"弦歌"是个典故,出自《论语·阳货》篇。说春秋时期,孔子由学生们陪同来到武城,其弟子子游正

---

① 《彭泽县志·山川考》
② 《彭泽县志·山川考》
③ 《古迹考》
④ (宋)黄庭坚《山谷集》

在此做宰（地方官）。孔子在游览武城的时候，听到弦歌之声，孔子莞尔一笑，他说了句"割鸡焉用牛刀"，这就是后世咱们常用的"杀鸡焉用宰牛刀"的出处，很好理解。孔子也很幽默，因为武城这个地方不大，他的意思是治理这个小地方值当的用礼乐么？有点大材小用了，有点兴师动众了。可子游很认真，他说了："以前我听老师说过，君子学道就会有仁爱之心；老百姓学道，就容易听教令（教育总比不教育强）。"孔子很满意学生的回答，就向学生们说："同学们！言偃的这话是正确的。我刚才那句话不过是同他开了句玩笑罢了。"所以，本来是有礼乐教育之义的"弦歌"从此便又成了"出任邑令之典"。故此，陶渊明转文，不明着说自己想当县令，而是借"弦歌"此典义做作表达出来。但黄庭坚在这里却将"弦歌"正本清源，告诉大家：狄公大才大贤，却屈尊宰相之才到彭泽对百姓进行了礼乐教化，人家真正做到了教化的"弦歌"，可不是为了自己积累财资来当这个"弦歌"官的！

当黄庭坚瞻仰狄公祠时，得知范仲淹留有碑文而无碑刻，他觉得自己有责任完成范文正公未了心愿，于是提起笔来，用楷体书写了《唐狄梁公碑》碑文，并让人刻碑竖立。

如此，这块碑集狄公事、范公文、黄公书为一体，被百姓称之为"三绝碑"！

可惜，原碑已失落，现在我们只能看到它的宋拓本，收藏在北京大学图书馆。

黄庭坚书写碑文210年后，元代大书法家赵孟頫用行书，再次书写了此文并刻碑。

可惜，这块碑现在也找不到了，只留下了精美的拓本。

但在甘肃省庆阳市宁县博物馆碑楼内，至今耸立着一块高2.3米，宽0.83米，厚0.2米的石碑。碑首篆书"唐狄梁公碑"字，碑文正是范仲淹的碑文，这块碑乃是明代宁州知州边国柱重修狄梁公庙时补刻的，成了宁县八景之一，也成了国家级文物。

宋朝最富诗名的诗僧德洪,曾拜谒彭泽狄公祠(庙)时,看到了范仲淹的碑文,心中感慨,写下了《谒狄梁公庙》一诗:

九江浪粘天,气势必东下。
万山勒回之,到此竟倾泻。
如公廷诤时,一快那顾藉。
君看洗日光,正色甚闲暇。
使唐不敢周,谁复如公者。
古祠苍烟根,碧草上屋瓦。
我来春雨余,瞻叹香火罢。
一读老范碑,顿尘看奔马。
斯文如贯珠,字字光照夜。
整帆更迟留,风正不忍挂。

第十一章　急调魏州

营州乱套了

二十一世纪初,电视连续剧《神探狄仁杰》系列风靡全中国,其主题曲歌词写得好:"每次听到你,总是大风起;每次看到你,却又惊雷起……每次想起你,依稀枕边耳语。每次见到你,铁马金戈箭雨……"这两句用在狄仁杰身上真是再合适不过了。每当朝廷想起狄仁杰的时候,一定是"大风惊雷"的危急关头,一定是"铁马金戈箭雨"的紧要所在!

万岁通天元年(696)夏五月,营州(治柳城,今辽宁朝阳)契丹松漠都督李尽忠、归诚刺史孙万荣举兵造反,契丹作乱,边疆告急!

契丹族是中国古老的一支游牧民族,兴起于西拉木伦河和老哈河流域。"契丹"之名始见于北齐天保五年(554)成书的《魏书》,见之于历史则是朝鲜《三国史记》记载的东晋太元三年(378)"契丹人犯高丽"的事件中。

六世纪前期,契丹族尚为部落阶段,唐初形成部落联盟,称为契丹八部,曾臣服于漠北的突厥汗国。唐贞观二年(628),突厥在唐朝的不断打击下,日渐衰落,契丹大贺氏酋长大贺摩会率部落联盟背弃突厥,归附唐朝。贞观三年(629),唐朝以室韦、契丹族人置师州。可以说,在此期间,契丹与唐朝之间,既有朝贡、入仕和贸易,也有冲突、战争和掳掠。贞观十九年(645),唐太宗亲征高丽路过营州,专门召见契丹君长及老人,赐了不少东西,封契丹首领大贺窟哥为左武卫将军。

贞观二十二年(648),窟哥率领契丹各部请求内属唐朝。于是,唐太宗就以契丹部为松漠都督府（治所在今内蒙古赤峰市林西县樱桃沟古城址，所属区域包括今赤峰、通辽一带），以窟哥为松漠都督，又兼左领军将军、使持节十州诸军事，无极县男，并赐以国姓，所以历史上又称其"李窟哥"。又设置了九个羁縻州，让契丹八部每部称一州，其中有一部分两州，酋长称刺史，加上松漠都督府，这就是十州建制，并隶属松漠府统辖。这样，契丹各部就成了唐朝统辖下的地方行政单位了，虽然这些契丹州同中原地区的州相比还有许多不同，但这对契丹族来说，是前所未有的，它对契丹社会政治、经济和文化的发展都具有十分重要的意义。显庆初年，唐高宗又任窟哥为左监门大将军。

所谓羁縻，"羁"就是用军事和政治的压力加以控制，"縻"就是以经济和物质利益给以抚慰，即在少数民族地区设立特殊的行政单位，保持或基本保持少数民族原有的社会组织形式和管理机构，承认其酋长、首领在本民族和本地区中的政治统治地位，任用少数民族地方首领为地方官吏，除在政治上隶属于中央王朝、经济上有朝贡的义务外，其余一切事务均由少数民族首领自己管理。

虽然，契丹内属唐朝了，但是关系并不是铁板一块，还是会有部分人怀有其他念想。窟哥活着的时候，这些人不敢轻举妄动。窟哥死了，这些人便开始活跃了。窟哥死后，阿卜固成了松漠都督，就开始勾结当时东北部的另一个少数民族奚族一起叛乱。结果，被唐朝快速平定。阿卜固被生擒活捉。

不过，唐朝还是希望和契丹搞好关系，就把松漠都督的职位又给了窟哥的孙子李尽忠（完全汉化的名字），并让他兼任武卫大将军，继续统领契丹八部。窟哥另外还有个孙子叫李枯莫离（《旧唐书》说是他的曾孙，叫李祜莫离，现取《新唐书》所载），在武则天时任左卫将军兼校弹汗州（十个羁縻州之一）刺史，封归顺王。

契丹还有个部落的首领叫孙敖曹，隋朝时就归附了。后来，到了唐朝，他和靺鞨酋长一起归附了唐朝，唐高祖下诏，在营州城旁安置了他们的部落，并任其为云麾将军，行辽州总管。他的孙子（《旧唐书》仍作曾孙，现取《新唐书》所载）叫孙万荣，垂拱初年历任右玉钤卫将军、归诚州（十个羁縻州之一）刺史，封永乐县公。而李尽忠是他的妹夫。

归诚州归松漠都督府管辖，松漠都督府也不是独立存在的，必须受中央的管控，而管控它的正是营州都督府（最早叫营州总管府）。

营州地理位置非常重要，隋唐时期辽西走廊沿海通道尚未贯通，从中原通往东北、朝鲜半岛，这里几乎是必经之路。同时，营州又是陆上丝绸之路的末端，中亚、西亚等国的商人从北路草原丝绸之路一路东行，在营州与东北亚各势力进行交易。所以，唐朝在此设立都督府，不但管控契丹，营州"地接六蕃"是隋唐两朝控制高丽、突厥、契丹、室韦、靺鞨、奚、霫等少数民族政权的关键区域，下辖其中包括安置东突厥的顺州、威州，靺鞨的慎州，室韦的师州，奚的饶乐都督府五州，契丹的松漠都督府，共计17州（一说18州），之后又增加了东夷都护府管辖东北诸族，是唐王朝初期下辖羁縻州最多的都督府之一，也是初盛唐时期东北地区中心城市，政治、经济、文化及军事中心。

营州都督府的治所柳城也是唐王朝在东北地区设置的唯一内地型州县，是真正的城市，而非安东都护府之类的军镇。柳城不但有大量的中原移民，各级官吏也按标准配备，负责辖区各族人口户口登记、赋税征收、督促边远地区入朝纳贡等工作，其驻军还带有保护各羁縻势力的作用。

所以，营州都督府的健康发展与否是中央对周边控制力强弱的关键。"政治路线确定之后，干部就是决定的因素"是一个真理！有唐以来，朝廷任命的营州都督几乎都是赫赫威名的有能力之大将军。如太宗时期的薛万淑、张俭，高宗初期的程名振、李谨行、高侃皆是如此。但武则天却用错了干部，毁了唐朝在东北边疆八十年的努力！

武则天任命的这个营州都督叫赵文翙。赵文翙何许人也？史书没有什么记载，我们只知道他做上营州都督这个封疆大吏时也不过二十多岁。不知道他有什么特殊背景能这样"少年得志"！

此人刚愎自用、狂妄乖张，不懂与少数民族搞好关系，反倒在此作威作福。万岁通天元年（696），契丹所在一带发生了灾荒。按说，赵文翙作为地区最高长官，应该高度重视，马上进行赈灾以防其变，同时亲自带领大家同舟共济、渡过难关。这样做，不但是一位地方官员应有的职责，更是团结少数民族、增强向心力的正确选择。万没想到，赵文翙强梁惯了，不但不加赈给，反倒"视酋长如奴仆"，欺负奴役人家。结果，硬生生把李尽忠和孙万荣这对郎舅给逼反了。

他们可都在营州附近，李尽忠那是契丹松漠都督，他造反等于契丹造反，其势非小。而且突然发难，赵文翙脑袋里都没有契丹能造反这根弦儿，一下被杀了个措手不及。不但营州被契丹攻陷，自己还落个身首异处。

这场史称"营州之乱"的事件，对武周乃至大唐王朝有深远影响，使得中原与东北、朝鲜半岛的联系基本上被切断，直接后果就是渤海国的兴起和武周、大唐王朝全面退出朝鲜半岛，不但改变了东北亚地区的政治格局，也使得周边各少数民族政权失去了对中原政权的敬畏。

契丹也会用兵法

战报传来，朝野震惊。武则天马上遣二十八员大将前去讨伐。还任命自己的另外一个侄子春官尚书梁王武三思为榆关道安抚人使，构建防备契丹的第二道防线。最可笑的是，喜欢给人乱改侮辱性名字的武则天，这一次又愤怒地给人家改名了，改李尽忠为李尽灭、孙万荣为孙万斩！好像这样，两人就能被千刀万斩、尽诛尽灭了一样。可问题是，李尽灭是谁灭谁，孙万斩是谁斩谁？你说是诅咒人家也可以，你说是给人家起的凶狠的外号也说得过去。主要弄这玩意儿有啥用啊？这一点尽显武则天小女人的一面，可爱得气人！

你再看人家李尽忠给自己改的名字那多气派，他占据营州之后，自称"无上可汗"。唐太宗不是被称为"天可汗"吗？我不要天了，"无上"了都。

当年八月，二十八将率领人马终于到达前线。还没开战呢，没想到，营州城里就跑回来了被李尽忠之前抓获的官兵俘虏数百人。这些人口口声声说："今年本来就闹灾，现在契丹兵更没什么东西吃了。造反的也就是李尽忠、孙万荣这些头头，下面的将官现在饿得自身难保，他们都说：'就等着官兵来，我们就投降了。'听说咱们大兵已至。这些将官把我们都放出来了，还给我们喝了糠粥，作为慰劳吧。您看，慰劳才能吃到糠啊，可见他们饿成什么模样了。对我们说：'养你们吧，我们没粮食。杀了你们吧，又于心不忍。干脆，现在把你们放回去吧。'我们这才得以回来。"

官军将领一听，大喜过望，知道营州缺粮，契丹撑不住了，那我们赶紧进军，抢夺首功啊！这下子，官军前军争先开进。

眼看接近黄獐谷（今河北迁安东北西硖石谷内）了，发现又跑出了一些契丹兵前来投降，一瞅，一个个老弱病残，都饿得打晃了，旁边还有一些老牛瘦马。看来，营州城内确实已然绝粮了！于是官军更加放松戒备了，嫌步兵走得太慢，影响抢功，官军大将居然舍弃步兵，督率骑兵轻进。结果，进入黄獐谷，契丹伏兵四起，领兵带队的几位大将全被契丹大将李楷固用套索给套住了，官军全军覆没，"将卒死者填山谷"，好不惨烈。

契丹军从俘虏的官军将领身上搜出了军印，伪造了一封军报，逼着官军将领在上面签了字，然后派人送给官军后军将领说："我们前军已经击破了契丹，正在往营州进发。如果等我们到了营州，你们还不跟上的话，军将统统问斩，士卒不予记功！"这一下，后军将领可急了，催动军队，不顾寝食，昼夜间行，弄得人困马乏、晕头转向，一脑袋钻进了契丹设好的埋伏圈，后军也是全军覆没！

至此，武周讨逆的二十八将全部报销！据一些史学家估计，此役官军损失超过十万！

消息传来，武则天大惊，慌忙中要征天下有罪的囚犯及庶士家奴中骁勇者去抵御契丹，等于组成敢死队，你们敢上前线就免了你们的罪和奴才的贱籍。又令山东近边诸州设置骑团兵，以同州刺史建安王、自己的另一个堂侄武攸宜为右武威卫大将军，充清边道行军大总管，以讨契丹。

为了支持自己的侄子，武则天把当时朝廷中很多的英才都安排到了武攸宜麾下，辅助于他，其中就包括右拾遗陈子昂，武则天派他担任武攸宜的幕僚参谋。听说了女皇的这个政策，陈子昂马上上疏劝谏，认为征囚犯和家奴那是事情紧急、不得已而为之的事儿，他们怎么能成为天子之兵呢？有损国家威仪。另外，最近这些年"刑狱久清，罪人全少"（由此可见，武则天时代除了那丽景门，对天下刑狱还是很宽松的），没有多少罪犯可用。那当家奴的人，天天被主人训得跟二小似的，大多怯弱，让他们去打仗，那不扯吗？另外，"天下忠臣义士，万分未用其一"①，打一个小小契丹，用不着这样，有点丢人。但估计武则天没听他的。

北方的局势越来越严峻，不久崇州被契丹攻破，龙山军讨击副使许钦寂被俘虏，契丹让其劝降其他唐朝城池守将，许钦寂不屈不从，被杀殉国。

而此时，武周西部凉州又告急，突厥又来袭扰，俘虏了凉州都督许钦明，而这许钦明正是许钦寂的弟弟。哥儿俩，一东一西，都被俘虏了。

趁火打劫的突厥

突厥是中国北方的一个古老民族，也是中国西北与北方草原地区继匈奴、鲜卑、柔然以来又一个重要的游牧民族。隋唐时期一度非常强大，成为中原王朝北方最大的威胁。后来，在隋朝军事打击和分化离间双管齐下之下，突厥分裂为东突厥、西突厥。而对隋唐两朝威胁最大的就是东突厥，隋时契丹、吐谷浑、高昌都臣服于东突厥。唐高祖在建唐最初也一度称臣于东突厥。因为东突厥可汗汗室为原统一突厥可汗正支嫡系后，所以东突厥仍经常被直呼为"突厥"。

---

① 此节援引见（宋）司马光《资治通鉴》卷第二百五　唐纪二十一

前文我们说过，狄仁杰出生那一年，唐贞观四年（630），东突厥被唐朝灭掉，一部分投靠了薛延陀部，大部分东突厥部落都降附于唐朝了。唐太宗就把他们安置在东至幽州（治蓟城，今北京市）、西到灵州（今宁夏回族自治区吴忠市西北）的广大区域内，分给他们土地，教他们农耕，而突厥的贵族大约三万多户迁到了国都长安居住，很多人都在朝廷为官。后来，发生了一些变故，东突厥的一些贵族没有得到升迁，对唐朝不满，袭杀唐太宗失败。此事让朝野震动，一些大臣以"非我族人其心必异"之类的理由，认为应该把迁到塞内的突厥人再迁到塞外，省得在内地捣乱。太宗采纳，于是又把这些突厥人重新迁到漠南，一方面防止他们叛乱，另一方面也让他们牵制一直在大漠的突厥薛延陀部。但毕竟他们迁到内地那么多年了，再去塞外生活有些不习惯了。再加上领导人领导不利，结果这群突厥人后来又迁回来了。幸亏，唐太宗后来把薛延陀也给灭了。这样，东突厥各部基本就归附了唐朝。

高宗初期，朝廷就在大漠南北分别设立了单于都护府和瀚海都护府，让这些突厥各部接受唐朝的羁縻统治。

此后近三十年，唐朝的北部边境没有大的战事发生。但由于朝廷经常征调他们东征西讨，渐渐引起突厥百姓不满，而突厥贵族有些人心有野心，复国一直是他们的梦。

调露元年（679）冬十月，单于大都护府下属突厥酋长阿史德温傅、奉职率所辖二部造反，立阿史那泥熟匐为可汗。二十四州突厥酋长皆叛响应，部众数十万人。同时，突厥煽动契丹、奚族侵略营州。但仅被当时的营州都督周道务派了个户曹带兵就给平息了。唐朝闻讯突厥作乱，立刻派兵讨逆。永隆元年（680）春三月，唐朝定襄道行军大总管裴行俭大破突厥军于黑山，擒酋长奉职。泥熟匐可汗为其部下所杀，捧着人头向唐朝请降。

开耀元年（681），突厥又进攻原州（治所在今宁夏原州区）、庆州（治所在今甘肃省庆阳市）。颉利可汗族侄阿史那伏念自立为可汗，与温傅连兵入寇唐朝。在唐军不断打击下，尤其在定襄道大总管裴行俭不断施以反间计下，伏念和温傅产生矛盾，终于伏念抓住了温傅，与裴行俭谈条件，裴行俭答应保伏念不死，伏念这才带着温傅投降了裴行俭。不料，回京后，当时侍中裴炎妒忌裴行俭功大，唆使唐高宗杀死伏念，为突厥上层人物的再次叛唐埋下了祸根。

永淳元年（682），阿史那骨咄禄又叛。他的祖父本是唐朝单于都护府云中都督舍利元英属部的酋长，世袭吐屯之职，仅仅是突厥的一个小贵族。伏念死后，他率十七人出走，不久聚众五千人，势力逐渐强盛，自立为颉跌利施可汗。他任命其弟默啜为杀（即设，官名），咄悉匐为叶护，开创了突厥第二汗国（又称后突厥汗国）。此后数年，骨咄禄东征西讨，频繁出击，中央政权与突厥的战争不断，但武则天当时主要精力放在了内部政治斗争中，并没有太重视骨咄禄，使其坐大。结果，垂拱元年（685），一支官军在追击突厥的时候全军覆没。可见突厥第二汗国当时已经足够强大，重新拥有了漠北为其战略腹地，不再仅是边族叛乱的性质了。故此，武则天大怒，又给骨咄禄改了个名字叫"不卒禄"（不死禄）。

但人哪有不卒的？后来，骨咄禄还是病卒了。其子年幼，其弟默啜自立为可汗。延载元年（694）腊月，默啜发兵又进攻灵州。朝廷多次派兵，取得胜利。

武则天又派其内宠和尚薛怀义为朔方道行军大总管，让两位宰相当他的左右手，率领十八位将军出征讨伐默啜。从武则天对突厥、契丹作战使用的内宠、外戚来看，武则天在这里用人是不当的。薛怀义哪会打仗啊？但幸运的是，还没有出兵，那边突厥自己走了。

此间，武周对突厥用兵的胜利，让武则天也比较高兴。魏王武承嗣也不失时机地领着二万六千余人给武则天上尊号曰"越古金轮圣神皇帝"，武则天欣然接受，并且改元"天册万岁"。半年后，她又加号"慈氏越古金轮圣神皇帝"，再度改元"证圣"。证圣元年（695）四月，铭纪功德、黜唐颂周的建筑"天枢"建成，上面刻上了百官及四夷酋长的名字，武则天亲笔题名"大周万国颂德天枢"。九月，武则天合祭天地于南郊，加号"天册金轮大圣皇帝"，改元"天册万岁"。腊月又改元"万岁登封"。天册万岁二年三月又改元"万岁通天"。

正在这时,突厥可汗默啜也不知道出于什么目的,突然遣使来请降,我不跟大周打了,我想投降,成不成?那女皇能不高兴吗?立刻册授默啜为左卫大将军、归国公。

按说,武周和突厥不该和好了吗?没想到,万岁通天元年(696)九月,正值契丹与武周开战之时,突厥又袭扰凉州。这让武周边疆雪上加霜。

但没过多久,默啜突然又遣使而来,主动要求认武则天当娘,而且想把自己的女儿嫁给某位亲王,同时要求武周能把河西六州降户赐归东突厥。这样,默啜答应率部帮着武周讨伐契丹。

默啜趁火打劫的算盘打得真精明,表面给最喜欢面子的中原女主及中原人一个最好的面子——我愿当你儿子!多大面子!但我让你把河西降户给我。河西降户是过去投靠唐朝的突厥降部啊,等于让你武周出卖投靠你的突厥人。这样,既能壮大我的力量,又能让武周背上不义之名,看以后突厥各部谁还会归附你?不归附你了,不就归附我了吗?那默啜为什么答应帮着武周打契丹呢?契丹本来之前就臣服突厥,所以默啜早就想夺得契丹之地、征服契丹之人,即便此次征服不了,也可以趁火打劫,劫掠契丹的财富;至于和亲,更是一个骗局。之前,番邦与中原政权和亲,都是求中原政权把某位公主远嫁番邦;可这一次,默啜要求武周派个王子去他那里倒插门!这不是胡扯吗?此事后面还会提到,暂时不表。

那么,对于默啜这样叵测的居心、诡诈的"善意",武则天君臣真的就没有察觉吗?察觉了,但武则天作为政治家,她得在此时权衡利弊。要知道,现在武周边境面临着三族交侵啊!我们光说契丹、突厥了,还有个西面的吐蕃一直没消停啊。这两年也是屡寇边境。

延载元年(694)春,吐蕃首领勃论赞勾结突厥入侵冷泉、大岭,被武威道行军总管王孝杰打败,死伤六万余人,狼狈而退。证圣元年(695)七月,吐蕃又侵扰临洮。武则天又任王孝杰为肃边道行军大总管讨伐。转过年来，万岁登封元年（696）一月，又派娄师德作为副总管协助讨伐。不料，三月，双方素罗汗山一战，官军大败。王孝杰被贬为庶民，娄师德被贬原州员外司马。

没过俩月，契丹叛乱，突厥也跟着侵扰凉州。吐蕃趁机遣使者向武则天请和，但提出了要武周撤去安西四镇守兵并索取十姓之地（西突厥故地）的苛刻要求。武则天既不愿同意，又不愿在这个时候得罪吐蕃。于是采纳奉宸监丞郭元振提出的对策，针对吐蕃百姓厌战的实际情况，用纵横之术，与吐蕃一直进行着议和谈判的外交拖延术。如果，吐蕃领导人论钦陵否决和议，则不得吐蕃民心，没有民众的支持，就不能举国来侵。所以，吐蕃这边暂时被武则天用纵横术拖着了。

正是在这三国交侵之际，武周朝廷焦头烂额之时，默啜趁机提出了可以帮武周的条件，你答应不答应？武则天当然不答应了，开始就给拒绝了。默啜马上就表示不高兴了，对朝廷言辞悖慢。这时，有些大臣一再请武则天务必答应默啜的要求，因为现在契丹还未荡平，如果再得罪突厥，两面受累。武则天最后还是点头答应了，除了没有把单于都护给默啜之外，"悉驱六州降户数千帐以与默啜，并给谷种四万斛，杂彩五万段，农器三千事，铁四万斤，并许其昏。"[①] 这下子壮大了突厥。

历史的经验一再证明，面对敌人的欺诈，永远不能低头，必须予以反击和斗争。想靠着满足敌人的需求来换取敌人对你的好，即便是能换取，那也一定是短暂的。敌人一定会贪得无厌，一次次向你提出更多、更无耻的要求！所以永远不能抛弃"斗争"！武则天这种行为无疑是割地求和之举，只会增长敌人实力、助长敌人嚣张气焰，为自己留下了大大的隐患。

而默啜的要求得到了满足，这下他就可以在表面上光明正大、顺理成章地帮武周打契丹，其实是为自己谋私利了。

---

① （宋）司马光《资治通鉴》卷第二百六　唐纪二十二

正好此时消息传来,契丹李尽忠死了,头号领导人自然换成了孙万荣。孙万荣在前线打仗呢。默啜一看有机可乘,他突然发兵袭击了松漠都督府,把李尽忠、孙万荣的老婆孩子都给掠走了。契丹一时受挫。

武则天大喜,这似乎证明了自己满足默啜要求的正确性,她马上派人追赶使者,进拜默啜为颉跌利施大单于、立功报国可汗。

而孙万荣真不气馁,收拾余众,军势复振,进行疯狂地报复,派遣骆务整、何阿小为前锋,攻陷冀州(治今河北衡水市冀州区),杀死了冀州刺史陆宝积,血洗冀州城,屠杀了吏民数千人。转而又攻打瀛州(治今河北河间市),兵锋深入内地,河北震动!

铁马金戈见到你

当时,最害怕的就是魏州(治今河北邯郸市大名县城东北)刺史独孤思庄,因为冀州失陷,魏州几乎就成了武周最北部的前线了。而且,魏州的地理位置非常重要。它西邻相州(治今河南安阳)、卫州(治今河南卫辉);西北是邢州(治今河北邢台);北边就是贝州(治今河北清河县西北)、冀州;南距黄河不足百里,可以说是神都洛阳的桥头堡,一旦有失,敌军就有可能迅速渡过黄河,直逼神都。

独孤思庄神经极度紧张,怕指不定啥时候契丹兵就会突然来临。他一着急,来了个坚壁清野,把魏州所有百姓都撵到了城中,让他们赶紧修缮工事,以防契丹。

其实,武则天也很紧张,看到契丹兵力深入内地,觉得形势太危急了,估摸了一下独孤思庄够呛是能抵御契丹兵的材料,弄不巧魏州内部的震动他都平息不了。现在整个河北人心惶惶,非是大才大贤之人不能治也!魏州就像一把不稳定的大火,谁能迅速维稳灭火呢?

一想到"维稳灭火"几个字,武则天马上就想起了狄仁杰!要么我说"每次听到你，总是大风起；每次看到你，却又惊雷起"这句歌词特别符合狄仁杰嘛。只有派这位老臣坐镇，河北或许还能稳定住。武则天想到此处，立刻下旨急调狄仁杰为魏州刺史速去稳定魏州、防御契丹！

应该是八百里加急的传报。狄仁杰接旨丝毫不敢怠慢，立刻启程，急急来到了魏州。这与他到彭泽赴任用了半年之久的前后差距巨大，这才叫救兵如救火呢，这就叫"每次见到你，铁马金戈箭雨"！

到了魏州，与独孤思庄迅速办理了交接，独孤思庄马上兴奋地离开了危险之地。狄仁杰又迅速地查看了一下魏州的状况，一看满城都是老百姓，无家可归，人心惶惶。现在已经是冬季了，露宿街头，好不悲惨。大家听说名震天下的狄公到了，好像有了主心骨似的，都围拢了过来。大家从狄刺史的脸上看到了不同于独孤刺史的神情。那独孤刺史每次都是愁眉苦脸，似乎在劫难逃的样子。可是这位狄刺史面带微笑，非常轻松，好像根本没有什么危险似的，或者就算敌人打过来了，狄刺史也能轻松退兵！

对于狄刺史的神奇传说，那年代就流传很广了，据说这位狄刺史，连神仙都怕他，要么能在江南拆那么多的神庙啊？据说响马贼兵都怕他，要么能轻松平定宁州啊？据说他身前背后都有神灵护佑，要么他能活着走出丽景门啊？所以，狄仁杰的微笑让百姓情绪立刻安稳下来。他们都瞪着眼睛静静等待着狄刺史接下来有什么吩咐。

没想到，狄仁杰慢慢地说："贼犹在远，何必如是？万一贼来，吾必当之，必不关百姓也。"[1]意思是说：贼兵离咱们这里远着呢，何必惊慌成这样啊。别说贼兵来不了，就是万一来了，我是刺史，自有妙策抵挡，不干百姓的事儿！所以，大家该干吗干吗去。该回家回家、该务农务农、该生产生产。将百姓"悉纵就田"[2]！

---

[1] （后晋）刘昫《旧唐书》卷八十九 列传第三十九
[2] （宋）欧阳修、宋祁《新唐书》卷一百一十五 列传第四十

要么说狄仁杰是维稳专家、"救火"高手啊。他来到一个不稳定的地方，就能立刻抓住这里的主要矛盾。他一看魏州，主要矛盾不是打仗，契丹兵都没来呢。现在等于是地方官自己把自己吓住了。地方政府都惊慌失措了，何况百姓？你把百姓全弄进城来，传递给百姓一个什么信息？百姓还有士气吗？真的契丹兵来了，他们敢跟人家打吗？再说了，所有百姓都进城，吃喝拉撒怎么办，你有足够的粮食养活军民吗？一旦缺粮，这么多人存在，这就是个雷啊。到时候不用契丹兵，百姓都能冲进刺史府把当官的撕了。另外，农田怎么办？还生产不生产了？契丹一个游牧民族，它能够待多久？就算来了，烧杀抢掠一阵子他也跑了。那魏州到时怎么恢复生产？所以，现在魏州的主要矛盾是人民内部的矛盾，不是敌我的矛盾，把人心稳住，城内军卒、城外百姓，内外一心，何惧贼兵啊？狄仁杰马上就把这个主要矛盾解决了。效果如何？立刻，"百姓大悦"[1]！士气回来了，而且心里也踏实了：狄公就是不一样，人家一点不害怕，跟着狄公干，准能吃饱饭！都高高兴兴地回家务农去了。

这个消息马上传到了契丹军那里。孙万荣一听，谁来了？狄仁杰守魏州？大开城门，把百姓全放回去了，一点不紧张？孙万荣紧张了。怎么？人的威名真不是闹着玩的。为什么叫"老将出马，一个顶俩"啊。狄公威名，人尽皆知，亲守魏州，必然固若金汤。而且这老头子足智多谋，现在分明是给我来了个"以逸待劳""以柔克刚"，另外谁知道他手里握着什么皇帝给他的秘密武器啊？不然他怎么那么从容啊？行了，甭管怎么着，魏州我先不打不成吗？"贼闻之自退"[2]。

哎哟！这下，魏州军民炸了锅了："说什么来着？狄公就是神人！狄公大旗往城头上一插，好嘛！契丹军都没敢动弹，就闻风而退了！了不得啊！"一

---

① （宋）司马光《资治通鉴》卷第二百五　唐纪二十一
② （后晋）刘昫《旧唐书》卷八十九　列传第三十九

时魏州"民爱仰之"①、"咸歌诵之"②。

狄仁杰一看契丹军走了,一方面仍然加强防御,另一方面在当地施行仁政,缓赋宽役,劝农植桑。这下,魏州不但没受刀兵之灾,反倒第二年获得了大丰收。

可就在这时,狄仁杰又接到了朝廷的命令,武则天任他为河北安抚使,安抚战后的河北诸地。

"我们的狄公要走了!"魏州百姓哪里舍得,他们"援刀割肤,守阙上章"地进行挽留,请朝廷不要让狄仁杰离开魏州。但有更需要狄仁杰的地方等着他去安抚,朝廷怎会答应他们的请求呢?魏州百姓无可奈何,为了感念狄仁杰免除了魏州的刀兵之灾,为了感恩狄仁杰一年多对魏州所做的惠政,百姓们是"相与立碑"③、"复为立祠"④!魏州百姓于神功二年(698),就在魏州城西南,今河北大名县殷李庄乡孔庄村西北的地方,为狄仁杰修建了一座生祠,竖立了一座德政碑。

纵览中国的古代史,我们再也找不出第二个像狄仁杰这样的官员,无论在何处为官,无论官职大小,总能做到"为官一任,造福一方",而被所任的每一处地方人民立碑建祠千百年来不间断地祭祀。在这一点上,狄公配得上是"亘古一人"!

"坑爹"的儿子

值得一说的是,后来,这座祠堂连同这块碑都被毁了。为什么被毁,怎么被毁的,有两种说法。一种说是因为后来的战乱而毁;另一种说法就值得后人

---

① (宋)欧阳修、宋祁《新唐书》卷一百一十五 列传第四十
② (后晋)刘昫《旧唐书》卷八十九 列传第三十九
③ (后晋)刘昫《旧唐书》卷八十九 列传第三十九
④ (宋)欧阳修、宋祁《新唐书》卷一百一十五 列传第四十

深思了，是毁于狄仁杰的儿子"坑爹"。

据《新唐书·宰相世系表》记载，狄仁杰有三个儿子——狄光嗣、狄光远、狄光昭。而据《新唐书·狄仁杰传》记载，狄仁杰也有三个儿子即狄光远、狄光嗣、狄景晖，狄光远是在为狄仁杰传棉衣时记载的，而狄光嗣、狄景晖两人是刻意记录的，原文是"子光嗣、景晖"①。由于《新唐书》的《表》是欧阳修所撰，《传》是宋祁所撰，所以有些出入也属正常。而《旧唐书》并没有记载狄仁杰儿子的数量，也是记载了狄光远、狄景晖，狄光远的事迹，并标明了"长子名光嗣"②。所以，有人就认为其实狄光昭就是狄景晖。"光"是狄家这一代的"辈儿"，如同狄仁杰是"仁"字辈、狄知逊是"知"字辈一样。而"景晖"是狄光昭的字。古人名字需要相应，"昭"和"晖"正是如此，古诗文中经常两字一起出现，如"昭昭净冬晖"③、"昭昭清汉晖"④及当时歌颂武则天明堂的诗句"文物昭清晖"⑤，都能说明问题。故此，狄光昭和狄景晖是一个人的可能性极大！甭管是不是一个人，狄仁杰魏州生祠倒霉就倒霉在这个叫狄景晖的儿子手里了。

原来，狄景晖在他父亲去世后到魏州做过司功参军，司功主要负责官吏的铨选、考课、封爵和勋赏的官员。可能做了贪污受贿、谁给钱多给谁考核通过的事儿了，《旧唐书》中说"颇贪暴，为人所恶"⑥还是中肯的，至于《新唐书》中说"贪暴为虐，民苦之"⑦就有点过了。因为他的职务多跟州辖官吏升降考核有关，跟普通老百姓的生计没有直接关系。据说因为他贪财，处事不公，所以官吏厌恶他（"为人所恶"可没有特指这个"人"是百姓），是很正常的。但

---

① （宋）欧阳修、宋祁《新唐书》卷一百一十五 列传第四十
② （后晋）刘昫《旧唐书》卷八十九 列传第三十九
③ （南北朝）鲍照《绍古辞》
④ （魏晋）陆机《拟迢迢牵牛星诗》
⑤ （唐）佚名《武后明堂乐章·配飨》
⑥ （后晋）刘昫《旧唐书》卷八十九 列传第三十九
⑦ （宋）欧阳修、宋祁《新唐书》卷一百一十五 列传第四十

要说"民苦之"就有点大了。因为狄景晖得罪人了,所以"人遂毁其像焉"①,这些厌恶他的人迁怒于他的父亲,这才把狄仁杰祠堂里的塑像给毁了。《资治通鉴》采用了《旧唐书》的意思。所以,毁狄仁杰祠堂的人很可能不是魏州百姓,而是对狄景晖怨恨的魏州官吏。但甭管毁祠之人是不是百姓,这件事反映了一点,那就是如果你是清正廉明、造福百姓的官员,百姓就能为你立碑而歌颂。如果是贪赃枉法、欺辱人民的官员,人民一定会对他唾弃和批判!

不过,一百多年后,到了唐元和七年(812)十一月,魏博节度使田弘正,根据相(今安阳)、卫(今汲县)、澶(今范县)、贝(今武城)、魏(今大名)、博(今聊城)六州人民的意愿,为纪念狄仁杰的功德,"上奏修复"②,在原址重建了祠堂,重竖了石碑。

有意思的是,传说正是因为狄景晖的"坑爹"行为,狄仁杰有教子不严之过,所以,此碑并非正南正北,而是面向西南斜置,警示后世做父母之人。

现祠堂已不存在,此碑尚残存,距今已将近一千二百年的历史了。该碑青石质地,由首、身、座三部分组成,碑体(除座)高4.46米,宽1.46米,厚0.46米。碑首为六龙戏珠圆首,碑额阳篆"大唐狄梁公祠堂之碑",三行三字排列。碑体阳面楷书碑文,由冯宿(唐文学家,擅长赋颂制诰)撰文,胡证书丹。碑文记述了狄公任魏州刺史时的政绩和重修此碑的经过:

魏府狄梁公祠堂碑

后不可以独临,必诞生岳灵,扶既倾,系将绝,兹梁国狄公是以(已)兴于天授之朝,蕴沉(深)谋,奋奇节也。物不可以终否,必继挺(起)邦杰,钦往绩,懋来功,兹沂国田公是以(已)挺乎河朔之郊,创新祠,修旧典也。

初梁公出牧于魏,实宜斯人,周遂乞留,则深遗爱。阖境同立(力)生

---

① (宋)司马光《资治通鉴》卷第二百七 唐纪二十三
② (宋)欧阳修、宋祁《新唐书》卷一百一十五 列传第四十

祠，奉（《全唐文》无"奉"字）其神，（畏威怀仁，如在乎上），祈恩徼福亦若有答。洎变（胡）起幽陵，毒痛（痈）中邦，腥秽（膻）遗馀，渐渍眊（□）俗，六十（十六）年于兹矣。战血满野，忠魂归天，阶阤（□）之容，隐怜（嶙）犹在。迨（元和）壬辰岁，赖我皇（天子）恢拓千古之不庭，凡在率土，罔不来服。维沂公（元侯）保和一方（心）之有众，举兹列城，来牧（表正）多方，归职贡而奉官司，尊汉仪而秉周礼。凤鸣而枭音革，兰芳而棘刺死，（多"甘"字）醴涌而盗泉竭，庆（多"云"字）飞而浊祲消，四郊廓清，万方丕变。然后辩正封疆，咨谋耋老，得是旧址作为新祠。鸠材僝功，庀（蒇）事须（颁）役，上下有度，东西惟序，披图以立仪像，据品以昭命数，不僭不逼，经之营之，越十月五日，厥功成。沂国公于是乎请护军、迨宾僚、将校、武（虎）貔之群，选（撰）吉而致飨焉。

先一日，执事设次于门西，设柔毛翰音、腯肥鲜薧（蔎）之具以候（俟）诘朝，公至则改命服于次，率护军等升拜，将校以下，序（叙）拜于堂下。公亲酌以奠，扬觯而言曰：昔者，皇风中微，阴沴勃兴，六宫弄其神器，万乘逊于房陵（罗川），生人之耳目尽回，元老之肺肝弥固，蹈履虎尾（多"攘"字）夺鲸口，薙（少"薙"字）除蔓草扶本枝（持忠贤）。元良克正，万国居贞，秘策（多"潜"字）授，五王（多"奋"字）起，包复夏之大业于心术，贻安刘之永图于身后，再造唐室，时维梁公顾不腆之是羞，获守斯土，实郡（群）帅与三军之众逮，封内之黎老，勤请于天王，（多"天王"字）重觊斯人，而鉴厥诚，未及浃旬（辰），而玺书、金印，命服、瑞节，一日骈至。且（于是）又颁非常之清问，下莫大之洪泽，马逐逐，车阗阗，野接迹，空驾肩。彼感心与喜气，同羽（固已翔）九天而达（渗）九泉。今所靡遑宁居，思有上报，窃慕神之志意（义），景神之忠功，荐神于此堂，告神以微肯（吉辰良日，以微恩陈告）。至于修废继绝，兴仁树善，乃守臣之职，乌敢为名（多"再拜而退"字）。由是六州之人士，知狄公之崇德可享，（多"而"字）田公斯言可复也。诗曰（云）："维其有之，是以似之。"乃作铭曰：

奕奕新祠，于魏之疆。岩岩梁公，镇（惠）此一方。其惠伊何，其人则亡。忆（在）昔通天，契丹（戎虏）猖狂。冲陷连城，势莫与抗（亢）。山东绎骚，骀藉跳梁（犬羊）。顾是都会，孰能保障。天后召公，飞传靡遑。至自彭泽，屹为金汤。以逸待劳，以柔排（摧）刚。缓赋宽役，劝（勉）农植（劝）桑。外示无虞，内为之防。敌（虏）则引归，岁获大穰。人荷公来，踊跃欢康。人惜公迁，泣涕彷徨。援刀割肤，守阙上章。终然莫（不）克，讵可弥（弭）忘。众心成城（欲成），经始斯堂。立公仪形，荐此馨香。于以（此）祝之，万寿无疆；于以歌之，久久垂芳。追惟我公，实邦之良。岐嶷有闻，金玉之（其）相。学以时习，暗然日章（彰）。文武是经，谟谋久（允）臧。测圭知正，函（涵）鼎难量。硕大博厚，靖和端庄。代（逮）使绝域，义声孔扬。居忧致感，有鸟呈祥。毗（□）于大（天）理，决狱平当。（多"巫触龙鳞，骤探虎狼"字）西门抗（沈）巫，汲直开仓。蜀守兴学，晋臣抚床。公兼有之，謇謇在旁。宣威中权，谕（论）道上庠。慰荐幽隐（仄），怀来暴强。天授以还，燎火无光。蔼蔼本枝，困于薪（斧）斨。下塞（适）人愿，上回天纲。拜爵（洛）受图，非刘亦（而）王。后实当宸，帝（唐）迁于房。时维狄公，至身岩廊，进持（少"狄公，至身岩廊，进持"字）正色，中激刚肠。婪佟邪谋（伊佟谋），将易储皇。公陈不可，校短推长。血沥太阶，心祈彼苍。长戈倒日，劲草横霜。一柱巍然，四维重张。帝拜元老，春归少阳。潜安爪牙，密布栋梁。七日寐寤（变疾），五贤（月）兴唐。道优三仁，功（力）茂一匡。始终无愧，中外（夷夏）所望。维此魏邦，实维乐乡（康）。燕寇之后，终（中）为战场。何人不鳏，靡室不丧。祠宇煨烬，阶除虚荒。故老怀恩（思），遗甿慨慷。犹依封畛，时奠壶觞。否道既倾，圣历会昌。元和御宸，天子垂裳。九土（夷）八方（蛮），山梯海航。礼备乐陈，执赞奉璋。思我怀人，置（真）彼周行。是生沂公，忠顺激昂。剑久埋狱，锥能处囊。道言愔愔，武烈洸洸。功（业）尚管萧，化臻龚黄。扫除零落（氛祲），吊恤灾伤。尾断蜂虿，苗锄莠稂。万夫归诚，有死无将。天子嘉之，濡濡（霈泽）瀼瀼（□）。

龙节虎旗，玉佩金珰（铛）。班其庆赐，施及（覃其）潜翔。沂公滋恭，扶服（俯伏）兢惶。愧负山岳，誓酬毫芒。乃建新祠，媲彼棠棠。航其厦屋，缭以周墙。吉蠋庶羞（羞容），容（羽）卫两厢。仰止何远，中心是藏。地回沙麓，河抱衡漳。刻勒丰碑，揭乎中央。[①]

这次重建的祠堂虽然已不存在了，但在历史很长一段时期都是"血食不绝"[②]，这充分说明了，魏州百姓善恶分明，对狄仁杰崇敬至深。

---

① 本文是现据一九九四年《大名县志》附录四《碑文墓志》及原碑誊文互校得文。括号中为《全唐文》卷六百二十四所载《魏府狄梁公祠堂碑》文中有出入的文字。

② （宋）欧阳修、宋祁《新唐书》卷一百一十五　列传第四十

第十二章　两月都督

一个侄子不敢干

公元697年的上半年，河北之地云谲波诡，各种意想不到的事情都发生了。

前文说了，契丹孙万荣的老家被突厥抄了，前方魏州城内又有狄仁杰坐镇，孙万荣一时间不敢再贸然进攻、扩大地盘了，而是聚拢队伍，伺机再动。

契丹稍微消停点，突厥就撒了欢儿了。万岁通天二年（697）正月（夏历十一月），刚刚袭击了松漠都督府的突厥，又侵扰在西北部的灵州；不久后，又袭击胜州（治榆林，今内蒙古准格尔旗东北十二连城），但被平狄军副使安道买击破。

西边打突厥取胜了，但东边与契丹作战又惨败了。万岁通天二年（697）三月，清边道总管王孝杰、苏宏晖等率领十七万大军与孙万荣大战于东硖石谷。

王孝杰何等人物？那可是世之名将。少年时就从军入伍，四处征战，屡立战功。后久与吐蕃交战。长寿元年（692），西州（今新疆吐鲁番）都督唐休璟请求女皇，收复陷于吐蕃的龟兹、于阗、疏勒、碎叶等安西四镇。就是因为王孝杰熟知吐蕃虚实，故此，武则天就以王孝杰为武威道总管，与左武卫大将军阿史那忠节率兵讨击吐蕃。十月，王孝杰率军大败吐蕃，接连收复安西四镇，并于龟兹置安西都护府。王孝杰因军功被授予左卫大将军。上文我们还说过，延载元年（694）王孝杰在冷泉、大岭大败突厥、吐蕃联军。因功官拜夏官尚书、同凤阁鸾台三品。但转过年来，证圣元年（695）七月，吐蕃又侵扰临洮。武则天又任王孝杰为肃边道行军大总管讨伐。素罗汗山一战，官军大败，王孝杰被贬为庶民。但后来，武周不是跟吐蕃施展谈判拖延术了吗？再加上契丹这边战事吃紧。所以，就重新起用王孝杰，让其带兵打契丹。

王孝杰感念朝廷之恩，决心力战报国，所以率领精兵作为先锋一路所向披靡。契丹军难以敌对，转身就跑。王孝杰紧追不舍，就忘了"穷寇勿追"的道理了。孙万荣惯用此招啊，西硖石谷（黄獐谷）一战不就是诱敌深入、伏兵杀之吗？东硖石谷也一样，旧计复施，契丹兵突然回师交战。这里是狭窄的山道，两边都是悬崖，王孝杰虽有大军，却难以展开。最要命的是，殿后的苏宏晖一看形势不妙，居然临阵逃遁了。无人接应的王孝杰与契丹死战，结果被逼得掉下了悬崖。可怜一代名将王孝杰，壮烈殉国！两个主帅，一死一逃，官兵军心大溃，最终"将士死亡殆尽"①。

当时，建安王、右武威卫大将军、清边道行军大总管武攸宜正在渔阳（今天津市蓟州区）。听说王孝杰战败而死，吓得魂飞魄散，哪还敢进兵？这时只有陈子昂站了出来，要求给自己一万兵马作为先锋前去破贼。但是，武攸宜瞧不起陈子昂，认为他只不过是一介书生、体弱多病，不纳其言。陈子昂多次进谏，都被武攸宜拒绝。结果，人家孙万荣乘胜攻克了幽州，烧杀抢掠一气。这时，武攸宜才想着派将去打。可问题是，幽州那是都督府的所在，城高池深。敌人未攻克前，你不去保卫。等人家占了，你再想夺回来，怎么可能？果然，打了半天，徒劳无功。

等后来，收复了幽州后，郁郁不得志的陈子昂登临蓟北楼，感慨当年燕昭王千金买马、乐毅金台拜帅的故事，"泫然流涕而歌曰：'前不见古人，后不见来者，念天地之悠悠，独怆然而涕下。'"②

---

① （宋）司马光《资治通鉴》卷第二百六　唐纪二十二
② （唐）卢藏用《陈子昂别传》

见武攸宜无用，当年四月，武则天又以右金吾卫大将军武懿宗为神兵道行军大总管，与右豹韬卫大将军何迦密率兵北击契丹。五月，又以娄师德为清边道副大总管，右武威卫将军沙吒忠义为前军总管，率兵二十万北击契丹。武则天真是发了狠心了，为了平定契丹几万人，前后派出了超过五十万的兵力。可是，武懿宗、娄师德是军事人才吗？

一个侄子往南窜

武懿宗和武攸宜一样，都是武则天的堂侄，他的爷爷武士逸是武则天的父亲武士彟的三哥。武则天对娘家族人还是比较照顾的，尤其是对晚辈更是如此。其实，武懿宗基本属于没有任何才能的，连长相都奇丑无比。但就这样，愣当上了金吾卫大将军。金吾卫的一个很重要的职责就是在皇帝出行时，先驱后殿、日夜巡察、护卫仪仗、安保警戒。所以，金吾卫哪一个都得是身高八尺、扇面身材、剑眉朗目、英姿飒爽的漂亮小伙、英俊美男。像武懿宗这样的，别说金吾卫了，就是县城守城门的都不要。但人家姑妈是皇帝，所以，人家就能做金吾卫大将军。

不过，可想而知，在一堆帅哥里，他长成这样的一个人，那简直是鸡立鹤群，别人不说，他自己也自惭形秽。老百姓有句话叫"人丑多怪"，有一定道理，起码放在武懿宗身上就再合适不过。可能因为天天的自卑，让他滋生出变态的心理。正巧当时告密制度大行其道，酷吏横行。武则天为了锻炼侄子，让武懿宗参与审问案子、鞫决断狱。这下可满足他的扭曲心理了，以诬陷人为乐，看到别人受冤枉、上大刑，他就有种说不出来的快感。甚至，经常亲自动刑，给人开膛破肚。看到被自己掏出来还在跳动着的犯人的心脏，他是极为满足。所以，当时人都说他是"周来之亚"，就说他的狠毒仅次于周兴、来俊臣这俩大酷吏。

武则天觉得让侄子光审案断狱还不够，还想让武懿宗去前线历练历练。武则天想得好，契丹乌合之众，我大周这么多军队，过去还不得把它给灭喽？这样，平叛的大功就是我们老武家子弟了，谁还敢瞧不起啊？当然，她也明白武懿宗能力差了点，故此才把娄师德、沙吒忠义这样的能臣名将给他做助手嘛。沙吒忠义是唐朝武则天时期的百济名将，而娄师德则是名重一时的人物。

娄师德乃郑州原武（今河南原阳西南）人，二十岁进士及第步入仕途。高宗打吐蕃，刘仁轨算计李敬玄，李敬玄不是不敢去吗？高宗还气得了不得。没想到，当时担任监察御史的娄师德居然自告奋勇报名参战。高宗大喜，就让娄师德跟随倒霉蛋儿李敬玄讨伐吐蕃。李敬玄不是战败了吗？多亏了娄师德收拢残兵败将，重振军势。后来，娄师德做了殿中侍御史、兼河源军司马、并知营田事，屡建奇功，多次打败吐蕃军。尤其，永淳元年（682）十月，吐蕃再次入寇，娄师德率军迎战，八战八捷，重创敌军。高宗称赞他文武双全。天授初年，累授左金吾将军，兼检校丰州都督，仍知营田事。武则天很欣赏他，认为他平素忠诚勤勉，又精通武略。因此，把北疆灵、夏要害地区交给娄师德镇守。娄师德在那里驻军屯田，让北镇兵马能够自给自足，不再由中央拨给转运粮草。长寿元年（692），娄师德才被武则天召回京城，任夏官侍郎、判尚书事。第二年，任同凤阁鸾台平章事。但不久，武则天觉得他还是个边境营田高手，于是，又任娄师德为河源、积石、怀远等军及河、兰、鄯、廓等州检校营田大使。万岁登封元年（696），改任左肃正御史大夫，依旧主持政事。随之，吐蕃找事儿，朝廷又派他和王孝杰去讨伐，结果素罗汗山大败，娄师德被贬为原州员外司马。契丹叛乱，王孝杰都起用了，何况娄师德啊。他正好在北边，就让他去辅佐武懿宗了。

这里我们要插一句，从娄师德的简历上来看，他与狄仁杰基本没有过工作交集。要么娄师德在边疆，狄仁杰在中央；要么娄师德在边疆，狄仁杰被外放；要么娄师德回中央，狄仁杰被贬放……所以，娄师德和狄仁杰在当时可能是互有闻名，没有共过事，没有深层次接触过。这一点很重要！我们以后会说到，届时就不再重述了。

那么，有娄师德、沙吒忠义这样久经战阵的高手保着，武懿宗是不是就能建功立业了？哪能啊。可以说，武懿宗是吃着苦瓜上前线的，一路上那嘴咧得都没合上，心里直敲鼓，腿肚子直发颤。也就是大军刚开到赵州（治平棘，今河北省赵县南），突然闻报契丹大将骆务整率数千骑"将至"冀州，还没到呢，将要来冀州而已，就把武懿宗吓坏了，马上就想南遁。手下人都看不下去了，就劝他："王爷，王爷！契丹是游牧民族，只会骑马抢掠，没有粮草辎重。如果咱们按兵拒守，城高池深，他们一时攻克不下，粮草断绝，不战自退。到时，咱们再兜着屁股一路掩杀，必建大功啊！"武懿宗哪听得进这个，早已经吓得魂飞魄散了，连连催促快跑，一口气跑到了相州（治安阳，今河南省安阳市）。好家伙，一路南逃四百里地啊。为了跑得快，盼咐把粮草器械都扔了。结果二十万大军的辎重几乎全送给契丹了。契丹军不费力就占领了赵州，在那里进行了惨无人道的屠城。

此事让当时很多正直之人都看不下去了。后来武懿宗班师回朝，武则天还为他设宴洗尘。结果，郎中张元一站起来非得要为武懿宗作首祝酒诗。武则天知道这个人很滑稽，尤其爱作一些嘲谑的打油诗，不知道今天他又要耍什么花活，于是很有兴趣地准他席前作诗。张元一当众作诗嘲讽懿宗曰：

长弓短度箭，
蜀马临阶蹁。
去贼七百里，
隈墙独自战。
甲仗纵抛却，
骑猪正南蹿。[①]

[①]（唐）张鷟《朝野佥载》卷四，蹁通蹿

"长弓短度箭,蜀马临阶蹁。"这句很好理解,就是笑武懿宗身材矮小,蜀地的马矮小,但他上去还得踩着台阶才够得着。"去贼七百里,隈墙独自战。"敌人离他还有七百里地,他一个人蹲靠在墙根儿舞刀弄枪毫不畏惧。哎哟,把武则天和满朝文武给乐得啊。不过,武则天对最后两句不太明白,"甲仗纵抛却"这可以理解,吓得丢盔弃甲呗,但是"骑猪正南蹿"啥意思?武则天好奇啊,就问张元一说:"懿宗有马,为何骑猪呢?"张元一说:"猪又名豕。'骑猪,夹豕(屎)走也。'"说武懿宗被敌人吓得夹屎南窜。武则天听完哈哈大笑,也没有治张元一的罪。这就说明,武则天也知道这几个侄子真是不成器,大家心中不服也在意料之中。

不过,当武懿宗"骑猪南蹿"到相州后,突然消息传来,契丹首领孙万荣被人杀了!这是怎么回事儿呢?

一个渔翁得了利

原来,孙万荣大败王孝杰之后,就在柳城西北四百里的地方依险筑建了一座新城,把族中的老幼妇女都安置在这里,把缴获的兵器财物也都囤积在这里,让另一个妹夫乙冤羽镇守,而自己则引精兵去打幽州。但又怕那可恶的突厥默啜再像上次似的抄自己的后路,于是就派了五个使者来见默啜说:"我现在已经击破王孝杰百万之众(多会吹牛),官兵早已经吓破胆子了,这次遣使特来邀请可汗发兵,咱俩共取幽州。"可没想到,五个使者不知道什么原因,分成了两拨,三个人先来了,把这话一说,默啜大喜,每人赐一件绯袍。没多久,剩下的两人也到了。默啜大怒,认为这俩人故意轻慢自己,不然一起出发的使者,人家仨早到了,你们俩咋到不了呢?杀!这位默啜也是个喜怒无常的家伙,说杀就杀啊。可把两个使者吓坏了,赶紧喊:"我们还有一句话,说完了您再杀也不迟。"人都有好奇心,默啜也一样,"你们还有何话说?"两人为了保命,把孙万荣的实底儿给卖了:"孙万荣引精兵打幽州,后方空虚,怕您袭击，所以才让我们来骗您一起打幽州。"默啜一听，原来如此，"好！你们俩留着给我当向导，不杀了。他们仨！"默啜一指先来的那三位："没有给我说实情，敢骗我，给我杀！"一句话，那三位使者人头落地，把他们的绯袍拿过来赐给了后两位使者。然后让他俩当向导，发兵直取契丹新城，临走时把原来俘虏的凉州都督许钦明斩杀祭天。突厥军风驰电掣来到新城，围攻三日，打开城池，把契丹留在这里的人和物洗劫一空。还不错，把守将乙冤羽给放了，让他捎话给孙万荣。

当时，孙万荣正跟官兵对峙呢，噩耗传来，军心大惧。这时，奚族人一听，就知道契丹人完了，赶紧转舵，投降武周，答应可以从背后向孙万荣捅刀子。这样，官军在前、奚族在后，一下就把孙万荣在河北的大将何阿小抓获了。孙万荣腹背受敌，顿时大溃，最后被官军追赶到潞水东，身边就剩下个奴仆了。孙万荣见大势已去，说："我罪过太大了，投降武周必死。而投降突厥也死，投奔新罗还是个死。我该怎么办呢？"奴仆一看，你该怎么办？你就死得了！突然抽出钢刀，一刀把孙万荣人头砍掉，拎着人头投降了。契丹之乱，总算初步平息了。

此次契丹之乱，契丹打到最后，李尽忠、孙万荣不是病死就是被人杀死，夺得地盘尽数丢失，可以说竹篮打水一场空；武周呢？属于虽胜犹败！消耗了数十万军队，使得三个宗王、两名宰相、一位故相（王孝杰）和数十员大将束手无策、心惊胆战甚至命丧沙场，并且让契丹军长驱直入，攻城略地，破军屠民，危及神都。可以说，是贞观以来未有的惨况，武则天有不可推卸的责任；而在这场战争中得利最大的就是突厥。默啜两次袭击契丹，把契丹的资本和契丹抢掠武周的物资全部掠去，还有契丹人口呢？老幼妇女。老人先不说，孩子那可是未来的资源啊。而且，契丹败亡后，和奚族都臣属了突厥，甚至连安东都护府内原属高丽的百姓，也大多归了突厥。突厥再次恢复了元气！等于，武周、契丹鹬蚌相争，突厥默啜渔翁得利！

但甭管谁得利了，契丹之乱总算平复了。但河北之地千疮百孔，百姓饱受战乱之苦，社会动荡不安，急需能臣前去安抚。武则天第一个就想起了"维稳专家"狄仁杰了。于是就在万岁通天二年（697）六月，68岁的狄仁杰接到朝廷命令，让他和河内王、神兵道行军大总管武懿宗及清边道副大总管、宰相娄师德分道安抚河北。

要三个人在一起安抚，河北百姓就好了；要三人在一起安抚，狄仁杰和武懿宗非干起来不可，估计狄仁杰又得说他那句名言"恨不得尚方斩马剑，加于明公之颈，虽死如归耳"了！

三个大臣三样路

为何我们说狄仁杰可能会再说这句话呢？因为武懿宗在河北干的事儿都不如当年的张光辅！

您别看武懿宗对敌人畏首畏尾、望风而窜，但对百姓狠着呢。那些被契丹掳去的或被契丹逼迫着为契丹效力的百姓听说朝廷派官员前来安抚了，纷纷回到自己的家乡。可万没想到，本来是朝廷派来安抚百姓、稳定民心的武懿宗大总管，不问青红皂白，认定这些人全部都是反叛，对他们是大开杀戒、大施淫威，手段极其残忍，对这些百姓"生刳取其胆"[1]啊！活生生地把人开膛破肚摘肝取胆，搁到现在，这就是反人类罪啊！但您再瞧这位河内王，"虽流血盈庭，言笑自若"。[2]这不是个魔王这是什么呀？

河北百姓没想到朝廷的这个官员还不如契丹那位大将何阿小呢。何阿小祸害河北之时，不过嗜好杀人，可这位武懿宗嗜好残杀啊！所以，河北百姓当时都说："唯此两何，杀人最多！"[3]

就这样，武懿宗还不满足呢，等他"安抚"完了，"凯旋"回朝后，他居

---

[1]（宋）司马光《资治通鉴》卷第二百六　唐纪二十二
[2]（宋）王溥《唐会要》卷四十一　《酷吏》
[3]（宋）司马光《资治通鉴》卷第二百六　唐纪二十二

然向朝廷打了个报告："河北百姓从贼者请尽族之！"①请注意，武懿宗的要求是把那些百姓"尽族之"而不是"尽诛之"。"尽诛之"就是把这些百姓全杀了，而"尽族之"就是把这些百姓连同妻儿老小全杀了！好狠毒啊，好残忍啊！这都是一些活生生的生命啊。杀了他们对你武懿宗有什么好处呢？若是有的话，那就如同毒品给人所带来的快感一样，是病态的，是畸形的！

素以性情刚直，忠謇敢言著称的左拾遗（负责监察皇帝言行疏漏和百官怠职违法之言官）王求礼实在忍不住了，当庭就给武懿宗怼回去了："陛下，这些百姓手无寸铁，贼兵来了，他们打不过贼兵，只能苟且顺从以求生存，岂有叛国之心！而武懿宗手握强兵数十万，对贼兵望风而逃，这才致使贼兵猖獗蔓延。可如今他却想把这责任推卸给那些实出无奈陷落敌手的百姓身上，这才叫不忠之臣呢！请陛下下旨，斩杀武懿宗以谢河北！"当着武懿宗的面儿，把他的面儿给撕了个粉碎，武懿宗张口结舌无以应对。

武则天要的是河北稳定，哪能枉杀无辜？没有准武懿宗的奏请，当然也没有治武懿宗之罪。为何？一来，武懿宗毕竟是她的侄子，杀武懿宗等于自己打自己的脸；二来，毕竟契丹之乱被平息了，甭管损失了多少，甭管虽胜犹败，女皇作为一国的领导人，不能传播颓势的信息，只能宣传伟大胜利，打肿脸也得充胖子，这就叫政治！所以，胜利了就不能治"功臣"的罪嘛。不但不能治罪，对有功之人还得封赏，比如狄仁杰！

朝廷派三路分道安抚河北。武懿宗这一路安抚不如不安抚，越安越乱；娄师德是位忠厚长者，做事谨慎，中规中矩，绝不出圈儿。他虽然是个军事高手，但让他辅佐武懿宗，他也没有任何建树，在平定契丹上表现平平，甚至武懿宗窜逃，他也没有进行劝谏。他就是个好好先生，所以，安抚工作做得应该是达到了目标，但绝不会超出目标。

狄仁杰则不同。他有丰富的"维稳"经验，尤其是对战后的区域进行安

---

① （宋）司马光《资治通鉴》卷第二百六　唐纪二十二

抚，他更有经验；狄仁杰本来就身处魏州，作为一年多的河北一州刺史，对此地民风人情已经相当熟悉，对河北被破坏的状况也非常了解，知道该如何下手治理，该用什么样的方式安抚燕赵之民，要知道西北、江南、中原、燕赵，由于区域的不同，文化是不相同的，百姓的思维意识和行为方式是不同的，需要因地制宜。这点狄仁杰比武、娄更有优势；同时，一直以来，狄仁杰对中国境内生活的所有民族都是一视同仁的，这就是他为什么在宁州能取得成功的一个关键。他有他的法宝，那就是"抚和戎夏"的民族政策；更重要的是，狄仁杰有颗仁爱之心！这几个因素加起来，让狄仁杰安抚的这一路百姓甚至投降、抓获的契丹兵受了益了。狄仁杰所到之处，民心立刻稳定、生产立刻恢复、矛盾立刻化解、贼兵立刻投降……别的不用多讲，"狄仁杰"这块招牌一挂出来，什么事情都解决了。

值得一提的是，相比武懿宗连无辜百姓都杀的残忍状况，狄仁杰却给予了契丹兵优待和救援。

狄公平了"安史之乱"

狄仁杰这一路，碰上了一拨前来投降的契丹军，为首的正是契丹大将李楷固、骆务整。

这两人前文我们都提到过，李楷固胯下马、掌中槊，勇猛无比，"鞍马上弄弓矢矛槊如飞仙"[1]，而且善用套索。黄獐谷一战，那几员官兵大将都是他用套索俘虏的；骆务整更是拿下冀州的急先锋，把武懿宗吓得"夹屎南窜"的也是他。这两人可谓李尽忠、孙万荣的左膀右臂、得力干将，屡败官兵。但现在李、孙都死，契丹大势已去，两人走投无路只得前来投降。接受投降的有司衙门一看是这俩"罪大恶极"的贼头，再加上第一时间他们没来投降，这是转悠

---

[1]（唐）张鷟《朝野金载》卷六

多少日子转悠不下去了，才迫不得已投降，实在是可杀不可留。于是就有司衙门向朝廷打报告，"奏请族之"，要求将他们二人满门诛杀！此事被狄仁杰知道了，狄仁杰立刻上疏武则天，"奏请赦之"①。

两道上疏，目的一字之差，一个"奏请族之"，一个"奏请赦之"，对李楷固、骆务整二人及其家人的命运真是生死之别！

狄仁杰为什么要给两个契丹将领求情？他有他的理由，狄仁杰说："楷固等并骁勇绝伦，能尽力于所事，必能尽力于我，若扶之以德，皆为我用矣。"②狄仁杰认为李楷固、骆务整乃世之猛将，不可多得。而且这俩人对待自己的主公还是很忠心的，尽心尽责，从这一点上讲，他们算得上"忠臣"，比我们的某些干部强多了，起码敌人来了，人家拼死一战，没有望风逃窜。两军交战，各为其主嘛，他们毕竟还属于从犯，不是首恶。像这样的忠臣，能尽忠于旧主，就一定能够尽忠于新主。如果我们对他们施以恩德，他们必能为我所用。这就是狄仁杰作为大政治家的大胸怀。

可是，在当时可没有那么多人有这样的胸怀的。别忘了，武懿宗是连被敌人掠走的百姓都杀的啊。为敌将求情？万一有人借此给你扣上一个"同情贼将"甚至"私通敌军"的罪名，那你就吃不了兜着走了！所以，狄仁杰身边的家人、亲信纷纷前来阻拦，不让狄仁杰冒这个容易引火上身的险。可狄仁杰却说："苟利于国，岂为身谋！"③只要对国家有利，都要去做，哪能因为对自身的利弊而谋划事情呢？这就是中国士大夫以天下为己任、先国后己的爱国主义精神、家国主义情怀的典型体现。

这句话影响深远。一千一百多年后，那位民族英雄林则徐不是写了一句名言吗？叫"苟利国家生死以，岂因祸福避趋之！"这不就是狄仁杰"苟利于国，岂为身谋"的化用吗？

---

① 此段援引见（宋）司马光《资治通鉴》卷第二百六 唐纪二十二
② （宋）司马光《资治通鉴》卷第二百六 唐纪二十二
③ （宋）司马光《资治通鉴》卷第二百六 唐纪二十二

是啊，爱国主义精神是中华民族代代相传的民族精神！

同为大政治家的武则天能不理解狄仁杰的用意吗？现在她要的就是一个边关稳定。契丹首恶已除，何必牵连过多，再生枝节呢？于是，采纳了狄仁杰的建议，赦免李楷固、骆务整等人的死罪。

狄仁杰还不罢休，再次上疏，请求武则天给予二人官职，这样以德报怨更能体现皇恩浩荡而使二人为朝廷效力。

武则天再次采纳，就封李楷固为左玉钤卫将军、骆务整为右武威卫将军，让二人率兵平定契丹余党。

您想，李楷固、骆务整死中得活，能不感恩吗？二人戴罪立功，立刻去为朝廷平叛。本来他们就是契丹大将，又了解契丹兵行动特点，很容易找到散落躲藏在各处的契丹兵。他们再用自己做例子告诉契丹兵："不要藏着了，出来投降朝廷，朝廷宽大为怀，绝不会伤害你们！"两人在契丹兵中的威望甚高，又以身为例。契丹兵能不相信吗？纷纷出来归降。有些负隅顽抗的分子，也被两人统兵轻松荡平。所以，只要他们所到的地方，契丹反叛，"悉平之"[1]，都被平定了。

值得一提的是，在这些投降的契丹余党中，有一员大将叫李楷洛。别看他跟李楷固都姓李，都有个"楷"字在中间，两人可不是一辈，而是翁婿关系，李楷洛是李楷固的女婿。长得好，"望其形得山河之状，睹其容见金鼓之威。"[2]武艺也了得，不在其岳父之下，"双舞长剑，左盘周戈，虎啸于穷溟，云从于大泽。"[3]契丹作乱之时，他也是一员骁将，带兵"西临太原，南震燕赵"[4]，使得"朝廷忧之"[5]。武则天一看正好，你岳父都归降了，你还飘着干

---

[1] （宋）司马光《资治通鉴》卷第二百六　唐纪二十二
[2] （清）董诰等编《全唐文》卷四百二十二《唐赠范阳大都督忠烈公李公神道碑铭》
[3] （清）董诰等编《全唐文》卷四百二十二《云麾将军李府君神道碑》
[4] （清）董诰等编《全唐文》卷四百二十二《唐赠范阳大都督忠烈公李公神道碑铭》
[5] （清）董诰等编《全唐文》卷四百二十二《唐赠范阳大都督忠烈公李公神道碑铭》

吗？于是"密命奇士，要之信誓"。①李楷洛"由是奋跃辽海，翻飞上京"②。这一下"其来也戎羯生忧，其至也幽燕罢警"③影响甚大，又使得很多契丹余党纷纷归降，朝廷边境无忧。武则天不但封他为玉钤卫将军左奉宸内供奉，而且询问了一下他的身世，据他自己说，其乃西汉飞将军李广的后裔。武则天一听，汉名将之后，"复赐李氏"④，给他恢复了李姓。（可见，李楷洛肯定不是他的契丹名字，起码在契丹时，他不姓"李"。那么由此，我们也有理由怀疑李楷固可能也不是契丹名字，他的"李"也很有可能是归武周后赐的，或者是之前未反时，唐政权所赐，如李尽忠的姓一样。）从此，李楷洛变成了武周乃至大唐的一员大将，后来还击退过吐蕃，赐爵蓟国公。

为什么要说他呢？因为他后来生了个儿子更了不得，名字叫李光弼！就是平定"安史之乱"、再造中兴李唐的，与郭子仪齐名的大功臣！

从这个角度来说，如果没有狄仁杰，就没有李楷固归周；没有李楷固归周，就没有李楷洛归周及娶其女为妻；没有李楷洛归周及娶妻生子，就没有李光弼（李光弼的母亲未必是李楷固的女儿，因为据《云麾将军李府君神道碑》上说："夫人某郡都鸿胪卿某之女。"这里有两种可能：一、李楷固做过某郡都鸿胪卿，所以李光弼的母亲还是李楷固的女儿；二、李楷固的女儿后来死了，李楷洛又续弦为郡都鸿胪卿某之女，那么李光弼就跟李楷固没有血缘关系）；没有李光弼，"安史之乱"够呛能平息，那大唐……当然，历史无假设。但"安史之乱"的平息，大唐的再造，却实实在在有狄公之功！说狄仁杰挽救了大唐两次也不为过！

转眼到了久视元年（700）秋七月，李楷固、骆务整凯旋回朝，献俘于含枢殿。女皇大喜，封李楷固为燕国公，赐姓武。而且，设摆筵宴，大召文武，

---

① （清）董诰等编《全唐文》卷四百二十二《云麾将军李府君神道碑》
② （清）董诰等编《全唐文》卷四百二十二《云麾将军李府君神道碑》
③ （清）董诰等编《全唐文》卷四百二十二《云麾将军李府君神道碑》
④ （清）董诰等编《全唐文》卷四百二十二《唐赠范阳大都督忠烈公李公神道碑铭》

为二人请功。在酒席宴上，女皇当众举杯向当时已经做了宰相的狄仁杰敬酒，感慨地说："这都是'公之功也！'"要重赏狄仁杰。可是狄仁杰却说："此乃陛下威灵，将帅尽力，臣何功之有！"固辞不受①，表现了狄仁杰的高风亮节！

这就是《老子》所说的"功成而弗居""是以圣人后其身而身先，外其身而身存"。

这就是《庄子》所说的"至人无己，神人无功，圣人无名"！

狄仁杰不居功，武则天不能不居功。虽然女皇在对外的军事上并不怎么样，但在对内的政治上是个高手。等到万岁通天二年（697）九月，河北大定。武则天马上在通天宫祭祀，大赦天下，改元"神功"！不但居功，而且还是"神功"，武则天把厚黑学使用到了极致。

既然是"神功"，当然要封赏有功之人了。别的不说，这三路安抚河北的领头人得封赏。虽然武懿宗搞得乱七八糟，但他"凯旋"回京后，武则天还是没责怪，而且还给他举办了庆功宴会；娄师德回来，武则天让他"守纳言"；而狄仁杰呢？武则天将其升迁为幽州都督，仍然让他在北部边疆安抚，其中有何深意呢？

两个多月的大都督

《资治通鉴》记载，万岁通天二年（697）秋七月"庚午，武攸宜自幽州凯旋"。②狄仁杰应该就是这个时候被武则天任为幽州都督的。为何调狄仁杰去幽州？

第一个原因，幽州太重要了，是北方的军事重镇和商贸中心，更是一个战略要地。唐朝以前，中国古代一直以西北作为战略防御中心，而唐朝以后，国

---

① （宋）司马光《资治通鉴》卷第二百七　唐纪二十三
② （宋）司马光《资治通鉴》卷第二百六　唐纪二十二

家的战略中心开始慢慢地转移到了东北地区，作为战略支点的幽州一直承担着保护唐朝人民免遭外族侵扰的前沿阵地。由于唐初北面面临着东突厥的威胁，故此，建唐伊始，武德元年（618）就在此设立了幽州总管府，管幽、易、平、檀、燕、北燕、营、辽八州。而幽州领蓟、良乡、潞、涿、固安、雍奴、安次、昌平八县（唐朝不同时期，管、领地域也有所不同）。到了武德七年（624），改幽州总管府为幽州大都督府，这在都督府中属于最高级别。当然，武德九年（626），又改回都督府，领十七州。直到开元十三年（725），又重新升为大都督府。我们看到，隋唐时期，每当国势强大时，必以幽州城为经略基地，来开拓疆土。隋朝三次东征高丽，都是以涿郡（幽州）为基地，集结兵马、军器、粮储。唐贞观十八年（644）出兵高丽，分水陆两路，陆路也以幽州为后方大本营；国势稳定之时，幽州又成为北方的一个贸易中心，促进汉族与北部游牧民族之间的经济、文化交流；国势衰微之时，幽州就是军事防守要地，阻敌深入。导致唐由盛转衰的"安史之乱"，那安禄山、史思明实际上就是在幽州起家的。而这次契丹之乱，就因为幽州陷落敌手，武攸宜吓得不敢行动。虽然，战乱平息了，但作为军事重镇的幽州还是需要有位能力超群、德高望重之人安抚管理一番，让其社会稳定、战备修缮、民族和谐、恢复元气，更要紧的是防范虎视眈眈的突厥……做这件工作的最佳人选肯定是狄仁杰无疑，无论是能力还是忠心，都能让武则天放心。

  第二个原因，或许也是一个很难被人察觉的原因，就是武则天想让狄仁杰在这里消除孙万荣给自己带来的舆论影响。原来，孙万荣在围攻幽州之时，发了一道檄文，上面喊出了一句核心口号——"何不归我庐陵王"[①]。这句话其实对武则天的政治打击是巨大的，它直接表现出契丹并不是与百姓为敌，而是身为唐臣、备受唐恩，不满武则天篡唐的非法统治，这才起兵反武反周，是匡扶李唐的正义之师！我们的目标就是迎回庐陵王李显，使其重登大宝，再造李

---

① （宋）司马光《资治通鉴》卷第二百六　唐纪二十二

唐！其实，傻子都明白这纯属是鬼话、是借口。但"扯虎皮拉大旗"这一招在历来起兵时都非常管用，起码能做到师出有名，这和当年徐敬业叛乱不是一样的吗？从另外一个角度我们也能看出来，当时之所以打出"迎回庐陵王"的旗号，证明这个旗号是有用的，从而进一步证明"迎回庐陵王"（重返大唐）是当时天下人普遍的心理认同，也就是民意所向。对于这一点，武则天是担心的。虽然孙万荣势力消亡了，但这个旗号喊出来了，尤其在幽州喊的，对幽州百姓造成多大的影响？不可估。需要派一位得力官员在安抚幽州百姓的过程中，表现出武周朝廷是不次于大唐王朝的，借此消弭"何不归我庐陵王"的影响。而这个任务只能让狄仁杰去做！娄师德是一个让人看不明白的人，一个好好先生，看不明白他的立场，武则天不敢用；武攸宜、武懿宗这俩惹祸的草包，让他们待在幽州，会进一步坐实百姓心中"迎回庐陵王"的念想，更让百姓对武家失望、反感；只有让狄仁杰去完成这个任务，武则天最为放心。

第三个原因，武则天马上想让狄仁杰再次返回中枢，二次拜相，现在时机快到了，但还没完全到，也就再等个两三个月的时间，你让狄仁杰去哪儿？让他去魏州？大材小用了，还是就近暂留幽州几个月，一来处理一下这里的事务，二来等着朝廷局势的变化。

这三个原因，头两个狄仁杰应该可以想到，第三个可能出乎狄仁杰的意料，下文我们再具体说。

总之，狄仁杰做上了幽州都督，但由于时间较短，史书上并没有明确记录他在此期间做过的具体事情。不过，通过他之后的行为，和幽州一带百姓的行动，我们能够推断出来，短短几个月狄仁杰仍然在幽州做出了很大的成绩。

昌平县里的蛛丝马迹

一直以来，在民间和文学作品里，狄仁杰是做过"昌平县令"的。而且，昌平县一直建有"狄梁公祠"（又称"梁公庙"）。到了元大德三年（1299），昌平县尹王敬重修了狄梁公祠，集贤学士宋渤为此作《重修狄梁公祠记》刻碑，上面就写："（昌平）邑北门外旧有唐狄梁公废祠，不知始建何代？"①明代正统、弘治和清代乾隆年间，都曾对昌平狄梁公祠进行较大修缮。明人刘侗、于奕正所撰的《帝京景物略》记载："过沙河二十里，至新井庵……西数里，有台曰景梁台，土人立以思狄梁公也。""梁公为昌平县令……土人思公德，立祠也。"②可见，明代这里除了"梁公祠"外，还有"景梁台"（又名"慕狄台"）。这些都是昌平百姓感念狄仁杰的恩情设立的。这些地方也成了昌平的名胜所在，明清很多官员文人到此凭吊怀古，留下了不少诗文。

明代京畿大儒程敏政有一首《谒狄梁公祠》就是其中的代表：

香火煌煌照翠微，
古祠犹在旧城非。
残碑蚀土高三尺，
老树凌霜大数围。

同时代的以清正廉明著称的名臣倪岳也有同名诗一首：

城西亲拜狄公祠，
袍笏森然仰令仪。
此地孤云心尚在，
中天落日手曾支。
平生事业存唐史，
一代文章托范碑。

---

① （清）陈梦雷辑《钦定古今图书集成/方舆汇编/职方典》第二十六卷《顺天府部艺文二》；《畿辅通志》卷九十七；（元）宋渤《重修狄梁公祠记》
② （明）刘侗、于奕正撰《帝京景物略》

闻说邑民能报德，

春风香火重追思。

  昌平百姓也把祭祀狄梁公祠固定成了每年集会的民俗。明人马愈的《马氏日抄》中说："昌平县北有狄梁公祠……每岁二月二日，南山北山之人皆来作社。"① 就说当时狄梁公祠赛会是每年二月初二，人们会在这一天来祭祀集会；而清初大思想家顾炎武的《昌平山水记》则记"(昌平旧县)居民不满百家，而狄梁公祠香火特盛，岁四月朔，赛会，二三百里内人至者肩摩踵接。"② 顾炎武说当时四月初一是赛会。马愈是明英宗时期的人，到清初将近二百年，赛会时间有所更变是很正常的事情。但从"南山北山之人皆来作社"和"二三百里内人至者肩摩踵接"的描述来看，明清两代昌平狄梁公祠赛会必是京北地区极为热闹的盛会无疑。另外，在每年的农历九月初三，昌平狄梁公祠还有庙会，该庙会一直延续到抗日战争前，后来因战争，庙会从此终止了。

  到如今，昌平狄梁公祠已经毁坏不存了，"祠毁何时不清，现存祠内碑7通，早为元大德四年（1300）立，晚为清乾隆三十九年（1774）立，各碑文叙述唐代名臣狄仁杰德政事迹。"③

  可翻阅正史史料，找不到狄仁杰做昌平县令的任何记录。那为何传说中狄仁杰做过昌平县令呢？有几种可能性：

  第一种可能：也许狄仁杰真的在历史上做过昌平县令，只是正史上没有记载（这个可能性就如同上文我们认为狄仁杰也许做过太湖县令一样）。而在元代官修的全国性地理总志《元一统志》中却有记述："狄仁杰事唐，尝为幽州昌平令。"上面提到的名人《帝京景物略》中也记载："狄梁公祠……其碑云：'梁公为昌平县令……'"如果，这种可能是现实的话，狄仁杰担任昌平县令时

---

① （明）马愈《马氏日抄》

② （明）顾炎武《昌平山水记》卷上

③ 《昌平县志》第二十九编文物（二）

可能在其担任并州法曹与大理寺丞之间的十来年里。因为，纵观狄仁杰一生，他除了在这一阶段还能抽出时间做昌平县令外，在其他阶段可能再也找不到安插的时间了。而清末小说《狄公案》恰恰安排了狄仁杰在这期间担任了昌平县令："先举了明经，后调为汴州参军，又升授并州法曹。那朝廷因他居官清正，就迁他为昌平令尹。"① 当然，小说家言自不能作史。但它也能反映出狄仁杰做过昌平县令是被很多人认同和熟知的。

第二种可能：狄仁杰担任幽州都督时，在幽州辖县昌平做了很多有益于人民的事情。所以，昌平百姓对狄仁杰感恩戴德，为其建祠立碑。后人不明，讹传为狄仁杰做过昌平县令。

第三种可能：狄仁杰时任幽州都督，对河北诸州治理有方，都有惠政，只是昌平百姓感念狄仁杰的恩德，在白浮图城（唐至明其间昌平县治所）为其建祠立碑。后人不明，讹传为狄仁杰做过昌平县令。

第四种可能：狄仁杰在圣历元年（698）九月任河北道行军副元帅知元帅事，赶走了河北一代的突厥军，十月又担任河北道安抚大使，"罢修城守，具论发兵戍疏勒非是，请曲赦河北，胁从民人。盖获免者数千万计，皆当时施行，其有大恩德于燕赵。"河北人民都感念狄仁杰恩情，不光昌平，各地都纷纷为狄仁杰建造生祠。元代宋渤就说："吾尝往来上谷、渔阳古镇戍中，往往有公祠宇。"② 他是亲眼得见。后人不明，讹传为狄仁杰做过昌平县令。

这四种"可能"都很可能！其中除了第一种可能之外，其余三种之中狄仁杰都没做过昌平县令。那为何还为狄仁杰建祠立碑？宋渤说得好："盖敦实之精，惠义之著，被覆冒之境，感而不忘，相率祠之，宜也。"

这就从侧面反映出狄仁杰在幽州做出了很好的成绩。另外，昌平一代流传着"狄仁杰审虎"和"狄仁杰伏白虎"的传说，还留有因这些传说而得名的

---

① （清）佚名《狄公案》第一回《入官阶昌平为令升公堂百姓呼冤》
② 此段援引见（清）陈梦雷辑《钦定古今图书集成/方舆汇编/职方典》第二十六卷《顺天府部艺文二》；《畿辅通志》卷九十七；（元）宋渤《重修狄梁公祠记》

"审虎台""白虎涧"等古迹和地名。由此,我们也可以推测,很有可能狄仁杰在担任幽州都督的时候带领着人马消灭了祸害昌平百姓的山中猛虎。这样,狄仁杰外御敌寇,稳固幽州;内除虎患,护佑昌平,昌平的百姓才感恩戴德为狄仁杰建祠立碑。

总之,狄仁杰在幽州的短暂时间内,一定做出了非常突出的成绩。以至于没过多久,女皇武则天命特使给狄仁杰送礼来了!

女皇为我亲绣衣

女皇突然赐给了幽州都督狄仁杰一件紫袍和一个龟带。有人说这传递出的政治信号很重大,提示狄仁杰朝廷马上会给他升大官儿,因为赐袍的颜色是紫色的,是当时最尊贵的官服颜色。是这样的吗?

要想明白它的意思,体会这个信号,我们必须先了解一下唐代的官服。

唐代官服形制承袭隋制,为圆领袍服。与常服配套,官员头戴幞头,脚穿乌皮六合靴,以腰带、鱼(龟)袋等做饰物。武周时期承唐制。

而且唐朝还制定了"品色制度"和"章服制度"两种制度,这样就可以让人很容易从官员穿戴的官服上判断出级别。

品色制度就是根据官员品级的不同,配以不同颜色、质料、纹样的官服,此外对腰带饰物也作了规定。而官服分颜色正是从唐代开始的。

经过唐初对官服制度进行的几次规范,到了高宗上元元年(674),朝廷基本奠定唐代官服制度基础,成为有唐一代(包括武周)官服服色的标准:"文武官三品以上服紫,金玉带;四品服深绯,金带;五品服浅绯,金带;六品服深绿,七品服浅绿,并银带;八品服深青,九品服浅青,并鍮石带。"①

但也有两种品级小的官员穿高品级的特例,这就是"借"和"赐"。

---

① (宋)司马光《资治通鉴》卷第二百二 唐纪十八

所谓"借"一般指借紫（三品上）、借绯（五品上），低级的绿色就不用借了。比如有低级官员充当朝廷使者出使外邦时，为了朝廷体面，朝廷"借"给你件绯袍或紫袍先穿着，等出使回来，再交还朝廷。这种情况在唐前期比较多。到了中唐以后，由于战争频繁，朝廷为了酬赏军功，就把绯、紫官袍到处借了。

所谓"赐"，是朝廷对一些品级未达到三品、五品，但做出了突出贡献或特别贡献的，或者兢兢业业干了一辈子工作的官员，就赐紫、赐绯，特准你穿高级官服，这是一种荣誉的恩赐。唐初，赐服数量有限、范围很小，多赐予有大功或王室之人。武周时期，出于排除异己的需要，掀起举报之风，举报人也因此获得这样的恩宠。所以，"赐紫"和"赐绯"在这期间十分盛行。

那么武则天送狄仁杰紫袍，算不算"赐紫"呢？肯定不算。

狄仁杰现在是幽州都督，按当时官员品级，大都督为从二品，中都督为正三品，小都督为从三品，这里的大中小当然指的是都督府的大小了，如果是大都督府的都督就是大都督。幽州曾经一度升为大都督府，但后来又降级了，到开元年间又升级为大都督府，可见幽州一定是个"中"都督府，都督应为中都督，正三品。正三品服紫，所以，无论武则天赐不赐，狄仁杰就应该穿紫袍。

这样，从"品色制度"看不出武则天赐袍有什么特殊含义。再看"龟带"了。

"龟带"是什么，很多书中解释为"犹龟绶"，说"龟带"其实就是"龟绶"（龟纽印绶），象征官爵的印章。

我认为不是，因为翻阅史书，"龟带"这个词除了在这里《新唐书》写了一笔外，其他史书似乎没有出现过。所以，我认为这里的"龟带"乃"龟袋"之误。上文说过，唐朝、武周时期，官服和饰物是配套使用的。龟袋制度就是"章服制度"。

唐初的"章服制度"规定内外官五品以上，皆佩鱼符、鱼袋，以"明贵贱，应召命"，就是以它作为朝君应见的凭证及明尊卑、严内外。鱼符用不同的材质制成,"亲王以金,庶官以铜"。装鱼符的鱼袋也是"三品以上饰以金,五品以上饰以银"①。鱼符分左右两片,里面刻着官员的职位、姓名等,中缝处刻有"合同"两字,分开后,每半边符上只有半边字,合在一起才见完整的"合同"两字,所以又称此符为"合同"。后代签约,一式两份,中缝盖章,双方各持一份凭据。这种凭证统称为"合同"。"合同"一词由此而来。

唐初的鱼符为"鲤鱼",因为"鲤"者"李"也。但到了武周天授二年(691),武则天革唐命了,啥都得变,于是就改内外官所佩鱼符为龟符,鱼袋为龟袋。为什么?大周"武姓也,玄武,龟也"。②而且规定三品以上龟袋用金饰,四品用银饰,五品用铜饰。

所以,《新唐书》所记载的"赐紫袍、龟带"应是"赐紫袍、龟袋"之误。

但即便是"龟袋"在这里也不能说明什么问题。其实,这一次武则天赐狄仁杰紫袍、龟袋最能说明问题的是,武则天"自制金字十二于袍,以旌其忠"③!

在官服上绣纹又是武则天的一大发明。天授二年(691)二月,武则天举行朝会,给使者、刺史等赐绣袍,绣袍的背上绣有八字铭文;天授三年(692)正月二十二日,武则天又赐给新任的都督、刺史山形图纹绣袍,"绕山勒回文铭曰:'德政惟明。职令思平。清慎忠勤。荣进躬亲。'自此每新除都督刺史。必以此袍赐之。"长寿三年(694)四月,武则天又下敕赐刺史金字银字铭文袍;延载元年(694)五月二十二日,武则天赐给文武三品以上官员绣有不同纹饰图案及训诫铭文的绣袍:"诸王则饰以盘龙及鹿;宰相饰以凤池;尚书饰以对雁;左右卫将军饰以对麒麟;左右武卫饰以对虎;左右鹰扬卫饰以对鹰;左右千牛卫饰以对牛;左右豹韬卫饰以对豹;左右玉铃卫饰以对鹘;左右监门卫饰以对狮子;左右金吾卫饰以对豸。文铭皆各为八字回文。其辞曰:'忠正

---

① 此段援引见(宋)欧阳修、宋祁《新唐书》卷二十五 志第十四
② (唐)张鷟《朝野佥载》卷六
③ (宋)欧阳修、宋祁《新唐书》卷一百一十五 列传第四十

贞直，崇庆荣职''文昌翊政，勋彰庆陟''懿冲顺彰，义忠慎光''廉正躬奉，谦感忠勇'。"①用以寄托对文武大臣的鼓励、期望和警示。

武则天的这种通过"文绣禽、武绣兽"的绣纹来分文武、辨品级、明尊卑的制度，对后世影响深远。元代官服的"胸背"，明清官服的"补子"，根源都在于此。

从上面的介绍，我们可以看出来武则天此次赐给狄仁杰的绣袍与众不同。第一，别人绣袍铭文最多八个字，可是狄仁杰这件赐袍十二个字；第二，别人锦袍上的铭文是绣锦袍的匠作绣的，狄仁杰锦袍上的铭文是武则天"自制金字"亲自绣的！武则天那不是一般的女性，对于普通女人的缝补女红她是不感兴趣的，作为一个女性平常显露出来的却是比男人还阳刚的阳刚之气。但她居然在狄仁杰面前忽然做回了一个温柔贤淑的小女人，一针一线地为狄仁杰绣了十二个金字！可能，当时的中国，我们不会再找到第二个男人能让武则天为之如此。难怪有些影视剧在武则天和狄仁杰之间编出来了"爱情"的"暧昧"。但历史上，俩人之间确实不是爱情，但也确实超出了君臣的情感，可以说是一种惺惺相惜的知己之情。

这十二个字写的是什么，史书上并没有记载。可能史官觉得它太诗意不忍采入，而诗家却认为它够浪漫足可入诗。所以，《全唐诗》却将这十二个字作为了武则天的一首诗收录其中，题名为《制袍字赐狄仁杰》，十二字为：

敷政术，
守清勤。
升显位，
励相臣！ ②

---

① 此段援引见（宋）王溥《唐会要》卷三十二《舆服》下
② （清）彭定求等编《全唐诗》卷五《则天皇后·制袍字赐狄仁杰》

重大的政治信号是在这里传递出来的！前两句是武则天对狄仁杰的赞扬，说他能够很好地施展政术，又能始终恪守清勤（内含着对狄仁杰受委屈却从不自怨自艾的叹服）。后两句就是武则天的承诺了，告诉狄仁杰："爱卿的好日子来了，爱卿该回来了。朕要让你位极人臣，以资鼓励！"

神功元年（697）闰十月，狄仁杰被升为鸾台侍郎同平章事，二次拜相，也走到了他的政治生涯的巅峰！

第十三章 二次拜相

狂犬催生打狗队

狄仁杰为什么在这时候被起用、二次拜相呢？这里有几点原因。

最大的原因当然是武则天早就认为狄仁杰是宰相之才，不然七年前，她也不会第一次拜狄仁杰为相。狄仁杰的政治能力早就被武则天认可了，再次起用只是时间问题。应该说，从武则天把狄仁杰调离彭泽那一刻开始，就已经想要狄仁杰重返中枢了。只是我们说过，时机未到，一则，河北不稳；二则，朝廷的一项重大政策还没有完全落地。如今，这项政策落地了，狄仁杰便该回来了。这项政策是什么？那就是狄仁杰二次拜相的第二个原因——酷吏政治的结束！

前文说过，酷吏政治是武则天打击政敌、巩固自身统治而采取的一种以诬告、逼供、诛夷等残酷手段为主的斗争策略。其实，这不是武则天发明的，也不是武则天最后一个使用的。只不过，作为中国历史上唯一一位女性皇帝，她的临朝称帝所面临的压力之大是一般男性皇帝所没有的，她采取酷吏这种极端手段，从这个角度上来说也是能够被理解的，况且从武则天的酷吏政治的实行来看，打击的主要是统治阶级内部之人，并没有过多波及百姓。而且，武则天并没有把军政大权放任给任何一名酷吏（武懿宗虽然领兵，但您看朝中大臣说怼就怼，说讽刺就讽刺，根本就没把他放在眼里，可见其并没有什么实质大权）。这就说明武则天在使用酷吏时，头脑还是比较清醒的。她知道这批人就是自己在搭建房子时放在房外的狗，谁阻拦自己搭建房子，就让它们咬谁。等到房子搭建好了，建设美丽家园的时候，就不能再豢养这群狗了，就得邀请像狄仁杰这样的君子正大光明地来房子周围养花种草了。

狄仁杰七人被罗织谋反入狱事件，是武则天酷吏政治的转折点。当武则天发现狄仁杰等人是被冤枉的，她已经开始对以来俊臣为首的酷吏们失望了。因为，当时她还需要酷吏，故此只能委屈了狄仁杰等人，把这些人纷纷调离酷吏的眼皮子底下，让他们暂时远离中央。

但是，朝廷正直的官员们可不干了，掀起了一场集体反酷吏运动。当时的麟台正字陈子昂、万年县主簿徐坚、凤阁舍人韦嗣立、监察御史魏靖、给事中李峤、大理少卿张德裕、侍御史刘宪等等纷纷上书武则天，指出酷吏政治必须结束，再不结束，不仅对女皇，而且对朝廷都是伤害极大的。他们大体表达了下面几层意思：

一、明君圣主不用酷吏。尧舜之时、文景之治，那都是宽松刑法，不动刑具的，从而"历兹千载，以为美谈"。可是如今"今四海多衔冤之人，九泉有抱痛之鬼"。言下之意，武则天你想当昏君想做明君？自己琢磨啊。

二、酷吏罗织诬告是祸害的根源。为什么会出现上面说的现象呢？当然，这不能怨陛下，这主要是由徐敬业、李贞造反开始的，当时"陛下顺天行诛，罪恶咸服"，确实是"天意欲彰陛下神武之功"。但是，歪嘴和尚念歪经啊，"执事者不察天心，以为人意"，他们"将息奸源，穷其党与。遂使陛下大开诏狱，重设严刑。冀以惩创于天下，大或流血，小御魑魅"。这些"巨奸大猾，伺隙乘间。内包豺狼之心，外示鹰鹯之迹。阴图潜结、共相影会，构似是之言"。结果"诸方告密，囚累百千""一人被讼，百人满狱，使者推捕，冠盖如市"。但是，"及其穷竟，百无一实"，几乎都是被这些酷吏们罗织诬陷的。从而导致现在"朝廷惶惶，莫能自固。海内倾听，以相惊恐"。

三、酷吏政治严重损害国家法制建设。"夫酷吏者，资矫佞以事君，行刻薄以临下……侮宪害公，弄权挠法……罪遂情加，刑随意改。"这让国家的法律形同虚设，也让本来该掌握在天子手里的生杀大权下移到了这些酷吏手里而被他们任意使用,"于是小乃身诛,大则族灭。相缘共坐者,不可胜言。"一时间,"囹圄如市""数年不绝"。长此以往,国将不国。

四、酷吏政治严重破坏国家正常的官僚体系。由于酷吏们疯狂地罗织,"弄法舞文,伤人实甚",导致"公卿士庶,连颈受戮"。就连狄仁杰、魏元忠这样的人"俱罹枉陷。被勘鞫之际,亦皆以自诬"。[①]要不是陛下您圣明,他们就完了!有这些酷吏天天给您杀贤臣,您还要创盛世基业?门都没有!

对于第一层意思,武则天并不挂怀,我要怕人骂我不是圣君,我就不用干了。

对于第二层意思,武则天很明白,养酷吏咬人就是我的目的。

对于第三层意思,武则天不太担心,一切都在我的掌控之中。

对于第四层意思,武则天是真正担心了,这些酷吏别真成了疯狗,谁都咬,把我这些有用的大臣都咬了,未来我用谁去?还真以为我要用你们这群疯狗啊?而且,陈子昂等人接连上书,让武则天接收到了一个不太好的信号,那就是朝廷官僚们有可能因为酷吏政治给他们自身带来的随时的、无常的、不可预见的灭顶之灾而不得不联起手来共同防御和打击酷吏,要真打击和防御不了了,他们还真就有可能铤而走险。你看这一拨上书的人,有大理寺的、有御史台的、有鸾台(门下省)的、有凤阁(中书省)的,最可气的是还有一位万年县主簿!连副县级干部都来搅和了,这个事情就有些严重的。证明官僚集团开始形成反酷吏联盟了。现在可能还是松散的,如果发展下去,很可能就成了朋党集团,那对封建王朝的最高统治者的孤家寡人皇帝来说,最忌讳的就是下面产生朋党。为什么杀裴炎呢?那就是武则天认为裴炎已经在钩织他的朋党圈儿了。为什么让酷吏罗织牵连别人,一扯一大串呢?也是武则天怕下面产生某些势力、某些圈子。可没想到,疯狗太厉害了,反倒催生出来了一伙"打狗队"!

---

① 此节援引见(宋)王溥《唐会要》卷四十一《酷吏》

而且，这种担心绝不是多余的。在狄仁杰七人案之后，武则天发现越来越多的人敢站出来反对酷吏了，包括凤阁侍郎李昭德、监察御史严善思、右补阙朱敬则、侍御史周矩等。再加上李唐宗室基本上被打击得差不多了，满朝文武也都基本承认或默认武则天的统治了。于是，武则天在狄仁杰七人案后对反对酷吏政治人的意见多有采纳并且对他们多有赏赐以示认同，这样武则天逐渐放宽了刑狱，酷吏政治开始衰落。

问题是，酷吏们并没有察觉女皇的这个变化，他们仍然疯狂地咬人，弄得武则天开始"亦厌其烦"[1]了。

最后的疯狂

酷吏们不知道收敛，真应了老子的名言"天欲其亡，必令其狂"，酷吏们早就是疯狗了，现在狂犬症发作得更厉害了，尤其是来俊臣，一看狄仁杰七人案，皇帝明知道他们是被自己冤枉构陷的，但并没有责怪自己。他还真以为自己身背后有皇帝撑腰，更加肆无忌惮、为所欲为了。

可大臣们看出了皇帝的变化，知道扳倒酷吏们的时机来了。射人先射马、擒贼先擒王。只要扳倒了来俊臣，酷吏集团就算崩塌了！但他们也清楚直接打击来俊臣在丽景门干的事儿，不好整。因为你不知道哪个案子是经过女皇许可的，投鼠忌器。怎么办？这些朝中大臣一个个长出毛来比猴还精，他们想起了狄仁杰扳倒韦弘机时用的方法了。打击你的专业领域不好打击，就告你贪赃枉法、收受贿赂。那肯定一查一个准儿，您想来俊臣能干净吗？在确凿的证据下，武则天也不能袒护他啊，贬官吧。把来俊臣贬为了同州参军。

那你还不看清形势，夹着尾巴做人啊？不！来俊臣到了同州，看到同为参军的同事的老婆颇有姿色，他愣是给人家霸占了。然后，他又看到此女的母亲

---

[1] （宋）司马光《资治通鉴》卷第二百五　唐纪二十一

长得也不错,他也给奸污了。那位参军惧怕来俊臣的淫威,他知道,别说自己的老婆了,当年来俊臣看上了西番酋长大将军阿史那斛瑟罗的一个小婢女,愣是诬告阿史那斛瑟罗谋反啊。听说自宰相以下,来俊臣登记姓名按顺序夺取他们的妻妾,不给就给你扣上谋反的帽子下大狱,砍脑袋!我这算什么?吓得他连吭都没敢吭一声。

果然,没过多久,来俊臣又被调回了京城旁边的合宫县(归洛州管辖),做了个小官儿合宫尉。神功元年(697),明堂县县尉吉顼向来俊臣告密,说箕州(治辽山县,今山西左权县)刺史刘思礼等人要谋反,让来俊臣向朝廷告发。来俊臣乐坏了,赶紧上告,武则天立刻就派武懿宗去审问。结果这酷吏王爷三下五除二株连了一千多人,杀的杀,流放的流放。来俊臣也因此被再次起用,吉顼也升官了。

但狠毒的来俊臣想吃独食,把告密的功劳据为己有,反倒想把吉顼罗织陷害致死。幸亏吉顼上变,见到了武则天,面禀实情,才得以幸免。从此吉顼恨透了来俊臣。

不久,来俊臣因为罗织有功,又被升为了太仆卿。这下来俊臣又来精神了,心说,过去我光当个侍御史、御史中丞什么的,不管用,人家告我受贿,我就被贬官了。这回回京,我要把官儿做大些,当个宰相什么的最好,反正我得掌握权力。但怎么能做大官呢?那就得立大功!立什么样的功才是大功呢?罗织一些地位最高的人,说他们谋反,我不就立大功了吗?谁人地位最高啊?皇帝身边最亲近的人啊,比如皇嗣李旦、魏王武承嗣、梁王武三思、太平公主,嗯!还有最近皇帝最宠爱的两个面首小白脸儿——张昌宗、张易之。我把他们全弄成谋反,都扳倒了,这功劳多大呀!

来俊臣真是彻底地疯了,疯狗开始反噬主子了!你想这些都是什么人?

武承嗣、武三思,是武则天最亲的俩侄子,天天做梦姑妈把江山传给自己,能反吗?

太平公主那是武则天最喜欢的女儿啊,女皇认为就这个姑娘像自己,你说她能造吗？

李旦，不错，武则天挺讨厌这个儿子的，也是重点看守的对象，但问题是人家俩是母子，打断骨头连着筋。李旦又被武则天软禁在宫里，你告他谋反，你逼武则天杀儿子呢？

张昌宗、张易之是两个小鲜肉，长得漂亮，太平公主专门孝敬给母亲的，七十多岁的武则天在两个美男这里感觉到了青春的激情，很快这俩人就成了武则天在后宫左拥右抱的亲密情人了。武则天对这俩人是爱爱爱不完！对他们加官晋爵。这俩人现在是武则天的心肝儿宝贝。你告他俩谋反？他俩枕头风都能把你吹十八层地狱里去！

来俊臣这是要来一场"最后的疯狂"，不但乱咬，而且一气儿把这些人全咬了。

不过，听说来俊臣正罗织自己谋反的罪名呢，也着实把李旦、武承嗣、武三思、太平公主、张昌宗、张易之吓了一大跳，他们很清楚来俊臣的手段，尤其是武承嗣，平常没少跟来俊臣相勾结害别人（狄仁杰七人案很可能就跟他有关系）。结果，这些平常互相对立、互相仇视的不同政治势力，第一次目标一致地结成统一联盟，一起找到武则天"共发其罪"①，你来俊臣告我们？我们一起告你！看看谁的嘴大！

群臣一看，痛打落水狗的机会到了，也跟着控诉来俊臣的罪状，有司衙门一罗列说："应该处以极刑！"这一次，朝堂内外，除了酷吏，文武百官无论政治立场如何，一致地、空前地团结！

武则天看到此情此景，知道酷吏政治应该终结了。但却不忍杀死为自己咬人多年的忠犬——来俊臣，觉得他还是有功的，大不了不用他也就是了，何必杀了呢。所以，大家的奏疏递上三天了，武则天也没有批准。大臣们纷纷添柴加火。内史王及善说："俊臣凶狡贪暴，国之元恶，不去之，必动摇朝廷！"

---

① （宋）司马光《资治通鉴》卷第二百五　唐纪二十一

武则天没有什么反应，就去游苑中了。

因功被升为右肃政台御史中丞的吉顼为其执辔驾车当司机。武则天就跟他闲聊，问他："最近外边都有什么事儿啊？"

吉顼这个人也很有意思，生性阴毒，您看他帮着来俊臣罗织别人，所以《旧唐书》把他与来俊臣、周兴等人一起放到了《酷吏传》里了。但此人又敢于进谏，所以《新唐书》又让他以宰相的身份与裴炎、刘祎之、魏玄同、李昭德这四位都受到朝廷打击的人合作一传。原来，来俊臣差点没把自己罗织了，现在他落井了，我焉能不下石啊？要么说吉顼阴毒啊。当时就对武则天说了："外边没啥事儿，也就是大家这几天都怪杀来俊臣的奏疏老批复不下来！"这针扎得正是地方。

武则天说："来俊臣毕竟有功于国家啊，朕对要不要杀他拿捏不定啊。"

吉顼说："来俊臣诬陷忠良，贪赃枉法，贪污的赃款堆积如山，陷害的冤魂堵塞道路。这叫什么功臣？这叫国贼啊！何足惜哉？！"

武则天知道来俊臣必须要死了，是啊，一条疯狗，何足惜哉？死就死吧！她终于批准了将来俊臣处以极刑的奏疏。

万岁通天二年（697）六月丁卯日，来俊臣当众被斩。刚一被砍头，"嗡"的一声，围观的人群当中冲进来好多受来俊臣迫害之人，这些人扑过来争相撕咬来俊臣之肉，顷刻之间，来俊臣就剩一副骨架了，肉全被人给咬下来了。而且，"抉眼剥面、披腹出心、腾踏成泥"①！这位中国历史上臭名昭著的酷吏落得一个被人们碎尸万段、挫骨扬灰的可耻下场。

消息传到武则天这里，对女皇震撼极大，她没有想到人民恨酷吏恨成这样，人民居然成了吃人的魔鬼，不，应该是这个魔鬼把人民变成了这样。女皇不寒而栗了，她不得不顺应民心，再对来俊臣落井下石了，只有这样，才不至于让魔鬼化的人民将下一个目标对准自己。于是，武则天立刻下旨："给我清

---

① （宋）司马光《资治通鉴》卷第二百六　唐纪二十二

算来俊臣的罪恶！应该将其满门抄斩，籍没其家！'以雪苍生之愤'[①]！"她又成主持正义的了。

这下神都百姓相贺于路，都说："从今天开始，我们终于能够脊背贴着席子睡安稳觉了！"

可笑来俊臣，生时是武则天用来咬人的一条恶狗，死后是武则天用来安民的一枚弃子，真是物尽其用了！

来俊臣的被杀诛族，拉开了武则天结束酷吏政治的大幕。

也正是在这个时候，狄仁杰受命与武懿宗、娄师德分道安抚河北。狄仁杰很好地完成了任务，但武则天没有急于把他调回中枢，而让他暂时做了幽州都督。我们当时说了，调他来中央的"时机快到了，但还没完全到"，就指的是武则天正在逐步结束酷吏政治。

直到武则天改元神功后的第十天，女皇突然问侍臣："过去周兴、来俊臣按狱，多牵连朝臣，说他们谋反。国家有法律，朕哪敢违反？谋反肯定要按律治罪。所以，朕就让他们去审了。不过，中间朕也怀疑他们所言不实，当时我不是还专门让近臣去监狱中调查了吗？结果近臣拿着犯人亲笔签名的认罪状回来了，你叫朕还怎么怀疑啊？可是，自从周兴、来俊臣死了，朕就再也听不到说谁谋反了。哎，你们说这怪不怪呀？朕就想啊，你们说之前那些因谋反被杀的人会不会有被冤枉的？"武则天也会演戏，把自己摘干净了，好像自己到现在才明白过来似的。

这时，夏官侍郎姚元崇说话了。姚元崇就是后来唐玄宗时期名相姚崇，他原名元崇，字元之，长安四年（704），突厥叱利元崇造反。武则天劝姚元崇，别跟反贼一个名了，以后以字称呼吧。再往后，据说他为了避讳"开元"年号，干脆把名字去掉了"元"字。此人少尚气节、长乃好学。步入仕途后，历任孝敬皇帝（李弘）挽郎、濮州司仓参军、夏官（兵部）郎中。万岁通天元

[①] （宋）司马光《资治通鉴》卷第二百六　唐纪二十二

(696),契丹之乱。当时,军机事务繁忙,每天"军书填委",但姚元崇却能"剖析如流、皆有条理"①,武则天认为这是位奇才,于是将其擢升为夏官侍郎。

姚元崇非常聪明,早已看透了女皇的用心,一看女皇开始演戏了,得陪着演对手戏啊,马上对曰:"陛下,自垂拱以来以谋反罪被处死的人,大多是周兴、来俊臣等人为了邀功而罗织诬陷的!陛下虽然派近臣去监狱调查,但那时近臣都不能自保,哪敢否定周兴、来俊臣的意愿呢?再说那被罗织入狱的人,都遭到周兴、来俊臣等人的非刑残害,他们如果敢翻供,必然会遭到更大的酷刑,还不如求一速死,所以他们也不敢吭声啊。幸赖陛下圣心明鉴,周兴、来俊臣等人得以伏诛。臣敢用自家一百多口人的性命向陛下担保,从今往后朝中大臣再也没有谋反的了。如果再有,臣愿承担知情不报之罪,您杀我全家一百多口子,我绝无怨言!"您看,这戏配合得多好。

武则天龙颜大悦,说:"唉!都是当时那些做宰相的一个个地顺着周兴、来俊臣,不敢直言相谏,使得他们成其之事,'陷朕为淫刑之主'!"武则天多会说,都是宰相们不作为,陷她于不义之地!反正不是酷吏的责任就是宰相的问题,她没任何责任。"闻卿之言,深合朕心!"②马上赏给姚元崇金钱千缗。

就这样,姚元崇配合着武则天把结束酷吏政治的最后一幕戏圆满地演完了。酷吏政治从此谢幕!

接下来,武则天就开始为狄仁杰七人案平反了。首先,召回了魏元忠,仍任其为肃政中丞。

这时,朝局已稳,政治清明,已经不用再担心有酷吏陷害狄仁杰了。武则天这才调狄仁杰重回中央,二次拜相!这就是女皇的手段!

---

① (宋)司马光《资治通鉴》卷第二百五 唐纪二十一
② 此段援引见(宋)司马光《资治通鉴》卷第二百六 唐纪二十二

一次对话引发的学案

当然,除了武则天本想重用狄仁杰和酷吏政治终结两大因素外,狄仁杰二次拜相还有个原因,也是"药引子",那就是宰相娄师德的举荐。

娄师德是在神功元年(697)九月守纳言,等于早狄仁杰两月拜相。或许在河北平定契丹之乱时,看到其他地方一片惨况,唯独狄仁杰所在的魏州安定无恙;也或许是与狄仁杰一同分道安抚河北,得知了狄仁杰那一道安抚得力;娄师德由衷佩服,认为狄仁杰不应该憋在河北,应该进入中枢,他有相才。故此,回到中央后,娄师德向武则天接连上了十几通表章举荐狄仁杰。其实,武则天正要调狄仁杰入朝拜相,两人不谋而合。于是,娄师德的举荐就成了狄仁杰二次拜相的"药引子""催化剂"了。

但对此,狄仁杰知道不知道?或许知道,或许不知道。反正,狄仁杰二次拜相后,其他方面做得都挺好,唯独对娄师德颇为轻视,而且屡屡排挤娄师德,老把娄师德往边关挤派。事实确实如此,娄师德在跟狄仁杰共为宰相半年后,于圣历元年(698)四月调任陇右诸军大使、检校营田事;圣历二年(699),又作为魏元忠的副手,充任天兵军副大总管,仍兼陇右诸军大使,专掌怀抚吐蕃降者。

武则天察觉到了,难道说狄仁杰和娄师德有矛盾?要知道,狄、娄二人是武则天执政后期最仰重的两个人,俩人一般大(都出生于630年),都年逾古稀了,俩老头不和犯不上啊,你狄仁杰老往边关撵娄老头也有点不厚道啊,你不应该是这样的人啊!有什么矛盾,我给你俩化解化解!

所以,有一次,武则天跟狄仁杰唠嗑的时候,女皇就问了:"朕如此重用爱卿,卿知道为什么吗?"

狄仁杰对答:"臣以文章直道进身,非碌碌因人成事。"[①]

[①] (宋)王谠《唐语林》卷三《雅量》

武则天被狄仁杰噎得不轻,平复一下,又问:"师德贤乎?"①你认为娄师德这个人贤不贤?

狄仁杰回答:"为将能谨守边陲,贤则臣不知。"②狄仁杰回答得非常好,我只知道娄师德这个人"能"!有能力,但"贤"我不知道,没看出来!

这让武则天无话可说,因为狄仁杰这句话说得无懈可击,你得允许人家没看出啊。于是,武则天又问狄仁杰:"师德知人乎?"③你觉得娄师德有知人识才的能力吗?

狄仁杰回答:"臣尝同官,未闻其知人。"④臣曾经和他同僚共事,没听说过他有知人识才的能力。连闻都没闻,就不要说见了。

武则天"久之曰"⑤(沉吟了良久才说):"朕比不知卿,卿之遭遇,实师德之力。"⑥说完,命左右取筐箧,找到了十许通娄师德举荐狄仁杰为相的表章,交给狄仁杰过目。又说:"朕之知卿,乃师德所荐也,亦可谓知人矣。"⑦

狄仁杰阅览过那些表章,恐惧引咎,承认自己错了,而"则天不责"⑧。

狄仁杰走出宫殿后,连连感叹,但感叹的语言,不同书籍记载有所不同。

《旧唐书》载:"吾为娄公所含如此,方知不逮娄公远矣!"⑨

《新唐书》载:"娄公盛德,我为所容乃不知,吾不逮远矣!"娄公大德,他包容我那么长时间我却不知道,我不及他太远了!⑩

《唐语林》载:"吾不意为娄公所涵,而娄公未尝有矜色。"⑪

---

① (宋)王溥《唐会要》卷五十三《杂录》
② (宋)司马光《资治通鉴》卷第二百六 唐纪二十二
③ (宋)司马光《资治通鉴》卷第二百六 唐纪二十二
④ (宋)王溥《唐会要》卷五十三《杂录》
⑤ (宋)王谠《唐语林》卷三《雅量》
⑥ (宋)王谠《唐语林》卷三《雅量》
⑦ (宋)司马光《资治通鉴》卷第二百六 唐纪二十二
⑧ (宋)王谠《唐语林》卷三《雅量》
⑨ (后晋)刘昫《旧唐书》卷八十九 列传第三十九
⑩ (宋)欧阳修、宋祁《新唐书》卷一百八 列传第三十三
⑪ (宋)王谠《唐语林》卷三《雅量》

《唐会要》载:"娄公盛德,我为其所容,莫窥其际也。"①

《资治通鉴》载:"娄公盛德,我为其所容久矣,吾不得窥其际也。"②

《大唐新语》载:"娄公盛德,我为其所容,莫窥其际也。"③

好了,我们基本把有关这个事件的所有史料列举全了。为什么要如此麻烦?因为这是一个引发争议的事件,历史学家对这件事有不同的看法,笔者想尝试着探寻真正的历史真相。

历史学家们对此大致有以下几种观点:

观点一,狄仁杰不知道是娄师德推荐自己做宰相的。但做上宰相后,狄仁杰有点飘,看不上娄师德。故此,武则天要让狄仁杰清醒清醒,警告他不要太狂妄。

观点二,狄仁杰知道是娄师德推荐自己做宰相的。但狄仁杰品行确实有问题,他为了取代娄师德成为鸾台的正职,故此排挤他。而且狄仁杰欺负娄师德年迈、肥胖且有腿疾,令人不齿。武则天识破了狄仁杰的"小九九",当着狄仁杰的面一语点破,令狄仁杰羞愧得无地自容。④

观点三,狄仁杰知道是娄师德推荐自己做宰相的。而且俩人是君子之交,因为武则天疑心太盛,忌讳大臣之间往来过密,对于朋党之类的事非常敏感。裴炎和魏玄同,丘神勣和周兴,这两对关系过密的大臣之死,足以证明。所以,娄师德跟狄仁杰不得不小心谨慎,反正君子之交重在心心相印,至于表面形式倒也是微不足道。面对多疑之君,狄仁杰要了个"污其身以善其君"⑤的手段,用"自污"保全自身,满足领导指教部下的欲望。另外,娄师德那样的人肯定也不会往心里去。所以,整个事件是狄仁杰"自污其身"的智慧。

观点四,狄仁杰不知道是娄师德推荐自己做宰相的。金无足赤,人无完

---

① (宋)王溥《唐会要》卷五十三《杂录》
② (宋)司马光《资治通鉴》卷第二百六 唐纪二十二
③ 《大唐新语》卷八《政能》
④ 此观点内容引网络署"洛阳市隋唐史学会"主办的文章《狄仁杰职务和尊称小考》
⑤ (明)李贽《藏书》卷九《狄仁杰传论》

人，狄仁杰也有缺点，他聪慧清高，看不惯似乎无所事事的娄师德，是有可能的，对其产生误解也是很有可能的。

以上哪种观点对呢？或者说哪种观点更接近历史的真相呢？我们一个一个仔细分析。

先说第一种观点，个人认为不可能。狄仁杰就不是个做上高官就飘的人。如果他都到了需要让武则天提醒他的地步了，那他绝不会活到今天。所以，这种观点是小儿之见，不值一驳。

第二种观点说狄仁杰的品行有问题，他想排挤娄师德当老大。持这种观点的人，首先是基于他们认为当时宰相排名娄师德是排在狄仁杰之前的。他们举出了两个理由：一是圣历元年（698）八月，狄仁杰做上了纳言。但娄师德是从神功元年九月"守纳言"的，到这时候，刚好一年，按照当时的规矩一定"转正"了。而狄仁杰这时候刚当上，是"守"纳言，还在"试署"，自然就得排在娄师德的后面；二是史书记载的是狄仁杰排挤娄师德，而不是娄师德排挤狄仁杰。所以，狄仁杰这是为了"争相位"。

这种观点更不可能。一、狄仁杰品行高洁，不容置疑。从他一生所作所为，绝非是一个排挤同僚的小人。当年在并州，法曹参军郑崇质比他资历高吧，两个法曹如果排名，肯定郑崇质排到狄仁杰前面啊。但狄仁杰排挤人家了吗？不但没排挤，还自己把自己排挤跑了——主动替人家承担远差任务。狄仁杰不是没做过宰相，第一次拜相的时候排挤过别人吗？没有。翻遍有关狄仁杰的史料，从未发现狄仁杰有过因为抢班夺权而排挤打压同僚的先例，而都是被吏民尊敬的记载，为什么现在就要夺娄师德的权呢？范仲淹评价狄仁杰的那句话大家还记得吗？"陷阱之中，不义不为，况庙堂之上乎！"当年做宰相的狄仁杰被关进丽景门，生死关头都不肯牵连另一位宰相，现在为何要做这种不义的事呢？二、娄师德真的排在狄仁杰前面吗？持第二种观点的人拿"守"做文章，认为"守"是"试署"，这种认知是错误的。高宗咸亨二年（671），朝廷规定只要职事官品高于散官官品，一律保留所带散官，统一加"守"字。而

"试署"是加"试"字的。有"守"的就表明实际任用了。所以,《旧唐书》记载的是"加授银青光禄大夫兼任纳言"[1];《新唐书》中记载的是"拜授纳言,兼任右肃正御史大夫"[2];《资治通鉴》上记载的是"庚子,以……狄仁杰兼纳言"[3]。哪有说狄仁杰这个纳言是"试署"的了?而武则天在后来授狄仁杰担任内史的任命书《授狄仁杰内史制》上很明确地展示了"守"的用途:"银青光禄大夫守纳言上柱国汝阳县开国男狄仁杰"[4]。看到没有?当把狄仁杰的官职全称说出来的时候,由于狄仁杰的职事官"纳言"(正三品)比散官"银青光禄大夫"(从三品)大一阶,故此,狄仁杰做纳言要加"守"字。

我们从《资治通鉴》上的记事顺序就能看出这问题:

神功元年(697)

九月,娄师德守纳言,做了宰相;

闰十月,狄仁杰为鸾台侍郎同平章事,二次拜相;

圣历元年(698)

四月,以娄师德充陇右诸军大使,仍检校营田事;

八月庚子,狄仁杰兼纳言;

圣历二年(699)

八月,纳言、陇右诸军大使娄师德薨。

这个顺序已经很清楚了,开始是娄师德做鸾台(门下省)的一把手纳言,然后狄仁杰做了二把手鸾台侍郎。但要知道,纳言按配置是有两位的,鸾台侍郎也是两位。史料并没有记载当时另一位纳言和鸾台侍郎是谁,很可能是出缺

---

[1] (后晋)刘昫《旧唐书》卷八十九 列传第三十九
[2] (宋)欧阳修、宋祁《新唐书》卷一百一十五 列传第四十
[3] (宋)司马光《资治通鉴》卷第二百六 唐纪二十二
[4] (宋)宋敏求编《唐大诏令集》卷四十四《授狄仁杰内史制》

的。就是配置二人，实任一人。到了唐玄宗时期，连侍中和中书令都经常空缺，也就是门下省和中书省往往有一个没有一把手的。何况一个省弄俩一把手乱不乱啊？既然是这样，身为二把手的狄仁杰想当一把手当然得把一把手的娄师德挤掉。但问题是：一、二把手挤一把手的成功率有多高？没多高，也不是那回事儿啊，多明显啊；二、有这个必要吗？没必要。虽然狄仁杰是鸾台的二把手，可他同样是宰相啊，何必非得争夺纳言这个权呢？再说了，不排挤走娄师德，他也可以担任另一个纳言。

事实就是这样，半年后，当娄师德出将了，不在中央，于是，朝廷就让狄仁杰"兼"纳言（《旧唐书》和《资治通鉴》的记载）或任纳言（《新唐书》的记载）以弥补娄师德不在中央的缺位，但娄师德一直还是纳言（俩纳言满额，因为一个在外基本不能履行纳言职责），直到他去世。

所以，说狄仁杰为了抢夺纳言而排挤娄师德，由此怀疑狄仁杰的品行，纯属灰暗心理的臆测。狄仁杰要是这样，未来就不会举荐姚崇、张柬之做和自己平起平坐的宰相了。

第三种观点是狄仁杰的拥趸最喜欢的。作为品德高尚的狄公怎么可能会打击娄师德？要真打击了的话，一定有智慧地考虑。这属于阴谋论。有这种可能吗？有！而且，可能性也不小。这从整个事件上来看，似乎也有一些端倪。

当武则天刚开始问狄仁杰第一句"朕如此重用爱卿，卿知道为什么吗？"狄仁杰很快速很干脆地对答："臣以文章直道进身，非碌碌因人成事。"我是靠国家科举考核正规途径步入仕途的，不是像一些碌碌平庸之辈靠着别人关系爬上中枢的。那意思，我是靠自己的本事，您别拿任何人说事儿，我跟任何人都没有关系。从这一句话里，我们就能感觉到狄仁杰非常敏感，他已经猜出来女皇有可能想跟自己说某个人，而这个人也有可能跟自己的进身有关系，但我先堵着你的嘴，我身为宰相，我不能支任何人的情，我也不让你怀疑我跟任何人有私情，甭管你是好意还是歹意，小心驶得万年船。

武则天被狄仁杰噎得不轻，平复一下，才问："师德贤乎？"

那甭管狄仁杰事前知道不知道娄师德推荐了自己，到这时，他那么聪明就该明白了。接下来的话都是装傻充愣应付迷惑武则天，让女皇不对自己和娄师德产生朋党的嫌疑。这样也解释得通，也充分说明了狄仁杰有着机智的官场应变能力和智慧。

所以，第三种观点是可能的。

但我个人认为，这种观点把事和人分析得太复杂了，这是个很简单的事儿，搞那么复杂，那么阴谋论没必要。

第四种观点就比较趋于简单了，人无完人，狄仁杰也可以有缺点，知错就改，善莫大焉嘛。这种观点是承认狄仁杰在这事情上是有错误的，他确实因为不知道娄师德推荐了自己，但自己却排挤了娄师德而感到惭愧。

但是这种观点你不觉得有点问题吗？有点不像狄仁杰吧？哦，不知道娄师德对自己好，结果自己对娄师德不好了，然后惭愧了。那言下之意就是，如果狄仁杰知道娄师德对自己好，自己就不会排挤娄师德了呗？

要是这样的话，狄仁杰成什么了？就成了将别人有利自己与否放在了第一位，私大于公。这是"外举不避仇，内举不避亲"的狄仁杰吗？（见第十七章）

所以，第四种观点虽然方向上是有可能的，但观点描述还是有问题的。

那么，我想谈谈对于这个事件更有可能、更可能贴近真相的观点。为了更清楚地诠释，我们先把这个观点分解成几个小方面详细地解释：

第一点，狄仁杰真的不知道是娄师德推荐了自己。原因有三：

一、武则天起用狄仁杰本在情理之中，狄仁杰根本没有往外考虑是别人的推荐。

二、娄师德是个办事不张扬的人，狄仁杰又是一个不和朝中大臣太多往来的人（也为规避朋党之嫌）。所以，狄仁杰无从知道。

三、娄师德并没有显露出自己推荐其他人的能力，所以狄仁杰对武则天说自己不知道娄师德有知人之能，是实话实说，不必要被扣上忘恩负义的道德帽子。

第二点，狄仁杰确实不知娄师德贤能，由此有点看不上娄师德。原因有二：

一、狄仁杰和娄师德素无太多交集。在契丹之乱之前，彼此并不了解。契丹之乱之后，娄师德看到的是一个做事有效、爱民如子、有才有德的能臣。故此，娄师德数次向女皇举荐狄仁杰为相。可狄仁杰看到的是什么？看到的是一位跟在武懿宗身边的老头儿，对武懿宗唯唯诺诺，武懿宗杀人害命他也不管，一个尸位素餐的老朽！武懿宗残害百姓，这是狄仁杰所不齿的，他恶心武懿宗，自然会对娄师德颇有微词。

二、娄师德的性格确实容易招不熟悉他的人烦。娄师德这人脾气特别温和，温和得有点窝囊，火烧眉毛他都不带眨眼睛的。再加上娄师德长得也胖，还瘸跛着一条腿，走路一瘸一拐，慢慢悠悠，你要跟他一起办事儿能把你急死。

他做纳言的时候，李昭德也是宰相。有一次，俩人一起上朝。娄师德走得慢，吭吭哧哧的，李昭德本身就是个急脾气，再遇到这么一位，走两步等一会儿，走三步等一气儿，把李昭德给急得跺脚骂："叵耐杀人田舍汉！"①意为："你真是一个能把人急死的乡巴佬儿！"娄师德也是宰相，别人这么骂自己，他什么反应？他一点不生气，还笑呢："我不是乡巴佬儿还有谁是乡巴佬儿呢？"

娄师德还有个著名的故事就是"唾面自干"。说他的弟弟要去代州任刺史了，临走的时候，向兄长道别。娄师德就问他："我没啥能耐，但却身居宰相之位。你现在又成了刺史，一任封疆大吏。咱们兄弟如此显达，很容易招人嫉妒的。不知你该如何做来保全性命呢？"娄师德的弟弟跪下对兄长说："这样，打今天开始，就算有人啐我一脸痰，我也绝不吭声，也不跟人家理论，我自己把它擦掉，以免兄长担心。这还不成吗？"您看，这当兄弟的说的这段话是不是也带着点对哥哥窝囊的气儿和无奈？可万没想到，娄师德还不乐意，说："你看看，亏得我问一句不是，这就是我担心你的地方啊。你想想，人家都把痰啐你脸上了，证明人非常恼怒了。你再把它擦干，虽没言语，但这不是当面

---

① （唐）刘餗《隋唐嘉话》卷下

抗争吗？这不是让人更加愤怒吗？""啊？"娄师德的弟弟一听，"这还不行，哥，那你让我怎么办？"娄师德说："你应该笑着承受，不擦不抹，让唾沫在你脸上自己干了，不就完了吗？"

您看，娄师德就是这样一个人。只有你了解他，你才知道这人是性情宽厚豁达，真的对身外之事不气不恼。你要是不了解他，是不是会觉得这个人窝囊平庸、没有原则、没有血性？

这样的人又待在相位，身边能干的狄仁杰心中会有一个宰相的标准，本身因为武懿宗对娄师德就有不太好的看法，再看到娄师德天天什么事儿都说好，整一个好好先生。狄仁杰轻看他那不是一件很正常的事儿吗？能说狄仁杰在这里是有缺点的吗？谈不上！

武则天问狄仁杰："娄师德贤不贤？"狄仁杰回答："贤，我不知道。"这句搭话，您不觉得很客观吗？狄仁杰并不是回答："娄师德不贤！"这样回答就有倾轧的意味了。而说"我不知道"，确实狄仁杰不知道，他没看出来，实话实说而已。别说狄仁杰了，其他人也很难从娄师德表面上知道他贤不贤。当时人张鷟就评价娄师德"外愚而内敏，表晦而里明"，不深入了解他，你就知道他愚晦啊。所以，武则天也没法说狄仁杰什么，只能退而求其次再问"师德知人乎？"无论狄仁杰对这句话是肯定的回答还是否定的回答，或者"不知道"的回答，武则天都有话说，因为它牵扯到狄仁杰个人。

第三点，狄仁杰应该确实多次想让娄师德去朝外工作。说有没有挤兑成分？应该有。但绝不是狄仁杰因为要夺人家的位置才挤对人家，狄仁杰不是个小人。所谓"数挤之于外"，更多的是狄仁杰发现娄师德是个"出将"的能手而不是"入相"的专家。

通过前文对娄师德的介绍，大家就能看出来，娄师德数十年间一直在西北边境主持军事及营田事，而且取得了非常大的成绩，武则天多次表彰。另外，他对处理吐蕃关系有着丰富的经验。而我们看到，娄师德做上宰相后的边关调动，朝廷让他做的正是他最擅长的事情。

再加上当时突厥侵扰，边关需要得力之人镇守。所以，狄仁杰有可能也建议朝廷，让娄师德去边关做他最擅长的事儿。这也是为什么狄仁杰回答武则天的话时先说："娄师德为将能谨守边陲"这句话的根本原因。狄仁杰确实是这么认为的，娄师德的能力在镇守边关，而不是处理朝政。

所以，推荐娄师德去边关是作为宰相的狄仁杰应该做的人事调配工作，虽然有挤兑这个令人讨厌、在朝中庸碌无为的老头子的成分，但并不是主要因素。

总结一下：狄仁杰当时对娄师德并没有深层次的了解，确实不知道娄师德推荐自己为相；由于契丹之乱时，娄师德跟着武懿宗，狄仁杰对娄师德的第一印象就不好；由于娄师德身体胖瘸，脾气窝囊，好好先生，这与雷厉风行、果断干练的狄仁杰性格和办事原则差距太大，娄师德在朝中确实没有什么太大作为，所以狄仁杰很正常地轻看娄师德；由于狄仁杰认为娄师德的能力在守边关之"能"上而不在朝廷内政之"贤"上，所以他也是负责地向朝廷数次举荐再调娄师德镇守边关，防范突厥和吐蕃，这种推荐是正确的。

如此，这个事情就很清楚也很简单了。对于武则天的所有问话，狄仁杰都是有一说一，实话实说。这样当武则天最后告诉狄仁杰娄师德推荐了他，我们再看狄仁杰的感叹，就能正确地解读了。

狄仁杰不过在说："娄师德有贤德，这是我之前不知道的；娄师德包容了我，这种宽大的包容心是我不能及的；娄师德的外愚内敏、外晦内明，让我莫窥其际也。"

大家看，这里狄仁杰可没有说"我错了"，而是叹服娄师德比自己高明的地方。叹服和认错千差万别，也是正确理解这个事件的关键所在！

另外，狄仁杰和娄师德一同为宰相期间，狄仁杰在干啥？他有一个最重要的目标和任务。在这时候，狄仁杰就算想抢班夺权，他也不能干！因为，任何的不慎都会影响到这个天大的目标，而这个任务只许成功不许失败。这个任务是什么？就是狄仁杰一生做的最大的成绩——重立太子，再造李唐！

第十四章　一语兴唐

女皇的难题

对于女皇武则天来说，在其统治时间里，皇位继承一直是困扰着她的难题。

其实，皇位继承对历代帝王来说都是大事，对一些帝王来说也是难题，比如李渊、李世民，后世的朱元璋、康熙。不过，在宗法时代，皇位继承是有原则可循的，无非两种——父死子继和兄终弟承。但这些都是男权时代的继承原则。武则天太特殊了，她是空前绝后的唯一的女皇，中国历史上没有女皇传位的案例可循，也没有女权的继承原则。武则天那么聪慧的一代女皇在这个问题上头大了。

如果把皇位传给跟自己血缘关系最亲的人，只能传给自己的儿子，无论是李显还是李旦，则江山一定改姓，由武周重返李唐。自己费尽心血、苦心经营的大周江山不就一世而亡了？自己好不容易从李氏手里夺来的权柄就这样轻易地又还回去了？您想，武则天这样的女强人能甘心吗？再说了，自己那俩儿子，怎么看怎么没能耐，怎么看怎么不顺眼，让自己再把权柄还给他俩，心里过不去。另外，自己为了坐稳江山，对李氏宗亲大开杀戒，要真的再把江山还回去，自己又会落一个什么样的结果呢？武则天对此担心啊！

如果不把皇位给儿子、给婆家，就得把皇位给娘家，给武承嗣、武三思这些侄子。这样做，除了可以消除还政李唐的不甘心之外，其实对于武则天也没有什么更多的好处。尤其，想到武承嗣的父亲武元爽、武三思的父亲武元庆，自己这两个同父异母的哥哥，当年打击排挤自己和母亲杨氏，让母女二人吃尽了苦头。自己当了皇帝后，就把两人贬官致死了。武则天还诬陷欺负过自己母女的另外两位堂兄武惟良、武怀运毒杀自己的亲外甥女贺兰氏，让唐高宗下令处死了两人。这样，武则天把四个哥哥的家属都流放到了岭南，还给人改姓了蝮了。但这样等于武则天把娘家给弄得绝后了，对不起亲爹武士彠啊。所以，就把流放到岭南的武承嗣、武三思给召回来了，恢复了他们的武姓，还给他们加官晋爵。这两个侄子面对荣华富贵，哪管家仇啊，对姑妈比亲娘还亲，极尽阿谀奉承之能事。在武则天冲击皇帝宝座的进程当中，可谓厥功至伟！也深得武则天喜爱，也动过心把皇位传给他们其中的谁谁。但你以为武则天能不担心，自己真要传位这俩侄子，等到他们登基后，不会对自己报复啊？人家一家人可都被自己迫害得不轻，人家的父亲都被迫害死了，这仇他们真的忘了？没掌权时，对我孝敬，掌了权，把我掘坟鞭尸、挫骨扬灰都可能啊。武则天对此也不会不担心。

所以，把皇位给婆家还是给娘家，让武则天左右为难。

这种"为难"对李家兄弟（李显、李旦）来说是种危险，因为他们本来都是皇帝，一个被废，一个退位，战战兢兢。母亲的皇位居然还有个"武姓"的选择，能不害怕吗？

而这种"为难"对于武家子弟（尤其武承嗣、武三思）来说其实是个机遇。因为他们本来什么都没有，现在居然有望能当皇帝，您想这是什么激动的心情？

李家兄弟因为感觉到危险，处处谨小慎微，不求有功，但求无过，不求母亲有什么好事儿想到自己，但求母亲别有什么坏事儿想到自己，最好能把自己忘了！

而武家兄弟因为嗅到了机遇，便开始频频发力，一方面尽多尽大地打击李唐宗室和亲唐势力，为自己尽多尽大地消除竞争对手；另一方面极力讨好武则天及其男宠，尽快尽猛地冲击皇嗣之位。其中，折腾最凶的就是武承嗣，这在前文中已经有过一些论述。他几次三番暗中导演，让一些大臣士庶上书武则天要求立自己为皇太子。

但武则天始终举棋不定、犹豫不决。她一方面以李旦为"皇嗣"，让他居住在东宫，好像自己有了接班人，但另一方面又禁止大臣与李旦相见。甚至还杀死了李旦的妃子刘氏和李氏；她一方面很清楚地知道武承嗣、武三思无人君之望，更无人君之才，但另一方面还不断重用他们，在一些事情上纵容他们。尤其在长寿二年（693）九月，武则天大享万象神宫，武承嗣等五千人上表请武则天加尊号"金轮圣神皇帝"。在祭祀的时候，武则天做了首献，武承嗣紧跟着做亚献，武三思做终献。这向朝野传递了一个非常明显的政治信号，那就是武则天有意立武承嗣为自己的接班人。因为，亚献在大多的皇家祭祀活动中是由皇嗣来做的。武则天名义上的皇嗣李旦还在，为何弃而不用让武承嗣来做？这个政治信号对武承嗣来讲是个令人振奋的信号，可是对心向李唐的朝臣来说是个极其危险的信号。

但问题是，这次信号传递之后，似乎又没了下文。虽然，武氏弟兄仍在不断地折腾，如长寿三年（694）五月，武承嗣又动员了规模更大的二万六千余人请姑妈女皇上尊号"越古金轮圣神皇帝"。九月，武三思又动员四夷酋长和自己共上表章，请求铸造铜铁天枢来"铭纪功德，黜唐颂周"。看见没？目的就是踩大唐颂武周，为武氏合法地位再加砖添瓦。但折腾过后，他也没见姑妈女皇进一步提升自己的政治地位。

武则天为何在皇位继承问题上表现得如此徘徊犹豫，尽失女皇以往的果断决绝呢？其中很大的一个原因也在于朝中大多重臣明里暗里地反对立武、主张复唐。这股势力从武则天废掉中宗开始一直持续到圣历元年，其间无论武则天、武承嗣、酷吏如何打击、恐吓，依旧没能将这股势力消除，朝臣们大有为复兴李唐前赴后继之势。

大臣的努力

最先蹦出来提醒武则天的就是老头子刘仁轨,前文曾对他专门介绍过,他是高宗朝的重臣,也是唐初有名的宰相。他本来和武则天就属于两个政治阵营,也正是他害了武则天阵营中的李敬玄。所以,当高宗一死,武则天就任刘仁轨为尚书左仆射、同中书门下三品,作为西京留守调出了东都洛阳,让他离自己远远的,不要妨碍自己下一步掌权的动作,美其名曰:"昔汉以关中事委萧何,今托公亦犹是矣。"① 就是说当年汉高祖刘邦出征,把关中事务委托给丞相萧何,今天我把关中委托给您也是如此,是对您的重用和信赖。

您想,老奸巨猾的刘仁轨能看不出武则天的小九九吗?当时,刘仁轨已经八十四岁高龄了,估计老头子一合计:"七十三、八十四,阎王不请自己至。"我这身子骨也没几天活头了,你还跟我来这一套!把我明升暗降放到长安,我当什么西京留守?我辞职不干了。于是,刘仁轨就向武则天上书辞职,并且趁机"陈吕后祸败之事,以申规谏"。②

武太后不是跟我讲汉初故事吗?那我老人家也给你讲讲当时的那位吕后。她在汉高祖死后就开始专权,重用外戚,最终导致了诸吕之乱。结果呢?她死了,她的那些娘家人有一个得好的吗?全被汉臣斩杀。这是前车之鉴呐,武太后!先帝刚死,你跟裴炎就撺掇专权,又重用你娘家子弟,你想干什么?别以为老头子我看不出来!我提醒提醒你!

武则天看后什么反应?我们不知道,也许大发雷霆,也许吓一身冷汗,也许赞叹不已,反正甭管武则天怎么想,即便是震怒,也不会在当时对刘老头子动手。因为,当时她权力还不稳,就对先帝重臣刘仁轨下手,怕激起群臣

---

① (宋)司马光《资治通鉴》卷第二百三 唐纪十九
② (后晋)刘昫《旧唐书》卷八十四 列传第三十四

反对。反正，刘老头子都那么大年岁了，禁他活也活不了几天。作为大政治家的武则天非常聪明，她立刻恭恭敬敬地写了一封回信，对刘仁轨说："您的告诫太好了，尤其是里面的那句'吕氏见嗤于后代，禄、产贻祸于汉朝'，哎呀，说得太好了，真是'引喻良深'，让我'愧慰交集'。看来，'公忠贞之操，终始不渝，劲直之风，古今罕比'啊！刚开始看到您的告诫，我真有些惘然之感；静下来仔细品品，您说得太对了，怎么那么对！那就是我的一面镜子啊。我记住了。不过，您是先朝老臣，德高望重，还希望你以天下社稷为重，不要以年岁大了请辞，您还要继续发光发热啊……"您瞧，武则天这个客气劲儿就甭提了，您的警告我都接受，您的批评我都听从，这还不行吗？但问题是，武则天派谁给刘仁轨送的回信？当时担任秘书监的武承嗣！你刘仁轨不是拿吕禄、吕产这些吕后的侄子告诫我吗？我就让我那当官的侄子给你送信去。信里的态度，客客气气；信外的态度，你自己琢磨！

官油子刘仁轨能不明白这个道理吗？自己已然风烛残年了，该说的都说了，其他的事儿，管不了喽。没过多久，刘仁轨就去世了。

接下来反对武则天，要复兴李唐的主力就是徐敬业这样的野心家和李唐宗亲了。这些人，有的确实是忠心李唐的，更多的却是为了个人私利，只不过打着复唐的幌子而已。所以这些都是昙花一现，都被武则天镇压下去了。后来，再经过告密制度、酷吏政治，李唐宗亲基本损失殆尽，折腾不起来了。朝中大臣明着要复唐的人也逐渐减少，但暗着使劲的却一直存在。这里具有代表性的就是宰相李昭德。

李昭德出身陇西李氏，唐高祖李渊自称也出身陇西李氏（有学者认为他出身赵郡李氏，冒称陇西李氏），如果是这样，李昭德和李唐宗室还真是一家子。此人为人精明干练，和狄仁杰一样，明经及第。武则天时期做到了凤阁侍郎。此人和武承嗣死不对眼，屡屡坏武承嗣的大事。

天授二年（691）十月，洛阳人王庆之为讨好武承嗣，像疯了似的一次次求见武则天，请求她废掉太子武轮（李旦）。武则天说："皇嗣我子，奈何废之?"没有答应,但是却给了王庆之特权,让他有事可以随时进宫。结果,不知好歹的王庆之就不厌其烦地来打扰武则天。问题是他不厌其烦,武则天早厌其烦了,最后生气了,命李昭德让人打王庆之几棍子出出气。没想到,李昭德早就恨透了这些人,这下得到圣旨了,让我打几棍子,可没说让我打多重。他就命令朝士:"'此贼欲废我皇嗣,立武承嗣。'①给我狠狠打!"结果最后把王庆之打了个七窍流血,杖杀之。

这时,李昭德才劝武则天说:"天皇,陛下之夫;皇嗣,陛下之子。陛下身有天下,当传之子孙为万代业,岂得以侄为嗣乎!自古未闻侄为天子而为姑立庙者也!且陛下受天皇顾托,若以天下与承嗣,则天皇不血食矣。"这段话很重要,因为之后狄仁杰也同样用这样的话劝动了武则天。我们可以看到,在这里,李昭德只是用亲情来劝武则天,告诉她"父子""母子""夫妻"才是最亲最近的关系,你的天下是你丈夫给的,你就忍心以后让你和丈夫的神位前无人供奉吗?事实证明,武则天还是很吃这一套的。只不过当时皇位传给何人还没有成为一个最大的问题,在这时,武则天还是没太有把皇位传给侄子的想法,不然也不会厌烦王庆之。所以,对李昭德的话"亦以为然"②。

李昭德看女皇听进了自己的话,于是更进一步,在长寿元年(692),他又向武则天秘密提意见了说:"魏王武承嗣权势太重了。"武则天说:"那是我的侄子,所以朕才委以心腹之事。"李昭德立刻说:"可别这么说呀,您说是侄子和姑姑亲,还是儿子和父亲亲?为了皇位,儿子都敢把爹宰喽,何况侄子乎!现在武承嗣既是您的侄子,又是亲王,还是宰相,权盖人主,臣恐怕陛下您'不得久安天位也'!"③话外之音那就是:"你别忘了,他爹可是被你害死的哦……""哎哟!"当时武则天一愣,"朕咋没想到这一层呢?"于是,就将武承嗣罢为太子少保(虚衔),却任命李昭德为宰相了。所谓疏不间亲,李昭

---

① 此段援引见(宋)司马光《资治通鉴》卷第二百四 唐纪二十
② 此段援引见(宋)司马光《资治通鉴》卷第二百四 唐纪二十
③ (宋)司马光《资治通鉴》卷第二百五 唐纪二十一

德这等于给武承嗣扎了个"有可能弑君"的大大的针儿！这时是什么时候？狄仁杰七人案刚结束，全被贬官流放，朝堂正是"酷吏恣横，百官畏之侧足"之时，可"昭德独廷奏其奸"①。而且他还抓住了一个机会，又把大酷吏侯思止给杖杀了，也算给魏元忠出了气，但跟酷吏也对立起来。因此，李昭德就成了武承嗣和来俊臣等酷吏的眼中钉。武承嗣也频频在武则天面前说李昭德的坏话，可武则天说："我任用李昭德后，就能安眠，李昭德做的事儿都是代我辛劳，你不用多说了。"可见，李昭德成功地离间了武则天和武家子弟的关系。武则天也再次把皇位继承问题搁置起来。

不过，本来李昭德这个人性格就过刚过暴，武则天再这么一说，等于给他的暴脾气"加持"了。李昭德就倚恃女皇的信任，独揽朝政，经常意气用事。当时宰相虽然好几个，但没有一个敢纠正他的过失的。这种跋扈行为也渐渐引起朝臣不满，不断有人上疏弹劾他。逐渐地，武则天对李昭德也生了憎恶之心。

来俊臣在最后疯狂的时候咬住了李昭德，诬告其谋反。最终，来俊臣、李昭德同时被杀于市。"时人无不痛昭德而快俊臣"②。

李昭德本来颇受武则天的信任，而他反对武家子弟的言论武则天还都能接受。可惜，他"志大而器小，气高而智薄，假权制物，扼险凌人，刚愎有余而恭宽不足"③，导致自身不保，而恢复李唐的政治目标也没能达到。

改变的不止一个人

圣历元年（698），武承嗣、武三思倍感激动也倍感压力，他们觉得冲击太子之位的冲刺阶段到了，或许能否得到太子之位就在此一举了。因为武承嗣认为朝局发生了极大的变化，箭在弦上不得不发了。

---

① （宋）司马光《资治通鉴》卷第二百五 唐纪二十一
② （宋）司马光《资治通鉴》卷第二百六 唐纪二十二
③ （唐）张鷟《朝野佥载》卷四

一、圣历年之前的几年，边关不稳，契丹、突厥作乱，武则天正烦，无心考虑皇位继承问题。这时如果武承嗣那么不知好歹地推进，肯定会引起姑妈女皇的反感，那将适得其反。现如今，战乱平息，"神功"练成，正该转向内政的时候了。

二、自己最大的政敌李昭德终于被除掉了，这对自己是个利好的消息。

三、虽然魏元忠、狄仁杰重新上位，但这两人应该不会对自己造成太大威胁。先说魏元忠，这个人原来确实是块茅房里的石头——又臭又硬，性格刚烈，但也因此几经生死。尤其天授年间七人下狱，魏元忠遭受了酷刑，最终还是没能硬得过酷吏，屈打成招了。人就是如此，如果你能咬紧牙关，扛过敌人的酷刑，扛过一次就能扛过下一次。可一旦牙关松了，肚里这口气儿泄了，一旦开口求饶，以后，你便几乎会毫无廉耻地答应敌人任何要求。这就是为什么很多叛徒、汉奸比敌人还狠的原因。魏元忠就是这样的，刚直一生，被酷吏把防线攻破了。一朝软弱，自己的刚烈人设全盘崩塌。当他再次被调入朝廷后，人们发现大家魏元忠好似换了一个人，由原来那个清廉、刚直的魏相，变成"亲附权豪，抑弃寒俊，竟不能赏善罚恶，勉修时政"①的一位庸官了，那真如同歌中所唱"流水它带走光阴的故事，改变了一个人"啊。而狄仁杰呢？虽然二次拜相，但武承嗣发现狄仁杰这个人好像从来不在皇帝面前甚至背后秘密地说自己和武家子弟的坏话。而且，当年自己和酷吏们一起打击过他，但他似乎也一直没有寻机报复。看来，狄仁杰或许跟魏元忠一样了，已经被我们吓坏了，不敢明着跟我们作对了。也或许，他刚入中枢，立足未稳，还没有开始跟我们作对。所以，我应该在狄仁杰还未起来之时，尽快冲击到太子宝座上去。

基于以上考虑，进入圣历年，武承嗣、武三思屡次指使别人频频游说武则天，游说的核心点就是："自古天子未有以异姓为嗣者。"②想以武则天姓"武"

---

① （后晋）刘昫《旧唐书》卷九十二　列传第四十二
② （宋）司马光《资治通鉴》卷第二百六　唐纪二十二

来打动她。

但是，武家弟兄只考虑到了以上朝局的变化，并没有考虑到其他的变数：

一、战乱期间，武家子弟多被女皇重用，武则天也想借机锻炼一下武家子弟，为他们积累军功和政治资本。可是，一场战争下来，武则天对武家子弟彻底失望了。

二、酷吏政治的结束，使得武则天的统治策略开始变得宽松起来。朝中逐渐由之前的酷吏横行转到君子满堂。而这些"君子"大多心系李唐。宽松的政治环境，又使得他们敢于再次开口说话了。

三、处斩来俊臣后所发生的被害者争相生啖其肉的恐怖场景，让武则天意识到违背民意的下场是悲惨而恐怖的。

四、徐敬业叛乱、契丹之乱所喊出的"迎回庐陵王"的口号一直回响在武则天内心。狄仁杰安抚河北及担当幽州都督时，一定也向武则天传递了这种不仅是反叛的口号更是百姓的心声。

五、最重要的是狄仁杰回来了！武家弟兄可能没有想到，其实在武则天心目中，狄仁杰的位置远比他们想象的重要得多。狄仁杰和武则天的关系，也远比他们能想象的深刻且密切得多。武则天年岁也越来越大了，人老多情，人老思亲，她多么需要有个年岁相当且能当作知己老友像普通老头儿老太太那样聊聊家常、唠唠嗑。而狄仁杰正是这样的不二人选。

那在这个时候，武氏兄弟却屡次让人以"天子没有立异姓为嗣"来催武则天，武则天能答应吗？"太后意未决"[1]。

我是弗洛伊德

魏元忠改变了，由刚变软了；武则天改变了，由烈变柔了；唯独狄仁杰没

---

[1] （宋）司马光《资治通鉴》卷第二百六 唐纪二十二

有改变，还是那位睿智稳重、不急不躁、内怀忠贞、外有柔情之人。这次拜相，狄仁杰一定在由幽州来神都的路上盘算好了：不能再等了，我一定尽我之力，用和平过渡的手段，复兴李氏社稷，再造大唐神器！

虽然这是件重要的事情，但狄仁杰并没有因此操之过急，而是采用了和风细雨、润物无声的方式。既然太后拿我当一位老年可以唠嗑的朋友，那我就努力扮演好这个陪伴她唠嗑的角色。啥叫老年人唠嗑啊？那就是张家长、李家短、七个蛤蟆八只眼。但甭管唠什么，甭管绕多少个圈儿，狄仁杰总能巧妙地最终把话题绕到皇位继承问题上。但与其他大臣最大不同的是，他总是以"母子亲情"来"煽情"说事儿。因为狄仁杰明白"人老多情"，这是人作为高级动物的本性。无论一个人年轻时多么暴、多么不顾家，当他老了的时候，他也特别希望有天伦之乐，不管你承认不承认，你的心会出卖你刚强的表面。这时，对武则天这位老人来说，狄仁杰不是用指责、教育的方式，而是用另一位老人感同身受地惋惜和真诚贴心地建议。而这些，恰恰能打动刚强的女皇那颗本该柔软的女人心。

这就是狄仁杰过人之处！对此，《旧唐书》写得非常清楚："吉顼、李昭德皆有匡复说，则天无复辟意。唯仁杰每从容奏对，无不以子母恩情为言，则天亦渐省悟。"①

狄仁杰都是怎么劝武则天的？我们举几个例子。

比如，武则天这天做了个奇怪的梦，百思不得其解，就跟臣宰们说："各位爱卿，朕昨晚做了个梦，梦到一只大鹦鹉站在我面前，羽毛非常丰满，但是两只翅膀都折了，飞不起来了。大家给朕分析分析，这是啥意思？"

群臣无语，谁知道你这梦啥意思？只有狄仁杰站出来了，因为他觉得这又是一个很好的"说事儿"机会。但问题是，狄仁杰会解梦吗？他又不是周公，又不是弗洛伊德，哪会解啊？但不会解还不会编啊。狄仁杰多聪明啊，他可是

---

① （后晋）刘昫《旧唐书》卷八十九 列传第三十九

一个文字专家,对文字特别敏感。

《朝野佥载》中记载了一个故事,说在狄仁杰任秋官侍郎时与另一位秋官侍郎卢献开玩笑说:"足下配马乃作驴。"① 就说卢献的姓"卢"加上个"马"字就合成"驴"了,所以,给你牵匹马那就是驴了。卢献也不甘示弱,马上回怼:"要这样说的话,把明公您由中间劈开,那就成'二犬'了。""哎,不对啊。"狄仁杰说,"你把我的'狄'字劈开是一个'犬'一个'火',哪是两个'犬'呢?"卢献笑了说:"犬边有火,乃是煮熟狗!"你说我是驴,我说你是狗,我起码是活驴,你却是死狗了。狄仁杰闻听哈哈大笑。这是两位好同事日常玩笑的一个轻松场景。不过,这里有个疑点,就是从正史上来看,没有记载狄仁杰曾担任过秋官侍郎。有人认为有可能是鸾台侍郎之误,因为卢献也没做过秋官侍郎而做过鸾台侍郎。但我个人认为不可能。因为,狄仁杰在做鸾台侍郎的时候,卢献早就去世了。卢献是狄仁杰七人案中的一人,案子结束后,被贬为西乡令,死在了任上。《朝野佥载》毕竟不是史书,它可能只记录了这个故事,而没有认真考究两个人的具体官职(在《朝野佥载》这种官职错误比比皆是)。总之,这个故事告诉我们狄仁杰对文字游戏是非常在行的。

所以,当狄仁杰听到武则天叙述梦的内容之后,立刻就耍起了文字游戏,说:"陛下,这梦很好解啊。鹉者'武'也,就是陛下您的姓,所以,这只大鹦鹉就代表陛下您。俩翅膀,当然就是陛下的左膀右臂、相连的骨肉啊,哪还有谁啊?就是陛下的俩儿子李显和李旦啊。二子不振,所以俩翅膀就折了。您要是把俩儿子重新起用,那两只翅膀不就重新振奋双全了吗?"

您说狄仁杰反应多快吧!他怎么琢磨的,怎么把梦和立皇子联系在一起的?当时武承嗣、武三思哥俩就在旁边,气得血压二百五,脸都充血了,顿时是"连项皆赤"②。

---

① (唐)张鷟《朝野佥载》卷六
② (唐)张鷟《朝野佥载》卷三

武则天怎么想的？那就不知道了。但武则天这人比较迷信，即便她认为这可能是狄仁杰瞎编的，即便她不相信也会膈应。只要膈应了，就产生效果了。

还有一次，武则天又对大家说了："朕这些天老做一个同样的梦，就是朕跟人玩双陆游戏，老是输，没有胜过一局，你们说这是为什么呢？"

双陆是唐代的一种游戏，有人说是一种棋。但这种棋到底怎么下，目前没有一个确切的考证定论，属于众说纷纭，但这游戏当中一定有个被称作"宫"的地方，而且"宫"中必须留子才有可能赢。为何这么肯定呢？从狄仁杰的回答上就能体现。

当时，狄仁杰说："双陆不胜，盖为宫中无子。此是上天之意，假此以示陛下，安可久虚储位哉？"[1]就说你为啥老不胜呢？因为"宫"中没有子。狄仁杰又来个一语双关，既说的是双陆游戏里的"宫"中无子，又说的是宫内没有设太子。狄仁杰说："这个隐喻可不是我说的啊。这是老天给您的暗示，告诉你储君之位太长时间空着了，这对社稷不利呢，老天见责喽。"您说狄仁杰多能联系吧。

这段史料是来源于《资治通鉴考异》，而《资治通鉴》的正文并没有，也就是说司马光没有采信这一史料。他在《考异》当中给出的理由是："按于时皇嗣在宫中，不得言无子及久虚储位也。"[2]他的意思是："当时皇嗣李旦就在宫中，怎么能说宫中无子和储位空虚呢？"所以，他没采信。但还是作为一则"可能的"史料放到了《考异》里面。这是一个伟大史学家严谨的史学态度——虽然我怀疑史料的真实性，但也列出来供大家参考。

这段史料也被记录在《新唐书》中，只不过武则天提出问题后，不是狄仁杰一人回答的，而是狄仁杰和另一位宰相王方庆一起回答的，他们说："双陆不胜，无子也。天其意者以儆陛下乎！且太子，天下本，本一摇，天下危

---

[1] （宋）司马光《资治通鉴考异》卷十一
[2] （宋）司马光《资治通鉴考异》卷十一

矣。"①这里就说得很明白了。无论是狄仁杰一人或者和王方庆两人,所说的"无子"双关的是"无太子"而不是"无儿子"。这样《资治通鉴》中所说的"宫中无子"其实也是"宫中无太子"的双关。而"久虚储位"并没有错误。因为李旦虽然是皇嗣,但并不是太子,并不是储君,不然武承嗣、武三思也不会费尽心思让人一再劝武则天立他们中一人为太子,因为太子位是空缺的。

其实,这一点司马光未必没有想不通。只是他对这则史料的来源——唐人李邕撰《狄梁公传》不太感冒,他认为这个传记"其辞鄙诞,殆非邕所为"。②对此,有学者考证认为不过是司马光认为李邕的人品文风不正的缘故。而"非邕所为"是武断的判词,因为李邕撰《狄梁公传》在《旧唐书》《新唐书·艺文志》《崇文总目》《遂初堂书目》《通志·艺文略》《文献通考·经籍考》等等都有著录。

当然,也有学者认为"鹦鹉折翅""双陆不胜""两则史事均来自民间传闻,而这民间传闻在定型的过程中又融入了浓厚的佛教元素"。故此,《旧唐书》对两个故事都没有记载。但又由于佛教在其中国化的过程中,"对中国文化的发展也产生了深刻的影响,以致'以实录直书为贵'的史书亦不能免。"③故此,《新唐书》《资治通鉴》都择其一而记录。

两则故事究竟在历史上有没有?其实在狄仁杰劝说武则天重立李氏为太子的这件事上,并没有那么重要。因为,我们常说传说是事实的反映。这两则故事都是狄仁杰"每从容奏对,无不以子母恩情为言"的反映,如是史实,则为真实案例的反映。如是虚构,则为真实精神的反映,它仍然反映出狄仁杰在当时做了大量像两则故事一样的实际的工作,这样才能让武则天"亦渐省悟"。

---

① (宋)欧阳修、宋祁《新唐书》卷一百一十五 列传第四十
② (宋)司马光《资治通鉴考异》卷十一
③ 此段援引见杜朝晖《"双陆不胜"、"鹦鹉折翼"来源考》

狄仁杰一语兴唐

此时,武承嗣、武三思数次以"自古天子未有以异姓为嗣者"说服武则天立武氏子弟为太子。但武氏兄弟忘了武则天是嫁过人的,按照中国的习俗,嫁过人的女子就不再姓娘家的姓了,而要姓婆家的姓,如果武则天生活在民间,就应该叫"李武氏"了。武则天虽然以女人的身份登上帝位,虽然进行了很多有利于女性的改革,但她生活在男权社会,根深蒂固的男权思想是很难摘除和真正抗争的。

狄仁杰发现了这一点,所以,他才常常地跟武则天拉家常说:"文皇帝栉风沐雨,亲冒锋镝,以定天下,传之子孙。大帝以二子托陛下。陛下今乃欲移之他族,无乃非天意乎!且姑侄置于母子孰亲?陛下立子,则千秋万岁后,配食太庙,承继无穷。立侄,则未闻侄为天子而祔姑于庙者也。"①

在这里,狄仁杰抬出了与武则天有亲密关系的两代唐朝皇帝。一个是文皇帝李世民,一个是大帝唐高宗李治。虽然狄仁杰并没有直接说李世民与武则天的关系,但这是隐在话下、不必明说的事情。告诉武则天,你能有今日,首先要感谢太宗皇帝把你带入宫中。太宗皇帝为大唐江山南征北战、亲冒矢石,把性命都豁出去了,才得来的江山,打算传给自己的李姓子孙。言下之意,你轻而易举地就给人篡夺了,你好意思吗?后来,你又嫁给了先帝高宗。按说有点不光彩,但老李家没说啥吧?高宗皇帝对你怎么样?没有高宗皇帝,你的命运会是什么样的?感业寺青灯古佛终了一生!是高宗皇帝把你接进宫中,升你为皇后。"先帝寝疾,诏陛下监国。"②高宗病重的时候,那么信任你,让你来监国。人家李氏父子两代对你武则天可不薄啊。但你又是怎么报答人家的呢?高

---

① (宋)司马光《资治通鉴》卷第二百六 唐纪二十二
② (宋)欧阳修、宋祁《新唐书》卷一百一十五 列传第四十

宗皇帝临崩前把你们俩的两个儿子都托付给你了，而"陛下掩神器而取之，十有余年"①，你倒好，自己把太宗拼命打下的江山、把高宗如此信任你叫你监国的江山自己拿走了十多年！哎，拿走就拿走吧，谁让你是李家的媳妇呢？李家不兴，媳妇暂时管着这个家，在普通百姓那里也是有的。可问题是您现在居然想把李氏江山"移之他族"！注意，这里狄仁杰强调了"他族"。你姓什么？别忘了你姓李！但你却想把江山给不是"你的姓"的人，这难道不是违背天意的行为吗？况且姑侄和母子这两对关系相比起来谁亲啊？这还用说吗？儿子是母亲身上掉下的肉啊，母子那是骨肉血亲！如果陛下您立您孩子为太子，未来他成了天子，只要他的子孙当皇帝，千秋万代，您都会以您儿子母亲的身份出现在太庙之中，受到您的子孙的祭祀和礼拜。可是，您要是立您的侄子为太子，未来他当了皇帝，他只会在太庙里供奉他的母亲，哪有供奉姑姑的道理？你走遍全中国也没有这样的风俗啊！后世子孙也不会供奉一个嫁给外姓人的姑奶奶吧？

狄仁杰一番话，语气平和，说的都是家庭伦理，这种伦理是宗法时代的中国千百年来家国共遵的，无论是皇室贵族，还是百姓人家，皆为一理，是放之四海而皆准的、不可以违背的伦理纲常。而且，这里既包含了唐太宗、唐高宗这两任老公与武则天的夫妻情，又有武则天与李显、李旦两个儿子的母子情，更兼具武则天与后世子孙的祖奶奶情，三情之重，让武则天不得不有所"感悟"。

狄仁杰这番话就被后世称之为"狄公一语兴唐"！后人认为正是狄仁杰使用了这种贴心真情的策略才说动了倔强的武则天，最终还是立自己的儿子为皇位继承人，李唐国祚得以复兴延续。

当然，也有很多史学家质疑说：其实在狄仁杰之前，李昭德不也说过差不多的话吗？前文我们也曾提到过，李昭德曾对武则天说："天皇，陛下之

---

① （宋）欧阳修、宋祁《新唐书》卷一百一十五　列传第四十

夫；皇嗣，陛下之子。陛下身有天下，当传之子孙为万代业，岂得以侄为嗣乎！自古未闻侄为天子而为姑立庙者也！且陛下受天皇顾托，若以天下与承嗣，则天皇不血食矣。"您看，和狄仁杰所说的几乎一样。所以，一些史学家认为武则天被说服不应该是狄仁杰的功劳，应该也包括李昭德。有的认为，李昭德比狄仁杰说得还早，功劳应该还大。甚至还有人怀疑是不是编写史书的人为了美化狄仁杰而把李昭德说的话安在了狄仁杰身上。对此我们应该怎么看呢？

个人认为，上面的观点都是不正确的。我相信在当时，不光是李昭德、狄仁杰，还有王昭德、刘仁杰都有类似的看法，因为我们说了，两人所说的是宗法时代的伦理纲常，是放之四海而皆准的。我也相信在当时，不光是李昭德、狄仁杰，还有其他的一些正直的大臣在不同阶段不同场合也说过类似的话语，比如《新唐书》就记载这段话是紧跟着"宫中无子"的话而来的，是狄仁杰和王庆之两人说的，由此还有一些史学家想论证到底是狄仁杰说的还是王庆之说的，这不纯属闲的吗？这种认知是共识，这样的话语很多人说过。但！语言虽然一样，谁说的，对谁说的，什么时候说的，怎么说的，由于这些的不同，语言的效力也会有天壤之别。打个比方，我说了："甲国要加强与乙国的经贸往来！"对吗？也许是对的。但有用吗？没用。我跟甲国没关系，或者我跟甲国的关系很远。那就不如甲国的管经贸的部长跟甲国总统说"我们要加强与乙国的经贸往来"有效果了；那么这位部长用强硬的语气指责甲国总统之前没有与乙国加强贸易往来，就不一定能达到让总统改变政策的效果。而另一位部长是总统的发小，说同样的话，总统就愉快地接纳了。您说，是谁说服了总统，谁是改变政策的功臣？不言而喻。狄仁杰和武则天的另外一段对话，就能反映出这个问题。

狄仁杰一而再，再而三地劝说武则天把皇位继承人归还给李氏兄弟，但有时武则天也犹豫，尤其武氏兄弟加强攻势的时候，武则天本来就心烦，如果这时狄仁杰又来劝言，武则天就更加烦躁了。有一回，武则天就不耐烦地对狄仁杰说了："此朕家事，断在胸中，卿岂合预焉！"①就是说："狄爱卿啊，你别说了。立谁不立谁，这都是我的家务事，我心里自然有数，你个外人跟着瞎掺和什么！"大家看这句话是不是似曾相识？没错，想当年唐高宗要废王立武，受到了以长孙无忌为首的群臣阻挠。唐高宗和武则天没办法，求助另一个宰相李勣，当时李勣就告诉他们俩："此陛下家事，何必更问外人？"一句话，让唐高宗、武则天茅塞顿开，对啊，这是皇帝的家务事，皇帝爱怎么干怎么干，谁敢管！结果，唐高宗就把王皇后废了，另立武则天为后，长孙无忌等人干瞪眼，没敢反抗。这个事情是武则天一生的转机，也让武则天把这句话深深记在了心里。今天狄仁杰把她逼烦了，她就把李勣当年教自己的这句话拿出来了，"此朕家事，不关你的事！"

可狄仁杰不是长孙无忌。长孙无忌反对废王立武是有私心的，一旦觉察自己有可能因此遭祸，就缄默不言了，这是私心作祟。可狄仁杰没有私心，武则天这么一说，反倒把狄仁杰那种倔强之气激发出来了，他当时一句话就把武则天怼回去了："臣闻王者以天下为家，四海之内，悉为臣妾，何者不为陛下家事！君为元首，臣为股肱，臣安得不预焉！"②你是什么人？你是天子，你是君王，君王以天下为家，家天下嘛。君王有自己的事儿吗？没有，都是国家的事儿！或者说国家的事儿都是君王的事儿。我们叫什么？我们叫臣民，我们叫子民，您叫君父！"况臣备位宰相"③，况且我身为国家的宰相，有关国家之事我怎能不过问呢？立太子的事儿是最大的国家大事，这事儿还就关宰相的事儿了！

这句话把武则天怼得无言以对，一看狄仁杰原来劝谏高宗那个劲儿又上来了，武则天赶紧吩咐："快快快！国老累了，快把国老扶出去、扶出去……"从一个"扶"字，我们就能看出来，武则天对狄仁杰何其地敬重和爱护，虽然

---

① （宋）司马光《资治通鉴考异》卷十一
② （宋）司马光《资治通鉴考异》卷十一
③ （宋）司马光《资治通鉴》卷第二百六　唐纪二十二

烦，但知道狄仁杰是为自己好。所以，狄仁杰的话所起到的作用是其他人不可比拟的。

通过狄仁杰不断地说说，武则天渐渐打消了立武氏子弟为太子的念头。但还未能确定还立李氏弟兄。也就是说，狄仁杰虽然挫败了武承嗣、武三思在圣历元年初冲击太子之位的计划，但还不知道武则天是否还会像之前那样，把皇位继承问题搁置起来。见武则天和自己春秋已高，不定风险增大，他迫切需要在自己掌握相权的时候，解决这个最大的问题。

那么，武则天又在犹豫什么呢？或许她在考虑到底是将皇位继承权给庐陵王李显还是皇嗣李旦，毕竟这俩人都当过皇帝。李显（现在还叫李哲呢）是高宗传位的皇帝，被自己废掉了；李旦是自己立的皇帝，后来他主动退位，成了皇嗣，还姓了武，改名武轮，一直被自己幽禁在宫中。到底该让他们哪位以后再继续当皇帝，女皇还没有最终拿捏准。

立李氏，爱谁谁

注意，其实直到现在，狄仁杰说服武则天的时候，都是只是强调"武则天应该立儿子为太子"，并没有一个倾向是立庐陵王为太子，还是立李旦为太子。这一点在《旧唐书》中表现得十分清楚，没有记载狄仁杰特别要求迎回庐陵王。这符合狄仁杰的作风，他认为只要武则天把皇位传给儿子就足够了，无论李显还是李旦成太子，江山都会重新姓李，大唐都会重新复兴！而这个时候，又何必再提第二个要求呢？

到了《新唐书》，我们看到，编写史书之人，是以结果为导向了，毕竟武则天最终立庐陵王为太子了，而且武则天还为狄仁杰演了一场"还尔太子"的戏。这样，就让人认为，狄仁杰是一直以来在力推庐陵王的。史家再以此反推，就给狄仁杰之前做的事情加上了一个"迎立庐陵王"的前提条件了，使得好像狄仁杰的每一次劝谏都在针对庐陵王。为此，《新唐书》还不惜把庐陵王被立为太子之后招兵成功的事儿变成了狄仁杰劝谏武则天迎立庐陵王的一个理由："比匈奴（实际为突厥）犯边，陛下使梁王三思募勇士于市，逾月不及千人。庐陵王代之，不浃日，辄五万。今欲继统，非庐陵王莫可！"①其实，李显募兵的事情发生在圣历元年九月李显被立为太子后。所以，狄仁杰劝说武则天立李显为太子用这个做理由显然是不可能的。那么这则史料就是错误的。对此，司马光在其《资治通鉴考异》中也有论述："庐陵王为河北元帅在立为太子后，且当是时，睿宗为皇嗣。若仁杰请以庐陵王继统，则是劝太后废立也。此固未可信！"②司马光分析得很对，如果这时狄仁杰还要再把"迎立庐陵王"作为一个目的，不但使得说服武则天立李氏为太子难度加大，而且还会背上一个劝太后废皇嗣李旦（别忘了，李旦虽然没有太子名分，但是一直在享受太子待遇的）的罪名，这对狄仁杰来说是不必要的。

但，有人可能会说《新唐书》中记载："张易之尝从容问自安计，仁杰曰'惟劝迎庐陵王可以免祸'。"③又是怎么回事儿？

这里要说明一点，"迎庐陵王还朝"和"立庐陵王为太子"是两码事儿。在这一点上，司马光的《资治通鉴》是非常严谨的，他只记载狄仁杰"又劝太后召还庐陵王"④，可始终没有记载狄仁杰劝武则天立庐陵王为太子！这一点十分重要！也就是说在正史上，《旧唐书》和《资治通鉴》并没有明确记载狄仁杰劝武则天册立庐陵王为太子，只有《新唐书》记载了，还有错误。所以，狄仁杰是有可能让张易之劝武则天把庐陵王迎回来的，因为庐陵王实在是太可怜了。司马光在其《资治通鉴考异》中也有此论述："或者仁杰以庐陵母子至亲而幽囚房陵，劝召还左右，则有之矣。"⑤

还有一种最大的可能，这则史料是张冠李戴。司马光在其《资治通鉴考

---

① （宋）欧阳修、宋祁《新唐书》卷一百一十五　列传第四十
② （宋）司马光《资治通鉴考异》卷十一
③ （宋）欧阳修、宋祁《新唐书》卷一百一十五　列传第四十
④ （宋）司马光《资治通鉴》卷第二百六　唐纪二十二
⑤ （宋）司马光《资治通鉴考异》卷十一

异》中就说过:"计仁杰亦安肯与易之深言此事?"①狄仁杰对二张是深恶痛绝的,怎么会和他们谈这样的国家大事呢?这件事应该是将"吉顼给二张出主意"冠在了狄仁杰的头上,其目的还是《新唐书》想完成一个"狄仁杰迎回庐陵"的完整逻辑链。

有力的枕边风

据《资治通鉴》记载,在万岁通天二年(697)年初,太平公主进献给自己母亲一个小鲜肉,名叫张昌宗。张昌宗又给武则天举荐了自己的弟弟张易之。这二人不但出身名门(乃唐初宰相张形成的族孙),而且青春年少,长相英俊,通晓音律,善于填词作曲,还闲于道术,炼个仙丹、发明个护肤品什么的,人家都会,最重要的是精通男女房中术。深得武则天的喜爱,于是就把俩人留在身边作为面首(男宠)。对二人加官赐赏、分房子分地。结果,不到一个月,兄弟二人贵震天下,在武则天面前红得发紫。武氏兄弟见风使舵,赶紧前来溜须拍马,在二张面前如同奴仆一般,称张易之为"五郎",张昌宗为"六郎"。一些大臣更是随之前来阿谀奉承,夸张昌宗长得好,就如同水中莲花,粉嘟嘟地透着那么美,所以,称之为"莲花六郎"。

要知道,二张来到武则天身边的时候,武则天已经七十三岁。二张虽然得到武则天宠幸,但武则天也没有太给二张实际的权力。除了服侍女皇有功之外,二张于社稷朝廷没有任何功勋。如果一旦女皇哪天有个三长两短,自己的靠山就没有了,那该怎么自保呢?二张对未来有所担心,得找个高人问个妙计,于是就找到了吉顼。

吉顼不但在政见上是个高人,而且确实长得高,《资治通鉴》说他"魁岸

---

① (宋)司马光《资治通鉴考异》卷十一

辩口"①，身材魁梧还能言善辩。最重要的是，吉顼跟二张关系莫逆。《资治通鉴》上说，因为吉顼和二张同为控鹤监供奉，所以三人关系才特别好。这种说法是不正确的。因为，控鹤监是武则天在圣历二年设置的，当时庐陵王被册立太子已经两个月了。而二张向吉顼问计时，显然庐陵王还没有被迎回朝廷。故，吉顼早就跟二张走得很近了。

要么说吉顼这个人特别复杂，论政治才能或许不亚于狄仁杰、姚元崇，但行事阴损，前与酷吏勾结，后与二张为友，人品实属不堪，却又和武氏弟兄死不对眼，后来倒霉还倒霉到这个上面。

有意思的是，我们上面讲述的是两唐书的说法，即二张自己有了危机意识，这才去找吉顼问计。若依照《资治通鉴》的说法则更有意思，更凸显吉顼这个人的阴险。《资治通鉴》上说是某一天吉顼跑到二张面前"从容说二人曰"②："你们兄弟俩承受恩宠到了如此的地步，不是靠你们的德行功业取得的，所以天下看不上你们的、恨你们的太多了。如果没有大功于天下的话，怎能自全？哎呀！我真是为你们担忧啊！"

吉顼这番话把二张吓坏了，"流涕问计"③，我们可以脑补一下，两个小帅哥一把鼻涕一把泪地求吉顼，画面感十足。

吉顼这才给二人献计说："'天下士庶未忘唐德'④，'思唐久矣！'⑤"注意，吉顼接下来的话，两唐书和《资治通鉴》就记载得有些偏差了：

《旧唐书》载："庐陵即在房州，相王又在幽闭，主上春秋既高，须有付托。武氏诸王，殊非属意。明公若能从容请建立庐陵及相王，以副生人之望，岂止转祸为福，必长享茅土之重矣！"⑥

---

① （宋）司马光《资治通鉴》卷第二百六　唐纪二十二
② （宋）司马光《资治通鉴》卷第二百六　唐纪二十二
③ （宋）司马光《资治通鉴》卷第二百六　唐纪二十二
④ （宋）司马光《资治通鉴》卷第二百六　唐纪二十二
⑤ （宋）欧阳修、宋祁《新唐书》卷一百一十七　列传第四十二
⑥ （后晋）刘昫《旧唐书》卷八十六（上）　列传第一百三十六（上）　酷吏（上）

《新唐书》载:"庐陵斥外,相王幽闭。上春秋高,武诸王,非海内属意。公盍从容请相王、庐陵,以副人望?易吊为贺之资也。"①

《资治通鉴》载:"主上春秋高,大业须有付;武氏诸王非所属意。公何不从容劝上立庐陵王以系苍生之望!如此,非徒免祸,亦可以常保富贵矣!"②

可以清楚地看到,两唐书的记载基本一致,都是吉顼让二张劝说武则天立李显或李旦;但到了《资治通鉴》上就剩下目标精准的庐陵王李显了。

《资治通鉴》采信的是《谈宾录》《御史台记》等史料的记载,对此,司马光在其《资治通鉴考异》中解释道:"盖太后宠信诸武,诛锄李氏,虽己子庐陵亦废徙房陵,故仁杰劝召还左右,以强李氏,抑诸武耳。张、吉非能为唐社稷谋也,欲求己利耳。若仍立皇嗣,则己有何力!故劝太后立庐陵为太子,而太后从之。然则欲召还庐陵者,仁杰之志也;立为太子者,张、吉之谋也。"③他认为,二张与吉顼要劝武则天立李氏为太子不是为了唐朝社稷,而是为谋求私利。本来李旦就是皇嗣,就在宫中,让武则天立李旦为太子,显不出他们的功劳。如果让武则天立废徙房陵的庐陵王李显,他们就对李显有大功了,以后李显做了皇帝,他们就是功臣。所以,司马光认为,狄仁杰的目的是召还庐陵王,而立庐陵王立为太子是二张和吉顼的谋略。

但通过史料的对比,我们仍然可以认为,当时二张和吉顼也只是要劝说武则天立李氏为太子,而并没有特指庐陵王。其实,他们和狄仁杰一样,不必要特指庐陵王,李氏兄弟谁能做太子,他们都有功劳。

果然,二张听从了吉顼之计,马上在武则天耳根边吹枕头风。武则天多聪明,当然晓得这俩小宝贝哪有这样的见识了,立刻问他们:"这话是谁教你们说的?"二张倒也不隐瞒,说出了吉顼。

于是,武则天便召见了吉顼,问他对立太子有什么建议。《旧唐书》记载,

---

① (宋)欧阳修、宋祁《新唐书》卷一百一十七 列传第四十二
② (宋)司马光《资治通鉴》卷第二百六 唐纪二十二
③ (宋)司马光《资治通鉴考异》卷十一

吉顼对武则天说："庐陵王及相王皆陛下之子，先帝顾托于陛下，当有主意，唯陛下裁之。"①《新唐书》的记载大同小异，只是最后有句急切的催促之言："先帝顾托于陛下，当速有所付！"②您赶快决定吧。您看两唐书在这里的记载，吉顼仍然是劝武则天在李显和李旦之间选一个，并没有倾向性的意见。而《资治通鉴》为了与之前它所记载的"吉顼力求迎庐陵"③相合，故此，在这里就模糊地记录了一句"顼复为太后具陈利害"。说的是啥具体内容，我就不记了。最后只跟着一句——"太后意乃定"④。

武则天定下了何意？一、武则天定下了立李氏为太子之意。她早被狄仁杰说动了，但一直在二子之间犹豫，吉顼提醒武则天"春秋已高"应"速有所付"！让武则天意识到立太子的事情不能再拖了，应该马上确定下来，朝廷才能稳定。所以"太后意乃定"。二、武则天定下了立庐陵王为太子之意，而使武则天最终拿定这个主意的，既不是狄仁杰，也不是吉顼或其他人，应该就是武则天本人！

为何要立窝囊废

武则天为什么最终选择了立比较窝囊的庐陵王李显，而不立比李显才能更高且目前还在东宫做皇嗣的李旦呢？我认为这里至少有五大原因：

第一，按照宗法制度，应立嫡长子。武则天身为唐高宗的皇后，她所生的所有的儿子都是嫡子，都有继承唐高宗皇位的机会。但宗法社会，长先幼后，有长立长。所以，嫡长子是天命继承者。武则天的四个儿子就剩下了李显、李旦两个，而李显居长，故他目前是嫡长子，他继承皇位，在宗法上是名正言顺

---

① （后晋）刘昫《旧唐书》卷八十六（上） 列传第一百三十六（上） 酷吏（上）
② （宋）欧阳修、宋祁《新唐书》卷一百一十七 列传第四十二
③ （宋）司马光《资治通鉴》卷第二百六 唐纪二十二
④ （宋）司马光《资治通鉴》卷第二百六 唐纪二十二

的，不会出现任何异议和未来的纠纷。李旦则不然，如果立他为太子，难免有人借宗法说事。

第二，李显是高宗钦定的合法继承人。李旦是武则天废李显后被女皇立的。而现在要还政李唐，自然要归还给丈夫钦定的继承人最为合法。同样，传位给李旦则容易给那些居心叵测之人以口实；另外，从当时朝野来看，大家对庐陵王的呼声是最高的。

第三，李显这些年受的苦太多了，让做母亲的武则天也心中有愧。李显做皇帝没几天，就因为一句气话，被武则天废了，贬为庐陵王，流放到了房州。

房州在当时地处偏远，是个荒凉之地，整个州的人口也就是七八万人，而且有治无城。李显到了那里都没地方住，得让人临时建城。在流放的路上，李显的王妃韦氏生下了一个女儿，啥东西都没啊，李显只能用自己的衣服把孩子裹了起来，所以给这个孩子起个小名叫"裹儿"。

李显在房州，天天过得战战兢兢。因为自己上面的俩哥哥李弘、李贤都死了，而且有传言说都是被自己母亲杀害的，现在母亲要当皇帝，自己之前当过皇帝，母亲能饶了自己吗？尤其后来，武则天对李唐宗室大开杀戒，更让李显心惊肉跳，恐怕哪一天母亲的屠刀就落在自己脑袋上。再加上徐敬业、李贞甚至契丹，他们每次作乱都打起要迎回自己的旗号，这些非但没让李显高兴，反倒加重了他的恐惧。李显本来就胆小、窝囊，再天天想这个，时间长了，真抑郁了，常常半夜从梦中惊醒，汗透脊背，神经兮兮，一惊一乍的。每当武则天派使者来看看他，李显听说后都以为不知母亲要用什么酷刑虐杀自己呢，吓得就想自杀了事。多亏韦氏对他不离不弃，经常给他鼓励安慰。李显这才得以苟活。

这些情况你以为武则天不知道吗？知道后，作为一个母亲她真的一点感觉没有吗？这是不可能的。她的内心深处也会有丝丝的愧疚，只是以前没有必要表达，而如今在权衡李显、李旦谁做太子时，这点愧疚便成了压在天平李显一端的砝码了。

第四,相对李旦来说,李显对武家人更好。武则天决定放弃立武家子弟为太子,选择还政李唐,是个艰难的决定。其中艰难的一个原因就是武则天很担心李氏掌权后会像自己那样对武家报复而大开杀戒,这样,真就被刘仁轨言中了,自己成了第二个吕后。

李显相比李旦来说,单纯得多,没心机得多,而且与武家子弟的矛盾少。武承嗣、武三思大行其道的时候,李显已经远离京城到了房州。这样,酷吏没有打着李显,武氏弟兄也没有太难为李显,李显自然对武氏弟兄就没有太多的仇恨。

而李旦则不同,他作为近在女皇身边咫尺的皇嗣,一直是武承嗣的第一扳倒目标。武承嗣对他下过多少次绊子,又勾结酷吏对他下过多少次黑手,想都能想得到。李旦不敢反抗武氏弟兄,但他儿子可不管那个。

李旦的三子叫李隆基,就是后来赫赫有名的唐玄宗。七岁的时候去拜见奶奶武则天,正好碰上金吾将军——那位人丑多怪的武懿宗。武懿宗故意刁难这位李家小孩,没别的茬儿可找,他忌恨李隆基的仪仗队整齐,就在那里指桑骂槐,呵斥仪仗人马,其实是要给李隆基下马威。没想到,七岁的李隆基当时用手一指武懿宗大声呵斥:"嘟!大胆的武懿宗。'吾家朝堂,干汝何事?敢迫吾骑从!'[①]"武则天就喜欢这样有骨气的人,听说后,不但没有难为这个小孙孙,反而特别地宠爱他。但宠爱归宠爱,武则天心里也清楚,现在孩子他爹没成势呢,这孩子都敢骂我侄子。这要是孩子他爹成了皇帝,孩子成了皇子,还不得欺负死我侄子们啊?再说了,后来武则天又把人家母亲窦氏给杀了,李旦登基可以不报杀妻之仇,孙子能够放下杀母之恨吗?

所以,为了保护武家子弟,武则天也得选择李显,而不能选择李旦。从李显后来重新当了皇帝,对武家一直关照恩宠来看,武则天的这个选择在保护武家这点上确实是正确的。

---

① (后晋)刘昫《旧唐书》卷八 本纪第八 玄宗李隆基(上)

第五，武则天和李旦母子心中有很大的隔阂。这种隔阂的原因之一就是两人离得太近了。李显离得远，武则天还会想他，还会可怜他。但李旦离得近，武则天只会烦他、防他。因为甭管怎么样，他是皇嗣，还曾经做过皇帝，而且这个皇帝是自己给他的。可李旦一天实际皇帝都没有当过，他就是个傀儡。虽然，垂拱二年（686），武则天突然下诏要让李旦亲政。但李旦明白那不是母亲的真心，只不过可能因为徐敬业、李贞等人的叛乱，让母亲想释放一些还政李唐的宽松政治气氛而已。所以，李旦一再上表推让，这样武则天心安理得地再次临朝称制。对这么懂事的儿子，武则天自然也不能"亏待"，下诏把李旦的几个儿子都封了王。

从表面上看，母亲对自己还真不错，李旦就放松了警惕，居然想过问朝政。这时，宰相刘祎之又私下对凤阁舍人贾大隐说："太后既然废昏立明，那就没有必要再临朝称制了，还不如还政给李旦，以安天下之心。"不料，贾大隐转脸就把这话向武则天告密了。本来，刘祎之是武则天一手提拔的，没想到他居然背叛自己向着李旦，这还了得！武则天立刻指使人诬告刘祎之，将其免官治罪。

其实，现在武则天并没有想杀刘祎之的念头。在当时，今天被免官贬黜，明天再被起用还朝的事情太多了，也不算个什么大事儿。可刘祎之倒霉就倒霉在了李旦头上。

年轻的李旦不知天高地厚，居然好心上疏为刘祎之申诉求情。问题你就没看到刘祎之在说什么？他说的就是"废昏立明"，希望武则天把权力归还给你，你属于当事人，聪明一点，你就应该装聋作哑，不闻不问，这叫回避。可是，最敏感的你，不但不躲，还凑上去为刘祎之说好话，那结局会是怎样呢？

听说皇嗣为刘祎之求情，刘祎之的亲友乐坏了，都纷纷向刘祎之祝贺："这下估计您能官复原位了。"

刘祎之一听，苦笑了一声说："皇上这样做，只能催着我快点死，别无他益！"

刘祎之太了解武则天了，本来武则天没想杀刘祎之，一看李旦居然给刘祎之求情，那好，我就杀了他，看以后谁还敢跟李旦走得近！一句话，赐死刘祎之！

这下，李旦就受到了母亲的猜疑和不满。李旦也吓坏了，也学聪明了，为了保命，在武则天冲击皇位的过程中，他主动上表请求母亲登基，还恳求母亲赐自己武姓。

武则天登基之后，对儿子仍不放心，就把李旦降为皇嗣，长期软禁起来。即便如此，李旦的危险仍然不能解除。后来有人诬告李旦的妃子刘氏和窦氏暗中搞扎小人儿的厌咒之事。武则天居然不加审问，直接召二妃进宫后处死了。

李旦见两位妃子一去不回，就知道事情不妙，但吓得吭都没敢吭一声，就跟没发生过任何事情一样，在母亲面前装作神态自若。

都这样了，母亲仍未放过儿子，没过几天，武则天又把李旦的几个儿子的爵位全部降为郡王，而且统统软禁宫中。

同时，武则天又严令公卿未经许可不得私见皇嗣。前尚方监裴匪躬和内常侍范云仙二人同情皇嗣，偷偷探望了一下李旦，被人告发了，武则天二话没说，就把这二人腰斩于市。这下群臣谁还敢再搭理李旦啊。

倒也不是没有人敢碰李旦，比如酷吏来俊臣就敢碰。正好，有人诬告李旦有异谋，武则天大怒，就命令来俊臣去调查此事。来俊臣可不管你是不是皇嗣，立刻派人把李旦左右之人全抓到丽景门，一一大刑伺候吧，非要把皇嗣谋反坐实了。幸亏李旦手下的太常乐工安金藏站了出来，力证皇嗣没有谋反，并当众剖心明志，真给自己开了膛了，血流满地、五脏毕出。这件事让武则天大为震惊，急命太医抢救，还真不错，把安金藏救活了，武则天很感慨地对安金藏说："吾有子不能自明，使汝至此！"①下令让来俊臣停止审问，李旦这才躲过一劫。

---

① （宋）司马光《资治通鉴》卷第二百五　唐纪二十一

这样，李旦由于离武则天太近了，反倒受到了母亲屡次三番的打击。这些在母子二人心里怎么没有隔阂？现在武则天想还政给儿子，能选他吗？心里别扭啊。李显被立为太子，只会感恩，因为毕竟李显没有太多牺牲；可李旦就不同了，老婆被杀，自己差点被杀。如果当了太子，未来当了皇帝，指不定会对武则天怎么样呢，不报复心里也过不去。他心里过得去，武则天也过不去呢。

所以，综上五点，让武则天选择了立庐陵王李显为皇嗣。再强调一下，这是武则天独立选择的，既不是狄仁杰之谋，也不是吉顼之力，和二张的关系更不大。

女皇导演的一幕悲喜剧

既然立儿子为太子的决心下定了，武则天就能从容甚至调皮一把了。

首先要做的自然是"迎回庐陵王"。再次强调一下，"迎回庐陵王"和"立李显为太子"是两回事儿。很多史学家由于从历史的结果上来着眼，而把它们揉成了一回事儿是不合适的，是造成如"狄仁杰是不是立李显为太子的首功之臣"这样问题的根源。

圣历元年（698）三月，武则天托言庐陵王有病需要接回神都，便派遣职方员外郎徐彦伯前去召回庐陵王。

职方员外郎是个从六品上的小官儿，为尚书省兵部职方司的副长官，与郎中共掌天下地图、城隍、镇戍、烽堠等事。迎接庐陵王，怎么会用兵部的人去迎？又怎么派如此小的一个官员去迎？而且还是掌管镇戍、烽堠等事与迎迓礼仪毫不相关的官员？

似乎没有人注意过这个问题，但笔者却认为这里大有深意。

一则，自然是女皇秘密迎回庐陵王的需要，不派礼部官员，派个不相关的，大家不注意。

二则，我认为应该是女皇未雨绸缪，已经开始为庐陵王回来之后要做的一件大事做准备了。什么大事，下文再说！

女皇不但派出一个不起眼的小官儿，而且还让他带着十个内人（宫中内侍）一起到了房州，然后告诉州县官员说："我派内人前来看看我儿！"然后，武则天使用一个调包计，让一个内人与庐陵王互换衣服，留下内人在房州假冒庐陵王未走，而让庐陵王冒充内人混入内人队伍，最后仍由徐彦伯带着十位"内人"返回神都。

武则天在"立李氏为太子"这件大事已决的情况下，要确保心中太子的绝对安全，再不能出现二子李贤的悲剧（如果李贤真是裴炎或丘神勣所杀，武则天却一直背负着杀子的恶名，这让她内心很痛苦，虽然表面并不透露），故此才采取了如此谨慎的方法。

总之，庐陵王进京是在极其秘密的情况下进行的，以至于"州县不悟。数日达京，朝廷百僚一无所知"。[①] 这也解释了一些史学家质疑的"为何狄仁杰对迎回庐陵王这样的大事不知？"他们认为，按照当时的制度，皇帝敕书的发布在程序上一般要经过凤阁、鸾台，身为宰相的狄仁杰怎会不知？问题"一般"是这样，现实中还有"二般"的情况，像武则天这样强势的皇帝，真要想私下干件事儿，跟玩儿一样。既然这一次是秘密迎回，而且既然女皇还有下一步相关狄仁杰的举动，当然必须要瞒着狄仁杰了。这就如同老婆过生日，老公假装不知，其实早已在家中彩灯、蜡烛、蛋糕、红酒准备好了，给你个惊喜！既然要给惊喜，保密一定是前提！

接下来有趣而令人感动的一场戏开幕了！

有一天，武则天把李显召来，命他藏在自己身后的帷帐之中，嘱咐他："我让你出来你再出来，不让你出来不许吭声！明白吗？"李显点头如捣蒜，把嘴唇都咬进嘴里去了，藏好了，连气儿都不敢出了。外人自然不得而知。

---

① （宋）司马光《资治通鉴考异》卷十一　引（唐）李邕《狄梁公传》

这时，武则天命人又把狄仁杰召到面前。狄仁杰不知道女皇召自己有什么事儿啊，没想到面君后，武则天让狄仁杰坐下就说："之前咱们所议立太子之事，非同小可。朕为此夜不能寐，反复思考，觉得爱卿所言，甚有道理。今天再请爱卿前来商议。您听明白喽，天下之位全系爱卿一言。可朕之意即能两全，逆朕心意，则休怪朕翻脸无情，我可要诛杀不赦！"武则天故意沉着脸，说话十分严肃，也显得事态十分严重。这里半真半假：半假自然是武则天故意装着凶狠严肃，这是女皇要给狄公开玩笑的前奏；半真则是武则天想最后试探一下狄仁杰的态度，故此把话说得那么狠。

狄仁杰自然不怕皇帝狠，他本身就是个倔强之人，另外，也早就摸透武则天的脾性了，所以，狄仁杰从容对答。我们看到，在记述这一阶段狄仁杰的史料里经常会用到"从容"二字。让我们一下子就能感受到狄仁杰当时那种和风细雨的劝谏艺术和胸有成竹的心理素质。狄仁杰说："陛下您刚才话的意思就是天子之位可以专有。但以臣所知，您的天子之位是太宗皇帝、高宗皇帝传下来的，您哪能自己专有啊，您也得往下传。"狄仁杰说着又把姑侄没有母子亲的"老生常谈"拿出来了。呵！就见狄仁杰"慷慨陈奏、声泪俱下"①"陈请激切、泪流不止"②。

武则天也被狄仁杰的情绪所感染，因为已经作出了决定了，所以，过去那种强忍母子情的作态不必再有，听到狄仁杰说的母子真情，武则天也为之触动，不觉"歔欷流涕"。她一边命左右拉开帷帐，一边从龙榻站起，降阶来到狄仁杰身边，手抚狄公之背，安慰狄公莫要激动，注意你我都已经上了年岁了，而且感慨地说："卿非朕之臣，是唐社稷之臣！"③意思是：你不是我的臣子啊，你就是大唐社稷之臣啊！你的心不向我，始终向着大唐啊。

武则天的这句话是由心而发又是故意说之。

---

① （后晋）刘昫《旧唐书》卷八十九　列传第三十九
② （宋）欧阳修、宋祁《新唐书》卷一百一十五　列传第四十
③ 此段援引见（宋）司马光《资治通鉴考异》卷十一　引（唐）李邕《狄梁公传》

由心而发，并不完全指的是狄仁杰一个人，而是指的"狄仁杰们"，也等于武则天向这个时代不得不低下她那高昂的头颅，她最终还是看清楚了，历史大潮是不可违的。当一个朝代能让百姓安居乐业，百姓们是支持这个朝代的存在的，即便你动用了政变的手段取得了权力，但百姓仍然心向旧朝。百姓没有反你，只不过因为你并没有动这个朝代根本，你仍然给了百姓安居乐业的环境，同时，你还是旧朝李家的媳妇，这个标签远在武家皇帝之上。所以，百姓并没有认为你的革命是真革命，也没有认为朝代真的变了。而如果你自己认不清这个历史大潮却宁要逆流而动，将江山交给无德无能的武家子弟，那必将连你带你身边的所有亲信之人被大潮席卷而去。所以，从这个意义上讲，狄仁杰和朝中大多的官员都"非朕之臣，是唐社稷之臣"！

故意说之，是说给帷帐后面的李显听的——"这是你们老李家的社稷臣啊，你们能再次掌权，多亏了有这样的老臣存在。希望你能感恩，希望你未来也能将其作为社稷之臣，走好你的每一步！"这是母亲对儿子的叮嘱，更是一种母爱！

这时，帷帐已经被人打开，庐陵王李显显露出来。武则天扭回头对李显说："还不快过来拜见国老！"然后又回身对狄仁杰说："还卿储君！"①（《新唐书》作"还卿太子"，《狄梁公传》作"与尔天子"。）

每每读到这里，我都不觉莞尔，您都能感觉到女皇当时得意、狡黠、调皮的小眼神儿！她自导自演了一出戏，把狄仁杰这个老头子弄得一把鼻涕两行眼泪，慷慨陈词，连自己都给鼓捣哭了，结果剧情大反转，来了个彩蛋大礼包，看到狄仁杰惊愕的表情，想到自己把天下第一的聪明人给糊弄成这个模样，女皇能不得意吗？

如果说武则天给狄仁杰亲手绣衣体现了她作为女人的温柔，这一场戏就体现了她作为女人的调皮。

---

① （后晋）刘昫《旧唐书》卷八十九　列传第三十九

狄仁杰确实惊愕了，他没想到女皇居然给自己这么大的一个惊喜。而且，最重要的是，他从女皇嘴里听到了"还卿储君"这个词！曾经有史学家对比过"储君""太子"和"天子"的不同，甚至有人还质疑过武则天说没说过这话，因为他们认为半年后，武则天才正式册立李显为太子，为何此时就说太子甚至天子呢？这不是前后矛盾吗？一点儿不矛盾！情人谈爱，还没结婚呢，不已经"老公""老婆"地叫着了吗？你不能说半年后才领证，半年前男方叫女方声"媳妇"就不对。再说了，当时武则天心中已经确定了李显为太子，而上面我们分析了，狄仁杰并没确定，对于狄仁杰来说，今天还在跟武则天矫情立李还是立武之事呢。那么武则天需要第一时间把这个政治信号准确传达给狄仁杰，告诉他："你们不是一直劝我把庐陵王接回来吗？我接回来了。你们不是一直劝我立李氏为太子吗？我今天准确告诉你，李显就是太子、储君、未来的天子！你以后的任务是帮着朕将其立起来，不用再考虑立李显还是李旦了。"这叫什么？这就叫皇帝的乾纲独断！

狄仁杰多聪明啊，一下就明白了！他立刻"免冠顿首，涕血洒地，左右扶策，久不能起"①，一则是激动，二则是感恩，三则也借此拖延一下时间，盘算一下下一步应该怎么办。

果然，当武则天命人再三把狄仁杰搀扶起来的时候，狄仁杰马上向武则天提出："您把庐陵王偷偷接回神都，连我都不知道，更不要说别人了。这要是突然向外界公布，臣民肯定糊涂了，人言纷纷，指不定传出什么话来呢。您既然已经把庐陵王迎回来了，就应该光明正大地举行个仪式，向天下宣告庐陵王回来了，也暗示天下您要立他为太子了。这样庐陵王名正言顺，朝野就不再有其他猜测了。"言下之意，就没有人再会考虑您是否要将皇位传给武氏或者皇嗣了，朝局就安稳了。

武则天一听，狄仁杰真是老成谋国，多厉害，脑袋转得就是快，这样一

---

① （宋）司马光《资治通鉴考异》卷十一　引（唐）李邕《狄梁公传》

来，生米煮成熟饭，我就是想反悔，也来不及了。"好！"武则天是个果断之人，"国老所言极是，就把庐陵王先安置在神都南龙门石像驿。然后，择吉日迎之！"

狄公、李显大喜，跪倒在地，大呼万岁，储位乃定！

就这样，圣历元年（698）三月二十八日，武则天命"具法驾，陈百僚，就迎之"！[①] 庐陵王李显终于再次回到了神都皇宫之内，虽然他还没有正式被册立为太子，但实际上已经标志着武则天皇位继承问题得以解决，李武太子之争以李氏胜利、武氏失败而宣告结束。

魏王武承嗣看到大势已去，想想自己为了冲击太子之位绞尽脑汁、使尽手段、干尽坏事，没想到最后竹篮打水一场空。而那可恶的老狐狸狄仁杰，酷吏没把他整死，贬官没把他郁闷死，回到朝廷对自己还客客气气，结果暗中把自己的事儿全给毁了，终于把庐陵王鼓捣回来了！他又气又恨又恼又怒，怏怏一病不起，没出半年抑郁而死。这真是机关算尽太聪明，反误了卿卿性命，落了个白茫茫大地一片真干净啊！

那武则天为何不马上册立李显为太子呢？武则天还在等时机。一来，需要让李显在神都熟悉一下现在的朝局，毕竟他离开皇宫十四年了，怎么也要有个适应期；二来，武则天还要等另外一个儿子皇嗣李旦，需要他主动逊位，这不能用武力威逼，也不能去做工作，得让他自己明白事儿，自己主动提出，才算完美解决；第三，也是最重要的，武则天要等一下边关局势的发展。原来，此时突厥的默啜可汗又蠢蠢欲动了。

[①] （宋）司马光《资治通鉴考异》卷十一 引（唐）李邕《狄梁公传》

第十五章　狄公挂帅

一份奏疏引发的争议

上文说过，契丹之乱被平息之后，突厥渔翁得利，壮大起来。为了防备突厥乘虚而入，武则天在当时任命狄仁杰做了两个多月的幽州都督。然后，狄仁杰就被召回朝廷，二次拜相了。朝廷正发兵戍守疏勒四镇（即安西四镇），百姓怨苦。而吐蕃遣使要求武周弃置安西四镇。狄仁杰又刚刚经历对河北的安抚和在幽州的考察，对边疆戍卒和边镇百姓的困苦深有感受，所以，看到这种情况，他立刻给武则天上一份千言奏疏，其中因涉及请撤安西四镇之议，一时引起朝中争议，也引得历代史学家的批评，甚至有人称此议是狄公一生的白璧微瑕。

狄仁杰的奏疏原文如下：

臣闻天生四夷，皆在先王封疆之外。故东拒沧海，西隔流沙，北横大漠，南阻五岭，此天所以限夷狄而隔中外也。自典籍所纪，声教所及，三代不能至者，国家尽兼之矣。此则今日之四境，已逾于夏、殷者也。诗人矜薄伐于太原，美化行于江、汉，则是前代之远裔，而国家之域中。至前汉时，匈奴无岁不陷边，杀掠吏人。后汉则西羌侵轶汉中，东寇三辅，入河东上党，几至洛阳。由此言之，则陛下今日之士宇，过于汉朝远矣。若其用武荒外，邀功绝域，竭府库之实，以争硗确不毛之地，得其人不足以增赋，获其土不可以耕织。苟求冠带远夷之称，不务固本安人之术，此秦皇、汉武之所行，非五帝、三皇之事业也。若使越荒外以为限，竭资财以骋欲，非但不爱人力，亦所以失天心也。昔始皇穷兵极武，以求广地，男子不得耕于野，女子不得蚕于室，长城之下，死者如乱麻，于是天下溃叛。汉武追高、文之宿愤，藉四帝之储实，于是定朝鲜，讨西域，平南越，击匈奴，府库空虚，盗贼蜂起，百姓嫁妻卖子，流离于道路者万计。末年觉悟，息兵罢役，封丞相为富民侯，故能为天所祐也。昔人有言："与覆车同轨者未尝安。"此言虽小，可以喻大。

近者国家频岁出师，所费滋广，西戍四镇，东戍安东，调发日加，百姓虚弊。开守西域，事等石田，费用不支，有损无益，转输靡绝，杼轴殆空。越碛逾海，分兵防守，行役既久，怨旷亦多。昔诗人云："王事靡盬，不能艺稷黍。""岂不怀归，畏此罪苦。念彼恭人，涕零如雨。"此则前代怨思之辞也。上不是恤，则政不行而邪气作；邪气作，则虫螟生而水旱起。若此，虽祷祀百神，不能调阴阳矣。方今关东饥馑，蜀、汉逃亡，江、淮以南，徵求不息。人不复业，则相率为盗，本根一摇，忧患不浅。其所以然者，皆为远戍方外，以竭中国，争蛮貊不毛之地，乖子养苍生之道也。

昔汉元纳贾捐之之谋而罢珠崖郡，宣帝用魏相之策而弃车师之田，岂不欲慕尚虚名，盖悼劳人力也。近贞观年中，克平九姓，册李思摩为可汗，使统诸部者，盖以夷狄叛则伐之，降则抚之，得推亡固存之义，无远戍劳人之役。此则近日之令典，经边之故事。窃见阿史那斛瑟罗，阴山贵种，代雄沙漠，若委之四镇，使统诸蕃，封为可汗，遣御寇患，则国家有继绝之美，荒外无转输之役。如臣所见，请捐四镇以肥中国，罢安东以实辽西，省军费于远方，并甲兵于塞上，则恒、代之镇重，而边州之备实矣。况绥抚夷狄，盖防其越逸，无侵侮之患则可矣。何必穷其窟穴，与蝼蚁计校长短哉！

且王者外宁必有内忧，盖为不勤修政故也。伏惟陛下弃之度外，无以绝域未平为念。但当敕边兵谨守备，蓄锐以待敌，待其自至，然后击之，此李牧所以制匈奴也。当今所要者，莫若令边城警守备，远斥候，聚军实，蓄威武。以逸待劳，则战士力倍；以主御客，则我得其便；坚壁清野，则寇无所得。

自然贼深入必有颠踬之虑，浅入必无虏获之益。如此数年，可使二虏不击而服矣。①

狄仁杰的这份奏疏的前提是什么？是大周朝刚刚打了一年多的大仗，才把北边的契丹平定，而这一仗几乎是倾举国之力，动用兵力之多，损失之重，几乎是建唐后之最。河北残破、人民遭殃、国威受挫，令人痛心疾首。而目前突厥壮大，虎视眈眈。所以，狄仁杰才有此奏疏。其主旨是反对唐太宗以来的扩张国策及因此而构建的大战略，"只是大家都被他主张放弃四镇的说法吸引住，而转移了问题的焦点"②，雷家骥先生在他的《武则天传》里的这句话说到了点子上。

狄仁杰的担心让我想起了近代黄炎培与毛泽东有名的"窑中对"的故事，黄炎培提出了历史周期律的问题，其中有句话其实就是当时狄仁杰的担心："也有因为区域一步步扩大了，它的扩大有的出于自然发展；有的为功业欲驱使，强求发展，到干部人才渐渐竭蹶，艰于应付的时候，环境倒越加复杂起来了，控制力不免薄弱了。"

安西四镇，前文曾经提到过，分别是龟兹（今新疆库车）、于阗（今新疆和田西南）、疏勒（今新疆喀什）、碎叶（今吉尔吉斯斯坦托克马克市附近）四镇。从今天的地理位置上来看，您就知道它们离大唐统治中心有多远了，在唐初它们属于高昌国。

可是唐太宗时，高昌国的国王麴文泰狂妄，倚仗西突厥给他撑腰，公然切断丝绸之路，让西域诸国无法与大唐通商。他为什么那么大胆？就是觉得高昌离大唐太远了，他说："唐去我七千里，碛卤二千里无水草，冬风裂肌，夏风如焚，行贾至者百之一，安能致大兵乎？"③结果他没想到，他遇到的是"天可

---

① （后晋）刘昫《旧唐书》卷八十九 列传第三十九
② 雷家骥著《武则天传》
③ （宋）欧阳修、宋祁《新唐书》卷九十四 列传第十九

汗"文治武功的唐太宗，打的就是你们这些狂妄不服的人。一下，高昌被唐朝灭国。

唐太宗就在高昌国设置了安西都护府。后来，唐军进驻龟兹国，又将安西都护府移至龟兹国都城，同时在龟兹、焉耆（今新疆焉耆西南）、于阗、疏勒四城修筑城堡，建置军镇，对西域进行管理和控制，由安西都护兼统，故简称安西四镇。调露元年（679），在唐安抚大使裴行俭平定匐延都督阿史那都支等人的反叛后，以碎叶水旁的碎叶镇城代焉耆。从此安西四镇就成了碎叶、龟兹、于阗、疏勒，一直延续到武周时代。

安西四镇对中原政府抚慰西突厥，保障丝绸之路畅通，巩固西北边防，都起到十分重要的作用，自然也是西突厥、吐蕃等这样比较大的势力往中原扩展的绊脚石了。所以，安西四镇从设立以来就是西北部各势力斗争的焦点，中原王朝也根据西域形势对安西四镇时置时罢：

高宗永徽元年（650），罢四镇，安西都护府也迁回西州；

显庆二年（657），唐政府平定了西突厥阿史那贺鲁的叛乱。次年，安西都护府又迁回龟兹城，四镇随之恢复；

咸亨元年（670）四月，吐蕃攻陷龟兹拨换城，四镇再罢；

调露元年（679），吏部侍郎裴行俭擒西突厥阿史那都支，四镇复置，以碎叶代焉耆；

永隆元年（680）七月，吐蕃攻陷四镇；

垂拱二年（686），弃安西；

武周长寿元年（692），王孝杰等率军击破吐蕃，收复四镇。在接受安西四镇几度失陷的教训后，朝廷为巩固西疆的边防，遣军三万人常驻四镇，从此安西四镇的形势稳定下来。

后来契丹叛乱，吐蕃趁机向武则天请和，但提出要武周撤去安西四镇守兵并索取十姓之地的苛刻要求，武则天不是采用郭元振的纵横之术，暂时把吐蕃给拖住了吗？但三万兵马放在大漠实在对吐蕃威胁太大了，这让吐蕃寝食不安，仍然多次遣使前来交涉议和，希望武周弃置安西四镇。

正是在这个背景下，狄仁杰才上疏主张放弃安西四镇。这可不是狄宰相惧怕吐蕃，他有他的着眼点和理由：

首先，他认为夏夷有别，中国守住本土就好，如果过分开拓，有违上天划分的原则。这一点，我们现在看当然觉得有些莫名其妙，好像不是什么理由。但要知道，在古代，这是儒家读书人普遍的认知，中国为天下之中，四周为外夷，大家应该各守安分，这就叫顺天应民。何况，狄仁杰认为现在唐朝的疆域已经相比汉代大得多了，真的需要那么大吗？不需要。

其次，他认为从历史上看，秦皇汉武穷兵黩武，结果使得民不聊生、死者如麻、天下造反、府库空虚。而近几年，朝廷连年出兵，消耗过大，百姓疲敝，得不偿失。所以，狄仁杰认为朝廷不应该把西域的不毛之地作为重点，而应该搞好内政，让百姓幸福指数提升，这样社会才会安定，才是国之根本。

鉴于以上两点，朝廷应该怎么做呢？作为宰相，狄仁杰自然不能只说世界观，不讲方法论。他接着提出了几点建议：

一、朝廷可效法当年太宗皇帝让李思摩复国的策略，让斛瑟罗为西突厥可汗，把安西四镇交给他，让他在那里代替朝廷统领诸藩，这样"国家有继绝之美，荒外无转输之役。"什么叫"继绝"呢？就是"兴灭继绝"的略语，即"使灭绝的重新振兴起来、延续下去"之意。这是古代中国一直自认的天命美德，它认为自己是华夏，是天下之中，番邦外夷都是附属的，华夏有义务保障爱护他们，如果哪个国家有危机了，我们有义务帮着维稳；哪个国家要亡国了，我们有义务扶持它起死回生。也就是说，中国是国际秩序的维护者。狄仁杰的这个建议说白了就是"以夷治夷"。

二、检讨和调整朝廷以往的进攻性国防政策，改正为防御性国防政策。这也就是因为唐初地盘扩张得太大了，后劲不足，才使得高宗时期危机四起。而且东西两线作战，实在让帝国负担太重。问题是，也不是每次都打胜仗，屡屡受挫。所以，狄仁杰建议"捐四镇以肥中国，罢安东以实辽西，省军费于远方，并甲兵于塞上。则恒、代之镇重，而边州之备实矣。"

三、巩固边防，以逸待劳，保障国家安全。也就是"令边城警守备，远斥候，聚军实，蓄威武……以主御客……坚壁清野"。这样敌人到来，深入就得吃亏，浅入得不到便宜。用不了几年，东西二敌不战自降。

狄仁杰反对穷兵黩武扩张进攻性的国策、建议养民安国的国策是符合儒家一贯的"仁政"思想的，是"民为贵"的精神的体现。其实，不光是他，在他之前太宗时期的名相魏征，之后玄宗时期的名相姚崇、宋璟都持这样的观点。所以，这种观点是儒家士大夫普遍的观点。这种观点在中国历史上一直存在，有时是积极的，比如汉武帝晚期，儒生对汉武穷兵黩武的批评，让汉武帝最终下达"罪己诏"，结束了战争，国家百姓才得以休养生息；有时也会误事，一味地强调"只有自己强大了，别人才不敢欺负"，不敢在敌人面前亮剑，忘掉了"斗争"，反而让敌人得寸进尺。

所以，观点的正确与否是需要辩证看待的，是此一时也彼一时的。我们自然不能怀疑狄仁杰是出于恶心歹意的，他也是出于仁心，是心存社稷的、真挚的建议。但是，他毕竟不是军事家，所以，他只看到了镇守四镇的艰难，没有看到弃守四镇的危害。正如同谁都知道边关卫士艰辛，一个海岛、一个山岗，甚至就孤零零的一个哨兵，风吹日晒地驻守，很辛苦、很心酸。但我们能不能心存怜悯地给他撤下来？我们干吗守一个孤岛、一个鸟不拉屎的山岗啊？我们不能撤！哨兵在那里站着，就宣示着我们神圣的主权，就保卫着我们广大的内地。要知道，内地和边疆本身就是相对的概念，边防线越长，内地越广；边防线收缩，内地自然减少，而且原本是内地的一些区域自然又变成了边疆。

很多有名的儒家士大夫都是和平主义者，狄仁杰也不例外。纵观狄仁杰的一生，安抚是他的专长，维稳是他的专业，他一向反对战争，爱好和平。但我们要知道，和平不一定是和平达成的，很多和平是斗争达成的。一味地只讲和平，不讲斗争，是理想主义、空想主义，注定要吃亏的。

所以，狄仁杰的建议一经提出，立刻引发了朝臣的争议，支持的就不说了，反对的声音也特别尖锐，最具代表性的就是右史崔融，他也给武则天上了一道奏疏，针锋相对地批驳狄仁杰的主张，他认为：

一、外族威胁自古有之，"五帝不能臣，三王不能制，兵连祸结。无代不有。"也就说外族威胁、入侵是中国长期面临、从未消除过的客观事实。不因为你退让，你撤了军镇，你不去主动面对，它就能消失。既然这样，你就应该主动积极地去面对嘛。

二、针对狄仁杰建议检讨和摒弃的太宗皇帝以来的进攻性国防政策，崔融却进行了积极肯定。他认为恰恰是高宗放弃安西四镇使得国家失去了西北屏障，"吐蕃果骄，大入西域。焉耆以西所在城堡无不降下。遂长驱而东，踰高昌壁、历车师庭、侵常乐界、当莫贺延碛，以临我敦煌。"吐蕃一下打到了河西走廊的西大门敦煌，给国防造成了重大威胁。即使女皇派兵迎击，但也因为这些经略基地丧失，以及四镇放弃补给线变长，而遭受挫败。

三、四镇废弃容易，再想恢复就困难了。"今若拔之，是弃已成之功，忘久长之策。"崔融直接批评狄仁杰废弃四镇之议是一种短视，没有用战略眼光看问题。而且，他尖锐地说了一句："小慈者，大慈之贼。前事者，后事之师！"他这句话说得非常重，也应该特别伤狄仁杰的自尊。其实对于儒家来说，"爱民"是"大慈"，他们可能并没想过有时的"劳民"才可能是长久地"爱民"，这就是个哲学问题，这就得用战略大眼光去放眼看才可能理解。这就如同某些人一提到战争便首先悲天悯人地说："每个战士都是条生命啊"一样。话正确吗？正确！但你这叫"小慈"，慈不带兵！妇人之仁的小慈就是大慈之贼！是会误大事的！如果撤掉安西四镇，"则狂寇益赡，必兵加西域"。西域诸国不敢对抗吐蕃，必然动荡。这时南羌再乘机与吐蕃勾结，河西就危殆了。"河西危，则不得救矣。方须命将出师，兴役动众。向之所得，今之所劳。向之所劳，今之所逸。"未来的安宁，就需要今天的劳累；今天如果安逸了，未来就得倒霉。所以，提出撤掉安西四镇建议的人"忧其劳费，念其险远。曾不知蹙国灭土，春秋所讥。杜渐防萌，安危之计！"

四、现在朝廷在西域是有属国和军队部署的,就战略地缘而论,支持西域就必须控制莫贺延碛。"莫贺延碛者,延袤二千里,中间水草不生焉。此有强寇,则难以度碛。汉兵难度,则碛北、伊西、北庭、安西及诸蕃无救。无救则疲兵不能自振,必为贼吞之。又焉得悬军深入乎?有以知通西域艰难也。"①上述之地如若不救,吐蕃和东突厥接下来肯定会交侵河西走廊,这样凉州以西就危险了。

因此,崔融认为"拔旧安西之四镇,委难制之西蕃,求绝将来之端"是万万不可的。而且这些反驳之言,是经过五六日的深思熟虑、考虑再三才决定上的疏(毕竟直接跟宰相杠上啊)。

这次争议其实也是武则天执政以来国策不明确、不坚定的一种反映。因为女皇执政后的很长一段时间,她的主要心思都放在对内稳固自己皇位上面了。所以,面对外部,女皇一直没有一个统一、明确、坚定的国策,是要担负起维持世界(东亚)秩序的盟主责任而强势对待那些捣乱分子呢,还是要保持养民内敛对外采取被动防御政策呢?女皇的立场似乎很不明确。立场不明确,就导致外敌侵扰时,女皇经常进退失据,也同时让朝臣亦有首鼠两端之惑。

至少现在武则天明白过来了,这个明白也是教训得来的。狄仁杰所谓的以夷治夷,武则天不是没有尝试过。垂拱元年(685),武则天就立西突厥王族阿史那元庆为昆陵都护、兴昔亡可汗,立阿史那斛瑟罗为蒙池都护、继往绝可汗,让他们统治西突厥之地,罢弃四镇。结果,两人内不能安抚突厥部落,外不能抵御吐蕃,朝廷又没给予及时而积极的救援,最后二汗沦没、兵临国门,果然像崔融所说那样劳更多民、伤更多财再去挽救危机。哪能有狄仁杰想的"国家有继绝之美,荒外无转输之役"的美事儿了,那简直只有"国家无继绝之美,荒外有转输之役"的尴尬了!

所以,这一次,武则天并没有采纳狄仁杰的建议。而后来的历史证明,安

---

① 以上援引见(宋)王溥《唐会要》卷七十三 《安西都护府》

西四镇确实对中原王朝起到重要作用。安史之乱时，由于西北唐军主力内撤勤王，无力守卫安西四镇，致使吐蕃乘机占领了西域和河西走廊，甚至一度攻克长安。

既然决定不弃置安西四镇，那怎么对付吐蕃呢？女皇仍然采取奉宸监丞郭元振的纵横术跟吐蕃谈判、敷衍、搪塞，直到等来了吐蕃内乱，论钦陵被杀，吐蕃对中原朝廷的威胁也暂时消除了。

虽然，狄仁杰"弃置安西四镇"的大战略在当时是不可取的。但他在奏疏上所说的"令边城警守备，远斥候，聚军实，蓄威武……以主御客……坚壁清野"等加强边关防守的战术是非常正确的，也是他在幽州认真调查的结果，更是防范突厥应该注意的。可惜，由于大家的视线全被"弃置安西四镇"给引过去了，没看到狄宰相这一闪亮的建议，没有引起武则天足够的重视，边防依旧空虚。这就给了突厥可乘之机了。

突厥的借口一箩筐

圣历元年（698）六月，武则天依之前对突厥默啜可汗之允，命武承嗣之子淮阳王武延秀入突厥倒插门儿，娶默啜之女为妻，还命豹韬卫大将军阎知微、右武卫郎将杨齐庄携带大批金帛作为聘礼。历经将近两个月，他们来到了突厥黑沙南庭。

此时的默啜自恃实力增强，早就想再对中原用兵了，所以，故意找碴儿说："我本来想是把闺女嫁给李家天子儿，没想到，你们居然派了个武家儿来，这能算天子儿吗？我突厥世代降附李家，受李家之恩。我听说李家皇室尚有二子在，我要率兵助其重新掌权登基！"说完，默啜马上扣押了武延秀。任命早已经对突厥屈膝的阎知微为南面可汗，告诉他："等我兵发中原之后，让你管理中原之人。"同时，赐给同阎知微一起来突厥的手下人五品、三品章服。

其实，什么不满意嫁武家子，要嫁李家子？这纯属默啜的借口而已。你就算让李显、李旦的儿子去迎娶，默啜还会有其他的理由。果然，默啜马上命人给武则天发来了檄文，列出了五大罪状：一、你给我的谷种都是蒸熟的，种上根本不能发芽，你这是要使我一年无粮啊；二、你给我的金银器都是假冒伪劣产品，根本不是金银做的；三、我上次赐给你们使者的绯紫章服都被朝廷剥夺了；四、你给我的那些缯帛都稀疏不紧密，全是次品；五、我女乃可汗女，应嫁天子儿，武氏小姓，跟我门不当户不对，居然敢到我突厥来骗婚，真是可恶！你武则天有此五大罪状，是可忍孰不可忍，我默啜可汗将吊民伐罪、替天行道，出兵讨伐于你，首先就取你河北之地！

默啜不但狂妄，而且立刻赴之行动，发兵攻袭静难、平狄、清夷等军及河北沿边诸城。没想到，刚一接触，静难军使慕容玄崱率兵五千就投降了。这下突厥军势大振，继续深入，进寇妫（治今河北怀来东南）、檀（治今北京密云）等州。河北一带烽烟再起、战火重生！

由于武则天并没有重视狄仁杰奏疏当中有关"边城警备"的建议，一旦突厥入寇，河北诸州城池不固、军械不备，顿时大乱。诸州官员纷纷征发正在秋收的百姓修筑城防，顾此失彼，成熟的谷物难以归仓。唯有卫州（治河南卫辉）刺史敬晖学习契丹之乱时狄仁杰在魏州做法，一边严防死守，一边放百姓回家务农，他说："吾闻金汤非粟不守，奈何舍收获而事城郭乎？"[①]卫州百姓大悦。狄仁杰自然很欣赏这样的举动，后来，狄仁杰担任宰相之后，就推荐敬晖担任了夏官（兵部）侍郎。

武则天闻听突厥入寇，勃然大怒，马上以侄子司属卿武重规为天兵中道大总管，右武卫将军沙吒忠义为天兵西道总管，幽州都督张仁愿为天兵东道总管，将兵三十万迎敌；又以左羽林卫大将军阎敬容为天兵西道后军总管，将兵十五万为后援。女皇的讨伐外族的战争似乎都是这样，想用人海战术一举把敌人消灭。但无论是契丹，还是突厥，都是擅长马术的游牧民族，行动快、机动

---

① （宋）司马光《资治通鉴》卷第二百六　唐纪二十二

强,忽东忽西、进退迅速。朝廷军队以步兵为主,往往会被人家牵着鼻子跑。再说了,突厥和武周的边境线太长了,你把大军团集中到河北,其他地方兵力就不济。人家突厥跑得快,一看你来这一点了,我不跟你打,人家驳马去另外一点抢掠去了,你根本追不上人家。果然,默啜见河北官军势大,人家打不过就跑,转而进攻蔚州(治今山西灵丘)、寇飞狐(今河北涞源),仅两天就攻陷了定州(治今河北定州)。定州刺史被杀,全州百姓遭了殃了,突厥在那里烧杀抢掠,杀死吏民数千人,制造了人间惨案!

武则天气坏了,恨不能一下抓住这个看不起武家的默啜,但又很难抓住他。所以,武则天一生气,就施展出来了她的必杀技,什么?给人改名字!她又把默啜改成了"斩啜"了,那意思就是"挨千刀的啜"!并传令:"谁能斩斩啜,朕就封谁为王!"

但以往经验一再证明,女皇的这个必杀技基本属于鸡肋,一点用没有啊。没过几天,突厥攻陷赵州。女皇大惊,马上任命沙吒忠义为前军总管,李多祚为后军总管,火速率兵攻伐默啜!

可惜,这几员将领虽然手握重兵,但畏惧突厥,进兵迟缓。朝廷诏令再三催促,他们才磨磨蹭蹭来到赵州境内。按说都看到突厥军了,是不是赶紧列阵攻击啊?没有!这双方在赵州来了个"相看两不厌"。面对怯战的官军,默啜更加嚣张了,他指挥突厥军到处烧杀抢掠,如入无人之境!

面对如此危急的局势、如此低迷的士气,狄宰相一则以忧一则以喜。忧,当然是为局势担忧;喜,那是他敏锐地感觉到庐陵王的机会来了!

狄公挂帅出征

当边关发生战乱的时候,武周朝廷内部也出现了重大变化。

圣历元年(698)八月,太子太保魏王武承嗣抑郁而死,武则天下旨将其厚葬。两天后,武则天便以春官尚书武三思为检校内史,让狄仁杰兼纳言。

这种人事任命透露出女皇目前的心态，那就是虽然她已经决定让儿子作为皇权继承人，但也希望武家仍然能世代荣华。她希望李、武两家能够共荣共存，这可以说是武则天晚年最大的一个心愿。所以，这次狄、武共为宰相，就是武则天在平衡两方力量。对此，狄仁杰看得非常清楚。他心中暗暗警惕起了武三思，或许今后此人才是自己最大的对手！

武三思何尝不是这样想的呢？武承嗣一死，他就成了武家子弟中权势最大的了。此人比起哥哥武承嗣可阴险得多，城府也深得多。他知道此时势不在己，尤其还有狄仁杰这个老狐狸，自己未必是他的对手，于是暂时将自己的锋芒收敛，伺机再动吧！

武则天为侄儿武三思的不再折腾感到非常欣慰，认为他很懂事。而更让她欣慰的是她另一个儿子李旦的懂事。

皇嗣李旦见哥哥李显被迎回神都，又听说母亲对狄仁杰说"还卿储君"，他就明白母亲已经决定立哥哥李显为太子了。听到这个消息后，李旦欣慰地笑了，因为他再也不用做噩梦了，什么太子、什么皇帝对他来说已经毫无吸引力了，因为他早已把自己的底线拉到了"活着就成"，所以对争名夺利，李旦淡了。这种思想一直伴随了他的后半生，直到后来太平公主跟他儿子李隆基斗得你死我活之时，太平公主想挑拨离间李旦与李隆基父子关系，说："李隆基想要你的皇位！"这要是放到一般皇帝身上，肯定跟儿子翻了。可李旦如何呢？李旦微微一笑："别抢了，我主动给他不就完了！"然后他主动让位，太平公主顿时石化。现在更是这样，既然母亲想让哥哥当太子，我得赶紧成全。所以，李旦屡次请求逊位，我要把皇嗣之位还给哥哥。

开始由于庐陵王还在熟悉期，武则天没有许可。现在半年快过去了，武则天认为时机到了，于是允可了李旦逊位。然后于圣历元年（689）九月壬申日，册立庐陵王李哲为皇太子，恢复原来的名字李显，大赦天下！而且，一天后，即甲戌日，武则天命太子为河北道元帅以讨突厥。

李显这个从未统过兵、掌过军的懦弱、无能之人居然被武则天授予兵权，让他讨伐突厥，武则天是不是疯了？

武则天一点也不疯，她的这个决定应该是她长期谋划的，且由狄仁杰鼓动的结果（仁杰前后匡扶奏对凡数万言①）。起码有如下理由：

一、太子挂帅，堵塞突厥之口，使其出师无名。突厥默啜不就是喊着突厥受到李唐之恩，不忍见李氏尽灭，打着报恩"辅立李氏"的旗号起兵的吗？现在我让李显重为太子，"李氏尽灭"不攻自破，李氏已立，你再兴兵，就没有了正义的旗号了，就完全是侵略了，在百姓那里就不会有半点同情可得了。

二、李显确实懦弱、无能，即使册立其为太子，对社稷若没有大功，太子之位和未来的皇位也不会稳固。之前他在做皇帝的时候，只是想封老丈人做宰相，就被裴炎怼成那样，还被自己拉下了台。除了自己的权势太大为主要因素，也和李显对社稷无功、难以服众有很大关系。换成太宗皇帝，他爱封谁封谁，江山是人家打下来的。正好，突厥进犯，这是太子建功的最好时机。

三、现在前线官兵士气低迷，急需朝廷有利好消息振奋军威，太子挂帅，大唐眼看要复兴，这一仗就是基础，谁不人人奋勇、个个争先呢？

四、前方自己侄子的表现实在太糟。这一回为了抵御突厥，武则天又把侄子武懿宗派出去了。当然，有过上一次的教训，这次武则天没让他统兵抵御突厥，怕他再夹豕南窜，而是给了他一项重要的后勤工作，就是招兵买马。结果，老百姓一听是武懿宗招兵，这个残害百姓的恶魔！老百姓都不来报名。武懿宗招了一个多月，就招上来几百人。这个成绩实在让武则天脸面无光，也心急如焚。看来，武家招牌确实不行了，换上李家招牌看看如何。

五、至于李显无能、威望不足这一点，武则天、狄仁杰早已考虑好了。李显只不过是"李唐"的一面大旗、一块招牌，还真让他亲身犯险？一个重大

---

① （后晋）刘昫《旧唐书》卷八十九　列传第三十九

项目，往往是某个大领导前头挂帅，而具体常务肯定会交给某个有能力的人物担当。这一次也一样。虽然名义上河北道行军大元帅是李显，其实他连神都都不用出，所谓"坐镇指挥"吧。真正服其劳的正是以狄仁杰为核心的执行团队。李显被任命为太子数日后，武则天又公布了执行团队核心成员名单，那就是，以宰相狄仁杰为河北道行军副元帅，右丞宋玄爽为长史，右台中丞崔献为司马，左台中丞吉顼为监军使……您看，配备的都是当时了不得的朝廷大员。而狄仁杰虽然是副元帅，但"知元帅事"①，授便宜行事之权，是实际的大元帅。即所谓的"太子挂帅"其实是"狄公挂帅"！所以，太子无能不怕，狄公之贤可补。

其实，笔者认为，武则天在有了"迎回庐陵王"想法的那一刻起就做好了让李显未来迎击突厥的准备，也就是说这位母亲早就打算将此功给这个儿子，以助其位稳固。您还记得吗？武则天是派谁去迎接庐陵王的？是职方员外郎徐彦伯。职方员外郎是兵部职方司的小官，但职务特殊，掌天下地图、城隍、镇戍、烽堠等事。也就说，边关有变，烽堠狼烟一起，他最先得到报告。所以，他掌握边关最新的、第一手的资料！自然对边关局势非常了解。武则天派他去接庐陵王，应该有个任务就是让他在路上将突厥蠢蠢欲动的情况给李显做一详细交代，让李显迅速掌握目前的国防状况。这就是武则天的未雨绸缪。还是那句话，虽然搞军事并不是武则天的强项，但搞政治，那确实是一把好手。

果然，"太子挂帅""狄公掌印"的决策起到了立竿见影的效果。百姓们是踊跃参军，没过几天，就招募了五万多人。武懿宗都得臊死！此举，让武则天再次看到了民意。

人马凑足十万之众后，狄公披挂整齐，大军即将开拔。武则天破天荒地亲自到郊外为狄仁杰践行！可见她对河北局势的关切和对狄仁杰寄予的厚望，同

---

① （宋）司马光《资治通鉴》卷第二百六　唐纪二十二

时，也不能不说女皇心疼这位狄国老！多大年岁了？六十八岁高龄，年近古稀，为国为民为太子，不辞劳苦，披甲出征，怎能不让女皇感激、动容！她给狄公敬酒，预祝大军旗开得胜、马到成功！

狄仁杰领兵出征，在外为太子建功。朝中之臣也一直在为巩固太子之位努力着。当时，蓝田县令、名将薛仁贵之子薛讷，被武则天升为左威卫将军、安东道经略，要离开京城之时向武则天进言说："虽然陛下您已经立太子，但外面仍有很多人疑虑不定、议论纷纷。请陛下立太子的命令要坚定不改变，这样的话，就不用担心突厥不能平定了。"武则天点头表示赞同。这时，内史王及善趁热打铁，请求让太子和群臣一起在外庭朝见太后，也就是让太子政治身份公开化、参与朝廷奏议，以安定人心。武则天也欣然答应了。

这样，内外用功，真如女皇所愿，狄公受命于败军之际、奉命于危难之间，宰相出马，一个顶俩，官军还没有与突厥接触呢，默啜可汗便带兵跑了。

默啜怎么突然撤了？一则，本来默啜就是突袭武周，既然得手，掠夺了大批财物、人口，再深入，战线拉长，以骑兵见长的突厥就没了太多的优势，反而后续补给跟不上；二则，他打的要辅立李家子的旗号没用了，师出无名了；三则，武周女皇真急眼了，各路大军涌来，现在还不是自己和武周决战的时候；四则，听说狄仁杰挂帅，虽然不知狄仁杰军事指挥水平如何，但此人在河北颇得民心，政治上自己搞不过他……基于这些考虑，默啜觉得不如见好就收，于是下令从五回道撤兵。临走之时，他居然下令尽杀所掠赵、定等州男女万余人，一路杀掠不可胜数！

但就这样，其他官兵都不敢追击。唯独狄仁杰不顾疲劳，率十万之众随后追赶。但突厥都是骑兵，撤得又早，哪能追赶得上。而且我认为，狄仁杰也绝非不明白这个道理，这种追赶的意义并不在军事上，而是在政治上。做出姿态，让天下人看看，太子挂帅的军队勇猛无比，将突厥追得猖狂逃窜，取得了重大胜利！

其实，这次默啜可汗取得了实际利益，他退回漠北之后，"拥兵四十万，据地万里，西北诸夷皆附之，甚有轻中国之心。"[①] 从此，不断寇掠武周北边。

武则天当然也对突厥加强了防范，在边防构建了防御军系统，严阵以待，随时应敌。而且，武则天命相王李旦（699年正月，李旦赐爵相王，领太子右卫率）遥领安北都护，继续用"李家天子儿"来堵默啜之口。又派魏元忠为并州大都督府长史、天兵道大总管，娄师德为副总管，长期屯守边境。甚至两度派相王为行军元帅，统兵迎击入寇的突厥。

武周的严防死守和频频出兵应敌，虽然使得武周边防军民疲惫不堪，但也让突厥默啜感觉到很大威胁，他也怕自己把这位女皇惹恼了，真的发倾国之兵对付自己，也够自己喝一壶的。所以，在长安三年（703）六月，默啜再次遣使向女皇重提和亲，为了国家安宁，武则天这一次以太子之子许婚，并礼待使者。这样，双方边境才算安宁了几年。

"维稳专家"再出手

河北战事消弭，并不等于河北事态平息。经过契丹之乱、突厥寇掠双重打击的河北大地满目疮痍，主要表现在以下几个方面：

一、此次战争正值秋收之时，除卫州在敬晖正确策略下，让百姓归田秋收之外，河北其他地方并没有采取这样的措施，诸州官员都把百姓征召入城修筑城防，致使河北收成大减。

二、突厥入寇，像契丹一样，用武力驱使大批百姓为其服役。突厥想让人更好地为其卖命，还给这些人授予了官爵。现在突厥撤了，这些服务过突厥的人怕官府秋后算账，纷纷逃匿山中。

---

① （宋）司马光《资治通鉴》卷第二百六　唐纪二十二

三、为了抵御突厥,官府在河北紧急征兵、征粮、加租、加税……让不少百姓拆屋卖田破了产。即便如此,官府仍不体恤,加重徭役,让百姓修建工事、制造武器,百姓稍有怠慢或不满,就会遭到官府逮捕拷打。百姓走投无路,纷纷逃亡躲避迫害。

四、突厥走后,百姓迎来了官兵。可没想到,官兵纪律涣散,借机污辱妇女、窃掠财物,甚至都不如突厥,给刚刚遭受突厥祸害的百姓雪上加霜。老百姓实在没有活路,要么选择了逃亡;要么官逼民反,揭竿而起,占山为王,反抗官军。

面对河北如此一个烂摊子,谁能迅速安抚,那就不用考虑了!肯定是"维稳专家"狄仁杰啊,何况他正在河北。武则天立刻任命狄仁杰为河北道安抚大使,让其迅速稳定复杂、混乱的河北局面!

狄仁杰有着丰富的经验,豫州、宁州、魏州、幽州,哪一次不如此?所以,狄仁杰马上就给武则天上了一道奏疏,干吗?提出安抚策略,请求尚方宝剑。你最高领导人得同意我的策略,将其上升成为国家策略才行。

狄仁杰的奏疏是这样写的:

朝廷议者皆罪契丹、突厥所胁从之人,言其迹虽不同,心则无别。诚以山东近缘军机调发伤重,家道悉破,或至逃亡。重以官典侵渔,因事而起,枷杖之下,痛切肌肤,事迫情危,不循礼义。愁苦之地,不乐其生,有利则归,且图赊死,此乃君子之愧辱,小人之常行也。又,诸城入伪,或待天兵,将士求功,皆云攻得,臣忧滥赏,亦恐非辜。以经与贼同,是为恶地,至于污辱妻子,劫掠货财,兵士信知不仁,簪笏未能以免,乃是贼平之后,为恶更深。且贼务招携,秋毫不犯,今之归正,即是平人,翻被破伤,岂不悲痛!夫人犹水也,壅之则为泉,疏之则为川,通塞随流,岂有常性!今负罪之伍,必不在家,露宿草行,潜窜山泽,赦之则出,不赦则狂,山东群盗,缘兹聚结。臣以边尘暂起,不足为忧,中土不安,此为大事。罪之则众情恐惧,恕之则反侧自安，伏愿曲赦河北诸州，一无所问。①

狄仁杰奏疏中所表达的是他一贯的维稳思想，那就是对于河北百姓，无论他们在战乱中是否附逆，既然现在他们重新回归朝廷，就是好百姓，朝廷要既往不咎，善加安抚，不能秋后算账，甚至残虐逼迫。如果"恕之则反侧自安"；如果"罪之则众情恐惧"，肯定聚结成盗寇。狄仁杰认为边关的突厥寇掠，其实并不足为忧虑。而国内局势的不安，这才是非常严重的大事。他认为"持大国者不可以小道，理事广者不可以细分"。②这就是老百姓都明白的"大人办大事儿，大笔写大字儿"的道理。作为大国的统治者不能小气吧啦、不能过分苛求细节，别跟百姓为了一点小事较劲，你较劲了，百姓害怕了，他们一旦铤而走险，你不就麻烦了吗？所以"人主恢弘，不拘常法"。皇帝得有大度量。希望武则天能够同意他这大度的安抚政策。

武则天对老百姓一直还是比较宽宏的，怎么会不同意狄仁杰的建议呢？马上下制从之！

狄仁杰得到女皇的支持，等于有了尚方宝剑，立刻实施自己制定好的几项具体措施：

一、在河北各地贴出告示，将皇帝制书公布于众，告诉逃亡的百姓，甭管你们因为什么事儿逃亡的，朝廷既往不咎，你们赶紧回归原籍，正常生活。

二、对于那些被突厥驱使过而离开原籍的百姓，命令官吏将他们找到、收拢护送回原籍。

三、由于河北因战乱欠收而缺粮，狄仁杰赶紧由外地调运粮食，散粮赈济。

四、由于河北几十万大军聚集，一方面日耗粮草甚多，跟百姓争粮。另一

---

① （宋）司马光《资治通鉴》卷第二百六　唐纪二十二
② （后晋）刘昫《旧唐书》卷八十九　列传第三十九

方面，军纪不好，很容易发生祸害地方的事件。所以，狄仁杰命令这些军队迅速该撤走撤走，该解散解散，同时为了加快军队撤离速度，狄仁杰命人赶紧整修驿道。

五、给河北诸军下达严令，绝不许侵扰百姓、绝不许向地方"妄求供顿"①，违令者杀无赦！别忘了，狄仁杰现在还挂着河北道行军副元帅呢，知元帅事，有便宜行事之权。也就说现在狄仁杰在河北如朕亲临，是钦差大臣，手握生杀予夺大权。兵随将令草随风，哪个胆大敢不听啊？而且，狄仁杰不光是用权力说话的，人家亲自带头做表率，"乃自食疏粝"！狄公这么大年岁，又是宰相，又是大帅！可为了不骚扰百姓，给地方添麻烦，人家天天吃粗粮。手下将士还有什么话说？这就叫以身作则！

狄仁杰不愧是"维稳专家"，几条政策一经实施，立刻起到了立竿见影的效果。逃亡的百姓返回了原籍，开始重建家园；山林的盗贼也纷纷放下兵器回归了普通百姓的身份；社会生产逐渐恢复起来；社会秩序逐步稳定下来……河北大地重现一片生机！

武则天大喜，但得知狄仁杰和普通战士一样风餐露宿、自食疏粝后，既感动又心疼。看到河北迅速稳定下来，她马上将这位干国忠良召回了神都。

而此时，武周外患暂消、内忧亦无。在这个相对的和平时期，狄仁杰将辅助女皇治理社稷，帮助大唐储备人才，同时也成就了他与女皇之间知己君臣的千古佳话！

---

① （宋）司马光《资治通鉴》卷第二百六　唐纪二十二

第十六章 知己君臣

深情的任命书

武则天真正和狄仁杰建立起亲密的君臣关系是在两者的晚年。此时的武则天已经不像之前那样充满了戾气了，因为威胁她的一些政治势力几乎都让她打倒了，她不用再花费太多心思在保卫自己的权力上，而可以更多地去关注国家社稷了。所以，人们发现，武则天这位女皇和中国历史上那些有作为的男性皇帝相比，有她的特点。那些男皇帝，哪怕是秦皇、汉武、唐太宗，都是年轻时雄才大略有作为，越老越糊涂，越老越暴戾。武则天却恰恰相反，她是早年为了夺取权力、保卫权力，用尽手段且无所不用其极。但越到老年越明白，政治也越来越清明。到了晚年，可以说君子满堂，国家在她的治理下蒸蒸日上，正为不久将来的开元盛世打下坚实的基础。而这是离不开名相狄仁杰的辅佐的。

中国历史上，有许多有名的君臣组合，如春秋时期秦国的秦孝公和商鞅、三国时代蜀汉的刘备与诸葛亮、南北朝时期北魏的苻坚和王猛、唐初的唐太宗与魏征，他们之间都有着让后世可歌可泣的故事。而武则天与狄仁杰这对君臣更为特殊。因为，武则天是中国历史上唯一的女皇，所以，她跟狄仁杰是异性君臣，同性君臣的关系都不好搞，何况异性君臣呢？可武则天与狄仁杰却相处甚好，他们之间的关系超越了男女关系、君臣关系，更像是一对知己老朋友，互相尊重、互相扶将。尤其是武则天，真正把狄仁杰视为可以倚重的知心人而能放心地交付一切之事。

从神功元年（697）闰十月，狄仁杰二次拜相，担任鸾台侍郎、同平章事；到圣历元年（698）八月，任检校纳言；再到久视元年（700）正月，任为内史（凤阁即中书省长官中书令）。几乎一年一迁，一迁比一迁官职重要。尤其是，武则天在《授狄仁杰内史制》上深情地说：

> 鸾台，訏谋房帷，秉钧之任为重；典综丝纶，挥翰之才是属。银青光禄大夫守纳言上柱国汝阳县开国男狄仁杰，地华簪组，材标栋干。城府凝深，宫墙峻邈。有八龙之艺术，兼三冬之文史。雅达政方，早膺朝寄。出移节传，播良守之风；入践台阁，得名臣之体。岂惟怀道佐明，见期于管乐；故以谒诚匡主，思致于尧舜。九重肃侍，则深陈可否；百辟在庭，则显言得失。虽从容顾问，礼被于皇闱，而基酌轻重，事隆于紫诰。宜迁掌闱之秩，式懋专车之宠。可守内史，散官勋封如故。主者施行！①

可以说，在这道制书中，武则天对狄仁杰不吝溢美之词。

武则天将其比作当世管乐！诸葛亮在隆中的时候不是自比管乐吗？人家狄仁杰比管乐可是别人说的。夸狄仁杰对君主挚诚匡扶，一心想把君主辅佐成尧舜。您琢磨琢磨"思致于尧舜"这句话，是不是很有意思？在这里武则天自己都很谦虚，那意思是说："狄仁杰是大贤，老想着把我辅佐成尧舜，哎呀，我不成啊……"

武则天说狄仁杰"城府凝深，宫墙峻邈"，这是夸狄仁杰持重，做宰相的必须是这样，泰山崩于前而色不变，麋鹿兴于左而目不瞬。狄仁杰是酷刑置于前而色不变，贼寇兴于左而眼不眨啊。"宫墙峻邈"典出《论语》，有人问子贡："你和你老师孔子谁更贤呢？"子贡说："用宫墙打比方吧。我就像一堵齐肩的墙，一抬眼就能窥见室家之好。而'夫子之墙数仞，不得其门而入，不见

---

① （宋）宋敏求编《唐大诏令集》卷四十四《授狄仁杰内史制》

宗庙之美，百官之富。得其门者或寡矣'。"①这就叫"宫墙千仞"。

我不是文学青年

武则天又说狄仁杰有"有八龙之艺术，兼三冬之文史"。这是夸狄仁杰的学识艺术。所谓"八龙"之典指的是东汉荀淑的八个儿子，因他们都是才子，声望很高，时人称为八龙。后来人们就用"八龙"比喻贤士奇才；"三冬文史"语出《汉书·东方朔传》，东方朔向汉武帝自荐时说："臣朔，少失父母，长养兄嫂，年十二学书，三冬文史足用。"夸赞狄仁杰文史足用。武则天并没夸奖狄仁杰"满腹经纶"，而只说"兼三冬足用的文史"，这一点评价非常客观。这与当时人张鷟评价狄仁杰的"粗览经史，薄阅文华"②是一致的。是在贬低狄仁杰学问不高吗？不但不是，还恰恰说明狄仁杰并非一个经学家或文学家，而是一个学以致用的经济之臣、大政治家。就像《三国志》所记载的诸葛亮那样，说诸葛亮年轻时与徐庶、石广元、孟公威一起读书，徐、石、孟三人读书是"务于精熟"，把书读精、读细、读烂了。而诸葛亮却"独观大略"，读书不求精而求博。宰相之才乃济世经邦之人，就是如此，视野宽，格局大，不做寻章摘句的学问，对于文史粗览即可，有三冬之学足矣，主要是灵活运用这些学问。对此，狄仁杰就曾经说过自己的看法。

有一次，武则天要狄仁杰推荐人才，狄仁杰就问女皇："陛下打算将此人用在何处？"武则天说了："朕想求一个出将入相之人！"狄仁杰说："臣料陛下若求文章资历，则今之宰臣李峤、苏味道亦足为文吏矣。岂非纹饰龌龊，思得奇才用之，以成天下之务者乎？"就是说："您要求文章写得好的，那现在的宰相李峤、苏味道足矣！"

---

① 《论语·子张》
② （唐）张鷟《朝野佥载》卷四

李峤、苏味道确实都是文章高手，二人并称"苏李"。李峤又与苏味道、杜审言、崔融合称"文章四友"，晚年成为"文章宿老"。可以说是武则天、中宗时期的文坛领袖。他的文章善于隶事用典，讲求骈偶，辞采华美，堪称大手笔。开元名相张说赞其文"如良金美玉"，唐玄宗也说他"早负辞学""真才子也"，《旧唐书》更称其文学为"一代之雄"。但是，李峤此人"有三戾，性好荣迁，憎人升进；性好文章，憎文才笔；性好贪浊，憎人受赂。"①他老想着升官儿，看到别人晋升，他就嫉妒；他文章写得好，看到别人有文才，他就泛酸；他喜欢钱，看到别人受贿，他就眼气。所以，这人格局不大，做宰相自然不太合格。尤其他后来依附二张兄弟，为朝臣所不齿。看来，官场是个大染缸，过去李峤多正直，可官越做越往下走了。

苏味道和李峤是同乡，都是赵州栾城（今河北省石家庄市栾城区南赵村）人，自幼聪颖，以文才知名，写文章往往"援笔而成，辞理精密，盛传于代"。后来一步步升为宰相。但是"前后居相位数载，竟不能有所发明"，只是混成了一个官场老油子。他还得意地向他人传授经验呢，说："处事不要想着决断明白，因为一旦有了错误，做事之人必定受到责罚。也就是不作为永远没有错。遇到事情，'担摸棱以持两端可矣'②！"您看，有这样做宰相的吗？遇到事情，为了不担责任，采取不作为、和稀泥、模棱两可的方法。于是，当时人就给他起了个讽刺的外号叫"苏摸棱"。

所以，《旧唐书》给李峤、苏味道一句评语，说他们俱为辅相，地位崇高，"观其章疏之能，非无奥赡，验以弼谐之道，罔有贞纯！"就说他们有极高的撰写奏章的水平，但是他们做宰相辅弼工作，差太多了。这样，"苏、李文学，一代之雄。有惭辅弼，称之岂同？"③《旧唐书》感叹：看来他们的文名和政绩是不能相称的。

---

① （唐）张鷟《朝野佥载》卷四
② 此段援引见（后晋）刘昫《旧唐书》卷九十四　列传第四十四
③ 此段援引见（后晋）刘昫《旧唐书》卷九十四　列传第四十四

大政治家狄仁杰对此看得很清楚，让我推荐人才，首先看你用在何处，你要是需要一个文章写得好的，不用推荐，李峤、苏味道随便用，好得很。你要是用将相之才，那就不要看他们的文章，而是看他们的经济之能，所以，狄仁杰向武则天推荐了张柬之。对此，后文还有介绍。

那么，"八龙之艺术"是不是夸大了狄仁杰呢？其实不然。从狄仁杰留下来的诗文作品来看，狄仁杰的文学水平还是不低的。

据《旧唐书·经籍志》记载，狄仁杰有《狄仁杰集》十卷；据《新唐书·文艺志》记载，狄仁杰还著有《狄氏家范》一卷。可惜的是，这些作品到现在只剩个书名了，原书没有流传存世。目前能见的狄仁杰的作品仅有《奉和圣制夏日游石淙山》这一首诗作，和《檄告西楚霸王文》《吁神文》《奏从越王举兵诖误免死表》《请拔安东表》《请罢百姓西戍疏勒等四镇疏》《请曲赦河北诸州疏》《谏造大像疏》《谏杀误斫昭陵柏者疏》《乞免民租疏》九篇文章了。

《奉和圣制夏日游石淙山》也是一首应制诗，就是臣子奉皇帝命令而写的诗文，主要功能在于娱帝王、颂升平、美风俗等。一般来说这种应酬诗文很难出现佳作。狄仁杰的这首诗作于久视元年（700）夏历五月十九日。当时正值夏天，武则天驾幸三阳宫避暑。三阳宫是武则天命人在告成县（今河南省登封市东南告成镇）东石淙山上建造的一座专用来避暑用的行宫，这年正月刚刚建成。四月，武则天想尝尝鲜，于是带着太子李显、相王李旦，以及狄仁杰、武三思、二张弟兄、李峤、苏味道、姚崇、崔融等臣子一起前来避暑。在游览石淙山时，武则天命大家各作诗一首，然后让奉宸大夫薛曜誊录刻石，此碑至今犹存，狄仁杰这首诗也得以保留。诗曰：

宸晖降望金舆转，仙路峥嵘碧涧幽。
羽仗遥临鸾鹤驾，帷宫直坐凤麟洲。
飞泉洒液恒疑雨，密树含凉镇似秋。
老臣预陪悬圃宴，馀年方共赤松游。

我们说了，应制诗一般难有佳作，但狄仁杰这首对仗还是比较工整的，尤其最后一句，让人感到了这位垂暮宰相的感叹。这一点与其他人的诗作相比，显得特别突出。

太子李显当然要表现自己是妈妈的好宝宝了，所以他说："永愿乾坤符睿算，长居膝下属欢情。"意思是我愿意永不长大，做个妈宝就成！

张昌宗就得表现我们二张愿永远陪伴女皇欢游仙境，所以他说："即此陪欢游阆苑，无劳辛苦向崆峒。"（张昌宗平常的应制诗一般是由宋之问、阎朝隐等代笔所作，此诗或许也是。）

相王李旦和武三思这两人，一个没有想争权的意思，一个是现在不能争权，所以写的都很平和，一个说："□愿紫宸居得一，永欣丹扆御通三。"一个说："对酒鸣琴追野趣，时闻清吹入长松。"

我们再看当时姚崇诗作的最后一句"别有祥烟伴佳气，能随轻辇共葱葱"，是不是体现出年富力强的宰相明星正在冉冉升起的生命活力！

其他臣子大部分最后一句都是奉承之言，乏善可陈，如于季子的"微臣献寿迎千寿，愿奉尧年倚万年"、阎朝隐的"五百里内贤人聚，愿陪闾阖侍天文"、苏味道的"天洛宸襟有馀兴，裴回周曬驻归銮"等等。

但甭管写得怎样，最后一句基本是向上的，是积极的。唯独狄仁杰的"老臣预陪悬圃宴，馀年方共赤松游"透露了丝丝的感慨和淡淡的忧伤，尤其"老臣"和"余年"二词体现了英雄迟暮的悲凉和时日不多的无奈……

现存狄仁杰的九篇文章，除了《檄告西楚霸王文》和《吁神文》之外，都是政论和表章，这些文章立论清晰、逻辑严密、层次分明、言之有物，不注重空洞华丽的辞藻和堆砌卖弄的典故，却有节奏音律鲜明的骈体文的精髓。所以，狄仁杰的文章肯定符合后世唐宋八大家所推崇的散文标准，在当时也是上乘之作。

另外，从目前唯一存世的狄仁杰亲笔书写的《大周故相州刺史袁府君墓志铭》上看，狄仁杰书法造诣非常之高。书法以虞世南书风为主，显得圆腴俊朗，又有褚遂良书风的舒展峻峭。同时运笔稳健，点画丰腴，骨力深藏，刚柔相济，别具一格。不愧"有八龙之艺术"！

国老原来是味药

《授狄仁杰内史制》上的"出移节传，播良守之风；入践台阁，得名臣之体"一句，可以说是对狄仁杰很高的评价，说狄仁杰是一位"出将入相"的贤臣。这不是虚话、套话，而是对狄仁杰长时间外放与中枢工作的客观总结。因而，武则天才把狄仁杰看作能"从容顾问"的股肱之臣，而使其礼被皇闱。狄仁杰的意义已经不只是一个能够辅佐武则天的能臣那么简单了，他的存在已经成为老年武则天的一个精神支柱了。

所以，史书上才有一句"太后信重内史梁文惠公狄仁杰，群臣莫及！"[①]这种信任和倚重是发自内心的，而不是出于某种任务、某种利益。试问，在当时，谁敢和女皇交心呢？女皇又敢和谁交心呢？武则天的心中一定会经常出现一句话："北斗以南，一人而已！"所以，此时的武则天叫狄仁杰时，不再呼之姓名，更不是一些电视剧上演的那样一声声呼唤"怀英"，而是"常谓之国老"[②]！

什么叫"国老"？有人说是退休的卿大夫老干部，所谓"国之卿大夫士之致仕者也"[③]。显然这个解释不符合狄仁杰，人家没退休呢；还有人说，国老就是顾问，如老年孔子在鲁国就被称之为"国老"，如果季孙氏有事儿问孔子，孔子不作答的话，季孙氏就发脾气斥责了："子为国老，待子而行，若之何之

---

① （宋）司马光《资治通鉴》卷第二百六　唐纪二十二
② （宋）司马光《资治通鉴》卷第二百六　唐纪二十二
③ （春秋）左丘明《左传·僖公二十七年》（唐）孔颖达　疏

不言也？"①批评孔子做顾问不干顾问的事。狄仁杰虽然做着"从容顾问"的事儿，但是有实权的，绝非退居二线的顾问；还有人说，"国老"指的是"国之重臣"，这个解释是恰当的。不过，我认为武则天口中的"国老"却还有更亲切、更尊重之意，其内涵要比一般的"国老"深得多，它还含有"帝师"之意。

有意思的是，古人把"甘草"这味中药称之为"国老"。这是为什么？我们看，甘草这味药很有意思，它出现在药方中的频率很高，东汉张仲景《伤寒杂病论》中二百多个方子，含甘草的便占了三分之二。所以，医家有言叫"十方九草"。用李时珍的话说是："甘草协和群品，有元老之功，普治百邪，得王道之化，赞帝力而人不知，敛神功而已不与，可谓药中之良相也。"他称甘草为"良相"。因为甘草"调和众药有效，遂有'国老'之名。"南朝陶弘景对此专门做了解释："国老即帝师之称，虽非君而为君所宗，是以能调和草石而解诸毒也。"

这"赞帝力而人不知，敛神功而已不与""非君而为君所宗""有元老之功"的"良相"不正是狄仁杰的真实写照吗？故，武则天称狄仁杰为"国老"，恰如其分！

既然是"国老"，便需要格外的爱护。武则天给予狄仁杰无微不至的关怀。

狄仁杰脾气倔，得理不饶人，常常为了国家大事向武则天当面直谏，虽然有些观点不合武则天的意，但看到狄仁杰偌大年纪还那么激动，为了国家还那么认真，武则天心疼狄仁杰，所以"每屈意从之"②。"屈意从之"这四个字用在性格刚强的武则天身上是不是难能可贵啊？武则天向谁低过头，而且是"每每"低头？也只有这位狄国老了。

有一次，狄仁杰随驾出游，突然吹来一阵风，把狄仁杰的帽子给吹掉了，

---

① （春秋）左丘明《左传·哀公十一年》
② （宋）司马光《资治通鉴》卷第二百六　唐纪二十二

没想到狄仁杰骑的马却惊了,带着狄仁杰就跑出去了。没把武则天吓死啊,慌忙之中命令太子李显:"快去把国老追来!别让马伤了他!"李显赶紧催马追赶,才把狄仁杰的惊马控制住。

当狄仁杰几次以年老多病而想告老还乡时,女皇都不准许:"你必须得给我在朝中待着。因为,有你在,我踏实啊。"当然,武则天马上给了狄仁杰特权,那就是狄公那么大年岁了,就不用值班了,让年轻人多值班去吧。武则天专门叮嘱朝臣:"自非军国大事,勿以烦公!"[①]不是特别重要的事儿,你们自己就处理好了,别什么事儿都烦我的狄公。由此可见,狄仁杰当时就是首辅宰相啊。而且,武则天告诉狄仁杰:"国老啊,以后你再见朕时就别下拜行礼了。因为只要我一看见你下拜,朕就觉得身子疼啊。"这哪是身子疼啊,这分明是心疼啊。

好朋友不让好朋友为难

狄仁杰为什么能让武则天对他"心近"呢?这不但是因为狄仁杰的能力,还因为狄仁杰对武则天的理解,而这种理解也是"每屈意从之",就是狄仁杰也不赞同武则天的行为,但狄仁杰能理解,由理解而"从之"不问了。比如,武则天的私生活。

武则天的私生活一直是她备受诟病的"污点"之一。说到底也不过是武则天找了几个面首、情人而已。这些事如果发生在古代任何一位男性君王身上,根本不是个事儿。只是由于武则天是女性,找几个男性伴侣,便被冠以"淫荡"之名了。这是中国长期处在男权主义统治下的必然思想。但凭心而言,在专制的封建社会,一个君王有多名性伴侣,是再正常不过的事情。想明白这回事儿,也便不觉得武则天有面首是那么的特别甚至恶心了。

[①] (宋)司马光《资治通鉴》卷第二百六　唐纪二十二

其实，史书上有记载的武则天的男宠并不多，前有薛怀义、沈南璆。晚年陪伴她的则是张易之、张昌宗。

武则天和薛怀义情感纠缠时，狄仁杰或在外为官、或短暂在京为官，而薛怀义当时在白马寺做住持，所以两人并没有什么太多的交集。

沈南璆是侍御医，没有什么参与政事的记录，他在武则天身边的时候，狄仁杰应该在彭泽做县令，所以也没什么交集。

与狄仁杰在朝中交集最多的还是二张兄弟。而武则天的面首里备受别人诟病的也正是这二张兄弟。二人不但是武则天的性伴侣，同时还因为"粗闲于道术"而成为武则天的保健医。由于他们的存在，使得七十多岁高龄的武则天仍然姿色风韵不减当年，甚至重新更换了牙齿、生出重眉，似乎有些返老还童之势，连左右亲信都察觉不到武则天的衰老。这当然有武则天先天的因素，女皇本来就天生丽质，而且精通化妆。但也不能不忽视异性情爱的因素。后来神龙政变，张柬之等杀了二张，武则天也被软禁在上阳宫中，没几日，武则天便像换了个人似的，衰老得不得了。从这点上也能反映异性的滋润对武则天的健康和容颜起到了很大作用。

所以，武则天特别宠幸二张，给他们高官厚禄、赐他们甲第财产，连他们的父母都跟着升官成诰命。圣历二年（699）正月，武则天又特设置机构控鹤监。控鹤监说白了就是一个供皇帝享乐的后宫俱乐部，由张易之任控鹤监，银青光禄大夫张昌宗、左台中丞吉顼、殿中监田归道、夏官侍郎李迥秀、凤阁舍人薛稷、正谏大夫员半千皆任控鹤监内供奉。还设置控鹤监丞、主簿等官，他们大多是武则天嬖宠之人，同时也有一些有才能的人和文学之士以相配合作个词、谱个曲什么的。另外，在举行宴会之时，二张等人可以让这些文学之士借用文字游戏等手段戏谑嘲笑公卿来博得武则天一乐。如果是在内殿设私宴，二张、诸武就在武则天一旁侍坐，赌博取乐。

这样，二张也成了武则天身边最大的红人。武氏弟兄都甘当二张的奴仆，更不用说其他朝臣了，可以说前来趋炎附势的官员如过江之鲫，他们溜须拍马的言辞让人肉麻。比如，当时就有官员谄媚地说张昌宗乃是古时传说的控鹤成仙的王子晋转世啊。于是，大家就鼓动张昌宗披上羽衣、吹着箫、乘着仙鹤，在庭中假装王子晋。那位说能乘着鹤说明人家有能耐啊。哪儿啊！活鹤他当然乘不了了，他让人做了个木头鹤，他蹦上去了。就这样，那批马屁文人纷纷赋诗赞美，其中那位反对狄仁杰弃置四镇的崔融作得最好，尤其诗中的"昔遇浮丘伯，今同丁令威。中郎才貌是，藏史姓名非"一句被这些人称作绝唱啊。

这还算好的，还有一些人简直为了晋升连脸皮都不要了。圣历三年（700）六月，武则天将控鹤监改为奉宸府，让张易之做了奉宸令，班在御史大夫之下，地位甚高。女皇下令增选一些美少年为左右奉宸供奉。一些颜值颇高的男青年闻听，马上趋之若鹜，自荐貌美，甚至自谓"阳道壮伟"。这些不懂事儿的人等于把本不该拿到台面上说的事儿明朗化了，这让本来就对女皇宠幸面首有非议的人更觉得是可忍孰不可忍了，尤其朝廷当中素有正直之称的大臣们便坐不住了。

右补阙谏官朱敬则进谏劝武则天节欲，不能纵容那些无礼无义、专欲自进奉宸内供奉的人，并且对武则天的情夫们一一点名。但，武则天并没有怪罪朱敬则，反而慰劳他说："非卿直言，朕不知此。"还赏赐朱敬则彩绸百段。可见，武则天确实有容人之量。当然，也得看是什么人进谏了。朱敬则毕竟是武则天重点培养的，后来被她提为了宰相。

员半千就不一样了。员半千可是大唐第一武状元，也是中国第一位武状元。结果，设立控鹤监的时候，武则天让他在里面任职。员半千认为是对自己的侮辱，他给武则天上疏说："古代没有这样的官职，更没有这样的机构。而且，这机构里都是什么烂人垃圾啊，我焉能和他们为伍！"从员半千话里就能听出来，他对二张弟兄这样的嬖倖之臣是嗤之以鼻的。但问题是，他这样贬低二张，不等于连武则天一起贬低了吗？所以，武则天生气了，就以忤旨之罪，将其降职为从五品上的水部郎中。

但像狄仁杰这么爱进谏的人却对这样的事不发一言。为什么？狄仁杰认为这是武则天的私生活。他不是说天子无私事吗？不是，注意他的原话是这样的："臣闻王者以天下为家，四海之内，悉为臣妾，何者不为陛下家事！"天下都是你的，不是你的"臣"就是你的"妾"。所以，天下的事都是皇帝的家事，作为宰相都可以过问。但，话说回来，宰相也可以不过问的。宰相所过问的一定是天下的大事，皇帝家的大事，那就是军国大事。至于皇帝跟谁睡觉，皇帝跟谁打闹，只要不损害国家社稷大原则，小小不严，随她去吧。你天天管着皇帝，天天教训皇帝，把皇帝惹烦了、逼急了，破罐子破摔，连军国大事都不管了，你能怎么样？女皇不错了，起码不比历史上的秦皇汉武差哪儿去。私生活你看不惯？看不惯闭上眼。这叫不聋不瞎，不能当家。什么叫"宰相肚里能撑船"呢？

对此，宋代大文学家苏洵则在他的《狄仁杰论》里这么说："然庐陵既立，而张易之、昌宗未去。仁杰犹置之不问，复授之张柬之，俟其恶稔而后取。岂以祸乱之根生于母子之间？不如是，则必至于毁伤故耶！老氏有言：'将欲歙之，必固张之；将欲弱之，必固强之；将欲废之，必固兴之；将欲夺之，必固与之。'是谓微明，柔胜刚，弱胜强。"①他有点阴谋论了，认为狄仁杰不取二张，是让他们自己作，作到一定时候，自有狄仁杰安排的张柬之会对付他们。这种观点，笔者不甚苟同，我认为狄仁杰并没有想那么远，他其实就没有担心二张能翻天。而苏洵说的"不如是，则必至于毁伤故耶"才是中的之言。狄仁杰不愿因为反对女皇的私生活而误了大事！

这一点，让武则天很欣慰，她感激狄仁杰的"识趣"，也明白这是狄仁杰"疏不间亲"的智慧。可以想象，如果狄仁杰也像朱敬则、员半千那样就二张嬖倖之事直怼武则天，两个人之间该有多么难堪啊。而狄仁杰不说，武则天该有多么感激啊。

为什么感激？因为武则天知道狄仁杰这种"不说"是人家的克制。狄仁

---

① （宋）苏洵《狄仁杰论》

杰不碰二张之事，并不等于狄仁杰是要讨好二张，更不像那些阿谀奉承之辈。武则天清楚地知道狄仁杰其实十分厌恶自己的这两位面首，只不过不轻易说出来，更不会干涉自己宠幸他们。但他自己却会与二张划出泾渭分明的界限。

在唐人薛用弱的《集异录》里记录了一个故事。

说有一次，南海郡献给武则天一件集萃裘，就是用百鸟羽毛织成的一件羽衣，异常珍贵华丽。武则天就把这件集萃裘赐给了张昌宗。他不是曾经穿过羽衣扮过仙人王子晋吗？既然他那么爱做鸟人，就让他穿吧。单说这天，张昌宗穿着集萃裘同女皇一起玩双陆游戏。正巧狄仁杰前来奏事。武则天可能为了拉近狄、张二人的关系，就让两人对局一番。

皇上说话了，狄仁杰虽然恶心张昌宗，但也不能因这点小事儿发火，不值当的。于是，狄仁杰拜恩就座。

武则天问："你们用何物赌输赢呢？"玩游戏带点彩儿多好玩啊。

狄仁杰就说："三局两胜，就赌昌宗身上穿的这件集萃裘。"

武则天就问："那卿赌什么呀？"

狄仁杰一指自己的紫袍，"臣以此袍为注。"

"啊？"武则天一听笑了，"哎呀，国老，你可能不知道吧，昌宗穿的那叫集萃裘，价值千金啊，以国老之袍，怕不等啊！"你这袍子才值几个钱呢？两者不对等啊。

狄仁杰一听此言，站起来了，正色言道："陛下差矣！臣此袍乃大臣朝见奏对之衣。昌宗所衣乃嬖幸宠遇之服，对臣之袍，臣犹怏怏！"[①]狄仁杰这句话够厉害的。"陛下你错了，这两件衣服是不对等，但贵重的不是他的裘衣，而是我的紫袍。我这紫袍那是国家的象征，大臣只有穿上它才能列立朝堂，才能

[①] （唐）薛用弱著《集异录》卷二

面对陛下，神圣不可侵犯。张昌宗是什么人？说白了就是一个没转正的小三，他穿的衣服跟脱衣舞男穿的差不多少。他的衣服那是用来脱的，我的衣服那是用来穿的。让他一个小三跟我堂堂宰相相比，我还觉得掉价呢！"

张昌宗在旁边一听，当时臊了个大红脸，武则天一听，得了，我也不跟你狄仁杰争，你牙尖嘴利，辩不过你，比吧那就。

就这样，两个人下起来了。你想想，这张昌宗怎么会是狄仁杰的对手，论智慧、论技巧、论心理素质，论哪一方面都差得太远。接连三盘，满盘皆输。最后，狄仁杰把棋盘一推，站起身来，伸出左手，那意思，给衣服吧。连话都腻歪跟他说。

张昌宗无奈，咬着牙，发着狠，把集萃裘脱了，放在狄仁杰手中。狄仁杰哈哈一笑，告辞了武则天，走出光范门外，就手把这件集萃裘扔给家奴穿了。

通过这件事，我们能看出来，虽然狄仁杰平常并不触碰女皇的私生活，并不找寻二张的麻烦。但狄仁杰在二张问题上是有态度的，是绝不会和他们同流合污的，也会在他们招惹到自己身上的时候给予一定的警告式的回击。

可能也正因如此，人们会认为二张对这个不屑自己的狄仁杰又恨又怕，怎能不打击报复呢？所以，唐人张垍所撰《控鹤监秘记》（后人怀疑此书应是清袁枚所撰而假托张垍）上才有下面的桥段：

同平章事狄仁杰，素为武后所信重，昌宗惮其梗直，屡言于后，请黜之。武后曰："此老忠正不阿，为国家梁栋，安内攘外，惟彼一人，若罢此老，朕躬不能复安枕矣，子无复言。"昌宗曰："臣可不言，窃恐此老之不我容也，奈何？"武后曰："自有朕在，卿焉用鳃鳃过虑为？"昌宗默然……狄仁杰为一代名臣，虽公正不阿，而深得武后倚重，故得屹立于群小之间，得安于位。①

虽然小说家言不可做信史，但它却是真实历史的反映。武则天深知狄仁杰

---

① （唐）张垍所撰《控鹤监秘记》

绝不会危害二张，自然也会保护狄仁杰不受二张的危害。

老年的武则天多想让这个江山以及她家庭的所有成员和和气气地同存同荣啊。

最重要的就是这份知己情

女皇听从了狄仁杰等人的建议，做了将江山再次归还给儿子和李家的决定，但也从内心觉得对不起武家。她更担心由于武氏子弟之前对李唐宗室和朝臣的迫害，会让李家子孙再次掌权后打击武家。所以，在女皇晚年的时候，她仍然不断巩固武家的力量，先是将武三思授为检校内史，后来又任为内史，就是例证。而且，对武氏子弟更加地庇护，甚至不允许他人有任何的不恭，以此来防止自己不在后，李武两家争斗。所以，此时的武则天在武氏子弟问题上变得相当地敏感。宰相吉顼被贬事件就是一个证明。

本来武则天挺器重吉顼的，认为这家伙有点邪才，所以"委以心腹"。但就是这样，吉顼跟武懿宗争吵起来，还把武则天气个够呛呢。俩人是为了争一件事儿的功劳吵起来的，其实也不是什么大事儿。可问题是，吉顼身材魁梧，伶牙俐齿。而武懿宗，我们说过，长得短小猥琐、拙嘴笨腮。所以，俩人在女皇面前争功吵架的时候，吉顼居高临下、盛气凌人、口吐莲花把武懿宗说了个瞠目结舌、脸红脖子粗，显得十分狼狈。这下武则天不高兴了，她不再听谁有理了，而是训斥吉顼："好你个吉顼啊，在朕面前，你都敢如此轻视我们姓武的，'况异时讵可倚邪！'[①]我要是死了，你还不得反了啊！"没几天，吉顼向武则天奏事，引证古今，说得正天花乱坠。看着他那滔滔不绝的模样，武则天便想起了那天吉顼就是这个模样把武懿宗说得狼狈不堪，不由得勃然大怒，大喝一声："够了！你说得太多了！我告诉你，想当年，太宗皇帝有匹烈

[①]（宋）司马光《资治通鉴》卷第二百六　唐纪二十二

马叫狮子骢，无人可以驯服。朕当时作为宫女在太宗身边侍奉，就对太宗说：
'我能制服它，但需要有三件东西：一是铁鞭，二是铁楇，三是匕首。用铁鞭
抽打它，它不服的话，我就用铁楇砸它的脑袋，它还不服的话，我就用匕首割
断它的喉管。'为什么？我都这样对它了，它还不能为我所用，我要它干吗？
不如杀了！当时，连太宗皇帝夸赞朕的志气。'今日卿岂足污朕匕首邪！'"[①]吉
顼害怕得浑身冒汗，伏地求饶。虽然这一次武则天没有杀他，但他毕竟得罪了
诸武。再加上吉顼明显地跟太子李显走得近，行事又阴损，所以成了诸武的眼
中钉。他们一起告发吉顼的弟弟假冒官吏的事。武则天就此免掉了他的宰相之
职，让他去做了个小小的安固尉。

临离京时，吉顼还是获得了女皇的接见。现在吉顼已经明白自己错在哪里
了，他流着泪对武则天说："臣要远离朝廷了，恐怕永远没有再见到陛下的机
会了。所以，临别之前，请准许臣再进一言。"武则天赐他坐下说。吉顼就问
武则天："水与土和成泥，它们之间会有矛盾吗？"武则天说："水土交融，还
有什么矛盾呢？没有。"吉顼又说："那把这堆泥分成两半，一半做成佛像，一
半做成天尊，这时两者有矛盾吗？"武则天说："那就有矛盾了，一个成佛家
了，一个成道家了，两家教义不同，自然有矛盾争斗。""着哇！"吉顼叩头
说："皇族、外戚各守本分，则天下安定。现在陛下您已经册立太子，可还把
外戚封为王，这是陛下人为地驱使他们以后相互争斗，双方都不得安生啊。"
吉顼一下说中了武则天的担心，但除此之外，武则天又能如何呢？你让她把武
家子弟都铲除了吗？她肯定下不了手啊。所以，一辈子决断的女皇在这个事情
上真的犯了难了。她只能无奈地说："朕也知道，但事情已然如此，不知怎么
办才好了！"

武则天确实不知怎么办才好。后来她居然采用了一个看起来很愚蠢可笑的
办法，那就是她出面主持，把太子李显、相王李旦、太平公主和武三思、武攸

[①]（宋）司马光《资治通鉴》卷第二百六　唐纪二十二

宁等诸武都召集在一起，进行了一次集体宣誓活动，誓言李武两家世代结好，永不争斗，口不应心，天诛地灭云云。发完誓后，武则天让人把誓言镌刻在铁牌之上，那意思誓如金石之坚啊。好家伙，弄得跟黑社会老大调和两派有矛盾的小弟似的。但江湖经验一再证明，这种盟誓就是瞎扯。黑社会老大一死，两派小弟必定血拼。

武则天能不明白吗？她也觉得不太牢靠。于是，她又让李武两家联姻。让自己的孙子辈互相通婚，让李武两家成为儿女亲家，这样就砸断骨头连着筋了。问题是，骨头砸断了，连着筋有啥用呢？政治斗争还在乎什么儿女亲家吗？只能说明年老的女皇真的没有什么好主意了。

对此，狄仁杰却看得清清楚楚。虽然他比谁都痛恨诸武，也知道武三思等一定是太子未来的危险。但狄仁杰了解武则天，知道诸武是武则天心中不可触碰的底线。他想得很开，只要太子顺利继位，登基做了皇帝，武则天一死，武家也就折腾不起来了。那么自己何必此时要痛打落水狗呢？须知狗的主人就在岸边看着呢。所以，狄仁杰对诸武的态度和他对二张的态度一样。第一，从来看不起；第二，从来不招惹。

狄仁杰是办大事儿的人，只要大目标完成了，一些小问题可以不去过问，而且这些小问题要么有关女皇私生活、要么有关女皇娘家人，都是敏感话题，说出来就容易伤感情。而自己与武则天的知己感情又是太子顺利从武则天手中接过权柄的重要保障。所以，任何事情都没有维系自己与女皇的知己情更重要！而只要狄仁杰不触碰这两点，武则天便更加放心地倚重这位国老了。狄仁杰也会不失时机地为太子争取进一步掌握政权的机会。

狄宰相看错人了

上文说过，久视元年（700）四月，武则天要去三阳宫避暑兼疗养，肯定不是一天两天能回来的。狄仁杰认为这是个机会，于是乘机奏请让太子监国。

国君不在京，太子监国，这是惯例，只是武则天时代尚未有过，如果武则天能同意，太子监了国，则是未来太子顺利接班的前奏。

这是件大事，为了减轻阻力，狄仁杰应该采取了密奏的方式，如果武则天同意，便马上公开公布，生米做成熟饭，诸武也不好反对。

可正因为是件大事，一向不串联的狄公这次为保证自己的目的可以达到，而将此计划告诉了另一位宰相魏元忠。狄仁杰一直认为魏元忠是李唐的忠直老臣，又和自己一起被酷吏迫害下狱，随之又一起遭贬，如今又重新被重用，两人心志肯定是一样的，都在为复兴李唐而努力。所以，狄仁杰应该从未怀疑过魏元忠的忠诚和品行，这一次他将计划透露给魏元忠，并没有征求魏元忠同意的意思，而是想邀他做好援手配合的准备。

万没想到，看透武则天的狄仁杰这回可没看透魏元忠。前文说了，魏元忠变了，已经不是之前那个刚烈直臣了，早已变得"亲附权豪，抑弃寒俊，竟不能赏善罚恶，勉修时政"。而且还越来越世故，越来越贪财，越来越怕事，越来越没有立场了。他得知狄仁杰的计划之后，不但没有施以援手，反而也秘密上奏武则天，对此表示反对，暗中给狄仁杰下绊子，阻止了此事。

可怜狄公至死不明白是什么原因导致女皇没有同意这件本是顺理成章的事情。直到后来中宗即位，魏元忠又嫉恨武三思独揽大权了，就想着除掉武三思。后来，李显的太子李重俊起兵要杀武三思，魏元忠也秘密参与了此事，他的儿子魏昇则被胁迫参与。李重俊杀死了武三思后，又率兵来到宫中，打算请求父皇废掉弄权的韦后。结果，都到这个节骨眼儿上了，魏元忠又首鼠两端、观望不为了。最终，政变失败，魏昇被乱兵杀死。魏元忠还不错，中宗以其之前于社稷有功，又素来受到唐高宗、武则天的礼遇，就没有让他受到魏昇的连累，重用如初。

可武三思的朋党不放过他，坚持证明魏元忠和魏昇有罪、共同谋划和参与了李重俊政变，要求诛其三族。虽然当时中宗并没同意，但是这些人锲而不舍，有人就把当年魏元忠阻碍狄仁杰让中宗监国的事儿拿出来了，说："据此,则知元中怀逆日久,伏请加以严诛杀!"① 不过,中宗更糊涂,他说:"我觉得这不是魏元忠的错。臣子侍奉君主,重要的是一心一意,哪有君主身体稍有不适,就请太子主持国政的道理?这只不过是狄仁杰树立私人恩惠罢了,看不出当时魏元忠阻止反对有什么失当。借此事给魏元忠罗织罪名,真是岂有此理!"您说李显有多糊涂吧,"岂有此理"四个字恰恰该给他。人家狄仁杰建议太子监国为了谁?还不是为了他李显吗?他倒好,非说人家为了给自己树私惠。人家当时已经是宰相了好不好,想树私惠,人家稍微讨好点二张、诸武不比天天琢磨把你推上去要实惠得多吗?真是忘恩负义之徒啊。当然,也有人认为这是中宗因为参与了神龙政变,把自己母亲赶下台,而内心感到愧疚。于是,他找了替罪羊,把当时领导政变的张柬之等全给收拾了。而这些人大部分是狄仁杰推举的,而且匡复李唐就是狄仁杰的遗愿甚至遗策。李显既然不能说张柬之等人好,自然也不能说狄仁杰好了。所以,贬低一下狄仁杰也符合他那扭曲的心理。

魏元忠虽然没被灭族,但还是难逃流放之罪,结果就在流放的路上,忧患而卒。时人评价魏元忠:"元忠文武双阙,名实两空,外示贞刚,内怀趋附。面折张食其之党,勇若熊罴;谄事武士开之俦,怯同驽犬。首鼠之士,进退两端,虮虱之夫,曾无一志。乱朝败政,莫非斯人。附三思之徒,斥五王之族,以吾熟察,终不得其死然!"② 果然不得好死!

狄仁杰想让太子监国的建议没有得到女皇的采纳,太子李显也跟着一起到三阳宫避暑。就在这时,也不知道从哪儿来了一位胡僧,邀武则天銮驾前去观葬舍利,由此引发了一段狄仁杰谏佛的佳话。

---

① (后晋)刘昫《旧唐书》卷九十二 列传第四十二
② (唐)张鷟《朝野佥载》卷四

信仰不可硬碰硬

女皇武则天一生笃信佛教，也和佛教有很大渊源。首先，她的母亲杨氏就是一个虔诚的佛教徒，所以，武则天从小就受母亲烧香礼佛的影响；唐太宗死后，武则天又被赶到感业寺当了几年尼姑，青灯古佛前是她的伤心之地，更是她的转机之处；她与高宗皇帝再次相遇不正在佛寺之中吗？而且珠胎暗结，对她来说不能不算佛爷的意思；当了皇后，武则天又是建寺又是盖塔，也算还了佛愿；太子李弘生病，武则天与李治两口子向如来发愿祈祷，希望能够得到佛祖保佑。可能虔诚感动了佛祖，李弘病好了。武则天便立刻又在长安城中建寺以报佛恩；李显出生时难产，武则天与李治又向高僧玄奘许愿，如果佛祖保佑，平安产下男孩儿，就让他随玄奘出家。李显果然平安诞生，便拜玄奘为师，玄奘还给他起个名字叫"佛光王"。从这个角度上来说，李显跟孙猴子还是师兄弟呢；有了这个经验，武则天生李旦的时候也许愿，提前就大搞佛事了；后来，武则天称帝都是指着佛教为她大造声势，一部《大云经》炒得沸沸扬扬，全国上下各州都建起了大云寺，弄得她自己都成弥勒佛转世了；武则天还不断给自己上尊号，四个尊号都有"金轮"字样，说明武则天又说自己是统治四大部洲的金轮王转世；而且大家都说，龙门石窟的卢舍那大佛就是参照武则天的形象设计的……

所以，佛教对武则天来说非常重要，是她政治生命的根源，于是，她也一直尊崇佛教，成为虔诚的佛教徒。当然，她的这种信仰也只不过是政治家的信仰而已，对她有利的教义她就信，对她不利的教义她也不在乎。佛教上像什么不杀生害命、要慈悲为怀，这些武则天就不大在乎，不然她也不会杀人不眨眼了。当然，她不在乎，不代表她不以此让大家在乎。比如，她就曾经下过禁杀令，禁止民间宰杀牲畜、捕捉鱼虾。弄得大家吃不上肉，对她的命令也是阳奉阴违。

但狄仁杰是个传统的儒家士大夫，儒家对这些鬼神之说向来是"子不语乱离怪神""敬鬼神而远之",我也不说鬼神有没有,反正我只相信人,"未知生,焉知死",人活着的世界我还没闹明白,我哪有那么多闲工夫研究不是人间的虚无缥缈的世界呢?尤其是狄仁杰,更是对鬼神嗤之以鼻。当年江南扫除淫祀,没有一点对鬼神大无畏的精神,哪能在那个迷信横行的时代取得成功?武则天在前期搞的崇佛运动,狄仁杰或由于位卑言轻、或因为没在京城而没做干预。但现在身为首辅宰相,再看到武则天过度地崇佛,焉能不管?

就拿这次避暑三阳宫来说吧,太子监国的计划没有成功,但那胡僧要请武则天观葬舍利之事不能不管。但怎么管,就有技巧了。

首先狄仁杰来到武则天车辇马前,跪倒在地。要知道,武则天已经免去了狄仁杰下拜的礼仪,她说:"你一拜,我就疼啊。"看到狄仁杰突然跪倒,武则天自然吃了一惊,心疼不已。

这时,狄仁杰才说:"佛者夷狄之神,不足以屈天下之主。彼胡僧诡谲,直欲邀致万乘以惑远近之人耳。山路险狭,不容侍卫,非万乘所宜临也。"[①]狄仁杰这番话讲得很艺术很有层次。首先,他又用华夷之别说事儿了,佛教自然不是中国本土出现的,那些所谓的佛自然是外族夷狄的神,是咱们中国的神吗?不是!而您却是天下之主。您怎么能为一个夷狄的蛮神猥自枉屈呢?不应该啊。您的地位比他高!然后,狄仁杰直接点出了胡僧的目的,不过是要利用您的万乘之躯来达到他迷惑群众、行骗远近罢了。那意思,您是九五至尊,别傻乎乎地给别人作陪衬。最后,也是最重要的,狄仁杰没有论证佛好不好,而是从武则天人身安全的角度分析:"您看看山路又险又窄,只能通过您的车马,侍卫都得跑您后边去,万一中间埋伏了刺客呢?万一这是个圈套等着您去钻呢?所谓,君子不涉险地。君主更不能瞎转悠了。您说呢?"

对于第一点,武则天笑笑而已,知道这是顶大高帽,中土士大夫一向视佛教为夷狄之教,不足为凭。但你也不好反驳,你不能降低自己是天下之主的身

---

① (宋)司马光《资治通鉴》卷第二百六 唐纪二十二

份不是？对于第二点，武则天也认为狄仁杰说得对，这些人十个得有九个是骗子，不过，有时候自己是心甘情愿被骗，本来嘛，信佛教对自己来说就只不过是个心理慰藉和政治手段，所以无所谓受骗不受骗。不过，这事情就是你糊弄我、我糊弄你，一切都在不言中的事儿。但人家狄仁杰都指出来那是骗子了，单方面揭开了，你还要过去，那就说明自己傻了。最后一点倒真的说到武则天的心里去了。武则天多疑是出了名的。对啊，我干吗犯险啊？于是，武则天听取了狄仁杰的劝谏，游了三阳宫，没去看什么舍利，就回来了。

她自然对狄仁杰不吝夸奖，说："以成吾直臣之气！"①而且，这次跟随者谁都没有受到奖赏，"独赐仁杰第一区，卷礼卓异，时无辈者。"②专门赐给狄仁杰一座宅第，礼待狄公，无人可及，可见女皇多么倚重狄仁杰。

后来又有一次，也不知道谁的主意，武则天突然又要造一尊大佛，算一算账，得花费数百万两银子。而且要天下僧尼集资众筹，大家每天每人拿出一文钱来，以助其功。

其实，武则天这一生建造过无数的佛像和寺院，使得当时全国各地"殿堂佛宇，处处皆有"③。而且这些寺院往往规模都很大，装饰华美，甚至宏伟华丽程度超过了皇宫朝廷，佛像往往都贴金镶翠、珠宝称饰，极其奢华。现在又要大兴土木，建造大佛，虽然她也知道可能有人会反对，所以，武则天很知趣地只是要求全国僧尼众筹，那意思不动用民力。但，用脚后跟都能想得出，不动用民力怎么可能？最终大单还得由百姓来买啊。

身为首席宰相的狄仁杰哪能放任不管，虽然现在狄仁杰已经年迈多病了，可是他仍然站了出来，向女皇呈上了一份《谏造大像疏》：

臣闻为政之本，必先人事。陛下矜群生迷谬，溺丧无归，欲令像教兼行，

---

① （宋）司马光《资治通鉴》卷第二百六 唐纪二十二
② （宋）欧阳修、宋祁《新唐书》卷一百一十五 列传第四十
③ （宋）王溥《唐会要》卷四九 《像》

睹相生善，非为塔庙必欲崇奢，岂令僧尼皆须檀施？得栈（筏）尚舍，而况其馀。今之伽蓝，制过宫阙，穷奢极壮，画缋尽工。宝珠殚于缀饰，瑰材竭于轮奂。工不使鬼，必（止）在役人；物不天来，终须地出。不损百姓，将何以求？

生之有时，用之无度，编户所奉，恒苦（常若）不充。痛切肌肤，不辞垂（棰）楚。游僧一说，矫陈祸福。翦发解衣，仍惭其少。亦有离间骨肉，事均路人，身自纳妻，谓无彼我。皆托佛法，诳误生人。里陌动有经坊，闾阎亦立精舍。化诱所（倍）急，切于宫（官）徵；法事所须，严于制救。膏腴美业，倍取其多；水磑（碾）庄园，数亦非少。逃丁避罪，并集法门。无名之僧，凡有几万，都下检括，已得数千。且一夫不耕，犹受其弊，浮食者众，又劫人财，臣每思维（惟），实所悲痛。

往在江表，像法盛兴，梁武简文，舍施无限。及其三淮浪沸（沸浪），五岭烟腾（腾烟）。列刹盈衢，无救危亡之祸；缁衣蔽路，岂有勤王之师？比年以来，风尘屡扰，水旱不节，征役稍繁，家业先空，疮痍未复，时兴工役（此时兴役），力所未堪。

伏惟圣朝，功德无量，何必要营大像，而以劳费为名？虽敛僧钱，百未支一。尊容既广，不可露居，覆以百层，尚忧未遍，自馀廊庑，不得全无。又云不损国财，不伤百姓。以此事主，何谓尽忠？臣今思维，兼采众议，咸以为如来说法（设教），以慈悲为主，下济群品，应是本心，岂欲劳人，以存虚饰？

当今有事，边境未宁，宜宽征镇之徭，省不急之费。设令雇作，皆以利趋，既失田时，自然弃本。今不树稼，来岁必饥，役在其中，何（难）以取给？况无官助，义无得成，若费官财，又尽人力，一隅有难，将何救之！[①]

[①]（清）董诰等编《全唐文》卷一六九 狄仁杰《谏造大像疏》。括号中为《旧唐书》卷八十九列传第三十九 所载同文中有出入的文字。

从奏疏上，我们仍然能看到一个十分讲究劝谏方式方法的狄仁杰。他并没有过多地抨击佛教及其教义，甚至还承认（其实是利用）其教义，肯定武则天造佛像的行为出于善心，"陛下矜群生迷谬，溺丧无归"。因为，狄仁杰知道，信仰问题是很难一时扭转的，而且很容易引发尖锐的、甚至不可调和的矛盾冲突。武则天信了一辈子的佛，你要跟她说佛教不好，说她信佛愚昧，她能不跟你急吗？所以，对于信仰问题，少谈、不碰。这就是狄仁杰比后世那韩愈的聪明之处。

韩愈想谏阻唐宪宗迎佛骨，也上了道奏疏《论佛骨表》，整篇中心思想就是"佛不足事"，首先从根本上就否定佛，而且说："中国古时本无佛，后来才有的，你看吧，没有佛的时候，三皇五帝都活百十来岁，后来信佛的皇帝都一个比一个短命，你还信佛，你不傻吗？！"把宪宗给气的，差点没把韩愈杀了。其实，宪宗知道不知道韩愈是好意？当然知道了。而且《论佛骨表》广征博引，说古论今，结构严谨，逻辑性强，为何能成千古名篇啊？它是有道理的。但，劝谏的目的不是凸显文章精彩、凸显作者能耐，重要的是让君主能纳谏，你光好心有什么用啊？好心办坏事儿一点用处没有！必须好心办好事儿才行。韩愈这么一骂佛，他算痛快了，但把皇帝绕里头了。唐宪宗人家说得很中肯："愈言我奉佛太过，犹可容；至谓东汉奉佛以后，天子咸夭促，言何乖剌邪？愈，人臣，狂妄敢尔，固不可赦！"①你说我奉佛过度了，我能接受。但问题你咒我信佛短命，这是大臣说的话吗？这叫对皇帝的"大不敬"啊，属于"十恶"重罪，按照唐代律法，"十恶不赦"，理应处死。幸亏群臣求情，唐宪宗这才免除韩愈死罪，贬为潮州刺史。

狄仁杰则不然。一、肯定武则天造佛像是好心；二、不批判佛教。他只是给武则天算账：您造那么大的佛像是不是得花很多钱呢？这些钱光靠僧尼集资能够吗？您心里比我明白啊。不够怎么办？最后还得从国库里掏。您可能说：

---

① （宋）欧阳修、宋祁《新唐书》卷一百七十六 列传第一百一

"僧尼集资就够，不用国家花钱。"我问问您，僧尼的钱就不是社会财富了？"物不天来，终须地出"啊。另外，造佛像得用人力吧？您就算给钱，是不是也消耗人力？如果不消耗在造佛像上，这些人力可能就为您创造更多的社会财富去了，一耗一得，您自己琢磨琢磨哪个好？再说了，陛下您多圣明啊，"功德无量，何必要营大像"，您自己都说了您就是佛，您还造人家干吗？我们供着您就是供着佛啊。您信奉的佛教不就是讲究"以慈悲为主，下济群品"吗？不就是讲究"得枕尚舍，而况其馀"吗？佛都说了："佛法像渡河的筏子，过了河就得扔掉，不要迷信佛，佛只是个传说。"（狄仁杰对佛教吃得多透）所以，您做这无用功干吗？咱们国家也不是那么太平，边关未宁、天灾常有，眼瞅着明年可能又是个灾年，咱啊，消停消停，省省吧，好不？

您看，人家狄仁杰这么劝谏，君主就很容易接受了，就算不同意，也不至于发火。武则天虽然心里还想造佛像，但面对狄国老那耿耿之心，武则天还是"屈意从之"了。或许，武则天看到狄仁杰抱病在身，不久于世，不忍拒绝狄公的劝谏。大不了等狄仁杰没了，我再造啊。确实，狄仁杰去世后，武则天几次三番又要造佛像，但因种种原因都未能如愿。

"进尽忠言"和"斟酌损益"

女皇一直很尊敬狄仁杰，但并不代表对狄仁杰的任何建议都采纳。在武则天时代，尤其武则天晚年，政治氛围比较宽松，武则天鼓励臣子们畅所欲言，这样自己可以听到不同的意见。正因为如此，才有右史崔融都敢直接怼宰相狄仁杰，而且尖锐地说出"小慈者，大慈之贼"这样的话来。

人无完人，金无足赤，狄仁杰也是这样，他具有儒家悲天悯人的思想，对于内政爱民方面无疑是他的长项，但对于外交、军事方面，这种仁政思想又成了他的局限。前文所提"弃置安西四镇"的建议就是一例。除此之外，狄仁杰还有两次与之本质相同的建议，也均未被女皇采纳。

一次是狄仁杰上《请拔安东表》，请求朝廷废去安东都督府。

安东都督府是怎么回事儿呢？您还记得上文我们说刘仁轨白江口海战吗？那之后，唐朝不是灭掉了高丽了吗？等于朝鲜半岛三国，被唐朝灭掉了两个——百济和高丽，只剩下新罗了。唐朝为了统治高丽旧地，就在平壤设立了安东都护府，下辖九个都督府、四十二个州。此时，朝鲜半岛上新罗一家独大，逐渐占领了高丽、百济的领土，"其界益大，西至于海"①。这样，新罗就有点㧐翅儿了，打算把唐朝的势力也排挤出去，不断挑衅，甚至发生了武装冲突。虽然，屡遭唐军镇压，但人家仗着自己是地头蛇，仍然不断挑衅强龙。唐朝其实对朝鲜半岛没有那么大的欲望，再加上西边吐蕃不断捣乱，唐朝觉得两头作战不太值当的。于是，一而再，再而三地将安东都护府回撤。到了唐高宗仪凤二年（677），安东都护府都移到了新城（今辽宁沈阳东北），而且之前就把安东都护府下辖各都督府、各州的唐人都督和刺史都调回来了，任用本地人做各地领导。这其实也说明，唐朝无意朝鲜半岛。而唐军一走，新罗便顺势统一了朝鲜半岛。等到武周圣历元年（698），朝廷又改安东都护府为安东都督府。

圣历二年（699），狄仁杰向武则天上了《请拔安东表》：

臣闻先王疆理天下，皆是封域之内，制井田出兵赋，其有逆命者，因而诛焉。罪其君，吊其人，存其社稷，不夺其财。非欲土地之广，非贪玉帛之货。人有四支者，所以扞头目也；君有四方者，所以卫中国也。然而蝮蛇在手，既以断节全身，狠戾一隅，亦宜弃之存国。汉元帝罢珠崖之郡，宣帝弃车师之田，非恶多而好少也。知难即止。是为爱人。

今以海中分为两运，风波飘荡，没溺至多。准兵计粮，犹苦不足。且得其地不足以耕织，得其人不足以赋税。臣请罢薛讷，废安东镇。三韩君长，高氏

---

① （后晋）刘昫《旧唐书》卷一百九十九（上）列传一百四十九（上）东夷 新罗

为其主,诚愿陛下存亡继绝之义,复其故地,此之美名,高于尧舜远矣。①

狄仁杰请求弃置安东都督府的理由其实和之前他请求弃置安西四镇本质上是一样的,认为朝廷供给不方便,都是靠海运,一路危险不安全。而且,那地方土地贫瘠,人口稀少,有没有无所谓。还不如弃置安东都督府,立高丽王族后人为君长,恢复高丽政权。还是存亡继绝大天朝的思维。

对于狄仁杰的奏疏,武则天采纳了存亡继绝的意见,但没有采纳最核心的意见——弃置安东都督府。

其实,唐朝早在仪凤年间就考虑过存亡继绝的政策,授高丽国王高藏为开府仪同三司、辽东都督,封朝鲜王,让他住在辽东城,镇抚奔蕃。没想到,高藏此人贼心不死,暗中勾结靺鞨秘密反唐。事情败露,高藏被召回朝廷,流放到邛州。而且朝廷把他的部众化整为零,分散到了河南、陇右各州。垂拱二年(686),朝廷封高藏之孙高宝元为朝鲜郡王。圣历元年(698),高宝元升任左鹰扬卫大将军,封忠诚国王,武则天打算委任他统领安东旧户,但这件事最终没有实现。现在,狄仁杰又重新提起,于是,武则天采纳了狄仁杰的这个意见,又授高藏之子高德武为安东都督,以便统领本蕃。但是,由于之前唐朝对高丽的灭国、又对高丽旧部的化整为零、新罗又统一了朝鲜半岛等原因,目前高丽旧户在安东的没有多少了,即便是立"高氏为其主""复其故地",高丽也复不了国,也没有任何意义了,"高氏君长遂绝矣"②!

那为什么武则天没有采纳弃置安东都督府的建议呢?有安东都督府在,辽东还处在中央管辖之内,其与营州、幽州可相互呼应,突厥、靺鞨不敢轻视中原。一旦罢撤,就将此地让与敌对,对中原王朝自然不是好事。

狄仁杰还曾向女皇建议:罢免江南的粮运,使百姓得到休养生息。也同样

---

① 《全唐文》卷一六九 狄仁杰 《请拔安东表》
② (后晋)刘昫《旧唐书》卷一百九十九(上) 列传第一百四十九(上)东夷 高丽

没得到采纳。

武则天之所以长期待在洛阳，其中一个重要的原因就是经济因素。因为在当时，洛阳所在的关东地区的经济条件要比长安所在的关中地区好得多，唐朝初期经济繁荣，社会稳定，人口大幅度增加，社会的资源日益减少，长安的资源已经满足不了当时社会的需求，长安经常闹饥荒，弄得高宗皇帝都得带着武则天跑洛阳来逃荒。洛阳在当时粮食和物资的储备非常充足，所处位置优越，运输一些粮食、一些东西都非常方便，还有运河这条大动脉，很方便地就能将长江以南的稻米运输到洛阳。当然，说"方便"也是相对的。粮食走运河也不那么容易，比如一月从扬州出发的运粮船，要到四月以后才能渡过淮河，六七月才到黄河，这个时候正是夏季黄河水涨，又要停一两个月，才能进黄河。而且南方的水手还不会在黄河上行船，要另外雇人。所以，到了京城的粮，价钱也不便宜，当然运粮百姓也受苦受累，狄宰相看在眼里，自然疼在心上。但问题是，能罢免吗？要是停了江南粮运，洛阳不也跟着挨饿吗？京畿安，则天下安。这个道理大家都明白。所以，自古首都都是沾光的区域，其他地方首先要为首都服务，遇到战乱，各地兵马也要誓死保卫首都安全，这是无可争辩的。这样，狄仁杰的提议自然不会被采纳了。

从史书记载的这狄仁杰三次未被采纳的建议来看，狄仁杰确实长于内政爱民、短于军事外交。但有人把这三次建议上升到狄仁杰的重大失误，这又过分了。作为皇帝顾命的宰相要勇于向皇帝提出自己对一些大事的看法，这是宰相的职责，是每个臣子的职责。建议自然有合适与不合适，会被采纳或不被采纳，这都是很正常的。而且，提出的只是建议，供大家讨论，让朝廷最终抉择。并没有说某人的建议必须采纳，不容置疑。而连狄仁杰提出的建议都有人激烈地反对，这不是一个良好的朝堂环境吗？总比"一言堂"强吧？总比苏味道那样的模棱两可强吧？所以，狄仁杰的伟大之处就在于，错了的建议也要提，当然前提他自己认为是对的。而且，即便是被人怼，被否决，狄仁杰也能坦然接受。

当时有个通事舍人叫元行冲,博学多通,尤善音律及诂训之书。狄仁杰对他非常器重。元行冲此人耿直敢言,经常直接对狄仁杰所做一些事提出自己的看法,如果觉得狄仁杰做得不对,就会进言规诫。他曾经对狄仁杰说:"富贵人家经常积蓄各种肉类以供佳肴,储备各种药物来防疾病。我私下想,您的门下宾客,可以充当美味的已经很多了,希望您能把我备作一剂药物。"元行冲是要告诉狄仁杰:"良药苦口利于病,我就是那苦口的良药。"狄仁杰非常高兴,经常当着元行冲的面对别人说:"此吾药笼中物,何可一日无也!"[①]他就是我药笼中的药物,怎可一日没有呢!

狄仁杰是个肯纳谏的人,他喜欢自己有像元行冲这样的"良药"。他也是个肯进谏的人,也想成为国家的"良药"。

我们说了,其实他的仁政爱民的思想是没错的,不断向皇帝强调爱惜民力,这是对国家有益的。至于是不是时机,合不合事宜,那是另外的维度了。也就是说"进尽忠言"和"斟酌损益"是一个健康的朝廷不可缺少的两种行为。狄仁杰辅佐武则天使得当时的朝廷两项齐全!

为了使朝廷得到更多的"忠言",为了使朝廷更好地"斟酌损益",更为了武周政权顺利地交接到李唐之手,狄仁杰始终坚持做着一件事,那就是不断向朝廷推荐人才!

---

① (后晋)刘昫《旧唐书》卷一百二 列传第五十二

第十七章　桃李天下

"桃李满天下"的词源

有人说狄仁杰是有唐一代最好的伯乐，这句评价丝毫不为过。狄仁杰为国荐举贤才众多，而且都是本着"薄才华，重才实"的原则，推荐的都是经时济世的实干之人，非是华而不实的酸腐儒者。而且，他真正做到了"外举不避仇，内举不避亲"。

"不避仇"的例子前文我们曾经说过，狄仁杰曾经举荐了难为过自己的霍献可作为御史中丞。虽然他事后显得很懊悔无奈，还对霍献可说："某初恨公，今却荐公，乃知命也，岂由于人耶？"把此事归结成天命，但谁又敢说这不是狄仁杰故意敲打霍献可的话呢？

"不避亲"的事情发生在圣历元年（698）八月。当时，武则天令宰相们每人推举一人任尚书郎。狄仁杰便向朝廷推举了自己的儿了司府丞狄光嗣。武则天二话没说，就提拔狄光嗣为地官（户部）员外郎。果然，到任之后，狄光嗣工作特别称职。武则天特别高兴，为什么强调特别呢？我们可以体会，当狄国老推荐自己儿子时，其他官员虽然不说，但眼睛里是不是透露了异样的神色了？而武则天其实也是顶着这种异样的神色信任了狄仁杰。结果特别理想！武则天当然高兴了，这证明自己的信任是对的，狄公是对的。所以，"则天喜而言曰：'祁奚内举，果得其人。'"①武则天说的是"祁奚荐贤"的典故，《左

---

① （后晋）刘昫《旧唐书》卷八十九　列传第三十九

传》《吕氏春秋》中皆有记载,但略有不同。我们讲一下《吕氏春秋》中记载的版本。

说春秋时,晋平公问中军尉祁奚祁黄羊:"南阳没有郡令了,谁适合去补这个缺?"祁奚回答:"解狐最适合。"平公吃惊地问:"解狐不是你的仇人吗?"祁奚说:"您问的是谁适合,并不是问谁是我的仇人呀!"平公说:"好。"就依着祁奚任命了解狐。果然,解狐很称职,人人都说好。隔了一段时间,平公又问解狐:"国家缺少了法官,谁适合担任这个工作?"他回答:"祁午最合适。"平公说:"祁午不就是你的儿子吗?"祁奚回答:"您问的是谁适合,并不是问谁是我的儿子呀!"平公说:"很对。"又依着他任命了祁午。果然,还是很称职,人人都称赞。孔子闻之,曰:"善哉!祁黄羊之论也,外举不避雠(仇),内举不避子。祁黄羊可谓公矣。"[1]而《左传》上为"祁奚荐贤"给出了这样的评语:"君子谓祁奚于是能举善矣。称其仇,不为谄;立其子,不为比;举其偏,不为党。《商书》曰:'无偏无党,王道荡荡。'其祁奚之谓矣。解狐得举,祁午得位……能举善也。夫为善,故能举其类。《诗》云:'惟其有之,是以似之。'祁奚有焉。"[2]就是夸赞祁奚推举贤人时。推荐仇人,而不谄媚;推荐儿子,而不偏袒;推举他的下属,而不是结党。恐怕只有贤人,才能推举跟自己一样的人。

武则天用祁奚来比狄仁杰,不正是用这些赞祁奚的赞语赞狄仁杰吗?"无偏无党,王道荡荡""惟其有之,是以似之"不正是狄仁杰的真实写照吗?

狄仁杰为朝廷前后举荐数十名人才,都成了一代名臣。当时有人感叹说:"天下桃李,悉在公门矣!"[3]可狄仁杰却谦虚地说:"荐贤为国,非为私也。"[4]

"桃李满天下"这个词的词源即是此处。当然,"桃李"作为学生、弟子的

---

[1] (战国)吕不韦《吕氏春秋·孟春纪》
[2] (春秋)左丘明《左传·襄公三年》
[3] (宋)司马光《资治通鉴》卷第二百七 唐纪二十三
[4] (宋)司马光《资治通鉴》卷第二百七 唐纪二十三

代名词，由来已久。但"桃李满天下"一词却由此而来。另，若按典籍时间，此词最早见于唐白居易《春和令公〈绿野堂种花〉》诗中："令公桃李满天下，何用堂前更种花？"但白氏作此诗时，"桃李满天下"一定已成为尽人皆知的俗语，他才能拿来一语双关。而此前出现过此词意的，应是《资治通鉴》所载此处。故，笔者认为，此词是因狄仁杰而源起。

狄仁杰推荐的人才很多，我们只列举介绍几位重要之人。

首席政治接班人

要说狄仁杰的政治接班人，首推张柬之。其实张柬之的年岁比狄仁杰还大，但人们一直将其看成狄仁杰的门生弟子，甚至顶门大弟子。他若没有狄仁杰的举荐，恐怕终其一生也做不到宰相的位置。

张柬之，字孟将，襄州襄阳县（今湖北省襄阳市）人。他自幼涉猎经书史籍，后来补缺为太学生。国子祭酒令狐德棻非常赏识他，认为他是个奇才，日后必成王佐之器。可没想到，张柬之仕途不佳，进士及第后，一直得不到重用，直到六十三岁了，才做了个副县级干部青城丞。他不甘心，永昌元年（689），参加贤良方正科制举，一千多位应试者，他考了个第一名。这才被朝廷发现，给了个监察御史，后来迁凤阁舍人。

正好这时，东突厥的默啜可汗不是提出三大要求，让武则天挑个王子到突厥倒插门娶亲吗？武则天答应了，要派武延秀去突厥和亲。别人都没吭声，张柬之蹦出来了，说："自古未有中国亲王娶夷狄女者。"武则天大怒，罪其忤旨，贬黜其为合州刺史，后迁蜀州（今四川崇庆）刺史。

说因为这点事儿至于吗？可能有几点原因：一、武则天当时极力想维系与突厥的和平关系，不要发生冲突，尽量满足默啜的请求。二、武则天已经答应了默啜的请求，人选都已经定下来了，你张柬之之前不谏，箭在弦上了你又出来显能耐，女皇能不生气吗？三、你光说自古无中国亲王娶夷狄之女，言下之意，女皇这么做就是丧权辱国。那你倒是给出个别的好主意啊。这位纯粹是只有世界观，没有方法论，光骂不出招。领导最讨厌这样的了。四、张柬之有前科。

张柬之过去做过高宗与萧淑妃儿子郇王李素节的王府会曹参军。萧淑妃都被武则天弄得赐自尽了，唐高宗担心武则天再对付李素节，事实上他已经被武则天撵出朝廷做申州刺史了。乾封年间，高宗下敕说："李素节既然有旧病，那就不用入朝了。"其实是在保护儿子——你在外地待着，别跑朝里蹚浑水，惹武皇后不高兴了。但李素节不聪明啊，他想我也没病啊，为啥非说我有病不让我入朝呢？那么长时间没见父皇，他想父亲啊。于是就写了一篇《忠孝论》来表达思亲之情。张柬之耍小聪明，劝他偷偷把这篇文章呈递上去，那意思让皇帝看见，念父子之情可能就会召你回京了。您想，那时候武则天都替高宗当家了，什么东西不得经过她的手啊。一看李素节呈交《忠孝论》。你想干吗？你忠谁？你孝谁？你还想回来找机会给你娘报仇对不对？打击！结果，张柬之好心办坏事儿，李素节被诬受贿，降封鄱阳郡王。后来，命运坎坷，一直不让回朝见高宗。天授元年（690），武承嗣指使酷吏周兴罗织构陷李素节，武则天下诏勒令他进京，刚走到京都南面的龙门驿，就被缢杀了。

虽然，《忠孝论》事件，张柬之并没有获罪，但之后他一直不能得到重用，不知有没有这里的因素。但这件事在张柬之和武则天心里都留下了对彼此的阴影。

只不过，张柬之心中的阴影可能比较大些。同时，我们也能看出，张柬之的内心是向着李唐的，对李素节的遭遇报以同情，必然会对武则天产生怨愤。在后来为官经历中，他也是常怀匡复之志和对武则天的愤懑之情。这点下面就要说到。

而武则天心里对张柬之的阴影小点，毕竟当年张柬之不算个什么人物。但现在张柬之就在自己面前，还说了这番话，武则天又是个记仇的人，得了，忤旨，贬官！

不过，这一次贬官对张柬之来说倒是因祸得福了。因为他在蜀州刺史任上向朝廷提出了要弃置姚州（治今云南姚安北）及泸南七镇。

原来，这一区域属于少数民族聚集之地。龙朔年间，朝廷在此设置了姚州。后来因为山高路远，运粮屯兵实在不便，当地少数民族也经常捣乱。朝廷一琢磨，这就是个鸡肋，弃置吧，给废了；可是，到了垂拱年间，有朝臣又建议还得恢复姚州，不用朝廷运粮，完全可以就地收税自给自足。朝廷一琢磨也对，于是又恢复了姚州，并下设五十七个羁縻州。对于羁縻政策上文曾介绍过（见第十一章），羁縻州除在政治上隶属于中央王朝、经济上有朝贡的义务外，其余一切事务均由少数民族首领自己管理。这样，根本不用向朝廷交赋税了。到了武周延载元年，武则天为了防范当地少数民族闹事儿，又为了镇守云南，于是又设立了泸南七镇，派蜀兵驻守。那么又有重兵了，当地还不能收税，他们的粮食还得靠内地供给。这里道路艰险，运粮困难，蜀民不堪其役；而且这里又是当年诸葛亮南征的地方，到处都是瘴气。所以，每年派来驻守这里的士卒死亡大半。

张柬之看到这种情景，上疏给朝廷，认为姚州及泸南七镇"于国家无丝发之利，在百姓受终身之酷"[①]，要它何用呢？不如废置，把这块给嶲州（治今四川西昌）管辖。然后，在泸北设关，屯兵镇守。

您看，张柬之的这个建议是不是很眼熟啊？与狄仁杰的弃置安西四镇和安东都督府之议何其相似乃尔！如出一辙！都是从仁政爱民、减轻国家百姓负担角度提出的建议！而且，同样没有得到武则天的采纳。但不久，张柬之就被调出了蜀州，而到荆州大都督府任实际的一把手（长史）去了。这种升迁，很多人都认为应该是狄仁杰出了力，因为他看到了另外一个"我"！

当时，荆州大都督府长史是杨元琰，也是一代名臣，"前后九度清白升进，

---

① （后晋）刘昫《旧唐书》卷九十一　列传第四十一

累降玺书褒美"①，而且此人心系唐室，与张柬之志向相合。

张柬之来到荆州与杨元琰办交接的时候，杨元琰自然带着张柬之到处看看，熟悉熟悉荆州了。于是两人一起乘船渡江，见身边无人，便私下议论武周代唐之事，杨元琰说着说着就哭了，悲泣慷慨，"有匡复之意"②，表达了如果自己有能力，一定要重新匡复唐室的决心！张柬之对此深深记在了心中。而对张柬之心系李唐的情况，狄仁杰也看在了眼里。

没多长时间，朝中的女皇武则天问狄仁杰："朕要一好汉任使，有乎？"仁杰曰："陛下作何任使？"则天曰："朕欲待以将相。"对曰："臣料陛下若求文章资历，则今之宰相李峤、苏味道亦足为文吏矣。"这些，我们在前文都已提过，其实后面还有对话。狄仁杰又说："难道说陛下因为这些文士拘于小节，想得到奇才使用，以成天下大事吗？"武则天高兴地说："此朕心也！国老您说到我的心坎上去了。那些文士确实不足以治国呀。"此时，狄仁杰便说："荆州长史张柬之，其人虽老，真宰相才也！且久不遇，若用之，必尽节于国家矣！"③狄仁杰马上推荐了张柬之，他给出仨理由：一、张柬之有真宰相的才能；二、他怀才不遇，心里着急；三、他年岁大了，如果给他机会，必能竭尽全力。武则天听完点头，立刻将其召回做洛州司马。有意思吧，之前狄仁杰在第一次拜相前也是先任洛州司马。对这个职务前文曾专门介绍过（见第八章），别看官职好像不大，但非常重要，就在朝廷边上、皇帝眼皮子底下了。

又有一天，武则天又问狄仁杰了："国老，你还有没有贤才给朕推荐的呢？"狄仁杰一听，当时就说了："臣之前给您推荐的那张柬之，您还没有用呢。"那意思，我推荐了您都不用，您还让我给您推荐谁呀？推也白推啊。"哎，"武则天赶紧解释，"我已经用了，提拔他做了洛州司马。"狄

---

① （宋）欧阳修、宋祁《新唐书》卷一百二十 列传第四十五 五王列传
② （后晋）刘昫《旧唐书》卷一百八十五（下） 列传第一百三十五 良吏（下）
③ 此段援引见（后晋）刘昫《旧唐书》卷八十九 列传第三十九

仁杰说："臣推荐他是担任宰相的，您却只让他做了洛州司马，这不叫用人啊！"

武则天被狄仁杰怼得没话说了，只能进一步提升张柬之做了秋官侍郎，现在就是没挂"同凤阁鸾台平章事"了，挂上就是宰相了。可能武则天还是对张柬之有些成见吧（事实证明武则天的谨慎确实是正确的）。

直到狄仁杰去世后，武则天又让姚崇举荐一位宰相，姚崇和狄仁杰一样，举荐了张柬之，并说："张柬之沉厚有谋，能断大事，且其人年老，陛下急用之。"①武则天这时才同意，给张柬之挂上"同凤阁鸾台平章事"，那年张柬之都八十了。可能，武则天也是看他年岁大了，也折腾不起来了，才最终给他拜相。但武则天万万没想到，正是这位八十老叟成了推她下台的"神龙革命"的主谋！

所以，《旧唐书》中才有这么一句话："柬之果能兴复中宗，盖仁杰之推荐也。"②认为张柬之能成就大事，复兴李唐，都是狄仁杰推荐的结果。

当然，其中还有姚崇的功劳，而姚崇也恰恰是狄仁杰推荐成宰相的。

真正的政治接班人

如果说张柬之是狄仁杰第一政治接班人的话，姚崇就应该是狄仁杰真正的政治接班人。这其中是有差别的。

前文曾经介绍过姚崇，他因在契丹之乱时，"剖析如流、皆有条理"被武则天所器重，擢升为夏官侍郎。后来，他又配合武则天演戏，结束了酷吏政治，还得到了金钱千缗。

武则天喜欢姚崇，狄仁杰也赏识他。在狄仁杰二次拜相的时候，姚崇才

---

① （唐）刘肃撰《大唐新语》卷六《举贤》
② （后晋）刘昫《旧唐书》卷八十九 列传第三十九

五十出头，正是年富力强的时候。狄仁杰一看目前这个宰相班子，不咋地。李峤、苏味道前文介绍过，龌龊文士而已，还趋附二张；王及善虽然清正见知，临事坚定，有大臣之节，但跟李峤、苏味道恰相反，缺乏学术，官僚们都看不起他，他当内史时，大家都说他"斑鸠占了凤凰池"。改任右相，也没什么作为，就下达了一个命令，不许令史一类的官牵驴进入官署，他觉得有失官仪。他成天没事儿干，就监视着别人是不是牵驴来了，一旦发现，亲自去往外赶驴。所以，大家给他起个外号叫"驱驴宰相"。你说这样的人能服众吗？而且他年岁已高；娄师德能力在边关军，内政不是他擅长，且年岁也大了（他与王及善都在圣历二年逝世）；魏元忠人已变，明哲保身了；剩下武三思、武攸宁这些武氏子弟，那就不用说了，干啥啥不行、捣乱第一名，他们在朝廷就是祸害。所以，真正能干好事儿的，只有狄仁杰了，但狄仁杰年岁也大了，他能不忧心吗？看到姚崇这样又有才干，又年轻的人，狄仁杰能不赶紧把他抓住塞进宰相班子做事吗？

这样，狄仁杰向武则天推荐姚崇为相，武则天本来就喜欢姚崇，没有任何阻力，圣历元年（698）十月，姚崇拜相，兼任相王府长史。长安四年（704），张易之想把长安大德寺中的十名僧人调到定州，充实私置寺院，僧人们不干，上诉上访。姚崇不顾张易之的屡次说情，断停此事，因此得罪张易之，被贬为司仆寺卿，但仍保留宰相头衔。九月，姚崇出镇灵武，充任灵武道行军大总管、安抚大使。正是在走之前，向武则天推荐了张柬之。可见，姚崇与狄仁杰心意相通。

张柬之发动"神龙政变"，姚崇正巧从灵武（治今宁夏吴忠西）回到神都，"遂参计议"，政变成功过后，姚崇因功被授封梁县侯。

但，当政变者要把被赶下台的武则天迁到城外上阳宫时，众官都非常高兴，唯独姚崇呜咽流涕。张柬之等人呵斥他："这哪是你哭泣的时候！你这么不知好歹，恐怕你的祸事就由此而起了！"可姚崇却说："元之事则天皇帝久，乍此辞违，悲不能忍。且元之前日从公诛奸逆，人臣之义也；今日别旧君，亦人臣之义也，虽获罪，实所甘心。"①

张柬之等人果然不能容人，当天就把姚崇赶出京城，任亳州（治安徽亳州）刺史去了。可后来发动政变的张柬之这帮人都没得到好下场，一个个的都被武三思陷害甚至致死，唯独身在外地的姚崇平安无事。故此，元代史学家胡三省说姚崇的哭泣是"姚崇多智"的表现。但笔者却认为这样有些"阴谋论"之嫌了，姚崇之哭应该是真情流露。

姚崇参加"神龙政变"，是因为他正巧回来撞上，不得不为，而确实当时箭在弦上不能不发。但从内心，他和狄仁杰是一样的，从没想过、也不愿意用暴力政变的手段把武则天赶下台，而希望通过自己的努力，保障政权顺利和平交接，武、李，周、唐，皆大欢喜。他看到张柬之等人发动政变时的狰狞恐怖以及政变后得意忘形的嘴脸，从内心是不赞同的；看到对自己有知遇之恩的武则天由英明神武的则天大帝一下沦落成受人控制的老妇衰妪，是惭愧且心疼的。他认为张柬之等人如此狂妄必不会得到好的下场。故有感而发，悲泣不能自已。

要么说姚崇是狄仁杰真正的政治接班人啊，他是最符合狄仁杰的心意的！

唐睿宗复位后，姚崇重新拜相，但得罪了太平公主，又被贬官外放。直到唐玄宗即位后，姚崇三次拜相，辅佐李隆基开创了开元盛世，真正继承了狄仁杰的政治理想，也成了一代名相。

首席脾气接班人

狄仁杰在做宰相的时候，发现了一位官员脾气跟自己特别相似。此人姓桓，名彦范，字士则，润州曲阿县（今江苏省丹阳市）人。乃唐初宰相、弘文馆学士桓法嗣之孙。

---

① （宋）司马光《资治通鉴》卷第二百八　唐纪二十四

桓彦范慷慨豪爽，"少放诞，有大节，不饰细行。常与诸客游侠，饮于荒泽中"①，简直一位江湖大侠。由于家门的庇荫，他很早就走上了仕途，任右翊卫。圣历初年，担任司卫寺主簿。司卫寺即司尉寺，这俩名儿在唐初来回老变，主要掌管仪仗、兵器、甲胄、帐幕。桓彦范很有才干，颇得狄仁杰赏识，狄仁杰对他特别以礼相待，可见狄公多么爱才了，狄仁杰曾对桓彦范说："足下才识如是，必能自致远大"②，"毋恤于初"③。你的前程我看好哦！不要因为现在官职不高而忧虑，是金子总会发光的。不久朝廷就提升他为监察御史了。

狄仁杰当年也当过御史，只不过是台院的侍御史，主要负责"掌举百僚，推鞫狱讼"，就是监督中央官吏和弹劾百官犯罪，审理刑事案件。而监察御史属于察院，主要负责对中央六部和地方州县官员进行监督。都属于御史台。可能狄仁杰认为桓彦范和自己一样，都属于"小钢炮"似的人物，面对权贵敢于弹劾、监察。

桓彦范果然不负狄公所望，工作非常称职，进而一步步晋升，到了长安四年（704），已经升到司刑寺少卿。司刑寺就是当年的大理寺。您看，又到了狄仁杰当年任职的老单位当了二把手了。

当年，有个术士居然说张昌宗有天子相，让张昌宗在定州建造个佛寺，定能天下归心。这不是要造反吗？这下可被恨二张的大臣们抓住把柄了，御史中丞宋璟奏请："张昌宗志欲何求？这是包藏祸心，当处斩破家！"要求将其下狱问罪。武则天偏袒面首不许。其他朝臣也纷纷奏请问罪。这时，"小钢炮"桓彦范蹦出来了，激烈进谏："昌宗无功荷宠，而包藏祸心，自招其咎，此乃皇天降怒；陛下不忍加诛，则违天不祥……陛下皆释不问，使昌宗益自负得计，天下亦以为天命不死，此乃陛下养成其乱也。苟逆臣不诛，社稷亡矣。请

---

① （唐）戴孚《广异记》卷十
② （后晋）刘昫《旧唐书》卷九十一　列传第四十一
③ （宋）欧阳修、宋祁《新唐书》卷一百二十　列传第四十五　五王列传

付鸾台凤阁三司，考竟其罪！"①多激烈！就差指着武则天鼻子骂：这都是你惯的！你要还不杀他，天理不容，社稷都得亡喽！

武则天一看激起众怒了，只能答应把张昌宗送到御史台受审。把御史中丞宋璟乐坏了，直接就在御史台院里开审了。结果，没审两句。来了个宦官，传武则天的敕书，又将张昌宗赦免了。气得宋璟直蹦高，大喊："我应该先把这小子脑袋打碎了再说啊！"悔恨不已。桓彦范他们失去了一次除掉二张的大好机会。

不久，内史李峤、崔玄暐等上奏要求为当年改朝换代之际被周兴、来俊臣等酷吏诬陷而死的人平反昭雪。桓彦范也趁热打铁，上奏请求将自文明元年（684）以后获罪的人，除了当年徐敬业、李贞、李冲以及其他谋逆大罪的魁首以外，全部赦免。这让武则天为难了，这么干等于自己打自己的脸啊。开始武则天不吭不采纳。桓彦范不依不饶啊，连上十次奏表，辞意激烈恳切。桓彦范每次陈奏，如果武则天责问，他都不会畏惧，反而你越责问，我争论得越激烈。他对亲近人说："我现在掌管刑法，关系到人的生死性命，那就不能只为了顺从皇帝的旨意改变原本的事实，以求明哲保身了！"武则天一看，你就是个小狄仁杰！难缠死了！答答答……答应！终于采纳。这使得过去一大批冤假错案得以昭雪。

实际上，武则天也在用自己的行动一点点修正自己之前的过错，希望将一个和谐的国家交给李唐的子孙。所以，如果后来没有"神龙政变"，应该就能达成政权的和平过渡。这是武则天想看到的，更是狄仁杰想看到的。可惜，这不一定是别人想看到的。

清廉的接班人

请求为被酷吏诬陷致死的人平反的崔玄暐也是狄仁杰推荐上来的。

---

① （宋）司马光《资治通鉴》卷第二百七　唐纪二十三

崔玄暐，本名崔曅。由于"曅"字下半部有武则天祖父的名讳，所以，改名玄暐。乃博陵安平（今河北省衡水市安平县）人。年轻时就以学行著称，深受叔父秘书监崔行功器重。龙朔二年（662），崔玄暐考中明经科，步入仕途，累迁至库部（兵部主管武库的部门）员外郎。

管理仓库，最重要的是清廉。所以，他的母亲卢氏专门告诫自己的孩子："我听你表舅屯田郎中辛玄驭说：'家里儿子做官，如果，有人来说他穷得都不能生存了，这是个好消息；如果听说这当官的孩子财物充足，身穿轻裘骑肥马，这就是个坏消息了。'孩子，我认为你舅舅这番话说得太对了！我也常看见表亲中做官的，经常往家送来很多财物，他的父母只知道高兴，也不问问这些钱财是从什么地方得来的。如果确实是孩子俸禄的节余，倒也是好事。'如其非理所得，此与盗贼何别？'①就算没有大错，难道自己不也问心有愧吗？孩子，你如今吃着国家给的俸禄，那已经很荣幸了，如果不能忠诚清廉，何以存活天地之间？我们做父母就怕儿女有过失。你一定要修身洁己，不要辜负为娘的苦心啊！"

有这样正直清醒的母亲，子女必能走正道。崔玄暐就是如此，谨遵母亲的教诲，为官清廉谨慎，为时人称赞。

狄仁杰本身就是一个清廉谨慎的官员，要不被民间百姓称为"狄青天"啊，自然喜欢同样清廉谨慎的崔玄暐了。于是，狄仁杰向朝廷推荐他做了更重要的官职。崔玄暐工作称职，逐渐得到了武则天的青睐。

到了长安元年（701），他被武则天破格提拔成天官（吏部）侍郎，简直就是现在的组织部副部长啊。谁想当官、想进职，不得走他的门子啊？可是崔玄暐一直都是保持操守、拒绝一切走后门的行为，铁面无私、六亲不认，这就让一些宰相忌恨了，"这小子油盐不进，一点面子也不给，咱们帮人办点事儿，到他这里就卡住。得了，给他挪挪窝吧。"他们鼓捣着把崔玄暐改任文昌左丞

---

① （后晋）刘昫《旧唐书》卷九十一　列传第四十一

了，调离了吏部岗位，这不是欺负人吗？结果没到一个月，武则天替他出头了，说："自从爱卿离开选司（吏部），选司就出现了很多罪过。甚至听说有些属吏竟然设宴庆贺你离开，他们就可以为所欲为、贪赃枉法了！这还了得？今天朕非要让爱卿恢复旧职不可！"一句话，崔玄暐官复原职，还受到杂綵七十段的奖励。

接着，武则天连连提拔崔玄暐，长安三年（703）拜授鸾台侍郎、同凤阁鸾台平章事，兼太子左庶子。这就等于拜相了。长安四年（704），迁凤阁侍郎，加银青光禄大夫，仍依旧知政事。可见，武则天对崔玄暐有着知遇之恩！

在上述弹劾张昌宗事件上，崔玄暐和他的弟弟崔晟也屡次发表正直言论，要求武则天处决张昌宗。这时，武则天身染疾病，一个月都不能召见宰相了。等武则天病情稍有好转，崔玄暐赶紧上奏劝武则天说："皇太子、相王仁明孝友，足可亲侍汤药。宫禁事重，伏愿不令异姓出入。"①他告诉武则天："您病成这样了，就让您儿子来侍候您吧，要知道宫禁之事，事关重大，万一您崩了呢？身边没有儿子在，被别人假传圣旨怎么办？所以，现在要把那些像二张的异姓赶出去，不要让他们再在您身边出入了！"崔玄暐其实是在暗示武则天，可不要糊涂了，糊涂就要出大事了。可惜，武则天又像她一贯敷衍臣子那样说："朕深领爱卿厚意。"还是没有采纳。

结果，几天之后，"神龙政变"爆发，武则天没能和儿子和平交接，被人暴力赶下了宝座。崔玄暐也是政变参与者之一。

狄宰相又看错人了

狄仁杰荐才无数、桃李满门，至公卿者数十人之多，而且大部分成了名臣。当然，这里面也不乏不好的官员。比如，最受后人诟病的窦怀贞就是

---

① （后晋）刘昫《旧唐书》卷九十一 列传第四十一

一例。

窦怀贞,字从一,扶风平陵(今陕西省咸阳市秦都区平陵乡)人,乃有名的望族扶风窦氏出身,他的爷爷窦照就是唐高祖李渊的大舅哥(窦皇后的哥哥),父亲窦彦曾任唐高宗的左相。所以,老窦家在当时十分显赫,"时兄弟宗族,并以舆马为事",窦家子弟都成了声色犬马之徒了,唯有窦怀贞"独折节自修,衣服俭素。""圣历中为清河令,治有能名。"正是因此,狄仁杰认为他是个人才,于是不断提拔他,窦怀贞也坐上了直升飞机,官职不断提升,"俄历越州都督、扬州大都督府长史,所在皆以清干著称。"①事实证明,狄仁杰是很有眼光的,窦怀贞无论才能,还是品德,在当时都是数一数二的。官做到大都督府长史,已经是从三品的封疆大吏了,他如果当时想贪污、腐败、渎职、不作为是很简单的事儿,但人家没有。从这个意义上讲,窦怀贞在当时不愧是位清官能吏。

窦怀贞的改变是发生在狄仁杰去世后,窦怀贞逐渐成为一个阿谀奉承、投机钻营之人,所作所为令人不齿。

唐中宗重新登基后,韦皇后当权。窦怀贞为了献媚,主动要求:"以后别叫我窦怀贞的名了。"怎么?"我这名犯了皇后父亲的名讳,所以,称我的字吧。"让大家叫他窦从一了。要说这事儿吧,还算不了什么,就当大家一乐罢了。可下面这件事儿,乐子就大了。

唐中宗李显也是个没五六的人,看到窦怀贞这样,就打算拿他找乐子。景龙二年(708)的除夕夜,唐中宗在宫中搞团拜会,王公大臣全来喝酒聚餐迎新年,喝得正美的时候,李显突然对窦怀贞说:"朕听说爱卿久无伉俪,哎呀,我这做领导的也愁心啊。正好今天除夕佳日,朕赐给你一佳偶,以成大礼!"皇帝赐婚,谁敢不从!何况窦怀贞乎?另外,窦怀贞也想啊,皇上赐的肯定是王公大臣家的千金小姐啊,怎么也是个青春年少的美娇娘啊。心里也是

---

① 此段援引见(后晋)刘昫《旧唐书》卷一百八十三 列传第一百三十三 外戚

十分高兴，群僚也期待看看是个怎样的新娘子。时间不大，就见一位妇人，身着翟衣（命妇礼服），在众宫人华丽的仪仗引导下，缓步金莲走到大殿，与窦怀贞对坐，举行结婚典礼。唐时婚俗，婚礼时新娘要用团扇遮面，新郎要赋"却扇诗"，才能把新娘遮面的团扇"却"去。这就和挑盖头似的，只是更加文雅。男子要是在唐朝不会作诗，都娶不上媳妇！窦怀贞当然会作诗了，喳喳喳……一口气作了好几首，终于把新娘面前的扇子褪去，露出了新娘那羞答答的娇容。在场的所有官员全都伸着脖子、瞪着眼望了过去，一看！现场突然安静了，静默了大概五秒半，突然，"嗡——"大家是哄堂大笑。一看新娘哪是如花似玉的美娇娘啊，乃是个一脸褶子的老太太！原来，这是韦皇后当年微贱时的乳母王氏，她本来是个蛮婢，这时特地封为莒国夫人嫁给了窦怀贞。把众人给乐得久久不止，唐中宗、韦皇后乐得眼泪都流出来了。窦怀贞一看大家都乐，他也自我解嘲，跟着乐，还得谢恩，然后领着新娘回家入洞房去了。

要说这事儿吧，也说不上人家窦怀贞，纯属皇帝不靠谱，拿人家开涮。但接下来的事情，就让大家瞧不起了。从此之后，窦怀贞每次上表奏时，连窦从一这个名都不署了，直接署上了"翊圣皇后阿奢"。"阿奢"是当时人对乳母丈夫的称呼。窦怀贞拿着鸡毛当令箭，把这个称呼扣自己脑袋上跟皇帝套近乎，贻笑朝堂。于是，从此群臣都戏讽地称他"国奢"。可人家窦怀贞脸皮厚，没羞没臊，继续贴皇亲攀龙附凤。但当后来韦皇后被太平公主联合李隆基诛杀了，窦怀贞马上见风使舵，回家就亲手杀了这个婆娘。

他不光攀皇亲，连那些宦官他都跟着溜须拍马。当时，宦官弄权的势头已初见端倪，窦怀贞对这些人非常畏惧恭敬，每每都殷勤接待，都落了病了，后来一看见没留胡子的人，他都以为是宦官，赶紧低头哈腰前去殷勤奉承。

监察御史魏传弓因为内常侍辅信义横暴放纵，要上奏章弹劾他。窦怀贞害怕了，说："辅信义那是安乐公主的人，公主很信任他，权势很高，一句话就能定人祸福，怎么可以轻易弹劾呢？"魏传弓说："如今王纲逐渐败坏，君子之道消亡，正是由于这些人专权放纵的结果。今天我要是能够杀了他，就算明天我受诛也无所恨！"说得窦怀贞无言以对，但仍然一味阻止魏传弓弹劾。

后来，韦皇后倒台了，窦怀贞自然也受到牵连，被降级外放了。但人家会钻营啊，一看韦皇后大树倒了，赶紧挪窝，转而抱太平公主的粗腿去了。所以，外放不久就升为了益州大都督府长史，后来不断晋升为侍中、兼御史大夫，代韦安石为尚书左仆射，监修国史，赐爵魏国公。史书记载："怀贞每退朝，必诣太平公主第。"①

唐睿宗要为金仙、玉真二公主修建两座道观，需要很多人力、物力，所以遭到很多人反对，唯有窦怀贞为讨好皇帝，极力赞同，而且亲自监工。连他的族弟詹事司直窦维鍌都看不下去了，说："老哥啊，你都官至台辅、位极人臣了，就应该想着对君王劝善规过、提高建议。你怎么还能够干算计瓦木、混迹工匠之间的事儿呢？你这样做，想给天下树立一个什么榜样啊？"又把窦怀贞怼得无言以对，但人家还是我行我素，照常监工。所以，当时大家就编了一句话讽刺说："窦仆射前为韦氏国奢，后作公主邑丞。"②就说窦怀贞巴结公主，不像大国宰相，就像公主封邑的小县吏似的。

先天二年（713），窦怀贞与太平公主合谋废立，想谋害李隆基。结果，被李隆基一举荡平，太平公主被赐死。窦怀贞畏罪，投水而死。李隆基不放过他，下令戮尸，改姓毒氏。钻营投机的窦怀贞就落了这么一个身败名裂的悲惨下场。

所以，后人就拿窦怀贞说事儿，说狄仁杰瞎了眼，误荐了窦怀贞，但笔者却不这么认为。狄仁杰当时推荐窦怀贞是对的，对于一个清廉（窦怀贞一辈子都很清廉）能干（他不能干能成为太平公主的心腹之人吗）的官员，不应该推荐吗？至于，做了高官之后，进入了官僚体系的大染缸里，窦怀贞变质了，这是谁也不能预料的，战斗英雄不也有经不起糖衣炮弹的例子吗？但我们不能说

---

① （宋）司马光《资治通鉴》卷第二百一十　唐纪二十六
② （后晋）刘昫《旧唐书》卷一百八十三　列传第一百三十三《外戚》

授予他战斗英雄称号的领导有错误。此一时也彼一时！

也说明，人心惟危，难以预测；伯乐相马，只是一时。现在是匹好马，谁知老骥能否还可以伏枥呢？狄仁杰一生荐才数十，大多成了名臣，一两个变质，也在情理之中，怎能过于苛求？

除了上述人物之外，狄仁杰还举荐了敬晖、袁恕己。对于敬晖，上文已经介绍（见第十五章），不再重叙。至于袁恕己，史书上只明确记载他曾受过狄仁杰的推荐，但具体因何事推荐，没作明确记载。但从袁恕己弹劾杨务廉营造奢华宫殿一事可见，他也属于疾恶如仇、刚直勇谏之人。

而张柬之、桓彦范、敬晖、袁恕己、崔玄暐这五个被狄仁杰举荐上来的重臣成了"神龙政变"的五大主谋，功成后皆被封王，史称"五王"，"神龙政变"由此也被称为"五王政变"，他们完成了推倒武周、兴复李唐的大业，这也是狄仁杰的遗愿。因为那时，狄仁杰已经不在人世了。

第十八章　生前身后

相差四年的两卒日

人固有一死，一代名相狄仁杰的生命在这一章也走到了尽头。只不过，对于这个传奇人物来说，他的去世和他的出生一样，时间都有着争议。

其实，关于狄仁杰的去世时间，正史上是这样记载的：

《旧唐书·狄仁杰传》上记载："武则天欲造佛像……则天乃罢其役，是岁九月，病卒。"[1]没有明确是哪一年，"是岁"指的是"武则天欲造佛像"这一年，而这一年是哪年不太清楚，只是这一个记录跟着"圣历三年，则天幸三阳宫……是岁六月……则天召仁杰预宴席……"[2]的记录下来的，所以大家自然认为"是岁"指的是"圣历三年（700）"这一年。而这一年的五月，武则天改元"久视"。所以，"是岁"准确说应该是"久视元年（700）"。几月不知道，但肯定在六月后。

《旧唐书·则天武后武曌纪》上则明确记载："（久视元年）九月，内史狄仁杰卒。"[3]

《新唐书·狄仁杰传》只记载："圣历三年卒，年七十一。"[4]没有明确哪一月。这个记录要么是错误的，如果狄仁杰死于当年的五月后，则应为"久视元

---

[1]（后晋）刘昫《旧唐书》卷八十九　列传第三十九
[2]（后晋）刘昫《旧唐书》卷八十九　列传第三十九
[3]（后晋）刘昫《旧唐书》卷六　本纪第六
[4]（宋）欧阳修、宋祁《新唐书》卷一百二十　列传第四十五　五王列传

年"；要么狄仁杰死于当年的五月改元之前。

而《新唐书·则天本纪》《新唐书·宰相表》《资治通鉴·唐纪二十三》皆记狄仁杰逝世在"久视元年九月辛丑"。

经过几种正史、几处资料的比对、印证，狄仁杰死于"久视元年九月辛丑"就成了一直以来的定论，直到民国人张钫搜集到一块墓志铭，人们才重新审视狄仁杰的卒日。

这块文为《大周故相州刺史袁府君墓志铭并序》的墓志铭出土于洛阳北邙山，现存河南省新安县铁门镇千唐志斋博物馆。墓志高70厘米，宽74厘米，青石志，保存完好，字迹清晰，正书33列，一列32字。从撰写体例看，此墓志是当时流行的墓志铭并序的"别体"，从其整个内容看，主要分"志"和"铭"两部分。"志"的部分介绍了袁府君（袁公瑜）的郡望、家世、历官、丧葬等，"铭"的部分用韵文概括全篇，饱含悼念、安慰、赞颂之意。最重要的是，这块墓志是狄仁杰撰写并亲笔所书的，可以说是目前能看到的唯一存世的狄仁杰手迹。全志文理优美，笔法遒劲，保存完好，堪称现存唐碑中的上乘之作。并且在志文中出现了多个武则天创造的新字，墓志兼具史料、文物双重价值。

狄仁杰为何给袁公瑜写墓志铭，两人有何种关系已经不得而知了。从史料和墓志铭中我们得知，袁公瑜十九岁就得到唐太宗的青睐，"时以寺狱未清，因授君大理司直……寻迁大理寺丞，宰剧有声，恤刑无讼，人赖厥训，朝廷嘉焉。"因为大理寺"滞狱"，唐太宗把袁公瑜调进了大理寺。或许，狄仁杰在做同样职务"大理寺丞"时对袁公瑜的事迹有所了解，两人都做到了"恤刑无讼"，狄仁杰敬重他"素多鲠直，志不苟容"，更同情他"忠而获谤，信以见疑"，以至于"权臣舞法，阴风有司"而屡次被贬官外放，在"炎沙毒影，穹海迷天"之中过着"窜迹狼荒，投身魑魅"的动荡生活。看来，袁公瑜和狄仁杰，性格相近、遭遇相似，让狄仁杰为之感叹。狄仁杰在墓志中写道：垂拱元年（685）袁公瑜客死他乡，病逝于白州（今广西博白），享年七十三岁。由于袁公瑜是当年废王立武的功臣，武则天登基后下制追赠袁公瑜为相州刺史。

一直到永昌（689）年间，灵柩才回到邓州，暂时安葬。而袁公瑜的夫人孟氏，在永徽六年（655）终于洛阳。夫妻俩一直没有合葬。所以，家人将袁公瑜、孟氏夫妻"即以久视元年十月廿八日合葬于洛阳县之北邙山。"碑文署名为"河北道安抚大使狄仁杰撰书"①。

这下问题就来了，有学者就认为了："假如狄仁杰果在久视元年九月已去世，当然不会在久视元年十月又为他人撰书墓志。"

现代学者王京阳、袁宪专门写了一篇《唐狄仁杰卒年考辨》，对此做了分析，现摘录如下：

一般来说《旧唐书》成书早于《新唐书》和《资治通鉴》，史料引用应当在先。据《旧唐书》的记载，该书卷六《则天纪》中作"久视元年九月，内史狄仁杰卒"，与前二书相同，但卷八十九《狄仁杰传》中却没有明确记载卒于何年。依照传文的记述顺序，狄氏卒年是记在武则天欲造大佛像而为狄仁杰谏止罢役之后，称："是岁九月，病卒。则失为之举哀，废朝三日，赠文昌右相，谥曰文惠"。如从文意，狄仁杰病卒之年与武则天欲建大佛像同在一年。可惜《旧唐书·狄仁杰传》的作者仍然没有写明武则天欲造大佛像的具体年份，故使"是岁九月，病卒"的话无所系之。只是由于武则天欲造大佛像的这段文字在《狄仁杰传》中紧随于"圣历三年"的事迹之后，遂致以"圣历三年"亦即"久视元年"为狄氏卒年就有了貌似顺理成章的结果。因此要改正错觉，就不能不追究武则天欲造大佛像的具体年代，由此而求知狄仁杰的真正卒年。

除了《狄仁杰传》记载"则天又将造大像，用功数百万，令天下僧尼每日人出一钱，以助成之。仁杰上疏谏曰：……则天乃罢其役"之外，《旧唐书》中提到武则天欲行修建大佛像工程的记载还有几处。其中卷九十四《李峤传》记有具体的地点、年代。其传云："长安末，则天将建大像于白司马坂，峤上疏谏

---

① 此段援引见（唐）狄仁杰《大周故相州刺史袁府君墓志铭并序》

之，其略曰：……伏闻造像，税非户口，钱出僧尼，不得州县祗承，必是不能济办，终须科率，岂免劳扰！……造像钱见有一十七万余贯，若将散施，广济贫穷，人与一千，济得一十七万余户。……人神胥悦，功德无穷。疏奏不纳。"由李峤的上疏可知，武则天在长安末造大像仍然是"钱出僧尼"，这与《狄仁杰传》中提到的武则天造大像欲"令天下僧尼每日人出一钱"的集资手段是完全一致的。长安年在白司马坂造大像的事还记在《旧唐书》卷一百一《张廷珪传》中。其文曰："长安中，累迁监察御史。则天税天下僧尼出钱，欲于白司马坂营建大像。廷珪上疏谏曰：……。则天从其言，即停所作……"。同样也是要"天下僧尼出钱"。当然，仅凭造像的集资手段相类同还不能断定此三传中所言的造大像为一事，但是三传中移录的三人疏言里，都没有提到前人曾经谏止过武则天造大像的事，当是以事无前例，不能以旧谕今、有所发挥。再以年代而言，长安与久视年号实相联结，未隔久远。久视元年十月，建元恢复寅正，原来的久视二年一月应成为久视二年正月，但旋即改元大足。大足元年十月，又改元长安，依公历都在701年。长安首尾四年，"长安末"当即指长安四年，此与久视元年相差仅四五年。如果狄仁杰曾在久视元年谏止过武则天造大像，那后来的李峤和张廷珪同样谏止武则天造像时，是不会不涉及数年前的狄氏之言的。这就不能不使人怀疑三人所谏实为一事，即长安末武则天曾欲建大像于白司马坂，并征收天下僧尼之钱以为资金，遂致数人出面谏止。

当然三人传中记载的武则天答复疏奏的结果并不相同，狄氏传和张氏传均作武则天从谏罢役，而李传则称武则天"疏奏不纳"。但据所见史料，未闻有白司马坂建成大佛像的记载。《旧唐书》一百卷的《苏珦传》中也提到"时有诏白而马坂营大像，糜费巨亿，珦以妨农，上疏切谏，则天纳焉"，当以大像未成为是。至于李峤传中记载则天"疏奏不纳"，可能并非否定李峤停建大像的建议，或只是反对李峤提出的将已有的一十七万余贯钱散施贫民，"人与一千，济得一十七万余户"的主张。此后事隔一年，到了神龙元年，中宗复位，武则天的意愿也就更无法实现了。

由上可知，武则天造大像的时间不应在久视元年（或圣历三年），而是在长安末即长安四年。那么狄仁杰传中的卒年也就得到了新的解释，即"是岁九月，病卒"所指的应当是长安四年的九月。如此推算，狄仁杰久视元年十月为袁公谕撰志时仍然健在，五年之后，即长安四年九月病故。史传、墓志两相对照，也就合乎了情理，消弭了矛盾。而《旧唐书》等史籍中有关狄仁杰卒年的记载，似乎也应当加以订正。当然，如果今后能够见到狄仁杰墓志出土，可得到确证。[1]

王京阳、袁宪两位先生的论述非常清晰，意义也非常大。但里面还有一些疑点值得我们进一步探究。在此，我想说一说个人的看法和分析：

第一，对"狄仁杰为袁公瑜写墓志铭一定是在久视元年（700）十月"的论断表示不完全认同。只能说狄仁杰写墓志铭有可能是在久视元年十月，但不一定就是十月。因为一般墓志铭都提前写好，别忘了还有刻石的时间呢。袁公瑜与夫人合葬是"久视元年十月廿八日"，但狄仁杰写墓志铭一定不是十月二十八！这个日子应该是袁公瑜的家人提前选定的一个"吉日"，然后请狄仁杰按照这个定好的日子写的墓志铭。所以，狄仁杰是有可能早于墓志铭文中的"久视元年十月廿八日"去世的。但，墓志铭一定是五月改元后写的。而且很可能就是在十月早些时间。因为，武则天爱改元，早一个月就不太敢先写"久视元年"了。但从碑刻狄仁杰的字体上来看，笔力稳健，又不像是一个重病在身的人。而据史料记载来看，狄仁杰不是突发疾病、突然离世的，而是有一个患病、病重、病危、死亡的过程，所以，这个墓志铭不大会是在狄仁杰即将离世前所写，一定是在狄仁杰身体还比较健康时所作。

这样，袁公瑜墓志铭上"久视元年十月廿八日"的意义只在于能证明狄仁杰在久视元年起码五到八月的身体还是不错的（如果墓志铭在这期间撰写的），其他没有太多的意义，更不能作为狄仁杰久视元年十月还存活的证据。

---

[1] （现代）王京阳，袁宪《唐狄仁杰卒年考辨》.故宫博物院院刊，1995（1）：49-50.

第二，袁公瑜墓志铭上署的是"河北道安抚大使狄仁杰撰书"。这就很有意思了。狄仁杰做"河北道安抚大使"是圣历元年（698）十月的事。安抚好河北，狄仁杰就回朝了。一般来说，唐初的"安抚大使"是临时性的使职差遣，回朝即卸，除非朝廷一直没有免去狄仁杰的这个职务，狄仁杰还可以署这个职称，不然狄仁杰就应该属"内史"之类的职事官称，怎么会在两年后还属"河北道安抚大使"呢？即使当时没有卸任"安抚大使"，狄仁杰为何放着"内史"不署，署一个使职官称呢？着实让人不解。欢迎大家探讨。

第三，《资治通鉴考异》所引李邕《狄梁公传》上有一句话："公寝疾，五公候问……狄公没后，经岁余，五公潜会于幽闲之处，叙公当时之言……"①撰者李邕是长安初年，经内史李峤荐引入京任右拾遗的，就是当时的人。无论《狄梁公传》的记载是否是史实，但"狄公没后，经岁余"的这个内在逻辑必不会错，即狄仁杰去世后，经过一年多，张柬之等人又密谋政变。这样，狄仁杰去世最晚也得是长安三年（703）。因为"神龙政变"发生在神龙元年正月（此时正月已经恢复到一月了）。也就是说，如果张柬之五人的这次密谋后，立刻实施了政变，那么狄仁杰就去世在长安三年。如果张柬之五人这次密谋是发生在"神龙政变"之前，那么狄仁杰去世的时间还要往前推。总之，狄仁杰去世后至少一年才发生了"神龙政变"。这样，说狄仁杰是在长安四年（704）九月去世似乎有些说不过去。除非真如司马光怀疑的那样，《狄梁公传》并非李邕所撰，而是后人托名李邕所撰。但司马光是因为李邕是当时著名文人，他又认为《狄梁公传》"其辞鄙诞"，所以认定不是李邕所撰。这就有点太过主观了。而且，从《考异》所引《狄梁公传》文字来看，文辞质朴不俗，行文自然流畅，措辞典丽而并不晦涩。况且，很多人都读过《狄梁公传》（如欧阳修、范仲淹等），并未怀疑过李邕这位撰者。

第四，就是武则天造佛像的问题。

---

① （宋）司马光《资治通鉴考异》卷十一　引（唐）李邕《狄梁公传》

《资治通鉴》上将武则天要造佛像分成了两次,一次在久视元年(700)七月,为狄仁杰所谏阻;一次在长安四年(704)四月,为李峤、张廷珪所谏。

王京阳、袁宪两位先生则认为,武则天要造佛像只长安四年(704)四月这一次,为狄仁杰、李峤、张廷珪共同所谏。并认为如果狄仁杰在前,张廷珪等应该在谏言中提及狄仁杰。

而《旧唐书》中并没有注明武则天要造佛像的次数和具体时间,《李峤传》说"长安末"有一次。《张廷珪传》说"长安中,累迁监察御史。则天税天下僧尼出钱,欲于白司马坂营建大像"。我们可以理解成"长安中"有一次,也可以理解成张廷珪成了监察御史后有一次(但不知具体年份)。

那么,有没有这么一种可能,就是武则天在长安中多次想要造佛像。长安中(可能是长安三年),她提出来过一次,被狄仁杰和张廷珪谏阻;长安末,她又提出来一次,被李峤和苏瑰再次阻谏。抑或是,长安中,她提出来过一次,被狄仁杰独自谏阻;而长安末,她又提出来一次,被张廷珪、李峤和苏瑰再次阻谏。至于,为什么他们没引用狄仁杰的话,这个很正常,臣子各抒己见,不必非要引用他人言语。

这样,如果狄仁杰的谏阻发生在"长安中",或就是长安三年。那么,狄仁杰的去世就不是长安四年,而是"是岁"的长安三年!

第五,我也认为狄仁杰的卒年起码应该在长安年中,除了王、袁两位先生的论述以及有学者推算久视元年九月没有辛丑日外,还有两个重要的依据:

其一,就是李峤在长安四年四月担任了内史。对此,《资治通鉴》记录得很清楚:"(长安四年)夏,四月,壬戌,……李峤知内史事。""(六月)丁丑,以李峤同凤阁鸾台三品。峤自请解内史。""秋,七月,丙戌,以神都副留守杨再思为内史。"[①]

我们要知道,狄仁杰去世前的职务就是内史。从狄仁杰久视元年正月做了

---

① (宋)司马光《资治通鉴》卷第二百七 唐纪二十三

内史后，一直到"是岁，内史狄仁杰卒"，中间一段时间，狄仁杰都是内史。而，从"内史狄仁杰卒"到"李峤知内史事"中间，史书上并没有其他人任内史的记录。

这样，如果狄仁杰是久视元年九月去世的，朝廷则有近四年没有内史，中书省没有最高长官，这有点说不过去；那么如果狄仁杰是在长安四年九月去世的，则于"内史狄仁杰卒"不相符，因为杨再思在七月做了内史。

当然，内史这个职务名额确实是两个。也可以，狄仁杰、杨再思同时担任内史。但这种情况在高宗、武周朝似乎没有出现过。

其二，就是狄仁杰向武则天举荐张柬之的时间，《新唐书》明确记载在"长安中"；《旧唐书》虽然在这里没有交代时间，但在《杨元琰传》上却给出了张柬之到荆州担任长史的时间："长安中，张柬之代元琰为荆州长史。"①而两唐书与《通鉴》皆记载，狄仁杰向武则天推荐人才时说："荆州长史张柬之。"这样，狄仁杰推荐张柬之时肯定是张柬之做了荆州长史后，最早也得是"长安中"。而《唐会要·杂录》上给出了答案："长安二年，则天令狄仁杰举贤，仁杰举荆州长史张柬之。"②

联想到《资治通鉴》上记载："（长安四年）九月壬子，以姚元之充灵武道行军大总管……元之将行，太后令举外司堪为宰相者。对曰：'张柬之沉厚有谋……'"

再想到，据《新唐书》记载，长安三年八月，"京师大雨雹，人畜有冻死者。"③长安城遭受了罕见的极端天气和寒潮，这种天气对老年人非常不利，当时狄仁杰正随女皇在长安……

综上分析，我们或许能推导出一个时间线来，见下表：

---

① （后晋）刘昫《旧唐书》卷一百八十五（下） 列传第一百三十五 良吏（下）
② （宋）王溥《唐会要》卷五十三《杂录》
③ （宋）欧阳修、宋祁《新唐书》卷三十六 志第二十六 五行（三）雹

年份	月份	日期	事件
大足元年（701）	十月	辛酉日	武则天带文武回到长安，大赦天下，改元长安。
长安元年（701）			张柬之代杨元琰任荆州大都督府长史，二人有一次关于匡复唐室的密谈。
长安二年（702）			武则天令狄仁杰举贤，狄仁杰举荐了张柬之，武则天将其召为洛州司马。后经狄仁杰继续推荐，累迁秋官侍郎。
长安三年（703）	八月		长安城遭受了罕见的大雨冰雹和极度降温天气。极端天气导致狄仁杰病倒。
	九月前		武则天要造大佛像，狄仁杰、张廷珪纷纷上表谏阻，武则天最终罢役。
	九月		狄仁杰病重，秋官侍郎张柬之等五人前往探视，得到遗嘱。
	九月	辛丑日	狄仁杰去世，内史空缺。武则天悲痛欲绝，大呼"朝堂空矣"！
	十月	丙寅日	武则天再次离开长安这个伤心之地，回銮神都。
长安四年（704）	四月	壬戌日	李峤任内史，填补内史空缺。
	四月		武则天又要造大佛像，李峤和苏珦再次阻谏，武则天因李峤的"人与一千，济得一十七万余户"之言，没有采纳李峤的意见。而采纳了苏珦的意见，再罢其役。
	六月	丁丑日	李峤自解内史职。
	七月	丙戌日	杨再思为内史。
	九月	辛寅日	姚崇任灵武道安抚大使。即将远行，武则天可能因狄仁杰去世一周年，思良相，故让姚崇推荐合适做宰相之人，姚崇又推荐了张柬之。
	十月	甲戌日	张柬之拜相。
神龙元年（705）	正月或稍早一段时间		张柬之等五人有一次密谋，提到了狄仁杰临终的言语。时与狄仁杰去世相距满足"经岁余"一说。
	正月	癸卯日	神龙政变。

这样，基本时间线是可以对上茬儿的。综上所述，我认为很有可能，狄仁杰既不是在久视元年九月去世的，也不是在长安四年九月去世的，而应该是在

长安三年（703）年去世的。"当然，如果今后能够见到狄仁杰墓志出土，可得到确证。"

但问题是，狄仁杰的墓在哪儿？这同样是个悬案！

丞相祠堂何处寻

自唐以后，历史上记载的狄仁杰墓地所在各执一词，但又因证据不足众说纷纭，大概有以下几种说法：

一、洛阳白马寺说

在目前的洛阳市郊区白马寺镇白马寺山门外，往东百余步，有一座"梁公墓"，目前墓正面立碑为"狄梁公墓"，墓后立碑为"狄公仁杰之墓"，这些都是现代人重新刻立的。墓的东南和西南侧各有碑亭，东南方石碑上书"有唐忠臣，狄梁公墓"，西南石碑则是"唐宰相狄梁公墓道诗拜序"。看不清落款，只能肯定都是古时的原物。相传宋代于此建有"狄梁公祠"。

"洛阳白马寺说"在过去影响很大。但也是备受质疑的一处。主要有两点原因：一、有人认为这里的"梁公"不是狄仁杰，而是在武周时期被封为"梁国公"的白马寺住持、武则天的面首薛怀义。《旧唐书》明文记载，薛怀义死后（他的死也有多种说法），"以辇车载尸送白马寺"[①]；而，找不到任何一条史料提及狄仁杰葬在白马寺。但"狄梁公"的名气大，提到梁国公，大家首先想到的是狄仁杰，所以，后人误以"梁国公"薛怀义冢为"梁国公"狄仁杰墓。二、狄仁杰生前明确不信佛，还对武则天崇佛的举动多有劝阻，没有死后要求埋在白马寺的道理。

二、孟津梁周寺说

上文提到过，圣历二年（700）五月，武则天驾临三阳宫，回来后，独赏

[①]（后晋）刘昫《旧唐书》卷一百八十三　列传第一百三十三《外戚》

狄仁杰一座宅第。据说，狄仁杰死后，后人就以第起寺，名为梁周寺。此宅就在今河南省洛阳市孟津区宋庄梁周寺村。据《孟津县志》记载，梁周寺建于唐开元二十三年（737），20世纪70年代初期，梁周寺尚存享殿、东西厢房、山门等建筑，后因迁学建校拆除。梁周寺遗址出土有宋代经幢，足可证此寺的古老。过去，梁周寺有古桥一座，因狄仁杰被封"梁国公"，故称"梁桥"，"梁桥残雪"也是孟津八景之一。

在梁周寺西南有大冢，当地人传言为"狄仁杰冢"，但并无实证。

三、乾陵陪葬说

据民国时范紫东主编《乾县新志》载："《关中陵墓志》：'狄梁公葬乾州北门外五里许，当乾陵东有知州戴胜聪所立墓碑。'今县东门外偏北五里许马家坡东之墓，有清乾隆年间巡抚毕沅所立之碑，文曰'唐狄梁公之墓'。又墓下见一碑，系康熙五十七年（1719）戊戌仲夏陕西督学使者白山觉罗逢泰立。"此外，对于狄公墓在洛阳的说法，《乾县新志》也有涉及："《河南通志》：'洛阳金墉城及孟津县西，俱有梁公墓。'而本传不载葬所，公以功名终，应得陪葬。"所以，范紫东认为狄仁杰墓就在乾陵里。

乾陵是唐高宗与武则天的陵寝，位于陕西省咸阳市乾县县城北部的梁山上。除主墓外，乾陵还有十七个小型陪葬墓，葬有其他皇室成员与功臣。据说，狄仁杰因于复兴大唐有功，故此陪葬在乾陵。

然而，《乾县新志》参阅《文献通考》，记载乾陵陪葬的八位大臣是"王及善、薛元超、杨再思、刘审礼、豆卢钦望、刘仁轨、李谨行、高侃"，并没有狄仁杰的名字；另外，狄仁杰在唐时没做过高官，他是在武周朝时做的宰相，虽说后世把武周也看成唐朝的一部分，把狄仁杰也看成"大唐宰相"，但在当时，还是很有区别的。所以，不大可能陪葬乾陵。

四、花亭湖说

据旧《太湖县志》记载："狄公庙，县北三十里九村畈保。""狄仁杰墓在永福乡九村畈，相传元末有避乱其中者，获金银器物以出，后墓门倾塞，其前有庙有碑。"也就是说，狄仁杰的墓在安徽省太湖县永福乡九村畈。后来狄公庙和狄公墓先后被洪水淹没。至1994年，当地政府为缅怀狄公，在此（花亭湖西畔小山上）建"狄公亭"。

对这种说法，前文我们曾经说过，很有可能只是狄仁杰的衣冠冢。就连《太湖县志》的编者也说："《唐书》本传，狄，太原人，圣历三年卒，并未言其葬地。"《广舆记》载："其墓一在河南洛阳，一在陕西乾州。并此凡三见。或公尝抚江南，后因有墓，亦未可知。附记于此，以俟后之考古者。"还有人怀疑是狄仁杰后来又巡抚江南，突然逝世便葬于此。这种可能性不大，因为如果是这样的话，史书应该专门会记载。

五、洛阳双碑凹说

这个地方我们在第一章的时候就说过，在洛阳孟津区平乐镇翟泉村北邙山之阳。这里发现了"大唐故邛州刺史狄府君之碑"，所以是狄仁杰之父狄知逊的埋骨之地。

据记载，清代学者武亿、黄易来此考察，推测认为：先前有人在这一带访得狄梁公墓碑，便将之就近安放在白马寺东侧，却不知狄氏族墓在更北边的双碑凹。

20世纪90年代，紧挨双碑凹的邙山上屯村又出土了狄仁杰曾侄孙狄兼谟墓志，此碑详述了狄兼谟生平行事，并证实了武亿和黄易的判断。

墓志盛赞狄公"天锡大忠，独遏鸣牝，续皇纲于既绝，复明辟于已废，振耀今古，联辉□书"，还明确记述了狄兼谟"葬于河南府洛阳县金墉乡双洛村，祔梁公之茔"。"祔"意为"配享、附祭"。据此，研究者认为狄兼谟墓一定附于狄仁杰墓旁。这也符合唐宋时洛阳一带高门大第的丧葬特征，如李德裕家族、姚崇家族等，均为长幼有序合族聚葬。碑文中说的"金墉乡"，即汉魏洛阳故城金墉城一带。双碑凹正在金墉城遗址范围。

所以，研究者们认为双碑凹极有可能是狄仁杰的埋骨之地。

但毕竟没有发现其他更有力的证据，所以，目前只能肯定的是双碑凹为狄氏宗墓,而不能完全肯定狄仁杰墓也在这里。

六、临漳东狄邱村说

据说,狄仁杰死后,家人及卫士扶其灵柩回山西老家,当行至冀州,即今天的邯郸临漳西泉村时,正逢天降大雨,漳河决堤。因为西泉村没有驿站,所以,家人只得暂时停灵于此地的西泉寺内。后干脆埋葬于此。武则天闻之,下旨在寺北修建地公墓。中宗李显即位,为感念狄仁杰,下旨西泉村为"狄丘",西泉寺也为敕建西泉兴国禅寺,并建狄仁杰祠。给狄仁杰送灵之人很多都留下来为其守墓,后来逐渐就形成了村庄,丘东者叫东狄丘村,丘西者叫西狄丘村。又传狄仁杰的后人不敢让先祖和圣人孔子(孔丘)相冲,于是改"狄丘"为"狄邱"。东西两狄丘村也随之变成了现在的东狄邱村和西狄邱村。

这种说法多见于当地地方志。如,宋《相州府志》记载:"唐故忠臣狄怀英者病逝魏州,葬于邺地东北也";明《彰德府志》记载:"狄公墓形如山丘,村名狄丘,西与西门大夫祠、魏武王陵建于一线,遥相对望";清乾隆《彰德府志》记载:"帝王自古无寸土,梁公尚有狄安村。"

另外,据当地县志所载,这一代历史上没出过一位一品大员,但村中却留存有一品大员陪陵的翁仲等用品。谁的?老百姓就说是狄仁杰的。

这一说法中,版本众多,且都是传说,比如:有说,狄仁杰病死在洛阳后,往山西老家运送灵柩时,雨阻此地。但,从洛阳去太原一般不会绕到走邯郸的;有说,是狄仁杰当时是在魏州城西部与突厥征战累死在疆场,武则天下令将狄仁杰灵柩运回神都厚葬,雨阻此地。家人见这里水草丰泽,风景优美,临时将狄仁杰尸骨丘葬该地。这种说法不太符合历史。无论是久视二年还是长安四年,官军与突厥都没有在河北一带发生过大战争。狄仁杰当时已然高龄,连一般事务武则天都不让麻烦他,哪能再让他出征?

所以,很有可能是狄仁杰做魏州刺史及河北安抚大使时对这一带百姓有恩,百姓们设生祠祭祀,后逐渐演变成了狄仁杰墓在此。

总之,狄仁杰到底埋葬在何处?目前各种说法都没有充足有力的证据,只能有待进一步的考证。但多处有狄仁杰墓的现象却能说明，狄仁杰生前为国为民做了不少好事、实事，这才让各地百姓感恩纪念，大家都希望这位忠臣清官能够埋骨本乡，受本土百姓世代纪念！

遗言与殊荣

狄仁杰去世了，对他来说，可能最大的遗憾就是没有亲眼看到大唐复兴。但让他欣慰的是，在他去世前，他已经为兴复大唐奠定了基础、铺就了道路、选定了人员。

有一次退朝后，狄仁杰对张柬之、桓彦范、崔玄暐、敬晖、袁恕己说："所恨衰老，身先朝露，不得见五公盛事，冀各保爱，愿尽本心。"五人是狄仁杰选中的兴复李唐的工作小组成员，当然"悬悟公意"，知道狄仁杰所指，这也是狄仁杰不断给他们强调的任务。

当狄仁杰病重垂危之时，张柬之等五人前来探望。没想到，双方在那里相视半天，却没有说一句话。又待了一会儿，就见狄仁杰哭了，"流涕及枕"，但仍然相顾泪眼，还是没言语一声。张柬之等五人互相看了看，不解其意，但看狄仁杰病情如此严重，也不好去问，于是，互相使了个眼神，就退出了狄公寝室。

大家凑在一起商量："狄公这是什么意思啊？"袁恕己说："是不是狄公自觉快不成了，想托付一下家事啊？咱问问他这个？"张柬之一听，当时否定了，说："我没听过大贤之人有废国谋家的。狄公是大贤，有事也是国事，怎么会因为家事流泪不止呢？不可能！"

几个人正琢磨不透呢，狄仁杰的家人出来说："狄公请张柬之、袁恕己、桓彦范三公进去。"崔玄暐、敬晖二人一听没叫自己，识趣地就站在门外等候。

张柬之三人进去后，伏到狄仁杰身边。狄仁杰这才说："刚才我之所以不说话，就是因为崔、敬二人在场啊。这两人行事虽然果断决绝，但不善于保守秘密。如果大事先和他们商议，事情一定会外泄出去，到那时，则会导致国事无成而身家性命不保的严重后果。但大事商议定后如果不让他们参加，大事也不能成！"狄仁杰交代内部合作的问题后，又着重强调了一个行事策略，他说："梁王思尚掌权，可先收而后行也。不然，则必反生大祸。"①狄仁杰认为目前诸武之中武三思权势最大，也是反对复唐最积极的（除了武姓人之外，其他人没什么太大的反对理由和意义）。所以，应该先对付武三思，解除了他的力量后，就好办了。有他存在的话，不确定因素太大了，很容易发生大祸。狄仁杰专门嘱咐此点，可能是因为他发现张柬之等人现在只把眼光盯在了二张身上。因为二张兄弟这两年过于嚣张弄权，别说张柬之他们，满朝文武都对二张磨刀霍霍、拔刀相向，甚至认为他们是复唐的最大阻碍，必先除之而后快。一年后（长安四年）激烈的弹劾张昌宗事件就是一个明例。但，作为政坛老手的狄仁杰却认为二张其实不足为忧，一旦武则天不在帝位了，他们俩就是无本之木。大家更应该关注下武三思，这个人自从武承嗣死后，一直非常低调，蛰伏不发，所谓咬人的狗不露齿，这样的人最阴险！张柬之等人一一记下。

  狄仁杰多想在生前就看到大唐的复兴啊，他也多想辅佐女皇慢慢地、和稳地、自然而然地将权力交接给儿子，让女皇光荣地退居二线，保持武则天一生的荣耀和辉煌，在最后再次浓墨重彩地为女皇的功绩记上一笔——她实际上是为婆家守护了江山！但天不假时，狄仁杰等不到那一天了。他只能不放心地将事情放心地交给自己的政治继承人——张柬之等人。他放心，因为他知道张柬之等人一定会继承自己的遗志将大事做成；他不放心的是，他知道张柬之等人对女皇可没有自己对女皇的这份知心的感情，不知道他们会用什么手段完成大事！但这些放心和不放心，狄仁杰都管不了了，他带着遗憾和希冀闭上了眼睛。

  有人立刻将狄仁杰死讯报告给了武则天。武则天虽然早有心理准备，但听

---

① 此节援引见（宋）司马光《资治通鉴考异》卷十一 引（唐）李邕《狄梁公传》

此噩耗，仍然禁不住老泪纵横，女皇此时痛断肝肠，她哭着说了一句话："朝堂空矣！"整个朝堂没有了我的狄卿、我的国老，没有了世上唯一知道我、理解我、尊敬我、心疼我的朋友，我真的就成了孤家寡人了！纵然朝堂之上，臣子聚满，又与空堂何异！从此，只要朝廷有大事，群臣唯唯不能决断之时，武则天都会仰天而叹说："天夺我国老何太早也！"①苍天啊，你为什么这么早就夺走我的狄国老！正如毛泽东主席悼念罗荣桓元帅诗中那句："君今不幸离人世，国有疑难可问谁？"这也是为什么女皇当众而说"朝堂空矣！"可以想象当时朝臣必定羞愧难当。

一句"朝堂空矣"，道尽了女皇内心的万古孤寂，也是女皇武则天给予狄仁杰的无上殊荣和最高评价！

悲痛之余，女皇下令辍朝三日。赠狄仁杰文昌右相，谥号"文惠"。谥法上说："经天纬地曰文""慈惠爱民曰文""刚柔相济曰文""坚强不暴曰文"……"爱民好与曰惠""施勤无私曰惠""和而不流曰惠""能绥四方曰惠"……狄公谥号"文惠"，实至名归！

后来，中宗做皇帝之后，追赠狄仁杰为司空；睿宗登基后，又追封狄仁杰为梁国公。"狄梁公"的称号由此而始。

狄仁杰的生物生命结束了，但并不等于他的政治生命、他的精神生命、他的艺术形象生命的结束。恰恰，他的精神生命、艺术形象生命因为他的生物生命的结束而越加旺盛起来。

三次"倒张运动"

在狄仁杰等人的劝说下，武则天下定了将政权归还李唐的决心。为此，她

---

① 此段援引见（宋）司马光《资治通鉴》卷第二百七　唐纪二十三

生命的最后几年的时间里，做了很多的工作，大多是为了修复和弥补自己之前为争夺和巩固皇权而对李唐宗室的打压和杀戮所造成的伤害。她希望自己死后，李唐宗室不会再秋后算账，更不会像自己这样屠戮武家子弟。

女皇于大足元年（701）十月，以七十八岁高龄率领文武百官、子侄女儿返回了二十年没有回来的唐朝国都长安！在路上正逢天降大雪，气温下降，太子李显亲自为母亲暖脚，呈现了一幕母慈子孝的温馨场景。回到长安，女皇便大赦天下，改元长安，并在这里住了两年之久。在此期间，她将含元宫改回了旧称大明宫。还为酷吏政治所造成的冤假错案平反昭雪。武则天希望通过回到长安及这些行为，来解除李武之间的隔阂，为日后的还政李唐扫清障碍。

但是，武则天的权力欲实在是太大了，她只要活着，就不想放开权柄，更不想把皇位禅让给太子。这也是能理解的，几乎历史上的每位君王如果不是到了生死存亡的关头，都不会把皇位提前交给继承人的。

只不过让臣子们着急和担心的是，武则天的身体越来越差了，得过好几次重病，理政的精力和能力也大不如从前。所以，狄仁杰才会提出让太子监国，只是被魏元忠所阻，武则天也不肯放权而作罢。后来，武邑人苏安恒居然接连两年两次给武则天上疏，直接要求女皇退位，而且措辞犀利、激烈，毫不客气地指出："你贪恋帝位、不念母子之情，武周运祚将衰，你应该在耄耋体衰之时将帝位还给你的儿子，否则器满则倾，你肯定不得好！"如果在酷吏横行的几年前，别说苏安恒是一介布衣，就算是当朝宰相，也被凌迟处死了。可是，武则天并没有处罚苏安恒，还专门召见了他，赐他饭食，好言慰抚。可见，女皇的晚年政治氛围异常的宽松，允许出现不同的政治意见。同时也说明，武则天还政李唐的决心未变，认为最后总会达成大家（武则天也知道这是朝野臣民的意见，而绝非一个平民苏安恒自己的建议）的目的，故此，不必责罚苏安恒。

可问题是，武则天既不放权给太子，自己理政精力又不足了，她便以二张以及太平公主和上官婉儿作为了自己理政的助手，尤其是对二张的宠幸越来越深。甚至因为太子李显的长子李重润、女儿永泰郡主、女婿魏王武延基（武承嗣长子）一起议论二张，武则天便大怒，居然把三人逼着自杀了。这可是一个孙子、一个孙女、一个侄孙子啊，为了两个面首，武则天丝毫都不留情。可见武则天对二张的宠幸已经到了心理扭曲的地步了。因此，就连太子、相王、太平公主等李氏子弟都对二张弟兄畏怕得要命，居然共同上表请女皇封张昌宗为王。武则天没有答应，他们就再次上书奏请，最后，武则天赐张昌宗为邺国公。这都是很奇怪的，像狄仁杰忙活了一辈子，才是个"开国男"，最低等的爵位了，死后才追封梁国公。张昌宗一下就给了个公爵，可见女皇宠幸多深。二张自然也依仗着女皇的这份宠幸越来越猖狂。

他俩仗势弄权、贪赃枉法、卖官鬻爵、抢买民田、欺男霸女、草菅人命……可谓狂妄霸道、无法无天！尤其狄仁杰死后，两人更是愈加嚣张。先是诬陷宰相魏元忠与太平公主的人司礼丞高戬商量"皇帝老了，咱俩投靠太子成大事吧！"这就是谋反之言啊，差一点要了魏元忠命。经过群臣力保，魏元忠才捡回一条命，被判流放。二张一看，没杀了老魏，那就拿另一个人崔贞慎开刀，谁叫你给魏元忠践行了呢？你们就是同党！崔贞慎可是太子东宫的官员。由此可见，二张现在开始咬太子了。群臣力争，最终保住了崔贞慎的性命。但也让群臣对二张产生了警觉，大家非常担心，二张一直陪伴皇帝身边，皇帝年岁已大，一旦在深宫中有所意外，你知道二张会捣鼓出什么鬼来？会不会干出矫诏的事来阻碍太子继位呢？群臣认为这点非常严重，于是就开始了"倒张运动"，对二张进行不断地反击。

长安四年（704）七月，靠着二张上位的张氏子弟司礼少卿张同休、汴州刺史张昌期、尚方少监张昌仪都因坐赃下狱，这就是群臣倒张的第一个成果。群臣认为二张也脱不了干系，应当一起鞫审。武则天不得已，只能让司法机关审问二张，那还能审不出来？御史大夫李承嘉、中丞桓彦范最后上奏说："张昌宗按律当免官。"结果，武则天还是赦免了张昌宗的罪，复其官职。第一次"倒张运动"失败。

紧接着宰相韦安石发起了第二次倒张运动，这次拿张易之开刀，举奏张易之等人罪状。武则天让两位宰相韦安石、唐休璟审理。没想到，还没问张易之罪呢，武则天把这俩宰相外放了，不让他们审了。唐休璟临离京的时候，密言于太子说："二张恃宠不臣，必将为乱。殿下宜备之。"①可见此时，二张与太子及群臣的矛盾很是激化了。

为此，张柬之、桓彦范、崔玄暐、敬晖、袁恕己等人非常着急，暗中不止开过一次会。有一次，五个人又秘密聚会，谈起了狄仁杰临终遗言，五人又重新盟誓要复兴李唐。但下一步怎么行动？大家想发表看法吧，又总觉得时机尚不成熟。不谋划下一步的行动吧，又觉得辜负了狄公期望和之前的约定。所以大家欲言又止，举棋不定。最后，桓彦范一看都不说话也不行，刚才又发誓言又怀念狄公的，结果到事上了，又都不言语了，多尴尬啊，"我说两句吧！"他磕磕巴巴开始说话了，但都是些套话。正在大家尴尬的时候，突然听到"户牖之外，声若雷霆，须臾风雨，咫尺莫辨，所坐床褥悉掷于阶下。"发生了短暂的雷雨大风。这正好给五人一个台阶，大家相顾而言说："此是狄公忠烈之至，假此灵变以惊众心，不欲吾辈先论此事，未至其时，不可复言也。"②这是狄公显灵告诫咱们时机未成熟，不让咱们现在讨论，再等等，再等等！

等到这年的年底，情况更严重了。武则天又生病了，住在长生院，一个多月，连宰相都不能见到武则天，只有二张在身边侍奉。等到武则天病情稍微见缓，才有上文提到的崔玄暐的进言："你应该让儿子在身边服侍汤药。宫禁事重，不能让异姓出入。"足见当时，群臣对二张在武则天身边这件事何其担心。

而二张见武则天病重，也担心回头女皇没了，大祸临头，他们也暗地"引用党援，阴为备用"。③这样有关二张谋反的消息四处乱飞，但武则天从不以为然。

---

① （宋）司马光《资治通鉴》卷第二百七　唐纪二十三
② 此段援引见（宋）司马光《资治通鉴考异》卷十一　引（唐）李邕《狄梁公传》
③ （宋）司马光《资治通鉴》卷第二百七　唐纪二十三

就在这时,发生了"术士说张昌宗有天子相"事件,群臣抓住了机会,更激烈的第三次"倒张运动"爆发了。此事,我们在前文(见第十七章)讲桓彦范时介绍过,在此不再赘述。总之,在眼瞅着要把张昌宗拿下的情况下,武则天特赦了张昌宗。群臣第三次倒张运动又以女皇庇护二张而失败。

但此时,二张几乎把李氏、诸武、群臣都得罪了,矛盾激化到了不可调和的地步。而且女皇暧昧的政治态度,使得她的子女和群臣都异常焦虑、紧张,继而朝野疑惧!

张柬之等人面对此种局势,认为不采用非常手段,就难以除掉二张。而要采用非常手段,就不只是除掉二张那么简单了。

狄公遗志终得实现

时间来到了神龙元年(705)正月,武则天病情越来越严重,二张仍然"居中用事"。张柬之等人觉得不能再拖了,迟则生变!必须立即采用"非常手段"了!

采用"非常手段"得到了李氏兄妹的认可。只不过"非常手段"在李氏兄妹和张柬之群臣的意识当中是不一样的。李氏兄妹的目的只是消除威胁他们继承帝位的二张兄弟,只要把这俩小子除掉就成,并没有想着把武则天顺手拉下来,他们也不大敢这么想。而张柬之等人则是"舍得一身剐、要把皇帝拉下马"的复辟政变。

政变自然要得到军方的支持,尤其是皇帝的禁卫军。于是,张柬之亲自说服了右羽林卫大将军李多祚。而张柬之在右羽林卫中还有自己的人,谁?右羽林将军杨元琰!这人您还记得吧,当年张柬之正是代他做的荆州长史,俩人划船密谈,杨元琰当时就有匡复之意。所以,张柬之当了宰相之后,就把他调进了京城,安插到右羽林卫做了将军,对他说:"君还记得当年你我在江中船上之言吗?现在我把你放在这个关键的位置,你明白我的意思了吧?"杨元琰当然明白。现在用着他了。不但如此,张柬之早就把桓彦范、敬晖、李湛这些自己人分别调任左、右羽林将军。张柬之这么一动,二张有所察觉,显露出了疑惧之情,在武则天面前开始阻拦了,让他们认为的同党武攸宜任右羽林卫大将军看着杨元琰等人,而李多祚则为左羽林卫大将军。可二张没想到李多祚已经是张柬之的人了,他们更没想到,武攸宜现在也不是他们的同党了,诸武在此次政变中扮演了观望、不作为的角色。

张柬之等人几乎掌握了左右羽林军。由于他们都是驻屯在皇城正北玄武门的禁军,所以又被称为"北军"。而当年,武则天就是用这左右羽林军废掉了中宗李显。没想到因果循环、报应不爽。今天,张柬之也要用北军逼女皇退位。

正月二十二日,张柬之等人以二张谋反为由发动了政变,由于这年是神龙元年,故史称"神龙政变"。

张柬之等人兵分三路,一路由张柬之、崔玄暐、桓彦范与左卫威将军薛思行等率领左右羽林军五百人直奔玄武门(神都皇宫也有玄武门),控制了玄武门基本大局可定;一路由司刑少卿兼知相王府司马事袁恕己随"从相王统率南衙兵仗,以备非常"①,就是用南军一级警备,做预备军;另一路,由李多祚、李湛及内直郎、驸马都尉王同皎诣东宫去迎太子李显。也就是把武则天拉下台,李显立刻登基,大唐即可复兴。

万没想到,关键时刻李显掉链子了,或许李显没想到要政变,他原以为只是除掉二张呢。现在让自己去面对母亲,他哪有这个胆子了?说什么不出来。王同皎看到老丈人如此窝囊,他可着急了,大喊说:"先帝以神器付殿下,横遭幽废,人神同愤,二十三年矣!今天诱其衷,北门、南牙,同心协力,以今日诛凶竖,复李氏社稷,愿殿下暂至玄武门,以副众望。"你都窝囊了二十三年了,今天时机成熟,还不赶紧把握!李显说:"二张凶竖诚当夷灭,但是,

---

① (后晋)刘昫《旧唐书》卷九十一 列传第四十一

皇上如今生着病，你们这样，岂不让她老人家担惊受怕啊？大家从长计议吧。"李湛说："诸位将帅宰相为了国家不顾身家性命，难道说殿下要让他们事不成进油锅吗？要是这样的话，请殿下亲自去制止他们好了。"大家都为你忙活到这个地步了，你说不干，那哪儿成啊？赶紧的吧！太子李显没辙，等于被大家连拖带拽从东宫掏出来，女婿抱着老丈人上了马，赶到了玄武门。

幸亏李显来了。此时，张柬之等人在玄武门碰到了殿中监田归道带领的千骑，人家是奉命守玄武门的，能让你进去吗？双方正相持不下呢，太子李显赶到了。田归道一看就明白了，这是日后的皇帝啊，不敢阻拦了。张柬之马上带着大家一起斩关而入。

进入武则天所在的迎仙宫，二张兄弟一看不好就想跑，那跑的了吗？被众人乱刀砍死在了集仙殿廊庑之下。随后，张柬之等人率军包围了武则天居住的长生院（殿）。

病中的女皇惊起，问："谁人在作乱？"

对曰："张易之、昌宗谋反，臣等奉太子令诛之，恐有露泄，故不敢以闻。称兵宫禁，罪当万死！"说着，大家把太子李显推到了武则天榻前。

武则天一看儿子正在那里哆嗦呢，她都不敢相信，"乃汝邪？"是你这个窝囊废吗？李显哪敢答应？低着脑袋，一语不发。女皇想发火，但作为大政治家，此时不能发火。这不正像当年玄武门事变后，尉迟敬德率领军队包围了唐高祖的情景一样吗？不能发火、不能追究，武则天淡淡地说："小子既诛，可还东宫。"人都杀了，可以回去了。

但这时，"小钢炮"桓彦范一步向前施礼再奏说："太子现在不能回去！当年天皇大帝将爱子托陛下，今年齿已长，久居东宫，'天意人心，久思李氏。群臣不忘太宗、天皇之德，故奉太子诛贼臣。愿陛下传位太子，以顺天人之望！'"桓彦范"逼宫"的语气决绝，不容否定。

武则天看了看桓彦范，又往太子身后看了看，张柬之、敬晖……她全明白了，此时她的眼前突然浮现出了狄仁杰，我的国老啊，这些人都是你推荐给朕的，都是你的好学生啊，他们终于为你实现了夙愿。不对！她看到了李湛。这个李湛乃李义府之子。李义府是当年废王立武的功臣，是武则天忠实的站队者。所以，武则天对他说："你怎么也成了杀张易之的人了？别忘了，是我对你父子不薄，才让你有今天呢！"那意思你怎么忘恩负义、恩将仇报啊？一句话问得李湛惭不能对。女皇又看到了崔玄暐："他人皆因人以进。"①在这里，武则天没有"狄仁杰"三个字，她不想让心中的知己被这场政变所玷污，只说因"人"。"惟卿乃是朕给你提拔起来的，怎么也在此呢？"你别忘了，当时你被人家挤兑成什么模样了，是我亲自出来给你站队，否则你哪有今天？怎么也忘恩负义了呢！前文我们提过，狄仁杰可能是由基层把崔玄暐提拔出来的，而是武则天重用了他，所以，女皇今天才有这么一说。崔玄暐心说："我前些天专门给你提了醒，告诉你别让异姓在后宫了，你不听啊，这怨不了我了。"所以，崔玄暐冷冷地说："我正是用今天的行为来报答陛下的大德！"多冠冕堂皇，多令人心寒。武则天听完，知道大势已去，她把身子一翻，卧而不语。女皇处乱不惊，余威都可震慑群臣，保持了天子的威严和风度。

众人也不敢再对武则天无礼，大家也知道取得了胜利，随即退出长生院，留李湛率部"守卫"迎仙宫，其实就算把武则天软禁了。

熟通史籍的武则天当然知道自己被政变了，强硬了一辈子的她，也不得不服输。她也累了，不知道她有没有后悔当初没有听狄仁杰的进谏，让太子早早地开始监国，然后选个良辰吉日，禅让给太子，来个母慈子孝千古佳话，何至于沦落到今日与儿子刀兵相见。武则天明白不能再折腾了，已经没了意义，行吧，顺了他们意，只当顺了国老意。国老啊，你要在，也会这么对我吗？不！你必不致此！你一走，我就说"朝堂空矣"，果然没有一个我的人了。真是"天夺我国老何太早也"！

武则天很有政治智慧，第二天便下诏让太子监国，交出了执掌了近二十二

---

① 以上援引见（宋）司马光《资治通鉴》卷第二百七　唐纪二十三

年的国家大权；二十四日，又下诏传位给皇太子，武则天彻底走下了皇帝宝座；二十五日，李显即位，大赦天下，唯二张的党羽不能赦免；二十六日，将武则天迁居上阳宫，继续软禁；二十七日，中宗率百官拜谒上阳宫，为武则天加尊号"则天大圣皇帝"，武则天到现在在大家心中仍然还是位皇帝！从此，中宗每十日前来请安一次，直到三百天后，也就是神龙元年十一月二十六日武则天去世，享年八十二岁。武则天留下遗制，去掉自己的帝号，称"则天大圣皇后"。这样她又回归了李家媳妇的身份，自然地与她的丈夫唐高宗合葬乾陵。同时，武则天还赦了王皇后、萧淑妃二族以及褚遂良、韩瑗、柳奭子孙亲属，让他们恢复正常人的身份。既然要告别人世，空荡荡什么也带不走，就让自己和自己所爱的、自己所恨的、爱自己的、恨自己的人将所有恩怨一笔勾销吧。轰轰烈烈一辈子的女皇，陵前只留下了一座无字石碑！

世上之事，一者悲，一者便喜。武则天黯然下台，新天子和他的臣子们却忙着论功行赏、再建社稷。

元月二十九日，唐中宗大封功臣，任张柬之为夏官尚书、同凤阁鸾台三品，崔玄暐为内史，袁恕己同凤阁鸾台三品，敬晖和桓彦范都被任命为纳言，五人都赐爵为郡公。二月四日，中宗下制恢复了"大唐"国号。至此，李唐再复！

五王皆亡

张柬之等五人虽然继承了狄仁杰的遗志，复兴了李唐。但他们动用了狄仁杰所不愿意甚至是反对的武力政变的手段。他们确实有着匡复李唐的抱负，但同时也有夺取拥立之功的野心。他们并不像狄仁杰那样尊重武则天的女性身份，他们是"牝鸡司晨，惟家之索"思维的忠实卫道士。所以，当中宗登基之后，他们发现韦皇后有专权的势头时，他们又是坚决反对。但此时，韦后与武三思已经拧成了一股绳了。这是张柬之五人不听狄仁杰遗言的结果。

当年狄仁杰千叮咛万嘱咐，一定要先除掉武三思，不然必留后患。可当"神龙政变"胜利后，二张的党羽全被清除，却没有动武三思。袁恕己当时就提醒张柬之说："当年狄公有遗言，让咱们先除掉武三思，怎么能不行动呢？"张柬之不以为然说："大事已成，他武三思不过桌上的一盘菜，还能跑了吗？"其他还有好几个官员也向张柬之提出赶紧除掉武三思。张柬之给予了同样的回答，还说："杀的人够多的了，不要再杀了。"张柬之是不是妇人之仁了？也不完全是。他想把杀武三思之功留给中宗李显，让他这个皇帝可以借此立威。

但你不想想，武三思本来跟李显就是儿女亲家，在武则天主持下，李武联姻嘛。再说，此时，狄仁杰都去世了，武三思还有什么人可以忌惮的，他已经不用再蛰伏了，而是积极地去争夺权力。他先是跟武则天的大秘书上官婉儿勾搭上了，通过上官婉儿，武三思居然和韦后勾搭成奸。可问题是，李显这个窝囊废对这顶绿帽子不但不恼怒，反倒跟武三思、韦皇后处得其乐融融，武、韦俩人玩双陆游戏，李显居然在一旁兴致勃勃地给人家算筹码。

等到张柬之等人看到这种局面了，才明白狄仁杰高自己一筹，后悔得肠子都青了。这时，他们再劝李显杀武三思，一点效用没有了。而他们的大祸却临头了。武三思、韦皇后开始在李显面前进献张柬之等人的谗言，说他们擅权专政。李显大惊，没了主意。武三思顺势献上了早已想好的主意，那就是封五人为王而同时解除五人所有职务！李显采纳了。

不久，李显下旨，封敬晖为平阳王、桓彦范为扶阳王、张柬之为汉阳王、袁恕己为南阳王、崔玄暐为博陵王，史称"五王"。正因如此，"神龙政变"又被称为"五王政变"。虽然，张柬之等人被封了王，但职务全部被解除。武三思步步紧逼，没多久，五王就先后被贬为各州的刺史、司马，张柬之、崔玄暐在被贬途中病死，敬晖、桓彦范、袁恕己则在被贬途中被杀。直到唐睿宗李旦即位后，五人才被平反，追复官爵和获得了配享中宗庙庭的资格，一起配享中宗庙的还有他们的推荐人狄仁杰！

匡复李唐第一功

有意思的是，虽然历史上，最终完成匡复李唐大业的功臣是张柬之等五王，但似乎后人一致都把最大功劳和赞誉给了狄仁杰，尤其是民间百姓，知道五王的能有几人？更不用说"五王政变"了。而他们都知道"狄仁杰一语兴唐"。似乎，对于百姓来说，更认同狄仁杰用人之纯情打动女皇使得大唐社稷回归李唐的温馨举动，而不屑以政变逼迫"欺负"老太夺得江山的暴力手段。这样，在匡复唐室整件事上，大家更多的是认同狄仁杰。

对此，清代王夫之有过精彩且精准的论述，他说："涉大难，图大功，因时以济，存社稷于已亡而无决裂之伤，论者曰：'非委曲以用机权者不克'，而非然也，亦唯持大正以自处于不挠而已矣。以机权制物者，物亦以机权应之，君子固不如奸人之险诈，而君子先倾；以正自处，立于不可挠之地，而天时人事自与之相应。故所谓社稷臣者无他，唯正而已矣。孔融之不能折曹操以全汉者，忼慨英多而荡轶于准绳者不少，操有以倒持之也。周顗、戴渊密谋匡主而死于王敦，几以亡晋，夫亦自有咎焉。愤而或激，智而或诡，两者病均，而智之流于诡者，其败尤甚。虽有奇奸巨憝杀人如莽之气焰，而至于山乔岳峙守塞不变之前，则气为之敛，而情为之折。呜呼！斯狄梁公之所以不可及也。"①他认为狄仁杰最厉害之处就是"存社稷于已亡而无决裂之伤"，这一点在当时或许只有狄仁杰能够做到，而吉顼等人、张柬之之辈是难以企及的。为什么会这样？有人认为狄仁杰一定是动用了诡诈机权，不然绝不会达成这样完美的效果。王夫之对这样的观点予以了驳斥，他认为用机权做事的人，一定会遭到事中各方以机权对待。玩弄阴谋的人，必定得到阴谋的对应。但狄仁杰是个君子，君子本身是正的。而对手有很多小人，小人是诡诈的。正人君子非要跟小

---

① （清）王夫之《读通鉴论》卷二十一《中宗伪周武氏附于内》五

人玩阴谋诡诈之术，最先倒霉的肯定是君子。君子要想胜过小人，只有持正，用自己巨大的正能量。所以，王夫之说但凡是社稷之臣——"唯正而已"！历史一再证明，像李昭德那样"愤而或激"的，像吉顼那样"智而或诡"的，不但难以成事，反而很容易落个自身也难以保全的下场。

王夫之的论述很好地诠释了《旧唐书》中这番话："初，中宗在房陵，而吉顼、李昭德皆有匡复说言，则天无复辟意。唯仁杰每从容奏对，无不以子母恩情为言，则天亦渐省悟，竟召还中宗，复为储贰。"狄仁杰其身正、方法当、以正侍主、以真奉君，以心贴心、以心暖心、以心换心、以心比心，最终换得了女皇的真心，人事通了，事自然就通了，而狄仁杰自身不但没有受损，反倒受到上至君王，下到黎庶的一致尊敬和赞颂，这就是"狄梁公之所以不可及也"的本然原因。

故此，《旧唐书》专门对狄仁杰有番点评词："天子有诤臣七人，虽无道不失其天下。致庐陵复位，唐祚中兴，诤由狄公，一人以蔽。或曰：许之太甚。答曰：当革命之时，朋邪甚众，非推诚竭力，致身忘家者，孰能与于此乎！仁杰流死不避，骨鲠有彰，虽逢好杀无辜，能使终畏大义。竟存天下，岂不然乎！"①老话说得好，天子有七个直言进谏的诤臣，就算天子是个昏君，也不会失去天下。使庐陵王恢复帝位，使唐朝国运中兴，直言规劝之功在于狄公，他一人就可以说明这个道理。或许有人说："对他的赞颂是不是太过了？"那我告诉你吧，"改唐为周之时，奸党邪佞之人太多了，若非竭诚尽力，以致舍身忘家之人，哪能做到这一点呢？而狄仁杰不避流刑死罪的危险，骨鲠显明，虽然遇到了好杀无辜之君，但也使其终畏大义，最终保存了唐室天下，又怎能不赞美他呢！"于是，《旧唐书》赞狄仁杰曰："犯颜忤旨，返政扶危。是人杂事，狄能有之。终替武氏，克复唐基。功之莫大，人无以师！"②而《新唐书》

---

① （后晋）刘昫《旧唐书》卷八十九　列传第三十九
② （后晋）刘昫《旧唐书》卷八十九　列传第三十九

也赞狄仁杰曰："仁杰蒙耻奋忠，以权大谋，引张柬之等，卒复唐室，功盖一时，人不及知。"①

事实如此，有唐一代，但凡论及匡复唐室一事时，所论者几乎都认为狄仁杰发挥了关键的、决定性的作用。

唐代著名法学家吕温在他撰写的《狄梁公立卢陵王传赞（并序）》中说：

梁公以武氏篡盗，国命如缀，翊安宗社，非我而谁，是用蒙大耻，履大险，耸节振美，以持世心，闲高祖天下於方寸之地。盗力虽盛，莫之敢窥，唐复为唐，系公是赖。后代昧者，颇归功于五臣，殊不知五臣之功，公所授也。客有以李北海所传示予者，述卢陵王废立之际，见公如生，贻诸将来，可以不惑。敢摅愤而赞之，词曰：于休梁公，社稷之臣。濡迹应变，与唐屈伸。妖虹横天，鸣牝专晨。独立大道，指南生人。阖辟有期，命先我时。乃建国本，代天张机。取日虞渊，洗光咸池。潜授五龙，夹之以飞。临终指麾，皇业再基。运起身后，功成不知。穆若清风，巍然宏规。凡为臣者，可不度思。②

吕温就认为复唐第一功应归属狄仁杰，只是狄仁杰所做的和风细雨、润物无声的工作，有些糊涂人看不到，光看到发动政变的张柬之等五臣了，殊不知他们之所以能成功，那是狄仁杰打下了坚实的基础！吕温的观点为当世人与史家所赞同，尤其"取日虞渊，洗光咸池。潜授五龙，夹之以飞"的赞颂，被唐人奉为名言而广为流传，并被《新唐书》专门收录。

可见，狄仁杰是复唐第一功臣是人们普遍观点。这才有唐文学家冯宿的"再造唐室，时维梁公"③；宪宗时宰相令狐楚的"诞生仁杰，保佑中宗，使绝

---

① （宋）欧阳修、宋祁《新唐书》卷一百一十五　列传第四十
② （清）董诰等编《全唐文》卷六百二十九　（唐）吕温《狄梁公立卢陵王传赞（并序）》
③ （唐）冯宿《魏府狄梁公祠堂碑》

维更张,明辟乃复,宜福胄嗣,与国无穷"①;唐文宗的"仁杰之恢复庙社,事形先觉"②;宋范仲淹的"天地闭,孰将辟焉?日月蚀,孰将廓焉?大厦仆,孰将起焉?神器坠,孰将举焉?岩岩乎克当其任者,唯梁公之伟欤"③;宋苏洵的"陈平、狄仁杰待其已衰而徐正之,故身与国俱全……陈、狄之所以成功者,皆以缓得之也"④;宋李弥逊的"武后擅有天下,在位日久,变置之谋既成,而仁杰一言遂反唐祚,难矣"⑤;金世宗完颜雍的"狄仁杰起自下僚,力扶唐祚,使既危而安,延数百年之永"⑥;元郑玉的"不有梁公,心在王室,志复我唐,智识足以破其奸谋,至诚足以折其诈伪,忠言谠论足以沮其邪心,婉辞曲意足以兴其善念,卒还中宗,又荐张柬之等,诛除奸恶,以成反正之功,则天下为周,唐室不复,夺攘篡弑之祸兴,诛讨征伐之事起矣,生灵受祸,何时而已乎。唐之宗社,又岂复有二百余年之血食哉"⑦;明陈献章的"梁公仕唐,在武后朝以一身系唐宗社之重,扶阳抑阴,光复唐祚,事载简册,昭若日星,夫梁公可谓大有功于唐矣"⑧;明程敏政的"先儒谓狄仁杰未及复中宗,年七十以卒,所荐张柬之等嗣而成之,柬之亦年八十矣,使天不假年,则事机一失,国祚终倾,仁杰之不早计于此,有遗恨焉。是大不然,凡事之成虽出于人,然其所以成者,天也!当武后末年,中宗已还东宫,而仁杰居相位,其间岂无事机可乘,而迟回以至于死,固不可以言智。然中宗既还东宫,则天下者东宫之天下,不言可知。智者于此,正当持重,以销羣慝而要其成,固不可为万一尝试之举,此仁杰之心,而柬之幸其功,凡此皆天也。就使柬之不幸亦死,而唐命

---

① (清)董诰等编《全唐文》卷五百三十九 (唐)令狐楚《授狄兼谟拾遗制》
② (清)董诰等编《全唐文》卷七十一 (唐)文宗李昂《追录故中书令褚遂良等裔孙诏》
③ (宋)范仲淹《唐狄梁公碑文》
④ (宋)苏洵《狄仁杰论》
⑤ (宋)李弥逊《狄仁杰感悟武后卒复唐嗣》
⑥ (元)脱脱《金史》卷七 本纪第七 世宗完颜雍(中)
⑦ (元)郑玉《狄梁公论》
⑧ (明)陈献章《陈白沙集》卷一

未改，天下岂无狄张之徒哉？论者乃以其衰莫不早计为恨，末矣"[1]；明崔铣的"诸葛公之相蜀，狄梁公之复唐，一人而任社稷，微二臣则其国亡"[2]……

历代王侯将相士大夫如此推崇狄仁杰还在其次，最重要的是民间百姓将这位大唐社稷臣不断歌颂、传说，使其由人而神，由清官而神探。狄仁杰的形象在民间传说、文艺作品中不断重塑，得以永生！

---

[1]（明）程敏政《篁墩文集》卷十一《狄仁杰论》
[2]（明）崔铣《士翼》卷一

第十九章　神仙神探

威严和蔼的狄青天

狄仁杰是中国一位知名度很高的历史人物,可以说家喻户晓,妇孺皆知。在民间,他首先从一个政治家的原型发展到一位为民做主的"狄青天"形象。这种清官形象几乎遍布了狄仁杰一生所任职过或者所影响过的州县。

比如在复州,民间就流传着狄公"审屠刀""讨板子"等多个传奇故事,我们在这里先举一例:

审屠刀

狄仁杰担任复州刺史,上任后,查阅州衙原判案例,发现一桩疑点重重的凶杀案。

案子发生在半年前,复州陈员外有妻妾五房,最宠爱的小妾叫英莲,年方二十,美若天仙。陈员外视为心肝,专门在城外漕河边建了一栋小楼,供他和英莲独居。英莲却不满老夫少妻生活,暗自与青梅竹马的刘书私通,每当陈员外不在的夜晚,英莲便虚掩房门,等待刘生的到来。一日早晨,丫鬟却发现英莲被人杀死在地上,立刻报了官。

刺史带人去现场勘察。发现房里,英莲呈仰卧状,胸前插着一把屠刀;床上的被、枕摆放得有条不紊;桌、凳安排得整整齐齐;未见打斗、挣扎迹象。除了一把杀猪用的屠刀,房门上还留下了五个血指印。

刺史审问丫鬟得知英莲与刘生私通之事。于是,刺史便派捕快将刘生捉拿归案，并从他家搜出一套血衣。经核对，英莲房门上的五个指印与刘生的手指吻合。但刘生只对与英莲私通之事供认不讳，又说当日按时赴约，摸进了英莲房中，被地上一物绊了一跤，用手一摸，意识到地上是个人，身上插着一把刀。他手上黏糊糊的，一股血腥气味刺鼻。他料是出了人命，慌忙爬起身来，向外跑去。脚下一滑，一下子扑倒在房门上……但矢口否认杀死英莲。刺史认为人证物证俱在，杀人凶手是刘生无疑。可刘生就是不肯招供，于是，施用严刑拷问，刘生挺刑不过，最终承认杀人，被判死刑，秋后问斩。

狄公认为刘生虽属轻浮之徒，并非凶残之辈，他与英莲从小青梅竹马，两情相悦，意在一时偷欢，无须加害于她。杀人凶器是一把杀猪用的屠刀，凶手是屠刀的主人还是另有其人？如此疑点重重，事关人命，不可儿戏。狄公下决心，要将这起凶杀案查个水落石出。

狄公验看屠刀，发现是正在使用的屠刀，柄上还有一个火烙的印记。于是命人发出告示，称州衙大办筵席，凡是复州境内的屠夫，均自带屠刀，到州衙集中。等了一天，狄公就要他们留下屠刀，各自回家，明天再来。然后，狄公对屠刀逐一验看，发现有一把屠刀与那把杀人屠刀一模一样，刀柄上也有一个火烙的印记。以此，狄公找到了屠刀的主人朱大。但朱大称自己并没杀人，这把屠刀也是被自己的赌徒堂弟朱五因跟自己借钱未遂、心生怨愤给偷走了。

狄公命衙役去抓朱五，但朱五的妻子却说她丈夫半年前就失踪了，线索又断了。

狄仁杰心生一计，命人在复州城乡广贴告示：为破获复州城里的凶杀案，新任刺史定于某日在刺史衙门大堂公开审屠刀，欢迎各位父老乡亲到时旁听。

到了那日，复州百姓争相到衙门看稀奇。只见狄公端坐大堂上，堂下放着那把杀人屠刀。衙役们一声堂威，如狼似虎，公堂内显得威武森严。狄公喝问："大胆屠刀！还不将主使你杀人的凶犯从实招来。"狄公下位，走近屠刀边，侧耳倾听，片刻后，狄公突然大叫一声："屠刀招了，凶犯已进大堂，快关上大门。"狄公的话音未落，只见一人拼命向门口挤去。狄公一指："抓住他！他是凶手！"众人一起动手将那人抓获，一看是复州城出了名的赌棍牛三。

经过审问，牛三据实招供。原来事发当日，牛三得知陈员外不在家，想乘机捞点儿外快，财色兼收，来到英莲住的小楼旁。与朱五不期而遇。朱五找堂兄朱大借钱碰了壁，怀恨在心。他偷了朱大的屠刀，想在深夜里找复州城里的陈员外"借"点钱，顺利得手万事甘休。如有麻烦，替罪的可是那该死的小气鬼朱大。夜里，朱五手握朱大的屠刀，潜伏在陈员外与小妾英莲住的小楼旁。黑暗中，牛三与他狭路相逢，朱五欠牛三的赌债，牛三见面就逼债。朱五求他再宽限几日，待他弄到钱后再还给他。两人话不投机，发生了争吵，继而动起手来，朱五手里有刀，杀心顿起，想乘机除掉牛三，赖了那笔赌账。可他不是牛三的对手，牛三夺过屠刀，顺势一刀捅进了朱五的胸膛……牛三处理了朱五的尸体后，又来到英莲的小楼边，心想，既然已经做了杀人罪，干脆一不做，二不休，何况这屠刀不是我的，事发了也有替罪羊，找陈员外搞点钱，得手后远走高飞。

牛三摸到英莲小楼的门前，正想撬门入室，谁料他只轻轻一推门就开了。牛三暗喜，可他一进门，迎面与一人撞了个满怀，那人将他紧紧地抱住。牛三以为陈家早有防备，他拼命挣脱，随手捅了那人一刀，丢下屠刀，撒腿逃跑了。那被捅了一刀的正是英莲，她以为抱着的是来赴约的刘生，可怜她为情所惑，就这样糊里糊涂被人杀了。事后，原本牛三见已经定案，就放了心。没想到，狄仁杰重新审案。他自然担心，前来一看究竟，结果做贼心虚，被狄仁杰利用犯罪心理学诈出来了。

在彭泽，民间也流传着"纵囚墩""包心粑"等有关狄仁杰的故事传说。

纵囚墩

说当年狄仁杰由宰相被贬到彭泽县为县令。到了这里，发现由于上任县令无能无德，致使冤案堆积，监狱人满为患，犯人居然高达298名。狄仁杰经过简单查阅案宗，这些犯人要么就是无罪受冤的，要么就是犯了打架斗殴这样的鸡毛蒜皮的小罪，关在监狱中，浪费国家资源，也让百姓质疑官府。正巧这时是除夕，于是狄仁杰干脆就把这298名囚犯放回家过年，并与他们约定正月初二回监受审。犯人们千恩万谢，欢欢喜喜回家团圆过年了。

不料，到了正月初二却回来了297名，还有一名家在黄岭老屋湾村叫汪天和的死刑犯没有回来。衙役们要去捉拿，但被狄仁杰拦住。狄仁杰知道此人是因殴打母亲致死而被判死刑，但案卷之中多有疑点，狄仁杰早想重审，正好乔装成一个行路投宿的客商亲自去汪家走访。

到了汪家发现汪天和正在精心服侍卧病在床的老父亲，端汤倒水无微不至，是个孝子。汪天和安顿好父亲，再做了饭菜款待投宿的客人。狄仁杰见他并不饮酒，问其原因。汪天和说："我本是一个收监待决的死囚。本县父母狄公宽厚仁慈，放我等回家过年，与家人团聚，我怎敢饮酒？"狄公说："我听说他跟你们约定初二回监，今天已是初三，你为何不归呢？"汪天和说："只因昨日是家父的生辰，我想我是秋后就要问斩之人，再也不能在床前尽孝了，因此违了狄公的约定。给他老人家过一个生日，吃了这顿饭我就要回监等死了。刚才我向南三拜就是感谢狄公成全我父子团聚之德，并向狄公请罪的。"狄仁杰再问汪天和母亲如何死亡的，汪天和见狄公是过路客商，便不瞒实情道："去年八月，父亲为我说下一门亲事。女方曹家十分富有，但我因与隔壁的胡春英自小青梅竹马，有情有义，所以不愿与曹氏结亲。我母亲也喜欢那胡春英温和贤淑，想让我娶胡氏为妻。父母因此发生争执，母亲一向有眩晕之症，那天过于激动，摔倒在台阶之上，竟气绝身亡了。正巧被叔父看到，不明就里，到衙门告我忤逆殴打母亲致死。县令差捕快将刚刚埋葬了母亲的我索拿住，父亲一着急，当即中风倒地，口不能言，腿不能行。这几个月来，幸有胡氏父女请医问药，精心照料，病情竟有好转。而当时除了叔父看见，再无旁人可以做证。再说子为父隐，万一说不清楚，再让父亲遭罪，我更罪孽深重了。我不能把罪责推给父亲，所以被问成斩刑。"狄公说："打死与摔死，伤痕不同，只要开棺验尸即可真相大白。"可汪天和说："母亲遭此不幸，已入土为安，我怎忍心再去扰动她老人家？再说此事因我而起，我理应担责。"狄仁杰怒斥道："你真是糊涂！你被问成死罪，你的父亲晚年依靠何人？你这才是最大的不孝！我就是狄仁杰，此案本官已经洞明，不日即可为你洗冤！"汪天和喜不自胜，跪地磕头不止。汪父在床上闻听大喜，心中郁结之气竟自畅通，爬起来跪倒在地，老泪纵横感谢狄公再生之德。

狄公回衙，一一审查了前任留下的所有案卷，不到一月就把三百多件案子复审清楚了，为一百余人洗雪了冤情，使这些人无罪释放。

被释放的犯人为感念狄公大恩，每人怀土一兜，堆放在牢狱一侧，一时间竟堆成一座小丘，后人称之为"纵囚墩"，且不断添加。后人就以"纵囚墩"为基础建造了狄公祠。

花朝节与包心耙

二月十五日，狄公下乡体察民情，又到老屋湾村，巧遇汪天和，得知汪父虽感胡氏父女病中照料之恩，但仍嫌其贫困，不愿允亲，汪天和又不愿过于违逆父亲之意，故此甚是为难。狄公有意成全这段好姻缘，遂与汪父说情，汪家受狄公大恩，汪父不好推辞，有意出了一个难题，说："我素喜饺子鲜味，但美中不足，饺子皮是面食，不合我南人口胃，如胡氏能以米粉为皮做出饺子来，我就同意这门亲事。"

胡氏为难了，米粉黏性不够，没有筋道，怎能擀成饺子皮？狄仁杰偷偷告诉胡氏："米蒸半熟，磨而为粉，沸水调和。"这样，胡氏果然包出了几盘米粉皮的饺子来，比面粉饺子大很多，皎洁晶莹，内包时鲜蔬菜，味道鲜美。狄公连口称赞，汪父早已察觉是狄仁杰暗中帮助胡氏，又不好明言，只能连声说："报信！报信！"狄公一听，假装听错："哦？包行？包行！好！春英还不快过来拜谢你的公爹，同意你们的婚事了！"如此，狄公玉成了一段完满姻缘。

汪、胡二人婚后家庭和美，家业兴旺。而这种米粉皮饺子也在彭泽盛行开来了。由于它是用蒸米粉做成的，所以叫作蒸米粑，又因汪父说"报信"，狄公转成"包行"，所以大家又把它叫作报信粑、包行粑。后来年月长远，大家见是米粉皮包菜而做成的，就误将其名为"包心粑"了。

又据说，在狄公来之前，彭泽都以农历二月十二日为花朝节，简称花朝，这一天为百花生日，家家都会祭花神，闺中女性剪了五色彩笺，取了红绳，把彩笺结在花树上，谓之赏红，还要到花神庙去烧香，以祈求花神降福，保佑花木繁茂。因这个故事的普遍传播，彭泽人改在阴历二月十五日过花朝节了，取花好月圆之意，又与八月十五中秋节相对应，而且增加了花朝节祈求完满的恋爱与婚姻和做蒸米粑的习俗。新下聘的媳妇过门的这一天也要做蒸米粑，以怀念狄公的美德，祈求完满婚姻。再后来逢年过节、婚庆寿诞都会做蒸米粑。

在昌平流传着狄仁杰打白虎的故事。

白虎涧

在今天北京市昌平区阳坊镇有个白虎涧，旁边有两个村庄，一个叫前白虎涧村，一个叫后白虎涧村。为什么叫"白虎涧"？就因为唐朝的时候，这个山涧里来了几只白虎，在这里伤人害命，弄得百姓苦不堪言，都不敢出门了。

再说，在今天的后白虎涧村原有一座寺庙，因寺中供奉有武则天颁行的《大云经》得名叫"大云寺"。《大云经》宣扬武则天要成为女皇帝，天下之人都将崇拜归顺。这为武则天"以女身称帝"找到了根据。所以大云寺香火鼎盛，《大云经》广泛传扬，武则天心中很是满意。可是白虎的出现，使这里的百姓人人自危，弄得大家都不敢出门拜佛了，结果，大云寺中门可罗雀。

寺中僧人向武则天打报告，正巧狄仁杰这时得罪了女皇，于是，武则天乘机把狄仁杰贬到了昌平，让他设法为民除患。

到昌平后，狄仁杰四处访民问苦，上山调查虎情，还专门从幽州调来神弓手、大力士组成猎虎队，深入深山老林搜寻虎迹。不几日，伤人白虎悉数被捕，昌平虎患得以彻底解除。虎患虽然解除了，但是"白虎涧村"的名字却沿用下来，一直到今天。

在这些民间故事里，狄仁杰是一个爱民如子、断案如神，既威严又有人情味的一个真正的父母官。这种民间形象和狄仁杰的历史形象差距不大，或者说一脉相承。狄仁杰既然能够在一年之内断案涉及人数达一万七千余人，且无一人喊冤，就证明狄仁杰断案理事，不但基于法，而且体贴情。基于法，老百姓对你放心；体贴情，老百姓和你贴心。

既然狄仁杰是一位值得百姓信赖和爱戴的青天父母官，那老百姓就不能只让狄仁杰是个普通的凡人，他势必要逐渐变成一位不畏神鬼甚至反令神鬼畏惧的断天断地的神人"狄青天"了。

大人真乃"神人"也

其实，早在唐代，狄仁杰"神人清官"的形象就已经出现了。前文我们就曾讲过《广异记》中记载的"狄仁杰与蛮神"（见第八章）的故事，狄仁杰不畏神鬼，强拆江南淫祀，连那么厉害的蛮神都拿他没办法，因为狄仁杰身边"还有鬼神二十余人随从"护法呢。

《广异记》中还记载着狄仁杰担任宁州刺史时的一个神异的故事：

说狄仁杰刚到宁州上任，想住进刺史衙门的官舍，但是当地官吏阻拦不让住，说："官舍是凶宅，只要住进去的刺史必死无疑，都死了十多个刺史了。所以，再无人敢住，已经荒芜，院里荆棘丛生了。请大人还是住其他地方吧。"不信邪的狄仁杰当然不干了，说："刺史不住官舍，还能住哪儿呢？"命人除草修缮，然后就搬了进去。一连数日，果然，宅内怪事频发。可把狄仁杰惹怒了，这天夜里对着空气就说了："我乃刺史，这是我的官舍，住这里正大光明，反倒你来捣乱不合礼数，你这叫以邪忤正！你要是神灵，好啊，你在这里可能是有什么言语教诲我，那你出来，我听你教导教导；你要是鬼魅，好大的胆子，敢在这里冒犯朝廷命官！我告诉你，我一点不害怕你，你在这里千变万变地捣乱也是白费！你要真想见面聊聊，何不以礼相见呢？"狄仁杰说完这番话，时间不大，就见一个人衣冠整齐地出现在面前说："我乃某朝的官员，死后被埋葬在这间官舍台阶西边大树底下了。时间长了，我的尸体被树根穿过，让我疼痛难忍。之前我就想告诉那些上任的刺史，哪知道，他们一个个都吓死了。我现在幽冥界去不了，只能在这里飘荡。如果使君能给我改葬，我怎敢再到这里打扰呢？"说完，这人就不见了。

第二天，狄仁杰就让差役在西边大树下挖，果然发现了这人被树根穿着的尸体。于是狄仁杰给他迁坟改葬。从此，这里就再没有闹过鬼了。

《广异记》的作者戴孚乃是唐肃宗、唐代宗时代的人，距离狄仁杰去世仅七八十年时间。可见，在当时，神鬼敬畏狄仁杰正气的此类故事已经在民间广为流传了，狄仁杰不怕鬼神的形象已经是当时唐人的共同认知了。

《太平广记》里还记载着一个故事：

说有一次，唐朝代州西十多里地的一棵大槐树突然被雷劈中了，中裂数丈。也不知怎么回事儿，负责打雷的雷公居然被夹在了树里头出不来了。雷公着急啊，在里面叫唤，吼如霆震。当时狄仁杰在那里当都督（史料未见狄仁杰在代州做都督的记载），闻讯要前去查看。从人一听是雷公，哪敢跟着去啊。狄仁杰没办法，只好"单骑劲进"，来到雷公近前问他："你怎么被夹在这里了？"雷公说："原来这棵大槐树里有一条孽龙。所以，上天派我前来将其驱逐。没想到，我往下劈的时候，'落势不堪，为树所夹。若相救者，当厚报德！'①"狄仁杰一看，这也是个笨雷公，马上令人锯开大树，雷公这才出来。为了报答狄仁杰解困之恩，从此，只要狄仁杰有吉凶之事，事发之前，这雷公必然先报信给狄仁杰得知。

雷公在中国民间是一位令人敬畏的神灵，据说凡是忤逆不孝、穷凶极恶或贪官污吏等奸邪之徒，都容易遭雷劈。所以，狄仁杰那些手下人都不敢上前啊。但狄仁杰为什么不畏惧雷公？因为狄仁杰是位刚正廉明的清官，心无邪念、身无邪行，自然不惧雷公。这是百姓为狄仁杰的品行赋予的"神威"。

这时，狄仁杰的"神威"无疑具备两个特性：一、能与鬼神沟通；二、能让鬼神畏惧。既然如此，民间自然会根据这两个特性再为狄仁杰编造出相应的故事。我们举几个例子：

苦娃鸟

狄仁杰担任复州刺史时，一天，在城东东沼岸边散步时，突然听到一种奇怪的叫声："苦哇苦……苦哇苦……"狄公并没发现有人，仔细观察原来是一只水鸟在那鸣冤。狄公和善地对水鸟说："鸟儿啊鸟儿，如果你有冤屈要申诉，就到州衙找我吧。"小鸟向他点了点头，就消失了。

狄公回衙后，心事重重，坐在公案上，突然打了一个盹儿。恍惚间，看见一个十来岁的小姑娘，自称苦娃，跪地喊冤。狄公明白，小姑娘就是那只水鸟，便问："小姑娘，有什么冤情，可从实讲来。"小姑娘满含悲愤向狄公诉说了自己的身世和不幸遭遇。

原来，小姑娘姓陈，父母是张财主家的长工，平常备受欺凌，所以给孩子取名苦娃。张财主有个儿子得了重病，医药枉效，后有巫婆告知须娶亲冲喜病才能好。可无人愿将女儿嫁给要死之人。因陈家欠张财主租子，张财主便让人

---

① （宋）李昉等编《太平广记》卷三九三《狄仁杰》

将苦娃抢到家来抵债，逼迫苦娃给儿子成亲冲喜。没想到，成亲当天，张财主的儿子就病死了。张财主硬说是苦娃命硬，克死了他的儿子。于是对苦娃百般折磨致死。张财主将苦娃分尸沉入东沼水中，打算毁尸灭迹。还扬言说苦娃偷了他家的东西逃跑了，上苦娃家要人，逼死了苦娃父母。

狄公闻听怒喝一声："王法何在！"一下子气得惊醒了，方知是南柯一梦。狄仁杰按梦中苦娃姑娘诉说的冤情，经过明察暗访，找到了苦娃的尸体，最终将案情查了个水落石出，将张财主问成死罪，为苦娃申冤昭雪。

这时，苦娃姑娘沉尸的东沼中出现了奇事，突然长出了几片碧荷，开出了一朵美丽的红莲花。眨眼间，碧荷红花满池皆是，如星罗棋布。人们说，这碧荷，这红莲，是苦娃姑娘的化身。红莲藕洁白如玉，硕大脆嫩，生食甜美，让人回味无穷。红莲的籽称莲参，莲子汤可清热解毒、消暑解渴。东沼红莲浑身是宝，是苦娃姑娘为报答狄仁杰，奉献给复州人民的珍贵礼物。

为了纪念苦娃姑娘，狄公上奏朝廷，让武则天封苦娃姑娘为莲仙。复州人在东沼莲花池中，建了一座莲仙亭。狄公亲自题写了"东沼红莲"四个大字。从此，"东沼红莲"也成了复州一大景点。

斩白羊鬼

清《日下旧闻考》里就记载着这么一个故事："昌平白羊城有神能幻祸福，居民祠之，不祠且灾，岁必祭，祭必以童男，弗敢恧也。狄仁杰为令，廉知其事，独往诣。则一白羊耳，拔所佩剑斩之，辄化为龙气飞去。因毁其祠，民不复祭，终亦不复有灾。"[①]

这个故事后来在民间经过流变就成了狄仁杰射白羊的故事了。

---

① （清）英廉等编《日下旧闻考》卷一百五十八　杂缀二

射白羊

话说昌平白羊城在唐代之前名为白龙城。一次,县令狄仁杰视察此城,有白龙给狄仁杰托梦说:"一条黑龙要与我争水补给黑龙河,明天在城西南山坡上决斗,我变为白羊,黑龙变为黑羊。黑龙凶狠,我恐不敌,请助我一臂之力。"狄仁杰答应了。次日清晨,狄仁杰提弓箭前往城西南山坡,果见一白一黑二羊搏斗,白羊渐不敌黑羊。狄仁杰搭箭射黑羊,黑羊动作敏捷,遂将白羊抵往来箭处,白羊中箭受伤而败,黑羊变成黑龙吸走了白龙河的水,腾空而返。从此,白龙河水势渐小,由长流河变为季河,北方的黑龙河则变成了后来的黑龙江。狄仁杰追悔莫及,为纪念白羊,下令将白龙城改为白羊城。

如果是对民间故事了解的人就能够发现"狄仁杰射白羊"的故事应该是在中国北方广为流传的"秃尾巴老李"故事的流变或跟狄仁杰的嫁接。而"狄仁杰斩白羊鬼"的故事应该是在西北广为流传的著名的"狄仁杰斩九龙"故事的流变。

从上面的民间故事,我们能看出,老百姓已经觉得狄仁杰光是不惧鬼神或鬼神惧他还不够,还不能体现狄仁杰的"神威",那怎么才能更进一步地体现呢?那就必须让狄仁杰可以命令神鬼、驱使神鬼、支配神鬼甚至处置鬼神。"狄仁杰斩九龙"就是这类故事中的代表。由于这个故事在民间流传甚广,出现了不同的版本,但故事模式和逻辑大同小异,我们现摘录《宁县志》上的版本简要讲述。

狄仁杰斩九龙

传说唐时,宁州长春门内的蛇洞里盘踞着一条巨蛇,兴妖作怪,制造灾难。它给州官托梦说:只要每年四月初一,献给它独生童男童女各一为饷,就可以不再制造灾难给人们。州官依梦立例,年年给百姓加征赋捐,强行绑买民间独生子女以供蛇妖，而官吏们则从中贪污克扣、中饱私囊。

狄仁杰担任了宁州刺史，立誓要铲除蛇妖为民除害。于是，他假意用童男童女在蛇洞前做诱饵引蛇出洞，然后将准备好的热锅滚油由上倒下，烫死了蛇妖。

谁知这妖蛇原是州城东河之龙母，因老朽无力，居洞兴妖。她一死，便激怒了河中九条龙子。龙子化一彪形大汉挑来九江八海之水，决意水淹宁州，为母报仇。半路上被观音菩萨发现，观音赶快派神童化作一老叟，上前讨水喝，一口气喝光了八江七海水。龙子发觉，夺走了剩下的一江一海水，也足以淹没宁州。

观音菩萨大惊，决心助狄仁杰御妖。这才派神童仍化为老叟卖给了狄仁杰青牛一头、宝剑一口。

当夜，河水暴涨已浸城垣。狄仁杰与吏民合力抗洪。但见东川漫平，洪波连天，有九条蛟龙，化成小儿，戏据河口，兴风鼓浪。不多久，洪波内溢，州城半淹。狄仁杰急得以笏板、官帽击水，但妖势甚嚣，水退而复涨。这时，突然宝剑长鸣，青牛怒腾。狄仁杰方有所悟，返身持宝剑、跨青牛，如风驰电掣，直扑洪涛之中。青牛搏风斗浪，浮至河口；狄仁杰飞臂挥剑，立斩九龙。于是洪水如雪崩山塌，激流下川，水患消除。但青牛也力尽而亡。青牛虽然疲累而死，然而它的精灵却育出了驰名遐迩的后裔，就是今天的优良品种"早胜牛"。

至今，宁县内有许多与这一故事相连的地名，如"龙池"即当时斩除老龙的地方；九龙肆虐的那条河就叫"九龙川"；"八纵坡"是追赶老龙，青牛八纵而过的山坡；"烂泥沟"本是淤泥陷住青牛的烂牛沟；斩龙的地方叫"剁龙头"；回牛的地方叫"回牛崾岘"；"青牛胡同"则是青牛疲累死后掩埋之地……

在这则故事里，狄仁杰已经可以得神佛相助，斩杀妖魔了。而在昌平县流传的故事当中，狄仁杰更进一步，可以支配和命令神灵了。

狄仁杰审虎

在昌平狄梁公祠里的石碑上记载着："梁公为昌平县令，有媪，子死于虎，媪诉，公为文檄神，翌日虎伏阶下，公肆告于众，杀之。土人思公德，立祠也。"大意是说，狄仁杰任昌平县令时，一位老妇人的儿子被老虎吃了，老妇人告到县衙。狄仁杰想："被老虎吃了，上哪儿找老虎去？只能跟神仙要了。"于是狄仁杰就给神仙写了檄文，就如同给项羽写檄文似的，命令神仙给我抓凶手去。结果，灵验了。第二天老虎居然趴在了县衙门前台阶之下，投案自首来了。狄仁杰当众宣判了老虎死刑，给杀了。当地人感念狄公恩德，为他建立祠堂。

这可能是"狄仁杰审虎"的母本，故事很简单。但当这个故事经过民间流传后，便将其丰富成了一个更具传奇性、更为通人情的故事了，而且还被记载到了《康熙昌平州志》中。

狄仁杰审虎变文

话说在现在北京昌平区十三陵附近的旱包山顶上有个"审虎台"，传说就是当年狄仁杰审虎的地方。

早先，这里住着一个老太太，只有一个儿子，母子相依为命。儿子每天靠上山打柴养活老娘。不料有一天，儿子到一个叫虎峪山的地方砍柴，被老虎吃了。老太太来到昌平县衙击鼓鸣冤。

县令狄仁杰马上带上三班衙役直奔虎峪山勘查现场。一看，案发现场有好多老虎的脚印，看来山里头不止一只老虎，谁知道是哪只虎伤的人啊？

狄仁杰立刻写下文告，让衙役贴到山神庙前，斥责山神管山不严，纵虎行凶，要求山神："立刻把虎峪山的老虎都给本县令我传来！"没出半天，山里的老虎全都聚集到了山神庙前，老老实实趴在那里等候狄仁杰的审讯。

狄仁杰就站在台上审虎，让老虎一个个过来接受讯问："老太太的儿子是不是你吃的？是的话就点点头，不是的就走！"

就这样，终于有一头老虎走来时，把头点了点，然后就跪下了。

狄仁杰告诉它："老太太靠着这个唯一的儿子过日子，你吃了她儿子，该当处死。鉴于你自己招认了，本县就饶你一命，不过你得把老太太养活到底！你可同意？"老虎点点头。

狄仁杰就给了老太太一个鞭子，让老虎把老太太驮回了家。

从这天开始，老虎就像老太太的儿子似的照顾老太太生活，每天驮着老太太去集市上买东西。

狄仁杰又贴出告示提出倡议，让集市上做买卖的人只要见到老虎驮着老太太，卖米的给碗米，卖面的给勺面，卖菜的就给捆菜。

就这样，在大家的帮助下，老太太衣食无忧，直到去世。

老虎就用一床棉被裹了老太太的尸身，叼到朝凤庵村北的旱包山顶上，用前爪刨了一个坑，埋葬了老太太。起初，人们经常看见老虎蹲在坟旁为老太太守孝。三年孝满，老虎就隐逸山林了。

老百姓都说：狄仁杰是天上的星宿，所以能审虎。

在过去，每逢久旱不雨，昌平百姓就到旱包山顶上老太太的坟前焚香礼拜，俗称"烧旱包"。据说，十天之内，或多或少总会有雨降下。

由于狄仁杰为官清廉，昌平百姓就为他修了座"狄梁公祠"。在狄梁公祠前，有一株千年古树，枝干虬曲，如虎伏地，民间相传这就是那罪虎死后化为的古树，在那伏地忏悔呢。

狄公成仙记

狄仁杰在民间的"神威"越大，便越受百姓尊崇，逐渐百姓也不满足狄仁杰虽有"神威"但仍是凡人的状态了。像很多历史名人一样，在百姓自发的造神运动下，狄仁杰最终也成了神仙。

五代王仁裕所作笔记小说《玉堂闲话》中有个有趣的故事：

说在魏州南郭有座狄仁杰庙，即当年狄仁杰做魏州刺史有善政，吏民为之所建的生祠。狄仁杰回朝后，魏州百姓每逢月首都会到庙里供奉酒肉。当时朔望大朝，每月初一，狄仁杰上朝的时候，总是昏昏沉沉、面带醉色。女皇很奇怪，因为她知道狄仁杰素不饮酒，于是就问他怎么回事儿，狄仁杰就把这事儿说了。武则天开始不信，专门派使者去魏州考察了一番，这才信了。

一直到后唐庄宗要取河朔之地的时候，有个喝醉酒的人睡到了狄仁杰庙廊庑之下，半夜酒醒了，听到有人在堂前奏事。堂中有人问："什么事？"奏事人回："奉符于魏州索万人。"[1]就是奉命到魏州地界勾取一万人的魂灵。就听堂中人说："魏州这些年太虚耗了，而且灾祸频仍，够苦的了，不要在这里索人了，去他处吧。"奏事人答应一声走了。时间不长又回来复命说："已经改命到镇州索人了。"堂中之人不言语了。当年，后唐庄宗不打河朔了，改打镇州了，结果两军交战，伤亡甚众。

你看，在这里狄仁杰有个由人成神的过程。他因为有善政被百姓供奉，结果享受了香火，终于成了护佑魏州一方的神灵。

其实，狄仁杰"成仙"的迹象起码在唐代时期就出现了。还是在《广异记》里，记录了一个故事：

说唐开元末年，狄仁杰的外甥霍有邻担任汲县尉，侍奉州刺史段崇简。段崇简此人对待下属、他人十分严酷，大家都怕他。有一天，他突然想吃羊肾，

---

[1] （五代）王仁裕《玉堂闲话》卷三 《狄仁杰祠》

霍有邻赶紧催促屠夫杀羊取肾。屠夫一看要得急，害怕慢了，刺史责罚。所以，没有杀羊，而是直接破肋活体取肾。羊活活疼死了，魂灵到了地府见到阎王将霍有邻告了。阎王派鬼吏就把霍有邻的灵魂勾进了地府审问："有诉君云，不待杀了，生取其肾，何至如是耶？"①霍有邻赶紧辩解说："这是段使君要杀羊，不干我的事啊。"阎王调查了一下，确实如此，让鬼吏再把霍有邻送还阳间。结果，鬼吏和霍有邻路经一座御史大夫院。霍有邻就问鬼吏："这是什么官署？"鬼吏说："掌管百司的。"霍有邻又问："这御史大夫是谁？"鬼吏说："是狄仁杰。"霍有邻一听："那是我的舅舅啊，我得看看他。"鬼吏令门者通禀。霍有邻见到了狄仁杰。二人叙谈间，有佐史过来汇报工作说："上天旨意李适之要做宰相。"狄仁杰问："天曹官判过没有？"佐史说："诸司都判过了，给他五年的时间。"狄仁杰这才批复。然后对霍有邻说："你来多时，恐怕躯体已坏。"令左右取两丸药给霍有邻："回去将它们研成粉，在腐坏的地方涂抹就好了。"霍有邻这才拜谢告辞，返回阳间。当时正逢暑天，霍有邻已经死了七天了，虽然人活了，但形体多处腐坏。霍有邻就把狄仁杰给自己的药研成粉，涂抹到坏处，随药便愈，数日能起。一个月后，李适之果然拜相。

你看，在这里，狄仁杰不但成神，而且是一个掌管百司之神，天曹官判定的事儿还得交给狄仁杰批复才可以施行。

这样，既然狄仁杰生前位极人臣、死后又掌管百司，而且狄仁杰还有个特点就是为国举贤、桃李满天下，再加上人家推荐的人才一个个都位高权重成为国家栋梁。所以，老百姓觉得狄仁杰简直就是一个"批发官员"的神仙啊，如果能得到狄仁杰的护佑，肯定仕途通达、平步青云啊。那么谁掌管仕途就是掌管禄运。于是，狄仁杰最终被百姓奉作了"禄星"。也就是说福、禄、寿三星中的那个禄星的原型正是狄仁杰！

---

① （宋）李昉等编《太平广记》卷三八一《霍有邻》

当然，禄星的原型到底是谁，有很多种说法，而狄仁杰最被人们认同（为了使他更符合禄星的形象，民间逐渐把狄仁杰演绎成大唐第一位状元了，这在《隋唐演义》《反唐演义全传》等文学作品中多有体现），并且禄星的形象几乎是照着狄仁杰设计的——面如冠玉、五绺墨髯、头戴官帽、身穿朝服。这是禄星单独出现的时候。如果禄星与福星、寿星同时出现形成三星组合的时候，因为福星是"老大"（福禄寿喜财通称"五福"），所以为了突出福星的地位，人们便让福星戴上官帽、穿上蟒袍，而禄星则是员外（员外郎的寓意）的打扮了。当禄星单独出现的时候，往往手上还拖着一顶官帽，身边跟着一匹梅花鹿，这就是"加官进禄"的意思，如果旁边有童子捧着一只"爵"，那就叫"加官晋爵"了。有时他还会拿着"天官赐福"的条幅，于是中国也就有了"跳加官"的戏剧形式。

戏中的狄仁杰

旧时戏曲重大演出或一场演出若有权重位高的体面人物光临，就需要有个特殊的开场仪式。上场的演员头戴相貌、面具，身着大红或黄色或绿色加官解袍，手执一叠条幅，上书"天官赐福""加官晋爵""一品当朝""富贵长春"等字样。表演者和着场面鼓乐的节奏，灵活运用各种夸张性身段、步法，循着独特的舞蹈程式，欣然起舞，边舞边"跳"，边向台下逐一展示条幅上的吉祥词语，摆出各种富有塑型美的亮相架势，形成庄严而热烈的艺术效果，借以向观众表示祝贺与欢迎。此种形式叫"跳加官"，又称"跳加冠""跳升冠"。

虽然研究者认为"跳加官"是一种傩戏，历史悠久。还有人认为是傩舞"跳钟馗"的一部分内容。但在民间传说中，"跳加官"恰恰是狄仁杰所"发明"的。

相传，唐明皇李隆基喜爱歌舞戏乐，且经常不顾帝王之尊粉墨登场。某日在宴请群臣时，他心血来潮，非要群臣一起跳起来。大家不敢违抗圣意，只得纷纷起舞。唯有国老狄仁杰，一则年岁太大，激烈的舞蹈跳不动，二则身为宰相觉得当众跳舞有失身份。但又不好违背圣旨，只得踩着跟跄的碎步，一手拿笏板，一手袖遮脸面（有说戴着面具）随乐起舞，舞姿诙谐又不失曼妙。由于狄仁杰有"批发官员"的特性。所以，民间纷纷效仿，在重大节庆和戏剧开场时，让扮成狄仁杰（禄星、天官）的人跳舞开场，希望观众能加官进禄，故此，这种形式叫作"跳加官"。

大家都能看得出，这只是个传说，因为唐玄宗时期，狄仁杰早已经故去。但老百姓用狄仁杰的形象来"跳加官"却是借用了狄仁杰是禄星化身的这一属性。

"跳加官"并没有具体的故事情节，严格来说并不是一种戏剧，更像一种舞蹈。而真正以狄仁杰作为主角的戏剧，目前有据可考的是出现在元代的由大戏曲家关汉卿创作的杂剧《风雪狄仁杰》，可惜只留存了这个剧目，其内容已经找不到了。

到了明代，金怀玉创作了一部大戏叫《狄梁公返周望云忠孝记》，简称《忠孝记》，长达三十八出，从狄仁杰家世说起，到父子同时金榜题名，再到要代同僚出使远方、望云思亲、并州斩蛇妖、谏妒女、救权善才、招安南越王、怒叱张光辅、昌平审虎、桃李天下、解梦召庐陵、返周为唐、中宗复位、狄公退隐……基本反映了狄仁杰一生重要的事迹。当然，为了艺术需要、矛盾突出，戏剧对历史做了一些张冠李戴、篡改杜撰，这在戏曲艺术角度上来说是无可厚非的。整部戏主要宣扬的是忠孝观念，由于时间跨度太长，显得头绪众多、冗长纷杂，虽然艺术水平难以达到《牡丹亭》的高度，但其中也不乏精彩之处，戏中把狄仁杰塑造成了一个不畏强暴、心系百姓和江山社稷、忠孝友仁兼具的君子形象。

近现代戏曲和曲艺中，以狄仁杰为主人公，流传最广，几乎在各个剧种中都能找到的就是《马寡妇开店》（又名《狄仁杰赶考》）。大致剧情是：唐太宗时，马寡妇因其夫早故，一人育子抚婆，开店为生。山西举子狄仁杰赴京应试，途中住在马寡妇店中。马寡妇见狄仁杰风流潇洒，心生爱慕，让之雅室，倍献殷勤，却遭狄仁杰的拒绝。后马寡妇一心教子，其子赴京高中，娶狄仁杰之女为妻，马寡妇与狄仁杰重逢（之后的处理有不同的版本）。

此剧是评剧的经典剧目。剧中没有道白，都是唱腔，是一出极吃演唱功力的戏。在评剧界素有男怕《回杯》、女怕《开店》的说法，足以说明这出戏之难。二十世纪三十年代，评剧演员白玉霜就是凭借此剧唱红"上海滩"。

而《马寡妇开店》的故事却源于清如莲居士所著小说《反唐演义全传》。

古典小说中的狄仁杰

《反唐演义全传》是"说唐"系列小说的最后一部，前几部为《说唐全传》《说唐后传》《说唐三传》。《反唐演义全传》是根据《说唐三传》的后半部分内容丰富而成的，又称《薛刚反唐》。此处的"反"是"回归"之意，讲述的就是以薛刚为首的众英雄帮助庐陵王李显推翻武则天统治、重新回归大唐的故事。而狄仁杰是其中的重要人物，被作者放在了第一回出场，也是作为全书故事的起点。

古典小说涉及狄仁杰的有多部，比较早的一部是成书于北宋时期的话本小说《狄公九谏》（原名《狄公九谏词》）。全书不长，仅三千多字，除去序，讲述了狄仁杰为兴复李唐对武则天进行的九次劝谏，这里面既包括历史上的"双陆无子""鹦鹉折翼""姑侄母子"等故事，也有狄仁杰以武则天违背"三从五逆"、解读"湘轮水上游"之类杜撰的故事。小说内容涉及很多，字数很少，自然缺乏对人物刻画、情节渲染。虽然它是宋代民间说唱艺人的蓝本或"梁子"（说书行业用语，即故事梗概，说书人表演时须以此为基础进行大幅度丰富），但是文言文对于民间百姓来说，比较不容易接受。

到了明朝，狄仁杰的文学形象第一次出现在罗贯中一百二十回的《隋唐两朝志传》，但仅仅在第九十七回出现了。主要是描写娄师德觉得狄仁杰是"大唐之柱石、社稷之元龟"，于是向武则天力荐，以及狄仁杰反对武则天立武三思为太子，劝说武则天立李显为太子的历史史实。但书中有个情节，说狄仁杰给武则天推荐了薛敖曹做面首，这就使得狄仁杰的艺术性格分裂了。

接着在《混唐后传》《艳异编》《浓情快史》等多部涉及唐朝的小说中，狄仁杰都有出现，仍然是忠臣谏士的形象，比较统一。值得一提的是，在《浓情快史》中出现了狄仁杰断案的情节，这启发了清代以狄仁杰为主人公的公案小说。

在清代小说中，狄仁杰也多出现在讲史类小说之中，如《隋唐演义》《说唐三传》《反唐演义全传》《绿牡丹》《武则天外史》等。在这些小说里，狄仁杰的文学形象大大丰富，他不但是过去文学作品里的忠臣良相，而且还是个坐怀不乱的正人君子、未卜先知的高人、运筹帷幄的军事统帅。

不过在以上这些文学作品中，狄仁杰虽然"戏份"有所增加，但仍然是个配角，直到清末公案小说《狄公案》的出现，狄仁杰才成为了主角，而且狄仁杰也具有了断案如神的"清官"形象。

《狄公案》，又名《狄梁公全传》《武则天四大奇案》《则天朝四大奇案》等，说是"四大奇案"，其实全书六十四回却涉及了六个案子。虽然，案件并不多，但案情复杂、情节曲折，既有破案，又有武侠，不但出现了武则天、阎立本、武承嗣、张昌宗、薛怀义、张柬之等众多历史人物，还给狄仁杰配备了四个助手即洪亮、陶干、乔太、马荣，这如同《包公案》包拯手下的张龙、赵虎、王朝、马汉一样，在说书行话中被称作主人公的"四梁八柱"。

《狄公案》的六个案件当中，三个是在狄仁杰做县令时遇到的凶杀案，其中皇华镇谋害亲夫案是明显的"诡计杀人"，案中的妇人用钢钉钉入丈夫头部将其致死。这种杀人诡计是来源于宋代桂万荣撰写的法医专著《棠阴比事》里的一个案件，而这个案件又被之后的一部享誉世界的以狄仁杰为主人公的推理小说集《狄仁杰奇案》（*Judge Dee Mystery*）所借用。狄仁杰也正是通过这部小说成为国际名人,也成为一个与福尔摩斯、波洛媲美的"名侦探"了。

走向世界的神探

《狄仁杰奇案》又译作《大唐狄公案》,是著名汉学家荷兰人高罗佩的名著。

高罗佩是位外交官,抗战时期担任荷兰驻华使馆一等秘书,他的原名是 Robert Hans van Gulik,高罗佩是他的中文名。高罗佩是个语言天才,通晓15种语言,对汉语尤为精通,他痴迷于中国文化,一生汉学著述颇丰,如《秘戏图考》《中国古代房内考》《长臂猿考》《中国琴道》等。

1940年,高罗佩偶然发现了中国古典小说《狄公案》,顿时对它产生了兴趣,他认为这是一部真正的中国侦探小说,这类中国公案小说早在十七世纪已经存在,比爱伦·坡"发明"侦探小说的年代,或者柯南·道尔"打造"福尔摩斯的年代早出几个世纪。而且这类小说多有特色,主题之丰富,情节之复杂,解构之缜密,即使是按照西方的标准,也毫不逊色。他曾写道:"宋有《棠阴比事》,明有《龙图》等案,清有狄、彭、施、李诸公奇案。足知中土往时贤明县尹,虽未有指纹摄影以及其他新学之技,其访案之细,破案之神,却不亚于福尔摩斯也。"[①]同时,他对狄仁杰也产生了浓厚的兴趣,他说:"狄仁杰在唐代历任多职,位及宰辅,他以其经天纬地之才参议朝政,对唐室内政、外交均发挥了重大影响。更主要的是,他为官一生,尤在州县,断滞狱无数,因而口碑载道,誉满华夏。中国人视他为执法如山、断狱如神的清官神探,他的美名至今仍在中国民间传扬。中国人对他和我们对福尔摩斯同样喜爱。"于是,高罗佩便将此书翻译成了英文,果然受到了西方人的欢迎。

---

① (荷兰)高罗佩著《狄仁杰奇案》自序

此时，高罗佩又发现在中国与日本的图书市场上，充斥着大量翻译拙劣的西方三流惊悚小说，又觉得中国古典公案小说"间有狗獭告状、杯锅禀辞、阎王指犯、魔鬼断案，类此妄说，颇乖常识，不足以引今人之趣。"[①]便下定决心要亲自创作一部中国古代公案小说来，其目的"主要是为了向东方读者证明，他们本民族的古代探案文学中拥有何其丰富的现代侦探小说素材。"[②]于是，在1950年，高罗佩写出了《狄仁杰奇案》的第一个故事《铜钟案》。然后一发不可收拾，用了十七年之久，创作出了十六个狄仁杰探案的故事。

他不但沿用了《狄公案》上洪亮、陶干、乔太、马荣这四位狄仁杰的得力助手，而且将中国古代的很多文化元素融入其中，包括很多案件故事里的重要线索都来源于中国文化元素，比如《漆屏案》（The Lacquer Screen）里刻画着人物的"四漆屏"；《水浒案》（The Chinese Lake Murders）里暗藏密码的"围棋"；《迷宫案》（The Chinese Maze Murders A Jud）里包含寿字形的迷宫；《铁钉案》（The Chinese Nail Murders）里指明凶手的七巧板等。另外，高罗佩还亲手为作品制作了中国风的版画插图，使得《狄仁杰奇案》充斥着满满的中国味道。

同时，高罗佩还在《狄仁杰奇案》中使用了真正的"本格推理"手法，使《狄仁杰奇案》成了一部逻辑缜密的系列推理小说，里面的每一个故事都有了不同的"杀人诡计"，让读者欲罢不能，也让《狄仁杰奇案》成了推理小说史上的一朵奇葩，赢得世界广大读者的青睐。此书在二十世纪五十年代一经推出，顿时风靡西方各国，被翻译成了二十九种文字，在三十八个国家出版。狄仁杰，这个东方神探也被世界人民所熟知。

可惜的是，"高罗佩原作《狄公案》全集出自作者之手的有英文本和荷文本"[③]，虽然他尝试着用中国古典白话小说样式，自己用汉语翻译了《迷宫案》，

[①] （荷兰）高罗佩著《狄仁杰奇案》自序
[②] （荷兰）高罗佩著《大唐狄公案·铁钉案》后记（二） 张凌译
[③] 于鹏《高罗佩〈狄公案〉中译本简说》

但其他十五部未待翻译，高罗佩便逝世了。这样，反倒大部分中国人对《狄仁杰奇案》不得而知。

直到20世纪70年代末，高罗佩《狄仁杰奇案》的第一个中文版才由陈来元、胡明等以仿古风格的白话小说翻译出来，一经问世，大获好评，三十余年间多次再版，可以说大部分中国读者是由陈胡译版读到的高罗佩的《狄仁杰奇案》。

可随着中外交流的加强和网络的发展，突然有一天，读者们看到了《狄仁杰断案》的英文原版，这才发现陈胡译版是有非常大的问题的。主要有两点，其一，陈胡译版删去了原版大量的内容，属于删本，不属于足本。据研究者对比发现，陈胡译版比较原著删除内容多达三分之一；其二，陈胡译版对原著的人物性格和情节做了不少改动，有些改动莫名其妙，甚至影响了原著推理的逻辑性，属于改本，不属于善本。

这样，台湾脸谱出版社黄禄善等译版、上海译文出版社张凌译等全译本纷纷出版发行，这才使得中国读者真正地读到了高罗佩的《狄仁杰奇案》。

笔者对这些翻译版本都阅读过，刨除删改本和足善本的区别不提，单就翻译水平，各有千秋。但大多仍是贴近古白话小说的风格。由于笔者是位评书艺术工作者，所以立誓重新翻译高罗佩的《狄仁杰奇案》，使其语言更贴近评书的语言艺术，更加口语化和生活化，以便更广地传播。目前翻译工作正在紧张进行，预计不远的将来由王封臣翻译的足本《狄仁杰奇案》评书版将会出现在大家面前。

全面开花的狄仁杰

高罗佩的《狄仁杰奇案》使得狄仁杰成了一个传奇大侦探。这个形象更容易让现代人所喜爱。于是，以狄仁杰为主角的文学、影视等艺术作品纷纷问世。

其中有影响的影视作品有：根据高罗佩《狄仁杰奇案》改编的电视连续剧《狄仁杰断案传奇》，钱雁秋编剧执导的电视剧《神探狄仁杰》系列，徐健执导的电视剧《护国神相狄仁杰》系列，徐克导演的魔幻推理电影《狄仁杰》系列……

文学作品有：安娜芳芳（唐隐）悬疑推理小说《神探狄仁杰》系列，远宁悬疑推理小说《大唐狄公案》系列，胖轩儿悬疑推理小说《狄仁杰》系列……

曲艺作品有：王封臣《狄仁杰断案传奇》系列评书（根据高罗佩《狄仁杰奇案》改编），《神探狄仁杰》系列评书（根据安娜芳芳同名小说改编）……

值得一说的是，由于推理小说的细腻紧凑，不太适合改编成在书场及电台表演的评书作品（电台每天一回的播放，很容易让人忘记前面的线索，而连贯不起来，影响收听率），所以，一直以来，说书艺人很少以推理小说做表演题材。但随着新媒体及移动终端的发展和普及，人们收听评书不再受空间和时间的限制。故此，本人在2002年开始首次尝试录制评书版《狄仁杰断案传奇》，备受广大听众欢迎，被全国五百余家电台播出，因此还得了一个"狄公代言人"的称号。

尾声

由于篇幅原因,有关狄仁杰的事,我们只能暂时讲到这里,其实还有很多方面我们没有讲到,不妨留在以后单独去说吧。

最后,我们截取诗圣杜甫的一段诗作为全书的结尾吧:

汝门请从曾翁说,太后当朝多巧诋。
狄公执政在末年,浊河终不污清济。
国嗣初将付诸武,公独廷诤守丹陛。
禁中决册请房陵,前朝长老皆流涕。
太宗社稷一朝正,汉官威仪重昭洗。
时危始识不世才,谁谓荼苦甘如荠。

壬寅年正月初八于北京